CENAZELERE DAİR HÜKÜMLER VE BİD'ATLERİ

Muhammad Naasiruddeen al-Albaanee

Rahman ve Rahim Allah'ın Adı İle;

Yeni Baskı İçin Önsöz:

Şüphesiz hamd Allah'a mahsustur. O'na hamd eder, O'ndan yardım diler, günahlarımızı bağışlamasını niyaz ederiz. Nefislerimizin şerlerinden, amellerimizin kötülüklerinden Allah'a sığınırız. Allah'ın hidayet verdiğini kimse saptıramaz. O'nun saptırdığına da kimse hidayet veremez. Şehadet ederim ki Allah'tan başka hiçbir ilah yoktur. O bir ve tektir, ortağı yoktur. Yine şehadet ederim ki Muhammed O'nun kulu ve Rasûlüdür.

Şu anda elinizde tuttuğunuz eser -yüce Allah'ın izniyle- faydalı bir kitab olan "Cenazelere Dair Hükümler" adlı eserimdir. Bu haliyle yeni bir şekil, yeni bir kılık ile karşınızdadır. Görenleri sevindirecek, araştırıcılara faydalı, öğrencilere yararlı olacak bir şekilde sunulmaktadır.

Bu baskıda açıklamamız ve okuyuculara tanıtmamız gereken yeni birtakım değişiklikler ve ekler bulunmaktadır. Bunları aşağıdaki şekilde özetleyebiliriz:

1.Fıkha ve hadise dair bazı faydalı bilgilerin ilavesi,

2.Dipnotlarda verilen bilgilerin çoğunun kitabın metnine -okuyucunun düşünceleri kesintiye uğramasın ve müteselsilen devam etsin diye- alınmış bulunmaktadır.

3.Kelime ve harfleriyle kitabın harekelendirilmesine gösterilen itina.

4.Sonradan farkına vardığım yahutta vardırıldığım bazı yerlerdeki hataların tashih edilmesi.

5.Okuyucunun daha kolay bir şekilde faydalanmasını sağlayan kitabtaki birtakım bahis ve meselelerden yararlanmayı kolaylaştıran ilmî birtakım fihristlerin eklenmesi ve buna benzer çeşitli ilave ve faydalı bilgiler. Bunlar gerçekten gözü aydınlatıcı, zihin ve akıllara faydalı olacak şeylerdir.

Gecikmeden söylememiz gereken bir husus da şudur. Bu baskı bu şekliyle ve bu fazlalıklarıyla daha önceki bütün baskıları hükümsüz kılmaktadır. Ayrıca bu baskı Riyad, Mektebetu'l-Maarifin katıksız bir hakkıdır. Bu hususta kimsenin onunla çekişme yetkisi yoktur.

Yüce Allah hakka doğru giden yolda adımlarımızı doğrultsun.

Allah'ın salât ve selamı, bereketleri, Peygamberimiz Muhammed'e, onun aile halkına ve ashabına...

"Allah'ım hamdin ile seni tesbih ederim. Senden başka hiçbir ilah olmadığına şehadet ederim. Senden mağfiret diler, sana tevbe ederim."

RAHMAN VE RAHİM ALLAH'IN ADIYLA:

Şüphesiz hamd Allah'a mahsusutur. O'na hamd eder, O'ndan yardım diler, O'ndan günahlarımızı bağışlamasını dileriz. Nefislerimizin şerlerinden, amellerimizin kötülüklerinden Allah'a sığınırız. Allah'ın hidayete ilettiğini kimse saptıramaz, saptırdığına da kimse hidayet veremez.

Şehadet ederim ki Allah'tan başka hiçbir ilah yoktur. Bir ve tektir. O'nun ortağı yoktur. Yine şehadet ederim ki Muhammed O'nun kulu ve Rasûlüdür.

"Ey iman edenler Allah'tan nasıl korkmak gerekirse öyle korkun ve siz ancak müslümanlar olarak ölün." (Al-i İmran, 3/102)

"Ey insanlar sizi tek bir candan yaratan ve ondan da eşini var eden, her ikisinden de birçok erkek ve kadın türeten Rabbinizden korkun. Kendisi adına birbirinizden dileklerde bulunduğunuz Allah'tan ve akrabalık (bağın)ı kesmekten de sakının. Şüphesiz Allah üzerinizde tam bir gözetleyicidir." (en-Nisa, 4/1)

"Ey iman edenler! Allah'tan korkun ve dosdoğru söz söyleyin. O da amellerinizi lehinize olmak üzere düzeltsin. Günahlarınızı da mağfiret etsin. Kim Allah'a ve Rasûlüne itaat ederse büyük bir kurtuluşla kurtulmuş olur." (el-Ahzab, 33/70-71)

Şüphesiz en doğru söz Allah'ın kitabı, en güzel yol Muhammed'in gösterdiği yoldur. İşlerin en kötüleri ise sonradan uydurulanlarıdır. Sonradan uydurulan herbir şey bir bid'attir. Her bid'at bir sapıklıktır. Her bir sapıklık ateştedir.

Yüce Allah şöyle buyurmaktadır: ***"Bütün mülk elinde bulunanın şanı ne yücedir. O herşeye kadirdir. O hanginizin daha güzel amelde bulunacağını denemek üzere ölümü ve hayatı yaratandır. O azizdir, pek çok mağfiret edendir."*** (el-Mülk, 67/1-2)

Bir başka yerde de şöyle buyurmaktadır: ***"Her nefs ölümü tadıcıdır. Biz, sizi şerle ve hayırla imtihan olmak üzere deneriz. Sonunda bize döndürüleceksiniz."*** (el-Enbiya, 21/35)

Rasûlullah (s.a) da şöyle buyurmaktadır: **"Benim dünyayla işim ne ki ben dünyada ancak bir ağaç altında gölgelenen, sonra onu bırakıp giden bir suvari gibiyim."**[1]

Peygamber (s.a)'ın cenazeler ile ilgili uygulamaları en hayırlı yol ve diğer ümmetlerin yoluna muhalif ölüye iyilik yapmak, kabrinde ve dirileceği günde kendisine faydalı olacak şekilde ona davranmak, onun ailesine, akrabalarına iyilikte bulunmak, hayatta kalanın ölene yaptığı muamele ile ubudiyetini gerçekleştirmek hususlarını

---

[1] Sahih bir hadistir. Hadisin kaynaklarını Muhammed el-Gazzali'nin Tahric-u Fıkhı's-Siyre adlı eserde (4. baskı, s. 478) el-Ahadiysu's-Sahiha, no: 438'de gösterdim. Bundan dolayı bu hadisi Sahihu'l-Camii's-Sağir ve Ziyadatuhu, no: 5669'da da kaydettim.

kapsayan bir yoldur. Onun cenazeler hakkındaki uygulamaları arasında şanı yüce ve mübarek olan Rabbe en mükemmel hallerde ubudiyeti gerçekleştirmek, ölüye iyilikte bulunmak, onu yüce Allah'a en güzel ve en faziletli bir halde teçhiz edip donatmak, onun da, ashabının da Allah'a hamdetmek, ölene mağfiret dilemek, Allah'tan mağfiret ve rahmet, ölenin kusurlarını görmezlikten gelmesini niyaz etmek üzere saflar halinde durmak, daha sonra ölenin önünde onu mezarına tevdi edinceye kadar yürümek, arkasından o ve arkadaşları ölünün önünde kabri üzerinde durup en muhtaç olduğu zamanda ona sebat verilmesini dilemeleri de vardır.

Daha sonra zaman zaman ölenin kabrine gider, ona selam verir, ona dua ederdi. Tıpkı hayatta olan bir kimsenin dünya yurdunda arkadaşına zaman zaman gitmesi gibi.

Bu ziyaretin ilki hastalığı halinde o kimseyi görmek, ona ahireti hatırlatmak, ona vasiyetini yapmasını, tevbe etmesini söylemek, yanında hazır bulunanlara son sözü olsun diye Allah'tan başka hiçbir ilah bulunmadığına dair şehadet getirmeyi telkin etmelerini emrederdi.

Daha sonra öldükten sonra dirilmeye ve hesaba çekilmeye iman etmeyen ümmetlerin adetlerinden olan yanaklara vurmayı, elbiseleri yırtmayı, başları traş etmeyi, ağıt yakarken sesi yükseltmeyi ve buna benzer diğer adetleri yasakladığını görüyoruz.

Ölen dolayısıyla yüce Allah'ın önünde huşu ile boyun eğmeyi, sesi yükseltmeksizin ağlamayı, kalbin üzülmesini de sünnet olarak ortaya koymuştur. O böyle hareket eder ve: **"Göz yaşarır, kalb üzülür fakat Rabbin razı olduğundan başka bir şey de söylemeyiz."** derdi.[2]

Ümmeti için Allah'a hamdetmeyi, (inna lillah ve inna ileyhi raciun) diyerek istircada bulunmayı, Allah'tan hoşnud olmayı sünnet olarak göstermiş fakat bu hal hiçbir zaman gözün yaşarmasına, kalbin üzülmesine aykırı düşmemiştir. Bundan dolayı insanlar arasında ilahi hükme en çok razı olan ve bu hükme karşı en büyük çapta hamdeden birisi olmuştur. Bununla birlikte oğlu İbrahim öldüğünde oğluna karşı şefkat, merhamet ve rikkat ile ağlamıştı. Aynı zamanda kalb yüce Allah'ın hükmüne rıza ve şükür ile dolup taşıyor, dili ise Allah'ı zikretmek, O'na hamdetmekle meşgul bulunuyordu.[3]

---

[2] Bk. el-Ahadiysu's-Sahiha, 1732 ileride de gelecektir.

[3] İfadeler merhum İbnu'l-Kayyim, Zadu'l-Mead, Cenazeler bahsi, I, 197'deki ifadeleridir. Geri kalan bölümleri şöyledir: "Bu tablo zor olup, her iki hali ariflerden (!) birisi bir arada yaşamak zor bir hal aldığından oğlunun öldüğü günü gülmeye başlamış. Ona sen bu halde gülüyor musun denilince; "Şüphesiz Allah bir hüküm takdir etti. Ben de O'nun hükmüne razı olmak istedim." Bu husus ilim ehlinden bir topluluk için içinden çıkılamaz bir hal aldığından şöyle demişlerdir: Rasûlullah (s.a) oğlu İbrahim'in öldüğü günü nasıl

Bugün insanların büyük çoğunluğu bütün ibadetlerde Peygamber (s.a)'ın hidayetinden tam anlamıyla uzak bulunuyorlar. Cenazeler de bunlar arasındadır. Buna sebeb ise ilmi inceleyip, öğrenmekten yüz çevirmiş olmalarıdır. Bilhassa da hadis ve sünnet ilmini. Buna karşılık maddi ilimlere ve mal toplamak için amelde bulunmaya adanmışlardır. Değerli zatlardan birisi yakınlarından birisinin onbir rebiu'l-ahir 1373 H. cuma günü vefat etmesi münasebetiyle "İslamda Cenazelere Dair Adab" ile ilgili kısa bir kitabçık ortaya koymamı istedi. Böylece o ya da başkası bunu basarak onlardan mu'tat olan günlerde taziye için toplanan kimselere bunu tevzi edecekti. Onların bu toplanmalarını ganimet bilerek fırsatı değerlendirecek ve peygamberlerinin sünnetini onlara öğretecekti ta ki onlar da bu sünnete göre hareket etsinler, bu sünnetin gösterdiği hidayet yolunu izlesinler, onun nuruyla aydınlansınlar.

Başka eserlerimin telifine başlamış olmakla birlikte ona hayırlı vaadlerde bulundum. Çünkü böylesi bir davranışta sünnetin canlandırılması, bid'atin öldürülmesi hususu üzerinde bir yardımlaşma sözkonusu idi. Bu sebeble arzusunu gerçekleştirmek, istediğini yerine getirmek için elimi çabuk tuttum. Fakat bu işe başlar başlamaz meselenin o kadar çabuk gerçekleşemeyeceğini açıkça anladım. Böyle bir münasebet dolayısıyla insanlara dağıtılacak küçük bir kitabçıkta konunun anlatılamayacak kadar geniş olduğunun farkına vardım. Çünkü cenazeler ile ilgili adab ve hükümler oldukça çoktur. Onun büyük bir bölümünde de ilim adamlarının farklı görüşleri vardır. O konuda birbirine zıt kanaatler serd edinmiştir. Kimileri bir hususu haram kabul ederken, diğerleri mübah kabul etmektedir, kimileri bir şeyi vacib görürken, diğeri caiz görmemektedir. Kimisi bir işi sünnet kabul ederken, bir başkası o işin bid'at olduğu görüşündedir ve bu şekilde ayrılıklar devam edip gitmektedir... Tıpkı şeriatin çeşitli bahislerinde pekçok meseledeki hal gibidir... Bu da yüce Allah'ın: ***"Onlarsa hala anlaşmazlık içerisindedirler. Rabbinin rahmet ettikleri müstesna."*** (Hud, 11/118-119) buyruğunu tasdik etmektedir.

Bundan dolayı herşeyden önce "cenazeler" ile ilgili meselelerin temel başlıklarını toplamak, sonra bunları inceden inceye incelemek,

---

ağlayabilir. Halbuki o Allah'ın yarattıkları arasında Allah'tan en çok razı olan bir kimsedir. Diğer taraftan böyle bir arif nasıl olur da gülecek kadar rıza makamında ileri gidebilir. Ben Şeyhu'l-İslam İbn Teymiye'yi şöyle derken dinledim: Peygamberimizin gösterdiği yol böyle bir arifin gösterdiği yoldan daha mükemmel idi. Çünkü o ubudiyete hakkını vermişti. O bakımdan kalbinde hem Allah'ın hükmüne karşı rıza, hem de çocuğa karşı şefkat, merhamet ve rikkat bir anlamda bulunmuştu. Bundan ötürü Allah'a hamdetti, O'nun hükmüne razı oldu. Merhamet ve şefkatinden dolayı da ağladı. Şefkati onu ağlatırken, yüce Allah'a ubudiyeti ve Allah'a olan sevgisi ise kaderine rıza göstermeye ve hamdetmeye itmiştir. Sözü edilen bu arifin kalbi ise her iki hususu bir arada taşıyamamış ve onun batını her iki hali müşahede edecek kadar genişleyememiştir. Bundan dolayı rıza yoluyla ubudiyet onu şefkat ve merhamet yoluyla ubudiyet etmekten alıkoymuştur."

hakkında ihtilaf edilen konuların delillerini tesbit edip, hadis usulü ve fıkıh usulü ilimleri ışığında bunları tenkit süzgecinden geçirip, tercihe değer olanı seçmek -ve bunu belirli bir mezhebe bağlı kalmadan-yahutta adeta uyulması gereken bir din haline gelecek kadar topluma egemen olmuş herhangi bir adetin etkisi altında kalmadan tercih etmek kaçınılmazdır.

Telif işiyle uğraşan ilim ehlinin açıkça bildiği hususlardan birisi de böyle bir işi gerçekleştirmenin kesintisiz bir çalışmayı, ileri derecede bir gayreti, güzel bir sabrı, alabildiğine uzun bir zamanı gerektirdiğini bilirler. Bu iş tamamlandıktan sonra ancak insanın ruhen rahatlayabileceği, kalbin gönül hoşluğuyla kabullenebileceği istenen bir kitabçığın telifine imkan olabilir ve ancak o takdirde bununla büyük bir fayda sağlanabilir.

Bundan ötürü sözünü ettiğim kardeşe bu hususu özet olarak hatırlatarak özür beyan ettim. O da benim mazeretimi kabul etti, Allah onu hayırla mükafatlandırsın. Fakat benden bu işe başlamamı tekrar istedi, beni buna teşvik etti. Bundan pek çok hayır ümit ederek bu teşvikini ileri derecelere götürdü.

Ben de yüce Allah'tan hayırlı olmasını dileyerek incelemeye, kaynaklara başvurmaya koyuldum. Yaklaşık üç ay gece gündüz bu alanda çalışmalarımı sürdürdüm. Bundan tek istisna özel işime ayırdığım çalışma bedenimin rahatlaması için kaçınılmaz olan uyku idi. Nihayet değerli okuyucunun ellerinde bulunan bu kitabı hazırlama imkanını elde ettim.

Eğer bu kitabın meselelerinin ve zikredilen hadislerinin büyük bir kısmı bende bazı eserlerimde tahkik edilmemiş olsaydı bu kitab için ayrılan zamandan daha fazlasını gerektiriyordu. Bundan dolayı bu kitabın bazı yerlerinde diğer eserlerime göndermelerde bulunduğum görülecektir.

Bu kitabta, kitab ve sünnetten delili bulunan, konusu ile ilgili bütün meseleleri ortaya koymaya çalıştım. Mücerred, kişisel görüşe dayalı olan hususlara değinmedim. Çünkü konu katıksız taabbudî bir konudur. Bu hususta kıyasa -kaçınılmaz olan bazı kıyas-ı celî (açık kıyas) hususlar dışında- kıyasa mecal yoktur.

Kitabın baş tarafında genel olarak fıkıh kitablarında "cenaze bahsi"nde sözkonusu edilmesi adet olmuş bazı mesele ve bahisleri ele aldım. Vasiyet, hüsn-i hatimenin alametleri ve benzeri bazı meseleler. Bunların kimisi ise bu bahiste hiçbir şekilde de sözkonusu edilmemektedir. Beş, sekiz ve dokuzuncu bölümler, otuzuncu mesele, yetişdördüncü meselenin c, e ve d fıkraları gibi, 98, 99, 105, 107, 113, 125. meseleler ile 128. meselenin 7. fıkrası gibi. Halbuki burada sözkonusu edilen husus hem önemli, hem çokça karşılaşılan bir durum, hem de bu hususta hadisler tevatür derecesindedir. Aynı meselenin 10. fıkrası da böyledir.

Bu kitabın konu sıralamasını vakıadan hareketle yaptım ve ilk olarak: 1- Hastanın görevleri ile başladım. İlahi kazaya rıza, kadere sabır, ölümü temenni etmemek, hakları eda etmek, vasiyet, vasiyete şahit tutmak gibi.

Sonra: 2- Ölümü yaklaşan kimseye telkinde bulunmak, huzurunda bulunanların telkinde bulunmak ve hastaya şehadet getirmesini söylemek gibi görevlerini,

3- Ölümden sonra huzurunda bulunanların görevleri: Gözlerini kapatmak, ona dua etmek, üstünü örtmek, teçhizinde eli çabuk tutmak, borcunu ödemek için harekete geçmek.

4- Hazır bulunanlara ve diğerlerine caiz olan hususlar: Yüzünü açmak, onu öpmek, ona ağlamak gibi.

5- Ölenin akrabalarının görevleri: Sabır, kadere rıza (inna lillah ve inna ileyhi raciun) diyerek istircada bulunmak, kadının kocası için yas tutması gibi.

6- Ölenin akrabalarına haram olan hususlar: Feryad ve figan etmek, yanaklara vurmak, elbiseleri yırtmak ve buna benzer minarelerde ölüm haberini ilan etmek gibi.

7- Caiz olan ölüm ilanı

8- Hüsn-i hatimenin alametleri

9- İnsanların ölüden övgüyle sözetmeleri

10- Ölünün yıkanması

Ve böylece ölenin defnine, kabirlerin ziyaretine kadar ele alınması gereken hususları inceledik.

Kitabın sonunda cenaze ile ilgili bid'atlere dair özel bir bölüm koyarak bu çalışmayı tamamladım. Bu bölümde eski ve yeni ilim adamlarının kitablarının herhangi birisinde dile getirilmiş ve benim tesbit edebildiğim bütün bid'atleri sıraladım. Herbir bid'atin bu kitabların hangisinde ve nerede yer aldığını gösterdim. Kaynağı belirtilmeyenler genelde bid'at ile ilgili esaslar çerçevesinde bid'at olduğuna, ilmi bir yöntem ile hüküm verilebilen hususlar olmakla birlikte ilim adamlarından herhangi bir kimsenin zikrettiğini görmediğim hususlardır. Bunların çoğu ise çağımızın bid'atleridirler.

Bu kitabı okuyan herkese faydalı kılmasını, bana bunun ecrini yazmasını, onun benzeri bir ecri telifine sebeb olanlara, onu basanlara yazmasını şanı yüce ve mübarek Allah'tan niyaz ederim. Şüphesiz ki O herşeyi işitendir, duaları kabul buyurandır.

Dımaşk, 24 Muharrem 1384 H.
Muhammed Nasuru'd-Din el-Elbani

1. HASTANIN GÖREVLERİ

1. Hastanın Allah'ın hükmüne rıza göstermesi, kaderine sabretmesi, Rabbi hakkında güzel zan beslemesi gerekir. Böylesi onun için daha hayırlıdır. Rasûlullah (s.a) şöyle buyurmuştur:

"Mü'minin işine hayret doğrusu! Onun bütün halleri hayırdır ve bu mü'minden başka hiçbir kimseye nasib olmaz. Ona bir iyilik isabet edecek olursa şükreder ve bu onun için hayır olur. Eğer bir zorluk ve sıkıntı isabet ederse sabreder, bu da onun için hayırlı olur."

Yine Peygamber (s.a) şöyle buyurmaktadır:

"Sizden herhangi bir kimse yüce Allah hakkında güzel zan beslemeksizin sakın ölmesin."

Bu iki hadisi de Müslim, Beyhaki ve Ahmed rivayet etmiştir.

2. Korku ile ümit arasında olması gerekir. Günahları dolayısıyla Allah'ın azabından korkmalı, Rabbinin rahmetini ümit etmelidir. Çünkü Enes'in rivayet ettiği hadiste şöyle denilmektedir:

"Peygamber (s.a) ölümü yaklaşmış bir delikanlının yanına girdi. Ona: Kendini nasıl buluyorsun diye sordu. Delikanlı: Allah'a yemin ederim. Ey Allah'ın Rasûlü ben Allah'tan (rahmetini) ümid ederim ve gerçekten de günahlarımdan korkarım. Bunun üzerine Rasûlullah (s.a) şöyle buyurdu: Böyle bir yerde bu iki husus bir kulun kalbinde birarada bulunacak olursa, şüphesiz Allah o kimseye ümit ettiğini verir ve korktuğundan yana onu güvenlik altına alır."

Bu hadisi Tirmizi -ki senedi hasendir- İbn Mace ve Abdullah b. Ahmed, Zevaidu'z-Zühd (s. 24-25)'de ve et-Terğib'de (IV, 141) belirtildiği üzere İbn Ebi'd-Dünya tarafından rivayet edilmiştir. Ayrıca bk. Mişkatu'l-Mesabih, 1612.

3. Hastalığı ne kadar ağır olursa olsun ölümü temenni etmesi caiz değildir. Çünkü Um el-Fadl (r.anha) rivayet ettiği hadiste şöyle demektedir:

"Rasûlullah (s.a) yanlarına geldi. O sırada Rasûlullah (s.a)'ın amcası hasta idi. Abbas ölümü temenni etti. Bunun üzerine Rasûlullah (s.a) ona şöyle dedi:

"Amcacığım ölümü sakın temenni etme. Çünkü eğer sen iyilik yapan birisi isen ve hayatta kalırsan, mevcud iyiliğine iyilikler katarsın. Bu senin için daha hayırlı olur. Şâyet kötülük yapan birisi isen ecelinin geri bırakılarak işlediğin kötülüklerden dolayı (Allah'ın) rıza ve hoşnudluğunu aramaya çalışmak yine senin için daha hayırlıdır. Bu sebeble ölümü temenni etme."

Hadisi Ahmed (VI, 339), Ebu Ya'la (7776), el-Hakim (I, 339'da) rivayet etmiş olup Hakim "Buhari ve Müslim'in şartına göre sahihtir" demiş, Zehebi de bu hususta ona muvafakat etmiştir. Ancak hadis sadece Buhari'nin şartına göre sahihtir.

Hadisi Buhari ve Müslim ile Beyhaki (III, 377) ve başkaları Enes'den Peygamber efendimize merfu bir rivayet olarak buna yakın ifadelerle rivayet etmiş olup, onda şu ifadeler de vardır:

"Eğer mutlaka bunu yapacaksa (ölümü temenni edecekse) şöyle desin: Allah'ım hayat benim için hayırlı olduğu sürece beni yaşat ve eğer ölüm benim için hayırlı ise canımı al." Bu hadisin tahrici el-İrva (683)'de yapılmıştır.

4. Şâyet üzerinde ödenmesi gereken haklar var ise imkan olduğu takdirde bu hakları sahiblerine ödesin, değilse gerekli vasiyeti yapsın. Çünkü Peygamber (s.a) şöyle buyurmuştur:

"Her kimin kardeşine ait şeref ve haysiyetine ait ya da mali bir haksızlığı varsa o hakkını dinarın da, dirhemin de kabul edilmediği kıyamet günü gelmeden önce ona eksiksiz ödesin. (Çünkü kıyamet günü gelip de üzerinde hak varsa) salih ameli varsa o amelinden alınır (haksızlık yaptığı) arkadaşına verilir. Eğer salih bir ameli yoksa (haksızlık yaptığı) arkadaşının günahlarından alınır, ona yükletilir."

Hadisi Buhari ve Beyhaki (III, 369) ile başkaları rivayet etmiştir.

Yine Peygamber (s.a) şöyle buyurmuştur: "Müflis kimdir bilir misiniz?" Ashab: Müflis bizim aramızda dirhemi ve eşyası bulunmayan kimsedir. Peygamber şöyle buyurdu: "Müflis benim ümmetim arasında kıyamet günü namaz, oruç ve zekat (yükümlülüklerini) yerine getirmiş olduğu halde gelip de şuna sövmüş, buna iftira etmiş, öbürünün malını yemiş, berikinin kanını akıtmış, bir diğerine vurmuş olarak geldiği için şuna hasenatından, diğerine yine hasenatından verilen şâyet üzerindeki haklar ödenmeden hasenatı bitecek olursa, öbürlerinin günahlarından alınıp, üzerine bırakılan sonra da kendisi cehennem ateşine atılan kimsedir."

Hadisi Müslim (VIII, 18) rivayet etmiştir.

Yine Peygamber (s.a) şöyle buyurmaktadır:

"Her kim üzerinde borç olduğu halde ölürse, şunu bilsin ki orada dinar ve dirhem yoktur. Fakat hasenat ve seyyiat vardır."

Hadisi Hakim (II, 27) -ifade onundur-, İbn Mace, Ahmed (II, 70-72)'de İbn Ömer'den iki ayrı yoldan rivayet etmiş olup, bunların birincisi sahihtir. Hakim de böyle demiş olup, bu hususta Zehebi de ona muvafakat etmiştir. İkincisi de el-Münziri'nin (III, 34'te) dediği gibi hasendir. Taberani de bu hadisi el-Kebir'de şu lafızla rivayet etmiştir:

"Borç iki türlüdür. Her kim ödemeyi niyet ettiği halde ölürse onun velisi benim. Her kim de o borcu ödemeyi niyet etmeksizin ölürse, işte (karşılığında) hasenatından alınıp (sahibine verileceği) borç odur. Çünkü o günde dinar da, dirhem de olmayacaktır."[1]

---

[1] Hadis kendisinden önceki rivayet sebebiyle ve onyedinci meselenin sonunda gelecek olan Aişe (r.anha)'ın rivayet ettiği hadis dolayısıyla sahih bir hadistir.

Cabir b. Abdullah (r.a) da şöyle demiştir:

"Uhud gazası gelip kapıya dayandığında (bir önceki) gece babam beni çağırıp şöyle dedi: Gördüğüm kadarı ile Peygamber (s.a)'ın ashabından ilk öldürülecek kimseler arasında olacağım ve ben benden sonra geriye Rasûlullah (s.a)'ın canı dışında benim için senden daha değerli hiçbir kimseyi geri bırakmıyorum. Benim üzerimde bir borç var. Onu sen öde. Kızkardeşlerin için de elinden geldiği kadarıyla iyilik yapmaya çalış. Sabahı ettiğimizde ilk öldürülen kişi o oldu..." Hadisi Buhari (1351) rivayet etmiştir.

5. Peygamber (s.a)'ın şu buyruğu dolayısıyla bu gibi vasiyetleri yapmakta eli çabuk tutmalıdır:

"Bir müslümanın hakkında vasiyet etmek istediği şeyler bulunup da vasiyetini başı ucunda yazmadan iki gece geçirmesine dahi hakkı yoktur." İbn Ömer dedi ki:

"Ben Rasûlulah (s.a)'dan bu sözleri söylediğini duyduğumdan itibaren yanımda vasiyetim olmaksızın üzerimden bir gece dahi geçmiş değildir."

Hadisi Buhari, Müslim, Sünen sahibleri ve başkaları rivayet etmiştir.

6. Kendisinden miras almayan akrabalarına vasiyette bulunması da gerekir. Çünkü şanı yüce ve mübarek Allah şöyle buyurmaktadır: *"Sizden birine ölüm gelip çattığı zaman eğer bir hayır (mal) bırakacaksa anneye, babaya ve yakın akrabaya maruf bir şekilde vasiyette bulunmak takva sahibleri üzerine bir hak olarak yazıldı."* (el-Bakara, 2/180)

7. Malının üçte birinden vasiyet yapmaya hakkı vardır. Daha fazlasını vasiyet etmek caiz değildir. Hatta daha faziletli olan vasiyetini üçte birden az tutmasıdır. Çünkü Sad b. Ebi Vakkas (r.a)'ın rivayet ettiği hadiste şöyle dediği nakledilmektedir:

"Rasûlullah (s.a) ile birlikte veda haccında idim. Öyle bir hastalığa yakalandım ki ölüme oldukça yaklaştım. Rasûlullah (s.a) beni ziyarete geldi. Ben ona ey Allah'ın Rasûlü dedim. Benim pek çok malım vardır ve bir kızımdan başka mirasçım yok. Malımın üçte ikisini vasiyet edeyim mi? Peygamber: "Hayır" diye buyurdu. Ben: Peki ya yarısını dedim. Yine "hayır" dedi. Bu sefer: Ya malımın üçte birini dedim. Peygamber şöyle buyurdu: "Üçte bir (olabilir). Bununla birlikte üçte bir de çoktur. Şüphesiz ki ey Sad senin mirasçılarını zengin olarak bırakman, onları başkalarına el açacak muhtaç bir halde bırakmandan hayırlıdır (dedi ve elini açar gibi yaptı) şüphesiz sen ey Sad yüce Allah'ın rızasını arayarak herhangi bir harcamada bulunursan mutlaka ondan dolayı sana ecir verilir. Hatta hanımının ağzına koyduğun bir lokma bile."

(-Ravi- dedi ki: Üçte bir vasiyette bulunmak bundan sonra caiz oldu.)

Hadisi Ahmed (1524) rivayet etmiş olup, anlatım ona aittir. Ayrıca Buhari ve Müslim de rivayet etmiştir. Aradaki iki fazlalık Müslim'e ve Sünen sahiblerine aittir.

İbn Abbas (r.a) dedi ki: İnsanların vasiyeti üçte birden, dörtte bire indirmelerini çok arzu ederdim. Çünkü Peygamber (s.a): "Üçte bir çoktur" diye buyurmuştur. (Ahmed (2029 ve 2076) Buhari, Müslim, Beyhaki (VI, 269) ve başkaları rivayet etmiştir.)

8. Buna dair adalet sahibi iki müslüman erkeği şahit tutar. Şâyet bu şekilde iki şahit bulamazsa müslüman olmayanlardan iki erkeği şahit tutar. Şu kadar var ki onların şahitliklerinden şüphe edecek olursa, yüce Allah'ın şu buyruğunda açıklandığı üzere onlardan emin olma cihetine gider: *"Ey iman edenler! Siz yolculuk halinde iken ölüm musibeti birinizi bulmuşsa, vasiyet vaktinde aranızda şahitlik (şöyle olsun): Ya içinizden adalet sahibi iki kişi yahut sizden olmayan başka iki kişi (şahit) olsun. Haklarında şüpheye düşerseniz, bu iki kişiyi namazdan sonra alıkoyarsınız da Allah'a şöyle yemin ederler: '(Lehine şehadet ettiğimiz) bu iki kişi akraba dahi olsa yeminimizi hiçbir bedele satmayacağız ve Allah'ın şahitliğini gizlemeyeceğiz. O takdirde muhakkak günahkarlardan oluruz.' Eğer onların bir vebali hakettikleri gerçekten ortaya çıkarılırsa*[2] *Haksızlığa uğrayan (mirasçı)lardan (ölene) en yakın başka iki kişi bunların yerine geçer ve: 'Bizim şahidliğimiz o iki kişinin şehadetinden elbette daha doğrudur. Biz aşırı da gitmedik. Yoksa muhakkak zalimlerden oluruz. diye Allah adına yemin ederler. Bu şahitliği gerektiği şekilde yerine getirmelerine yahut yeminlerinden sonra yeminlerin (mirasçılara) tevcih edileceğinden korkmalarına daha yakındır. Allah'tan korkun ve dinleyin. Allah fasıklar topluluğuna hidayet vermez."* (el-Maide, 5/106-108)

9. Vasiyet yapacak olandan miras alan anne-baba ve akrabalara vasiyet ise caiz değildir. Çünkü bu vasiyet miras âyetiyle nesh olmuştur. Rasûlullah (s.a) da bu hususu en açık ve eksiksiz bir şekilde veda haccındaki hutbesinde açıklayarak şöyle buyurmuştur: "Şüphesiz Allah (mirasdan) herbir hak sahibine hakkını vermiştir. Bu sebeble miras alan kimseye vasiyet yoktur."[3]

---

[2] Yani yemin eden iki şahidin yalan söylemekle, şahidliği gizlemekle, yahut hainlik ederek kendilerine güvenildiği bir halde terikeden bir şeyler saklamakla yemin eden bu iki şahidin bir günahı kazandıkları tesbit edilecek olursa, yapılması gereken yahutta ifkak-ı hak için yapılacak olan şudur: Mirasçılardan yemin etmeleri istenecek. Böylece ölenin yakınlarından ve ona mirasçı olanlardan başka iki erkek bunların yerine geçecek çünkü onlar diğerlerinin böyle bir günah ve suç işlemeleri sebebiyle kendilerine hainlik edildiğinden ötürü buna hak kazanmış oluyorlar. "Tefsiru'l-Menar"de böyle açıklanmaktadır. Bahsin tamamını görmek için VII, 222'ye bakınız.

[3] Neshedici Kur'ân-ı Kerim'dir. Sünnet ancak belirttiğimiz gibi bunu beyan etmektedir. Nitekim Peygamber (s.a)'ın hutbesinden açıkça anlaşılan da budur. Halbuki çoğu kimse -buna muhalif olarak- neshedicinin hadis olduğunu zannetmektedir. Diğer taraftan bazı

Hadisi Ebu Davud, Tirmizi -hasen olduğunu belirterek- Beyhaki (VI, 264 ve hadisin pekiştirilmiş olduğuna işaret etmekte olup, bunda da isabet etmiştir. Çünkü isnadı hasendir ve Beyhaki'de buna tanıklık edecek pekçok şahit vardır. Ayrıca bk. Mecmau'z-Zevaid, IV, 212)

10. Vasiyette başkasına zarar vermek haramdır. Mesela mirasçılarından bazılarının mirastaki haklarından mahrum edilmelerini vasiyet etmesi yahut birini diğerinden üstün tutması gibi. Çünkü yüce Allah şöyle buyurmaktadır: *"Baba ve anne ile yakın akrabaların bıraktıklarından erkekler için bir pay... -o maldan az veya çok olsun- farz kılınmış bir pay vardır."* (en-Nisa, 4/7) diye buyurmaktadır.

Aynı surenin bir başka âyetinde de şöyle buyurulmaktadır: *"O halde hepsi yapacağı vasiyet ve borç(un ödenmesi)nden sonra üçte bire ortak olurlar. Ancak zarar verici olmamalıdır. (Bunlar) Allah'tan bir vasiyet olarak (gelen buyruklardır). Allah herşeyi bilendir, halimdir."* (en-Nisa, 4/12)

Ayrıca Peygamber (s.a)'ın şu buyruğu da bunu gerektirmektedir:

"Zarar vermek de yoktur, zarara zarar ile karşılık vermek de yoktur. Kim başkasına zarar vermek isterse, Allah da ona zarar verir. Kim başkasını zora koşarsa, Allah da ona zorluk çıkartır."

Hadisi Darakudni (522), Hakim (II, 57-58)'de Ebu Said el-Hudri'den rivayet etmiştir. Hakim'in: "Müslim'in şartına göre sahihtir" ifadesini Zehebi de uygun bulmaktadır. Gerçekte ise bu Nevevi'nin el-Erbain'de, İbn Teymiye'nin de fetvalarında (III, 262) belirttikleri gibi hasen bir hadis olduğudur. Çünkü bu hadisin çeşitli rivayet yolları ve pek çok şahitleri vardır. Hafız İbn Receb, Şerhu'l-Erbain (s. 219-220)'de bunları zikretmiştir. Daha sonra ben bunları etraflı bir şekilde İrvau'l-Ğalil, (no: 888)'de kaynaklarını tesbit ettim.

11. Haksızca ve başkalarına zulmederek yapılan vasiyet batıl ve merdubtur. Çünkü Peygamber (s.a) şöyle buyurmuştur:

çağdaşlar bunu istismar ederek hadisin ahad bir hadis olduğunu ve dolayısıyla Kur'ân'ı nesh edemeyeceğini iddia etmeye kalkışmışlardır. Böyle bir iddia bizatihi batıldır. Çünkü sahih olan ahad hadisin Kur'ân'ı neshettiğidir. Fakat bu mesele ile ilgili doğru cevabı görmüş bulunuyoruz. O da şudur: Burada neshedici Kur'ân-ı Kerim'dir. Neshedicinin hadis olduğunu kabul etsek dahi bu ittifakla neshedici olmaya elverişlidir. Çünkü bütün ilim adamları bu hadisi kabul ile karşılamışlardır. Üstelik bu mütevatir bir hadistir. Nitekim hadisin sünneti toplayan eserlerde ve müsnedlerde dağınık bir şekilde bulunan pekçok rivayet yolunu bilen bir kimse bunu kabul eder. Bütün bu rivayetleri tahriç edip onlar ile ilgili açıklamaları ayrı bir risalede (cüzde) tahkik etme muvaffakiyetine nail olacağımızı ümid ederiz.

Daha sonra bu hadisin rivayet yollarını topladım ve bunların tahricini İrvau'l-Galil, 16'da gösterdim. Hadisin sekiz sahabiden gelen ondan fazla rivayet yolu olduğunu gördüm. Bu rivayet yollarının kimi sahihtir, kimi hasendir, kimisi de zayıflığı (başka bir yolla) telafi edilebilecek türdendir.

"Her kim bizim bu işimizde ondan olmayan bir şeyi sonradan ortaya çıkarırsa, o merdubtur."

Buhari ve Müslim Sahih'lerinde, Ahmed ve başkaları bu hadisi rivayet etmişlerdir. Ayrıca bk. el-İrva, 88.

İmran b. Husayn'ın şu hadisi de bunu gerektirmektedir: "Bir adam ölümü sırasında altı kölesini azad etti. -Onların dışında da herhangi bir malları yoktu.- Mirasçıları olan bedeviler gelerek Rasûlullah (s.a)'a yaptığını haber verdiler. Peygamber gerçekten böyle mi yaptı? diye sordu ve şöyle dedi: Eğer biz bunu bilseydik, Allah'ın izniyle onun cenaze namazını kılmazdık. Şimdi bu köleleri arasında kura çek, onlardan iki tanesini azad et, geri kalan dördü tekrar köle kalsınlar."

Hadisi Ahmed (IV, 446) rivayet etmiş olup, Müslim de ona yakın bir şekilde rivayet etmiştir. Tahavi, Beyhaki ve başkaları da buna yakın ifadelerle rivayet etmişlerdir. Aradaki fazlalık Müslim'e ve Ahmed'in bir rivayetine aittir.

12. Bu zamanda insanların çoğunda görülen husus dinlerinde birtakım bid'atler uydurmak olduğundan ve bu husus özellikle cenazelerle ilgili böyle olduğundan müslüman kimsenin yüce Allah'ın şu buyruğu ile amel ederek sünnete uygun bir şekilde teçhiz ve defninin yapılmasını vasiyet etmesi yerine getirilmesi gereken işlerdendir: *"Ey iman edenler! Tutuşturucusu insanlarla taşlar olan o ateşten nefislerinizi ve ailelerinizi koruyunuz. Onun üzerinde (görevli) iri yarı, sert tabiatlı melekler vardır. Bunlar kendilerine verdiğim emirlerde Allah'a asla isyan etmezler. Ne emir olunurlarsa onu yaparlar."* (et-Tahrim, 66/6)

Bundan dolayı Rasûlullah (s.a)'ın ashabı böylece vasiyet ediyorlardı. Sözünü ettiğimiz şekilde onlardan gelen rivayetler pek çoktur. Bunların bir bölümü ile yetinmemizde bir sakınca yoktur:

a- Amir b. Sad b. Ebi Vakkas'tan rivayete göre onun babası vefatı ile sonuçlanan hastalığında şöyle demiştir: "Bana Rasûlullah (s.a)'a yapıldığı gibi bir lahit açınız ve benim üzerime kerpiç taşlarını dikey olarak koyunuz."

Bunu Müslim ve Beyhaki (III, 407) ile başkaları rivayet etmişlerdir.

b- Ebu Burde'den şöyle dediği rivayet edilmiştir: "Ebu Musa (r.a) ölümü yaklaştığında vasiyette bulunarak dedi ki: Cenazemi alıp götüreceğiniz vakit hızlıca yürüyünüz. Benim arkamdan tütsüler yakmayınız. Sakın lahdimin üzerinde benimle toprak arasında engel olacak bir şey koymayınız. Kabrimin üzerine bina yapmayınız. Sizi şahit tutarak söylüyorum ki ben başını traş eden, feryad ve figan edip ağıt yakan ve elbisesini yırtan her kadından beriyim. Onu dinleyenler: Bu hususta bir şey duydun mu diye sordular. Kendisi evet Rasûlullah (s.a)'dan dedi."

Bunu Ahmed (IV, 397), Beyhaki (III, 395)'de bu tamamlayıcı ifade ile birlikte İbn Mace'de hasen bir sened ile rivayet etmişlerdir.

c- Huzeyfe'den şöyle dediği rivayet edilmiştir:

"Öldüğüm vakit öldüğümü kimseye haber vermeyiniz. Çünkü ben bunun (meşru olmayan) bir haber verme olacağından korkarım. Çünkü ben Rasûlullah (s.a)'ı feryad-u figan ile ölünün haber verilmesini yasaklarken dinledim."

Hadisi Tirmizi (II, 129) rivayet etmiş olup "hasen bir hadistir" demiştir. Başkası da buna yakın ifadelerle rivayet etmiştir. İleride "na'y: ölümün haber verilmesi" bahsinde gelecektir.

Bu hususta daha başka rivayetler de vardır. Bunlar kırkyedinci meselede gelecekler.

Bu geçen rivayetler sebebiyle Nevevi -yüce Allah'ın rahmeti üzerine olsun- el-Ezkar adlı eserinde şunları söylemektedir:

"Yakınlarına işlenmesi adet olmuş cenazelerdeki bid'atlerden uzak durmalarını vasiyet etmesi müekked olarak bir müstehabtır ve bu hususta onlardan sağlam bir şekilde söz almalıdır.

---

2. ÖLÜM DÖŞEĞİNDEKİ HASTAYA TELKİN VERMEK:

13. Ölüm yaklaştığında yakınında bulunanlara bazı görevler düşer:

a- Ona şehadet kelimesini telkin ederler. Çünkü Peygamber (s.a) şöyle buyurmuştur: "Ölülerinize la ilahe illallah (demey)i telkin ediniz. [Her kimin ölüm esnasında söylediği son sözü la ilahe illallah olursa bir gün gelir cennete girecektir. Bundan önce ona her ne isabet ederse etsin.]"

Yine Peygamber efendimiz şöyle buyururdu:

"Her kim Allah'tan başka hiçbir ilah olmadığını bilerek ölürse cennete girer."

Bir başka hadiste de şöyle buyurulmaktadır:

"Her kim Allah'a hiçbir şeyi ortak koşmaksızın ölürse, cennete girer."

Bu hadisleri Müslim Sahih'inde rivayet etmiş olup, birinci hadisteki (köşeli parantez içindeki fazlalık İbn Hibban 719-Mevarid)'de ve el-Bezzar'da yer almaktadır.

b,c- Ona dua etmelidirler. Huzurunda hayırdan başka bir şey söylememelidirler. Çünkü Um Seleme (r.anha) rivayet ettiği hadiste şöyle demektedir: Rasûlullah (s.a) buyurdu ki:

"Hastanın ya da ölenin yanında bulunduğunuz vakit hayır söyleyiniz. Çünkü şüphesiz melekler sizin söylediklerinize amin derler."

Hadisi Müslim ve Beyhaki (III, 384) ve başkaları rivayet etmişlerdir.

14. Telkin ölenin huzurunda şehadet kelimesini zikretmek ve bu kelimeyi ona işittirmek değildir. Aksine telkin ona bunu söylemesini -bazılarının zannettiklerinin aksine- istemektir. Buna delil Enes (r.a)'ın rivayet ettiği şu hadistir:

"Rasûlullah (s.a) ensardan hasta bir adamı ziyaret etti. Ona dayıcığım dedi. La ilahe illallah de. Adam ona ben dayımı, amcamı olurum dedi. Peygamber hayır dayı diye buyurdu. Adam: La ilahe ilallah demek benim için hayırlı bir şey midir? Peygamber (s.a): Evet diye buyurdu."

Hadisi İmam Ahmed (III, 152-154, 268) Müslim'in şartına göre sahih bir senedle rivayet etmiştir.

Huseyn el-Cufi dedi ki: Ben ve Zaide, Ameş'in yanına öldüğü gün girdik. Ev adamlarla doluydu. Derken yaşlı bir adam girdi. Subhanallah dedi. Siz bu adamı bu halde görüyorsunuz da aranızdan kimse ona telkin yapmıyor.

el-Ameş şehadet parmağı ile işaret edip, dudaklarını hareket ettirerek şöyle yaptı.

Bunu Abdullah b. Ahmed babasının eseri "el-İle'l-ve Marifetu'r-Rical"de (II, 76, 462) sahih bir sened ile rivayet etmektedir.

15. Yanıbaşında Yasin suresini okumak ve onu kıbleye yönlendirmeye gelince, bu hususta sahih herhangi bir hadis yoktur. Hatta Said b. el-Müseyyeb kendisinin kıbleye döndürülmesini hoş görmemiş ve: "Ölen müslüman bir kimse değil midir" demiştir.

Zur'a b. Abdu'r-Rahman'dan rivayet edildiğine göre o Said b. el-Müseyyeb'in hastalığı sırasında yanında bulunmuş. Yanında Ebu Seleme b. Abdu'r-Rahman da vardı. Said bayıldı. Ebu Seleme yatağının Kabe'ye doğru döndürülmesini istedi. Said kendisine gelip: Benim yatağımı çevirdiniz diye sorunca, onlar evet dediler. Ebu Seleme'ye baktı, o: Bunun senin bilgin altında yapıldığı kanaatindeyim dedi. Ebu Seleme evet onlara ben emrettim dedi. Bu sefer Said yatağının eski haline döndürülmesini emretti.

İbn Ebi Şeybe, el-Musannef (IV, 76)'de sahih bir sened ile Zür'a'dan diye rivayet etmiştir.

16. Müslüman bir kimsenin ölmek üzere olan bir kâfirin yanında -müslüman olur ümidiyle ona İslamı sunmak maksadı ile- bulunmasında bir sakınca yoktur. Çünkü Enes (r.a) rivayet ettiği hadiste şunları söylemektedir:

"Peygamber (s.a)'a hizmet eden yahudi bir hizmetçi vardı. Peygamber (s.a) gidip onu ziyaret etti. Başı ucunda oturdu ona müslüman ol dedi. Çocuk yanında bulunan babasına baktı. Babası ona: Ebu'l-Kasım'a itaat et dedi. Peygamber (s.a) yanından çıkarken şöyle diyordu: Onu cehennem ateşinden kurtaran Allah'a hamdolsun. [Ölünce Peygamber: Arkadaşınızın namazını kılınız] diye buyurdu."

Buhari, Hakim, Beyhaki, Ahmed (III, 175, 227, 260, 280'de rivayet etmiş olup (köşeli parantez içindeki) fazlalık onun rivayetlerinin birisinde.

(Dizgici notu: Dipnot verildiği halde yeri belirtilmediği için 1 numaralı dipnotu parantezden sonra koyuyorum. Metinden bakılarak düzeltilmesi)[1]

———

3. ÖLÜMDEN SONRA HAZIR BULUNANLARIN GÖREVLERİ

17. Kişinin hayatı sona erip, ruhunu teslim ettiğinde çevresinde bulunanlara bazı görevler düşer:

a,b- Gözlerini kapatmaları ve ona hayrına dua etmeleri. Um Seleme şöyle demiştir:

"Rasûlullah (s.a) Ebu Seleme'nin yanına girdi. Gözleri açık kalmıştı, gözlerini kapattıktan sonra şöyle dedi: Ruh kabzedildiği vakit göz arkasından bakar. Aile halkından birtakım kimseler feryad edince şöyle buyurdu: Sizler kendi hakkınızda hayırdan başka bir şeyle dua etmeyiniz. Çünkü melekler söylediklerinize amin derler. Sonra şöyle buyurdu: Allah'ım Ebu Seleme'ye mağfiret buyur. Onun hidayete erdirilmişler arasındaki derecesini yükselt. Geriye bıraktıkları üzerine ondan sonra yerini tutacak başkalarını ihsan et. Bize de, ona da mağfiret buyur ey alemlerin Rabbi. Kabrinde ona genişlik ver ve orayı onun için nurlandır."

Hadisi Müslim, Ahmed (VI, 297), Beyhaki (III, 334) ve başkaları rivayet etmiştir.

c- Bütün bedenini örtecek bir örtü ile onu örtmelidirler. Çünkü Aişe (r.anha) rivayet ettiği hadiste şöyle demektedir:

"Rasûlullah (s.a) vefat ettiğinde bir Yemen kumaşı ile üzeri örtüldü."

Hadisi Buhari ve Müslim Sahih'lerinde, Beyhaki (III, 285) ve başkaları rivayet etmişlerdir.

d- Bu durum hac için ihramlı iken ölenlerin dışında kalanlar içindir. İhramda iken ölen bir kimsenin başı ve yüzü örtülmez. Çünkü İbn Abbas rivayet ettiği hadiste şöyle demektedir:

"Bir adam Arafat'ta vakfede iken bineğinden düşüverdi ve boynunu kırdı. Peygamber (s.a) onu su ve sidr ile yıkayınız. İki kefen bezi ile kefenleyiniz. (Bir rivayette iki ihram parçasıyla) denilmektedir. Hanut koymayınız (bir başka rivayette hoş koku

---

[1] Bunun Muaz b. Cebel'in rivayet ettiği bir hadiste bir tanığı bulunmaktadır. Senedi İrvau'l-Ğalil, 679'da açıkladığım üzere hasendir. İleride bu hadisin lafzı 25. meselede hüsn-i hatime'nin alametlerini sözkonusu ederken gelecektir.

koymayınız). Başını örtmeyiniz, [yüzünü de] çünkü o kıyamet gününde telbiye getirdiği halde diriltilecektir."

Hadisi Buhari ve Müslim Sahih'lerinde Ebu Nuayn el-Mustahrac (vr. 139-140), Beyhaki (III, 390-393)'de rivayet etmişlerdir. (Belirtilen) fazlalık Buhari'de bulunmamaktadır.

e- Ölümü kesinleştikten sonra techizini yapıp (mezarına) çıkartmakta ellerini çabuk tutmaları gerekir. Çünkü Ebu Hureyre (r.a)'ın merfu olarak rivayet ettiği hadiste şöyle buyurulmaktadır: "Cenazeyi ... çabuklaştırınız." Hadis ileride kırkyedinci bölümde tamamen kaydedilecektir.

Bu hususta bundan daha açık iki hadis daha vardır. Fakat her ikisi de zayıftır. Bundan ötürü onları kaydetmedik.

Birinci hadis İbn Ömer'den Peygamber efendimize merfu olarak nakledilmiş olup, lafzı şu şekildedir:

"Sizden birisi öldü mü onu alıkoymayınız. Onu kabrine götürmekte elinizi çabuk tutunuz. Başının ucunda Bakara'nın ilk âyetleri, ayaklarının yanında da son âyetleri okunsun."

Hadisi Taberani el-Mucemu'l-Kebir'de (III, 208/2), el-Hallam, el-Kıraat-u inde'l-Kubur (k. 25/2)'de Yahya b. Abdullah ed-Dahhak el-Babulutî'den rivayet edilmektedir: Bize Eyyub b. Nuheyk el-Halebî ez-Zührî -Sad b. Ebi Vakkas'ın ailesinin azadlısı- anlatarak dedi ki: Ata b. Ebi Rebah el-Mekkî'yi şöyle derken dinledim: İbn Ömer'i şöyle derken dinledim deyip, bu hadisi zikretmektedir.

Derim ki bu oldukça zayıf bir seneddir. Bu senedde iki illet vardır:

Birinci illeti el-Babulutî'dir. Hafız (İbn Hacer)'in et-Takrir adlı eserde belirttiği gibi zayıf bir ravidir.

İkinci illet ise hocası Eyyub b. Muheyk'dir. O, ondan da zayıftır. Ebu Hatim ve başkaları zayıf olduğunu söylemişlerdir. el-Ezdî metruk bir ravidir demiştir. Ebu Zür'a: Hadisi münkerdir demiştir.

Hafız (İbn Hacer) münker olduğu açıkça ortada olan bir başka hadis rivayet etmektedir. Bu hadisi Yahya b. Abdullah yoluyla nakletmektedir: Bize Eyyub, Mücahid'den, o İbn Ömer'den (Peygamber efendimize) merfu olarak rivayet etti... Sonra şöyle demektedir:

"Yahya zayıf bir ravidir fakat onun bunu (bu rivayeti nakletmesi) ihtimali yoktur."

Bunu bildiğimize göre hafızın Fethu'l-Bari'de (III, 143), Taberani'nin rivayet ettiği bu hadis hakkında: "İsnadı hasendir demesine gerçekten hayret edilir.

Şevkanî de bu değerlendirmesini Neylu'l-Evtar'da (III, 309) nakletmekte ve olduğu gibi kabul etmektedir.

Heysemi ise Mecmau'z-Zevaid, (III, 44)'te şunları söylemektedir:

"Bunu Taberani, el-Kebir'de rivayet etmiştir. Senedinde Yahya b. Abdullah el-Babulutî vardır. O da zayıf bir ravidir." Ancak o da Eyyub b. Muheyk'in bu senedde yer aldığını söz konusu etmemiştir. Halbuki Eyyub -az önce geçtiği üzere- Yahya'dan da kötüdür.

İkinci hadis ise Huseyn b. Vahvah'dan rivayet edilmektedir:

"Talha b. el-Bera hastalandı. Peygamber (s.a) onu ziyarete gitti ve şöyle dedi: Benim gördüğüm kadarıyla Talha ölecektir vefat ettiği vakit bana haber veriniz ki onun cenazesinde bulunayım, namazını kıldırayım. Onu (mezara götürmekte) acele ediniz. Çünkü bir müslümanın cesedinin aile halkı arasında alıkonulmaması gerekir."

Hadisi Ebu Davud ve Beyhaki (III, 386-387) rivayet etmiş bulunmaktadır. Senedinde Urve -Azre de denilir- b. Said el-Ensari vardır. O bunu babasından rivayet etmektedir. Ancak her ikisi de -hafızın takrir'de belirttiği gibi- meçhuldür.

Diğer taraftan Ebu Hureyre'nin rivayet ettiği hadisin sözünü ettiğimiz hususa delil getirilmesi "elinizi çabuk tutunuz" ifadesinden kastın cenazenin techiz işinde elin çabuk tutulması olduğuna binaendir. Bundan maksadın cenazenin kabrine taşınıp götürülmesinde elin çabuk tutulması olduğu görüşüne gelince, o vakit bununla istidlal tam olmamaktadır. Çünkü önce Kurtubi'nin, sonra Nevevi'nin daha kuvvetli gördüğü bir görüştür. Hafız İbn Hacer ise az önce haklarında sözettiğimiz iki hadise dayanarak birinci görüşü daha kuvvetli görmektedir ki bunun hali de açıkça ortadadır.

Diğer taraftan avam arasında oldukça meşhur üçüncü bir hadis daha vardır ki o da: "Ölenin ikramı defnedilmesidir." sözüdür. Halbuki bunun es-Sehavi'nin el-Makasidu'l-Hasene (no: 150)'de olduğu gibi aslı astarı yoktur.

f- Öldüğü şehirde onu defnetmeleri ve başka bir yere onu taşımamaları. Çünkü böylesi az önce geçen Ebu Hureyre hadisinde emrolunan çabuklaştırma işine aykırıdır.

Buna yakın bir hadis de Cabir b. Abdullah (r.a)'ın rivayet ettiği hadistir. O şöyle demektedir:

"Uhud günü (olan) olunca şehid düşenler baki'de defnedilmek üzere götürülmek istendi. Rasûlullah (s.a)'ın münadisi şöyle seslendi: Rasûlullah (s.a) sizlere öldürülenleri öldürüldükleri yerlerde defnetmenizi emretmektedir. -Bu sırada annem, babamı ve dayımı (bir devenin iki yanında (bir rivayette onları iki tarafına koydu) [su çeken bir devenin üzerinde] baki'de defnetmek üzere taşımıştı.- Geri döndürüldüler. (Bir rivayette şöyle demiştir: Onları da diğer öldürülenlerle birlikte öldürüldükleri yerlere geri çevirdik.)"

Hadisi dört Sünen sahibi ile İbn Hibban, Sahih'inde (196-Mevarid)'de rivayet etmişlerdir. İkinci rivayet ona aittir. Ayrıca Ahmed (III, 297-380), Beyhaki (IV, 57) sahih bir senedle rivayet etmişlerdir.

Tirmizi: "Hadis hasen, sahihtir" demektedir. Fazlalık Ahmed'in kaydettiği bir rivayete ait olup, ileride onun lafzı 80. bölüm... (?) meselede gelecektir.

Bundan dolayı Aişe (r.anha) Vadi'l-Habeşe denilen yerde bir kardeşi ölüp de öldüğü yerden taşınıp getirilince şöyle demiştir:

"Benim rahatsız olduğum yahutta içten içe beni üzen husus sadece onun öldüğü yerde defnedilmiş olmasını arzu etmemdir."

Bu rivayeti Beyhaki sahih bir senedle kaydetmiştir.

Nevevi, el-Ezkar adlı eserinde şunları söylemektedir:

"Ölen bir başka beldeye taşınmasını vasiyet edecek olursa, bu vasiyeti yerine getirilmez. Çünkü çoğunluğun kabul ettiği, tercih edilen ve sahih olan mezhebimizin ve muhakkiklerin de açıkça ifade ettikleri görüşe göre (cenazeyi öldüğü yerden) taşımak haramdır."

g- Bazılarının onun malından -isterse malının tamamını kapsasın- borcunu ödemeye koşması gerekir. Şâyet herhangi bir malı yoksa eğer borcunu ödemek için gayret harcamış birisi ise devlet onun adına borcunu öder. Devlet bu işi yapmayarak birileri bu işi kendiliğinden (hayır olsun diye) yapar. Bu hususta birkaç hadis vardır: Birincisi Sad b. el-Atbal (r.a)'dan gelmektedir:

"Kardeşi öldü ve geriye üçyüz dirhem bıraktı ve bakıma muhtaç çoluk çocuğu kaldı. (Sad) dedi ki: Ben bu paraları çoluğuna çocuğuna harcamak istedim. Fakat Peygamber (s.a) şöyle buyurdu: Senin kardeşin borcu dolayısıyla alıkonulmaktadır. [Git] onun borcunu öde. [Gittim onun borcunu ödedim, sonra geldim.] Ey Allah'ın Rasûlü dedim. Onun borçlarını ödedim. Tek istisna bir delili bulunmayan bir kadının alacağı olduğunu iddia ettiği iki dinar kaldı. Peygamber şöyle buyurdu: "O kadına (o parayı) öde. Çünkü o bir hak sahibidir. (Bir rivayette: Doğru söylüyor.)"

Hadisi İbn Mace (II, 82), Ahmed (IV, 136, V, 7), Beyhaki (X, 142)'de rivayet etmiştir. Hadisin iki senedinden biri sahihtir. Diğeri ise İbn Mace'nin senedi gibidir. el-Busirî, el-Zevaid adlı eserinde sahih olduğunu belirtmektedir. Hadisin anlatımı ve ikinci rivayet Beyhaki'ye ait olup, aynı zamanda bu rivayet ile fazlalıklar da Ahmed'in kaydettiği rivayetlerden birisi ile aynıdır.

İkinci hadis Semure b. Cündüb'den gelmektedir:

"Peygamber (s.a) bir cenaze üzerine namaz kıldı. (Bir rivayette: Sabah namazını kıldı). Namazı bitirince: Burada filanın ailesinden kimse var mı? diye buyurdu. [Herkes sustu. Çünkü Peygamber kendiliğinden onlara bir şey söyledi mi susarlardı.] Bunu birkaç defa söyledi. [Üç defa tekrarladığı halde kimse ona cevap vermedi], [bir adam: O aradığın işte budur dedi.] (Semura) dedi ki: İnsanların arka tarafından birisi elbisesini sürükleyerek kalktı. [Peygamber (s.a) ona şöyle dedi: İlk iki defa (seslenişim)de bana cevab vermene engel olan ne idi?] Ben ise ancak bir hayır dolayısı ile senin adını söyledim. Filan kişi -onlardan olan birisinin adını vererek- borcu dolayısıyla esir alınmıştır.] Cennete gitmekten alıkonulmuştur. Arzu ederseniz onu esaretinden kurtarınız, arzu ederseniz onu Allah'ın azabına terkediniz.] Onun akrabalarını ve durumuyla ilgilenenleri kalkıp da onun borcunu ödediklerini bir görseydin. [Nihayet hiçbir kimsenin ondan bir isteyecek alacağı kalmadı.][1]

Bu hadisi Ebu Davud (II, 84), Nesai, (II, 233), Hakim (II, 25-26), Beyhaki (VI/4/76), Müsned'inde Tayalisi (no: 891-892) rivayet etmişlerdir. Aynı şekilde Ahmed de (V, 11-13-20) rivayet etmiştir. Kimisi bu hadisi eş-Şabi'den, o Semure'den diye rivayet ederken, kimisi ikisi arasına Sem'an b. Müşennic'i sokmaktadır. Birinci şekilde Hakim'in dediği ve Zehebi'nin de ona muvafakat ettiği üzere Buhari ile Müslim'in şartına göre sahihtir. İkinci şekilde ise sadece sahihtir.

İkinci rivayet iki müsnede aittir. Birinci ve ikinci fazlalık Hakim'e aittir. Üçüncü ve beşinci fazlalık da öyle. İkinci fazlalığı Beyhaki zikretmektedir. Üç ve dördüncü fazlalığı Ahmed de rivayet etmiştir. Beşinci fazlalığı Tayalisi zikretmektedir. Tayalisi, Ahmed ve Ebu Davud müştereken altıncı fazlalığı zikretmişlerdir.

Üçüncü hadis Cabir b. Abdullah'tan gelmektedir. O dedi ki:

"Bir adam vefat etti. Onu yıkadık, kefenledik, hanud (güzel kokular) koyduk ve onu Rasûlullah (s.a) için (cenaze namazını kılmak üzere) cenazelerin konulduğu makam-ı Cibril'in yakınında bıraktık. Daha sonra Rasûlullah (s.a)'a üzerinde cenaze namazı kılmak üzere haber verdik. Bizimle beraber geldi. Bir kaç adım [adımladı] sonra şöyle dedi: Galiba sizin bu adamınızın borcu var. Onlar evet iki dinar borcu var dediler. Peygamber geri durdu [ve: adamınızın namazını kılınız diye buyurdu]. Bizden Ebu Katade diye bilinen bir adam ey Allah'ın Rasûlü ben onları ödemeyi üzerime alıyorum dedi. Bu sefer Rasûlullah (s.a) şöyle buyurdu: Onları ödemek senin üzerine ve kendi malından (olacak) ve ölü bunlardan artık beridir (öyle mi) diye buyurdu. Adam evet dedi. Bu sefer Peygamber onun namazını kıldırdı. Rasûlullah (s.a) Ebu Katade ile karşılaştı mı (bir rivayette: sonra ertesi günü onunla karşılaşınca dedi ki): o iki dinarı ne yaptın demeye koyuldu. [Ebu Katade dedi ki: Ey Allah'ın Rasûlü henüz daha dün öldü.] Nihayet bundan sonra bir seferinde (diğer rivayette şöyle denilmektedir: Daha sonra bir sonraki gün onunla karşılaşınca: İki dinar ne yaptı? diye sordu.) (Ebu Katade) dedi ki: Onları ödedim ey Allah'ın Rasûlü dedi. (Peygamber) şöyle buyurdu: İşte şimdi onun derisi serinlemeye başladı (borcu ödendiği için üzerinden azab kaldırılmış oldu)."

---

[1] Bu hadisin İbn Abbas tarafından rivayet edilen bir şahidi daha vardır. Bunu Taberani, el-Mu'cem el-Kebir (k. 156/2)'de zayıf bir sened ile rivayet etmiştir.

Hadisi Hakim (II, 58) rivayet etmiştir. Anlatım ona aittir. Beyhaki (VI, 74-75), Tayalisi (1673), Ahmed (III, 333), el-Heysemi'nin (III, 39) dediği gibi hasen bir isnad ile rivayet etmiştir.

Hakim ise:

"İsnadı sahihtir" demiş olup, Zehebi de bu hususta ona muvafakat etmiştir.

Diğer rivayet ise -Hakim'in dışında- fazlalıklar hepsinde mevcuttur. Ancak ikinci fazlalığı sadece Tayalisi kaydetmiştir.

İki Uyarı:

1. Bu hadis-i şerif Ebu Katade'nin borcu ödemesinin Peygamber (s.a)'ın ölen üzerinde namaz kıldığından sonra gerçekleştiğini ifade etmektedir. Ancak bu müşkil (nisbeten izahı zor) bir husustur. Çünkü bizzat Ebu Katade'den sahih olarak nakledildiğine göre o bu borcu namaz kılınmasından önce ödemiştir. Nitekim bu hadis 51. meselede gelecektir. Eğer bu olay birden çok olmuştur diye anlaşılmayacak olursa, Ebu Katade'nin yaptığı rivayet Cabir'in naklettiği hadisten daha sahihtir. Çünkü Cabir'in hadisinde Abdullah b. Muhammed b. Akîl vardır ki onun hakkında (cerhedici mahiyette) sözler söylenmiştir. O kendisine muhalif olarak gelmeyen rivayetlerde hadisi hasen bir kimsedir. Ancak ona muhalefet edilmiş ise delil olmaz. Doğrusunu en iyi bilen Allah'tır.

2. Bu hadisler ölünün kendi adına borcun ödenmesi ile faydalandığını ifade eder. İsterse bu onun oğlu dışında birisi tarafından ödenmiş olsun. Ayrıca yapılan bu ödemenin azabını kaldırdığını da ortaya koymaktadır. O halde bu rivayetler şanı yüce Allah'ın: *"İnsan için çalıştığından başkası yoktur."* (en-Necm, 53/39) buyruğu ile Peygamber efendimizin: "İnsan öldü mü ameli kesilir. Şu üç husus müstesna..." hadisinin umumi ifadesini tahsis eden rivayetler arasındadır.

Bu son hadisi Müslim ve el-Edebu'l-Müfred'de Buhari ve Ahmed rivayet etmişlerdir.

Fakat ölen adına borç ödemek ayrı bir şeydir. Onun adına sadaka vermek ayrı bir şeydir. Borç ödemek tasadduktan daha özeldir. Bazıları verilen sadakanın ölene mutlak olarak ulaşacağı üzerinde icma olduğunu nakletmişlerdir. Eğer bu görüş bu hususta sahih ise[2] mesele yok. Aksi takdirde onun adına sadaka vermeye dair varid olmuş hadisler sadece evladın anne-babası adına sadaka vermesi ile ilgilidir. Bu ise hadisin açık ifadesi (nassı) gereğince onların kazançları arasındadır. Dolayısıyla yabancı bir kimsenin onlara kıyas edilmesi caiz olamaz. Çünkü bu açıkça görüleceği üzere kıyas maa'l-farik'dir. (Yani) sadaka vermek, borç ödemeye

---

[2] İleride tahkiki geleceği üzere bu husustaki icma sahih olarak nakledilmiş değildir.

kıyas edilmez. Çünkü az önce belirttiğimiz gibi sadaka vermek daha umumidir.

İleride bu mesele 117. meselede daha geniş bir şekilde açıklanacaktır.

Dördüncü hadis: Yine Cabir'den şöyle dediği rivayet edilmektedir:

"Babası Uhud günü şehid düştü ve altı kız çocuğu bıraktı. Üzerinde [otuz vesk] borç da bıraktı. [Alacaklılar haklarını sıkı bir şekilde istemeye koyuldular.] Hurmaların toplanma zamanı gelince, Rasûlullah (s.a)'a gittim ve şöyle dedim: Ey Allah'ın Rasûlü sen de biliyorsun ki benim babam Uhud günü şehid düştü ve geriye pekçok borç bıraktı. Ben de alacaklıların seni görmelerini arzu ediyorum. Şöyle buyurdu: Git, her bir hurma çeşidini başlı başına bir arada harman yap. Ben de onun dediğini yaptım, sonra çağırdım. [Sabah olunca yanımıza geldi.] Alacaklılar onu görünce, anında bana kızdılar. Onlar yaptıklarını görünce, bu harmanların en büyükleri etrafında üç defa dolaştı. [Ve mahsulünün bereketlenmesi için dua etti.] Sonra başında oturdu, sonra adamlarını çağır dedi. Onlara kileyle ölçüp durdu. Nihayet Allah babamın emanetini (vasiyetini) eksiksiz yerine getirmiş oldu.[3] Ben ise Allah'a yemin ederim. Babamın emanetini (vasiyetini) yüce Allah eksiksiz ödetsin de kızkardeşlerime tek bir hurma tanesi dahi götürmemeye razı idim. Fakat Allah'a yemin ederim bütün harmanlar olduğu gibi kaldı. Nihayet ben Rasûlullah (s.a)'ın başında oturduğu harmana baktım da ondan tek bir hurma tanesi dahi eksilmemiş gibiydi. [Rasûlullah (s.a) ile birlikte akşam namazına vardım.][4] Bunu ona sözkonusu ettim, şöyle buyurdu: Ebu Bekir ve Ömer'e git de onlara bu hususu bildir. (Onlara durumu haber verince her ikisi de) dedi ki: Biz Rasûlullah (s.a) bu işi yaptı mı bunun böyle olacağını zaten biliyorduk."

Hadisi Buhari (V, 46, 171, 237, 319, VI, 462-463)'de rivayet etmiş olup, anlatım da ziyadeleriyle birlikte ona aittir. Buna yakın bir şekilde Ebu Davud (II, 15), Nesai (II, 127-128), Darimi (I, 22-25), İbn Mace (II, 82-83), Beyhaki (VI, 64) ve Ahmed (III, 313, 365, 373, 391, 397)'de -hem uzun olarak- hem de muhtasar olarak rivayet etmişlerdir.

Bu hadiste Ahmed'in kaydettiği rivayetlerde pekçok fazlalıklar bulunmaktadır. Uzar korkusuyla bunları kaydetmedim.

Beşinci hadis yine Cabir'den rivayet edilmiştir. O dedi ki:

---

[3] Maksat borcunun ödenmesi için oğluna yaptığı vasiyettir. Onun buna dair hadisi birinci bölüm, 4. meselede görülebilir.

[4] Elimizdeki baskıda köşeli parantez kapatılmamıştır. Biz tahmini olarak kapattık. (Çeviren)

"Rasûlullah (s.a) hutbe okumak üzere ayağa kalkar, Allah'a hamdeder, O'na layık olduğu vechile senalarda bulunur ve şöyle derdi: Allah kime hidayet verirse onu saptıracak yoktur, onun saptırdığına da kimse hidayet veremez. Şüphesiz sözün en hayırlısı Allah'ın kitabı ve hidayetin en hayırlısı Muhammed'in gösterdiği yoldur. İşlerin en kötüleri ise sonradan ortaya çıkartılanlarıdır. Sonradan ortaya çıkartılan herbir iş bir bid'attir. [Ve her bid'at bir sapıklıktır ve herbir sapıklık ateştedir.] Kıyameti sözkonusu ettiği vakit gözleri kızarır, sesi yükselir, öfkesi artardı. Sanki o bir orduyu [şöyle diyerek] uyaran bir uyarıcı idi: Sabaha varmaz, akşama varmaz (size baskın yapacaktır). Kim bir mal bırakırsa, onun mirasçılarına aittir. Kim de bakıma muhtaç kimseler (çoluk çocuk) yahut bir borç geriye bırakırsa o benim üzerimedir ve bana aittir ve şüphesiz ben mü'minler[e] [en] yakın olanım. (Bir rivayette: Her mü'mine kendi nefsinden... şeklindedir.)"

Hadisi Müslim (III- 11), Nesai (I, 234), Beyhaki Sünen (III, 213-214)'de esma ve sıfat (s. 82)'de, Ahmed (III, 296, 310, 311, 338-371)'de rivayet etmiş olup, anlatım ona aittir. Ebu Nuayn el-Hilye'de (III, 189) birinci fazlalık ona, Nesai'ye ve Beyhaki'ye aittir. Bunun isnadı Müslim'in şartına göre sahihtir. İkinci fazlalık ise ona (Ebu Nuaym'e) ve Beyhaki'ye, üçüncüsü ve dördüncüsü Ahmed'e aittir, ikinci rivayet ise Müslim'indir.

Bu hususta Buhari ve Müslim ve başkaları tarafından rivayet edilmiş, Ebu Hureyre'den gelmiş bir hadis de vardır.[5]

Altıncı hadis: Aişe (r.anha)'dan olup o şöyle demiştir: Rasûlullah (s.a) buyurdu ki: "Her kim benim ümmetimden bir borç yükü altına girer de onu ödemek için gayret harcamakla birlikte onu ödemeden ölürse onun velisi benim."

Hadisi Ahmed (VI, 74) rivayet etmiş olup, senedi Buhari ve Müslim'in şartına göre sahihtir.

el-Münzirî (III, 33) şunları söylemektedir:

"Hadisi Ahmed ceyyid bir isnad ile rivayet ettiği gibi Ebu Ya'la ve el-Evsat'ta Taberani de rivayet etmiştir."

Buna yakın bir rivayet de Mecmau'z-Zevaid (IV, 132)'de bulunmaktadır. Ancak şunları söylemektedir: "Ahmed'in rivayetindeki raviler Sahih'in ravileridir."[6]

---

[5] Daha sonra bu hadisin rivayet yollarını ayrı bir cüzde toplayıp, ona "Hutbetu'l-Hace" adını verdim. Basılmış bulunmaktadır.

[6] Şevkani, IV, 21'de İbn Mace'ye de nisbet etmiştir. Ancak bu bir yanılmadır. Ben oldukça araştırmakla birlikte bu hadisi İbn Mace'de bulamadım. el-Mizzi de "et-Tuhfe"de bunu zikretmediği gibi, Nablusi de "ez-Zehair" adlı eserinde zikretmiş değildir. Eğer İbn Mace'de bu hadis yer alsaydı, el-Münziri bu hadisi ona nisbet eder. Heysemi de bu hadisi ayrıca Mecmau'z-Zevaid'de kaydetmezdi. Nitekim bu şerefli ilimle uğraşanlar nezdinde bu bilinen bir husustur.

Fethu'l-Bari (V, 54)'de bu meseleye dair önemli, faydalı bilgiler bulunmaktadır.

4. ÖLENİN YANINDA BULUNANLAR VE ONLARIN DIŞINDAKİLER İÇİN CAİZ OLAN HUSUSLAR:

18. Ölenin yüzünü açmaları, onu öpmeleri, üç güne kadar onun için ağlamaları caizdir. Bu hususta bazı hadisler vardır:

Birinci hadis Cabir b. Abdullah (r.a)'dan rivayet edilmiştir. O şöyle demektedir:

"Babam öldürüldüğünde yüzü üzerindeki örtüyü açarak ağlamaya başladım. Bu işi yapmamı söylediler. Peygamber (s.a) ise bana böyle davranmayı yasaklamadı. [Peygamber (s.a)'ın emri üzerine kaldırıldı.] Halam Fatıma ağlamaya başladı. Peygamber (s.a) ağlıyor(mu)sun ya da ağlama dedi. Melekler siz onu kaldırıncaya kadar kanatlarıyla onu gölgelendirip durdu."

Hadisi Buhari, Müslim, Nesai, Beyhaki ve Ahmed (III, 298) rivayet etmişlerdir. Fazlalık Müslim ve Nesai'ye aittir.

İkinci hadis Aişe (r.anha)'dan rivayet edilmiştir. O şöyle demiştir: "Ebu Bekr (r.a) Sulh denilen yerdeki evinden atı üzerinde geldi ve mescide kadar girdi. [Ömer de insanlara konuşma yapıyordu.] (Babam) insanlarla konuşmadı. Nihayet Aişe (r.anha)'ın yanına girdi. Peygamber (s.a)'a doğru yürüdü. Üzeri çizgili bir Yemen kumaşı ile örtülü idi. Yüzünü açtı, sonra üzerine eğilerek [gözlerinin arasından] onu öptü. Sonra da ağlayıp, dedi ki: Anam babam sana feda olsun ey Allah'ın Peygamberi. Allah seni iki defa öldürmeyecektir. Üzerinde yazılmış bulunan ölümü tatmış bulunuyorsun. Bir rivayette de şöyle denilmektedir: Sen artık sonrasında ölmeyeceğin ölümü öldün."

Hadisi Buhari (III, 89), Nesai (I, 260-261) rivayet etmiş olup, fazlalık onun naklettiği rivayetlerin birisindedir. İbn Hibban Sahih'inde (2155), Beyhaki (III, 406) ve başkaları da rivayet etmişlerdir.

Üçüncü hadis de Aişe (r.anha)'dan rivayet edilmiştir:

"Peygamber (s.a) Osman b. Maz'un'un yanına -öldükten sonra- girdi. Yüzünü açtı, sonra üzerine kapanarak onu öptü ve ağladı. O kadar ki gözünden yaşlar aktığını gördüm."

Hadisi Tirmizi -sahih olduğunu belirterek- (II, 130), Beyhaki ve başkaları rivayet etmiştir. Ayrıca bu hadisin hasen bir sened ile bir şahidi daha vardır. Bunun için Mecmau'z-Zevaid (III, 20)'ye bakılabilir. Daha sonra bu hadiste iki zayıf nokta bulunduğu anlaşılmıştır. Bk. Keşfu'l-Esrar (I, 383). Ben bu hadisin zikredildiği kaynakları Silsiletu'l-Ahadiysi'd-Daife'de (6010) göstermiş bulunuyorum.

Dördüncü hadis: Enes (r.a)'dan dedi ki:

"Rasûlullah (s.a) ile birlikte Ebu Seyf'in yanına girdik. -Ki bu zat (Peygamber efendimizin Mariye'den oğlu olan) İbrahim (a.s)'ın süt annesinin kocası idi.- Rasûlullah (s.a) İbrahim'i aldı, öptü, kokladı. Daha sonra onun yanına girdik, bu sefer İbrahim son nefeslerini veriyordu. Rasûlullah (s.a)'ın gözünden yaşlar akmaya başladı. Abdu'r-Rahman b. Avf ona: Sende mi (ağlıyorsun) ey Allah'ın Rasûlü dedi. Peygamber şöyle buyurdu: Ey Avf'ın oğlu! Bu bir rahmettir (dedikten) sonra bir daha gözlerinden yaş aktı ve şöyle dedi: Şüphesiz göz yaş akıtır, kalb üzülür. Bununla birlikte biz de Rabbimizin razı olduğundan başka bir şey söylemeyiz. Gerçekten ey İbrahim biz senden ayrıldığımızdan ötürü üzülüyoruz."

Hadisi Buhari (III, 135), Müslim ve buna yakın ifadelerle Beyhaki (IV, 69) rivayet etmiştir. Ayrıca önceki açıklamalara (sahife: c -metinde böyle-)'ye bakınız.

Beşinci hadis Abdullah b. Cafer (r.a)'dan gelen şu rivayettir:

"Peygamber (s.a) yanlarına gelmek üzere Cafer'in ailesine üç gün mühlet verdi. Sonra yanlarına gidip şöyle dedi: Artık bugünden sonra kardeşim için ağlamayınız..."

Hadisi Ebu Davud (II, 194), Nesai (II, 292) rivayet etmiş olup, senedi Müslim'in şartına göre sahihtir. Ahmed bundan daha geniş olarak rivayet etmiştir. Onun lafzı ile bu rivayet yüce Allah'ın izniyle taziye bahsinde gelecektir.

5. ÖLÜNÜN AKRABALARINA DÜŞEN GÖREVLER:

19. Ölünün akrabaları vefat haberini aldıkları vakit iki hususa dikkat etmelidirler:

Birincisi sabır ve kadere rıza göstermektir. Çünkü yüce Allah şöyle buyurmaktadır:*"Andolsun ki sizi biraz korku, biraz açlık, mallardan, canlardan ve ürünlerden yana eksiltmekle imtihan edeceğiz. Sabredenleri müjdele. Onlar kendilerine bir musibet gelip çattığında: 'Muhakkak biz Allah'ınız ve muhakkak biz O'na dönücüleriz' derler. İşte Rablerinden bir mağfiret ve bir rahmet hep onların üzerindedir ve onlar doğru yola erdirilenlerin ta kendileridir."* (el-Bakara, 2/155-157)

Ayrıca Enes b. Malik (r.a)'ın rivayet ettiği şu hadis de bunu gerektirmektedir:

"Rasûlullah (s.a) bir kabrin yanıbaşında ağlayan bir kadının yanından geçti. Ona: Allah'tan kork ve sabırlı ol dedi. Kadın: Beni rahat bırak. Çünkü benim başıma gelen musibet sana gelmedi dedi. (Enes) dedi ki: Kadın peygamberi tanımamıştı. Ona: Bu Rasûlullah (s.a)'dır denilince, adeta ölür gibi oldu. Rasûlullah (s.a)'ın kapısına geldi. Kapısında kapıcıları görmedi. Kadın ey Allah'ın Rasûlü ben seni tanıyamadım deyince, Rasûlullah (s.a): Sabır birinci sadme halinde gösterilir diye buyurdu."

Hadisi Buhari (III, 115-116), Müslim (III, 40-41), Beyhaki -ki anlatım ona aittir- (IV, 65)'de rivayet etmişlerdir.

Çocukların ölümü üzerine sabretmenin pek büyük ecri vardır. Bu hususta pekçok hadis-i şerif vardır. Bunların bazılarını kaydetmek istiyorum:

Birinci hadis: "Müslümanlardan herhangi bir kimsenin üç çocuğu ölürse -yeminin gereği dışında- ona ateş dokunmayacaktır."[1]

Hadisi Buhari, Müslim ve Beyhaki (IV, 67) Ebu Hureyre'de rivayet etmişlerdir.

İkinci hadis: İki müslüman (karı ve koca)nın henüz ergenlik yaşına erişmemiş üç çocuğu ölürse, mutlaka Allah onları da, anne-babalarını da rahmetinin lütfuyla cennete koyar. (Peygamber devamla) buyurdu ki: Ve cennet kapılarından bir kapı üzerinde bulunurlar. Onlara: Cennete girin denilir, onlar hayır anne-babamız gelinceye kadar (girmeyiz). Onlara: Siz de anne ve babanız da Allah'ın lütuf ve rahmeti ile cennete giriniz denilir."

Hadisi Nesai (I, 265), Beyhaki (IV, 68) ve başkaları Ebu Hureyre'den rivayet etmişlerdir. Senedi Buhari ve Müslim'in şartına göre sahihtir.

Üçüncü hadis: "Herhangi bir kadının üç çocuğu ölürse, mutlaka o çocuklar o kadın için ateşe karşı bir perde olurlar. Bir kadın: Ya iki kişi diye sordu. (Peygamber): İki kişi dahi olsa diye buyurdu."

Hadisi Buhari (III, 94), Müslim, Beyhaki (IV, 67), Ebu Said el-Hudri (r.a)'dan rivayet etmişlerdir.

Dördüncü hadis: "Allah mü'min kulunun yeryüzünden çok sevdiği bir varlığı alınır da sabreder, onun ecrini (Allah'tan) bekleyecek olursa, o kuluna cennetten başka bir mükafat vermeye razı olmaz."

Hadisi Nesai (I, 264), Abdullah b. Amr'dan hasen bir senedle rivayet etmiştir.

Ölenin akrabalarına düşen ikinci görev: İstircada bulunmaktır. O da kişinin: "İnna lillah ve inna ileyhi raciun: Şüphesiz biz Allah'a aitiz ve muhakkak O'na döneceğiz" demektir. Az önceki âyet-i kerimede geçtiği gibi. Buna Peygamber (s.a)'ın tavsiye buyurduğu şu sözleri de ilave eder: "( ): Allah'ım bu musibetim dolayısıyla bana ecir ver ve bana onun yerine ondan hayırlısını ver" ifadelerini ekler. Çünkü Um Seleme

---

[1] İmam Beğavi, Şerhu's-Sünne, V, 451'de şunları söylemektedir: "Bununla şanı yüce Allah'ın yaptığı kasemi (yemini) gereğini yerine getireceği miktarı kastetmektedir. O da yüce Allah'ın: *"Şüphe yok ki aranızda oraya uğramayacak hiç kimse yoktur."* (Meryem, 19/71) diye buyurmaktadır. Kişi oraya uğrayıp, geçip gittikten sonra yüce Allah'ın yemini de yerini bulmuş olur."

(r.anha) şöyle demiştir: Ben Rasûlullah (s.a)'ı şöyle buyururken dinledim:

"Bir musibet bir müslümana gelip çatar da Allah'ın kendisine emrettiği şekilde: "İnna lillah ve inna ileyhi raciun. Allah'ım bu musibetimde bana ecrimi ver ve bana onun yerine ondan daha hayırlısını ver" diyecek olursa, şüphesiz Allah da ona ondan hayırlısını verir. (Um Seleme) dedi ki: Acaba hangi müslüman Ebu Seleme'den (benim için) daha hayırlı olur. O Rasûlullah (s.a)'a hicret eden ilk ailedir. Sonra bunu ben lafzan da söyledim. Yüce Allah bana onun yerine Rasûlullah (s.a)'ı verdi. (Um Seleme) dedi ki: Rasûlullah (s.a) bana, beni kendisine istemek üzere Hatıb b. Ebi Beltaa'yı gönderdi. Ben: Benim kızım var ve ben çok kıskanç bir kadınım dedim. Şöyle buyurdu: Onun kızına gelince, Allah'a kızının kendisine ihtiyacının kalmaması için dua ederiz. Ayrıca Allah'a kıskançlığı gidermesi için de dua ederim diye buyurdu."

Hadisi Müslim (III, 37), Beyhaki (IV, 65) ve Ahmed (VI, 309) rivayet etmişlerdir.

20. Eğer kadın çocuğunun ya da bir başka yakınının vefatı dolayısıyla üç günden fazla olmamak üzere yas tuttuğundan ötürü her türlü ziynetten imtina edip uzak durması sabra aykırı değildir. Bundan tek istisna kocası için tuttuğu yastır. Onun için yas dört ay on gündür. Çünkü Ebu Seleme'nin kızı Zeyneb'in rivayet ettiği hadis bunu gerektirmektedir. Zeyneb dedi ki:

"Peygamber (s.a)'ın hanımı Um Habibe'nin yanına girdim. Şöyle dedi: Rasûlullah (s.a)'ı şöyle buyururken dinledim: Allah'a ve ahiret gününe iman eden bir kadının üç günden fazla bir ölen için yas tutması helal değildir. Kocası için tutması gereken dört ay on günlük yas müstesna." Daha sonra Cahş kızı Zeyneb'in yanına kardeşinin vefatı dolayısıyla girdim. Koku getirilmesini istedi, o kokuyu süründü. Sonra şöyle dedi: Aslında benim koku sürünmeye bir ihtiyacım yok. Şu kadar var ki Rasûlullah (s.a)'ı şöyle buyururken dinledim..." diyerek hadisi zikretti.

Hadisi Buhari (III, 114, IX, 400-401) rivayet etmiştir.

21. Ancak eğer hanım kocasını hoşnut etmek ve onun kendisine duyacağı ihtiyacını karşılamak için kocasının dışındakiler için yas tutmayacak olursa, böylesi onun için daha faziletlidir ve bunun ardından her ikisi için de pek çok hayırlar ümit edilebilir. Tıpkı Um Suleym ile kocası Ebu Talha el-Ensari'nin -Allah ikisinden de razı olsun- başından geçenlerde olduğu gibi. Uzunluğuna rağmen ikisine dair kıssayı zikretmekte bir sakınca yoktur. Çünkü bu kıssada pekçok faydalı hususlar, öğütler ve ibretler bulunmaktadır. Enes (r.a) dedi ki:

"Enes'in babası Malik, hanımı Um Süleyme -ki o Enes'in annesidir- dedi ki: Şu adam -Peygamber (s.a)'ı kastediyor- şarabı haram kılıyor. Kalkıp Şam'a kadar gitti, orada öldü. Ebu Talha gelip, Um Süleym'e talib oldu. Bu hususta onunla konuştu. Um Süleym: Ey Ebu Talha! Senin gibi birisi red olunmaz fakat sen kâfir bir kimsesin, ben ise müslüman bir kadınım. Dolayısıyla benim seninle evlenmem uygun değildir. Ebu Talha: Sen önceden böyle değildin dedi. Um Süleym: Ya nasıldım diye sorunca, Ebu Talha: Sarıya (altına) ve beyaza (gümüşe) ne dersin? Um Süleym: Ben ne sarı isterim, ne beyaz. Senden müslüman olmanı istiyorum. [Eğer müslüman olursan, o benim mehrim olur. Senden de ondan başka bir şey istemem.] Ebu Talha: Peki bu hususta bana kim yardımcı olabilir deyince, Um Süleym: Bu hususta Rasûlullah (s.a)'ın yanına gidebilirsin. Ebu Talha, Peygamber (s.a)'ın yanına gitmek üzere ayrılıp gitti. Rasûlullah (s.a) ashabı arasında oturuyordu. Peygamber onu görünce şöyle buyurdu: Gözleri arasında İslamın parıltısı bulunduğu halde Ebu Talha yanınıza geliyor. Ebu Talha, Rasûlullah (s.a)'a Um Süleym'in neler söylediklerini bildirdi ve bu esas üzere onunla evlendi.

Sabit (ki bu olayı Enes'ten rivayet edenlerden birisi olan Sabit el-Bünani'dir) dedi ki: Bize ulaştığı kadarıyla onun mehir olarak İslamı kabul etmek suretiyle onun mehrinden daha büyük bir mehir olmamıştır. Ebu Talha onunla evlendi, gözleri güzel bir kadındı. Yaşı küçüktü. Bir oğlu oluncaya kadar Um Süleym, Ebu Talha ile birlikte kaldı. Ebu Talha bu oğlunu çok seviyordu. Bir seferinde çocuk [oldukça ağır bir şekilde] hastalandı. Ebu Talha da onun hastalığına boyun eğdi, kabullendi. [Ebu Talha sabah namazı vakti kalkar, abdest alır, Peygamber (s.a) ile birlikte gider namaz kılardı. Yaklaşık günün ortasına kadar onunla birlikte olur, ondan sonra gelir, kaylule uykusuna yatar yemek yerdi. Öğle namazını kıldı mı hazırlanıp giderdi ve akşam namazına gelmezdi.] Ebu Talha bir akşam Peygamber (s.a)'a geldi. (Bir rivayette mescide) çocuk öldü. Um Süleym şöyle dedi: Ben bizzat bildirmedikçe hiç kimse Ebu Talha'ya oğlunun öldüğü haberini vermesin. Um Süleym çocuğu hazırladı. [Üzerini örttü] ve onu [evin bir tarafına] koydu. Ebu Talha, Rasûlullah (s.a)'ın yanından gelip, Um Süleym'in yanına girdi. [Beraberinde arkadaşlarından mesciddekilerden birtakım kimseler de vardı.] Ebu Talha oğlum nasıl dedi. Um Süleym: Ey Ebu Talha hastalandığından bu yana şu andakinden daha sakin olmamıştır. [Rahata kavuştuğunu ümit ederim] deyip ona akşam yemeğini getirdi, [yemeği önlerine koydu onlar da akşam yemeğini yediler, gelenler çıkıp gitti], [(Enes) dedi ki: Yatağına kalkıp gitti, başını koydu.] Sonra Um Süleym kalkıp koku süründü [ve daha önce onun için süslendiğinden daha fazla süslendi], [sonra gelip, onunla yatağa girdi. Ebu Talha hoş kokuyu alır almaz bir erkeğin hanımına duyduğu yakınlığı duydu], [gecenin bitimine doğru] Um Süleym dedi ki: Ey Ebu Talha şu konu hakkında ne dersin? Birtakım kimseler başkalarından bir şeyi ariyet olarak alsalar, sonra o eşyanın sahibleri ariyetlerini geri isteyecek olurlarsa, ariyet olarak alanlar bunu vermemezlik edebilirler mi? Ebu Talha hayır dedi. Um Süleym şu cevab verdi: Şüphesiz aziz ve celil olan Allah senin oğlunu sana ariyet olarak vermişti. Sonra onu yanına aldı. Artık bunun ecrini Allah'tan bekle ve sabret. Ebu Talha bu işe kızdı ve sonra şöyle dedi: Beni yapacaklarını yapıncaya kadar bıraktın da sonra oğlumun öldüğünü mü haber veriyorsun. [Sonra istircada bulundu, Allah'a hamdetti], [sabah olunca gusletti], sonra Rasûlullah (s.a)'ın yanına (mescide) gitti. [Onunla birlikte namaz kıldı] ve durumu ona haber verdi. Rasûlullah (s.a) şöyle buyurdu: Allah size geçirdiğiniz o geceyi mübarek kıldı. (Um Süleym) bundan hamile kaldı ve hamileliği ağırlaştı. Um Süleym, Peygamber (s.a) ile birlikte sefere çıkardı. O yola çıktı mı o da onunla çıkardı (Medine'ye) girdi mi onunla birlikte girerdi. Rasûlullah (s.a) şöyle buyurdu: "Doğumunu yaparsa bebeği bana getiriniz. [Rasûlullah (s.a) bir yolculukta bulunuyorken Um Süleym de onunla beraber idi. Rasûlullah (s.a) Medine'ye bir yolculuktan geldiği vakit oraya doğrudan girmezdi. Medine'ye yaklaştıklarında Um Süleym'in doğum sancıları tuttu, Ebu Talha da Um Süleym'in yanında kaldı. Rasûlullah (s.a) ise yoluna devam etti. Ebu Talha dedi ki: Rabbim sen de biliyorsun ki Rasûlün çıkıp giderse onunla beraber çıkmak, girdiği vakit de onunla beraber girmek benim çok hoşuma gider. İşte şimdi gördüğün durum dolayısıyla burada Um Süleym dedi ki: Ey Ebu Talha! Artık eskiden çektiğim acıları şimdi çekmiyorum dedi. Bunun üzerine yola koyuldular ve (Medine'ye) vardıklarında doğum sancıları başladı.] Bir oğlu oldu. Oğlu Enes'e dedi ki: [Ey Enes! Bunu Rasûlullah (s.a)'ın yanına sabah vakti alıp götürünceye kadar hiçbir şey yemesin [ve Enesle beraber birkaç hurma gönderdi]. Çocuk gece ağlayıp durdu, ben de geceyi onunla geçirdim. Onu bekleyip durdum, nihayet sabah oldu. Rasûlullah (s.a)'ın yanına vardım], [üzerinde çizgili bir elbise vardı]. Bu sırada ya develeri ya da koyunları işaretliyordu. [Onun yanına vardım]. Bebeğe bakınca Enes'e dedi ki: Milha'nın kızı doğum yaptı mı, Enes evet dedi. [(Peygamber buyurdu ki: Biraz bekle işimi bitirip geleceğim]. (Enes devamla) dedi ki: Elindekini bıraktı, bebeği aldı ve şöyle dedi: [Beraberinde bir şey var mı? Evet birkaç hurma dediler.] Peygamber (s.a) hurmalardan [birkaç tane] aldı. [Onları çiğnedi sonra ağzındakini biraraya getirdi], [daha sonra bebeğin ağzını açtı ve ağzındakini onun ağzına sokup] çocuğu tahnik etmeye (ağzına ezdiği hurmadan çalmaya) başladı. Çocuk da yalanmaya başladı: [Bir taraftan hurmanın tatlılığını emiyor, diğer taraftan Rasûlullah (s.a)'ın tükürüğünü yalıyordu. Böylelikle bu bebeğin barsaklarına ilk inen şey Rasûlullah (s.a)'ın tükürüğü oldu. Rasûlullah buyurdu ki:

Ensarın hurmayı ne kadar sevdiklerine bir bakınız, [Enes (dedi ki: Ey Allah'ın Rasûlü ona isim koy dedim. Şöyle buyurdu:], [yüzünü sildi] ve ona Abdullah adını verdi. [Ensarın gençleri arasında ondan daha üstün kimse olmadı], [dedi ki: Onun pekçok çocuğu oldu. Abdullah da Faris diyarında (İran'da) şehit düştü]."

Bu hadisi Tayalisi (no: 2056)'da rivayet etmiş, anlatım ona aittir. Onun rivayet ettiği yolla Beyhaki (IV, 65-66), İbn Hibban (725), Ahmed (III, 105-106, 181, 196, 278 ve 290)'da rivayet etmişlerdir. Bütün fazlalıklar -ileride geleceği üzere- ona aittir.

Ayrıca Buhari (III, 132-133), Müslim (VI, 174-175) muhtasar bir şekilde ve sadece çocuğun vefatı olayı kadarı ile rivayet etmişlerdir. Nesai (II, 87)'de başından bir bölüm rivayet etmiştir. İlk fazlalık ona aittir. Altıncı, sekizinci, onbeşinci ve onaltıncı fazlalıklar Buhari'ye, ondokuzuncu, ikinci ve yirminci fazlalık Müslim'e diğerleri ise -az önce geçtiği üzere- Ahmed'e aittir.

Bu kıssanın rivayet ve lafızlarını biraraya getirmek için özel bir itina gösterdim. Çünkü burada gerçekten gözalıcı ve üstün hususlar vardır. Okuyucu bu kıssa ile ilgili kapsamlı ve doğru bir fikir sahibi olsun diye böyle yaptım. Böylelikle ibret ve elde edilecek fayda tamamlanabilmektedir.

---

6. ÖLENİN AKRABALARINA HARAM OLAN ŞEYLER:

22. Rasûlullah (s.a) birileri öldüğünde o dönemde insanların yaptıkları, kimilerinin halen yapmaya devam ettikleri birtakım hususları haram kılmıştır. Onlardan sakınmak için bunları bilmek gerekir. Bu nedenle onları açıklamak da kaçınılmaz bir husustur.

A. Ağıt yakmak (miyaha)(1): Bu hususta pekçok hadis-i şerifler vardır:

1. "Ümmetim arasında dört husus vardır ki bunlar cahiliye işlerinden olup, onları terketmeyeceklerdir: Şan ve şerefle öğünmek, neseblere dil uzatmak, yıldızlar ile yağmur yağmasını dilemek ve ağıt yakmak. (Devamla) buyurdu ki: Ağıt yakan kadın eğer ölümden önce tevbe etmeyecek olursa kıyamet gününde üzerinde katrandan bir şalvar ve uyuzdan bir gömlek olduğu halde ayakta bekletilecektir."

Müslim (III, 45), Beyhaki (IV, 63), Ebu Malik el-Eş'ari'den rivayet etmişlerdir.

2. "İnsanlar arasında iki husus vardır ki bunların onlarda bulunması bir küfürdür: Nesebe dil uzatmak ve ölene ağıt yakmak."

Hadisi Müslim (I, 58), Beyhaki (IV, 63) ve başkaları Ebu Hureyre'den rivayet etmişlerdir.

3. Rasûlullah (s.a)'ın oğlu İbrahim vefat edince Üsame b. Zeyd feryad etti. Rasûlullah (s.a) bu benden değildir. Feryad eden bir

kimsenin hiçbir hakkı yoktur. Kalb üzülür, göz yaş akıtır fakat Rabbı gazablandıracak bir iş yapılmaz."

İbn Hibban (743), Hakim (I, 382), Ebu Hureyre'den hasen bir isnadla rivayet etmişlerdir. İbn Hibban'ın lafzında "...(yüksek sesle bağıran: saih yerine) feryad eden (sarih)in payı yoktur." şeklindedir.

4. Um Atiye'den şöyle dediği rivayet edilmiştir:

"Rasûlullah (s.a) bey'at ile birlikte bizden ağıt yakmamak üzere söz aldı. Bu hususa aramızdan (bey'atte bulunan kadınları kastediyor) sadece beş kadın vefa gösterdi, bağlı kaldı: Um Süleym, Um el-Ala, Ebu Sebre'nin kızı ve Muaz'ın hanımı ya da Ebu Sebre'nin kızı ve Muaz'ın hanımı"

Buhari (III, 137), Müslim (III, 46) -lafız ona ait-, Beyhaki (IV, 62) ve başkaları rivayet etmişlerdir.

5. Enes b. Malik'ten şöyle dediği rivayet edilmiştir:

"Ömer b. el-Hattab arkadan bıçaklandığında Hafsa onun için ağladı. Ömer: Ey Hafsa sen Rasûlullah (s.a)'ı: Kendisine ağlanılan kimseye azab edilir derken duymadın mı? Suhayb de [vay kardeşim, vay arkadaşım diyerek] onun için ağladı. Ömer: Ey Suhayb dedi. Kendisi için ağlanılan kimseye azab edildiğini bilmiyor musun? (Bir rivayette şöyledir): "Şüphesiz ölen aile halkının bazılarının ağlaması dolayısıyla azab edilir. Bir diğer rivayette de kendisi için feryad edildiğinden ötürü (kabrinde) şeklindedir."

Hadisi Buhari, Müslim -anlatım ona ait-, Beyhaki (IV, 72-73), Ahmed (no: 268, 288-289-290, 315, 334, 254 (muhtemelen 354 olmalıdır), 386), Ömer (r.a)'dan uzun ve muhtasar çeşitli rivayet yollarından rivayet etmişlerdir. İbn Hibban da Sahih'inde (741) sadece Hafsa (r.anha) ile ilgili kıssayı rivayet etmiştir.

6. "Şüphesiz ölen kimseye yakınları kendisi için ağladıklarından ötürü azab edilir." Bir diğer rivayette de şöyle denilmektedir: "Ölmüş kimseye kendisine yakılan ağıttan ötürü kabrinde azab edilir."

Hadisi Buhari ve Müslim ile Ahmed, İbn Ömer'den diye rivayet etmişlerdir. Diğer rivayet Müslim ve Ahmed'e ait olup, bunu İbn Hibban Sahih'inde (742), İmran b. Husayn'ın rivayeti olarak ilk rivayete oldukça yakın bir şekilde rivayet etmişlerdir.

7. "Kendisi için feryad edilip, ağlanan kimse [kıyamet günü] kendisine feryad edildiğinden ötürü azab edilir."

Hadisi Buhari (III, 126), Müslim (III, 45), Beyhaki (IV, 72) ve Ahmed (IV, 245, 252, 255)'de rivayet etmişlerdir.

Bu hadiste açıklandığına göre bundan önce sözkonusu edilen hadisteki ağlamaktan kastın mutlak olarak bir ağlama olmadığı, aksine özel bir ağlama şekli olan feryad ve figan (ağıt yakmak) olduğu anlaşılmaktadır. Buna daha önce geçen Ömer (r.a)'dan nakledilen ikinci rivayetteki hadis de işaret etmektedir ki o da: "...Bazı ağlamalar sebebiyle..." ifadesidir.

Diğer taraftan bu hadisin zahirdeki ifadesi ile ondan önceki hadisler nisbeten müşkildir (anlaşılmaları ve izahları zordur). Çünkü bunlardaki ifadeler şeriatın kabul edilmiş birtakım esas ve kuralları ile çatışmaktadır. Yüce Allah'ın: *"Günahkar hiçbir nefis başkasının günahını yüklenmez."* (el-En'am, 164) buyruğu gibi.

İlim adamları buna sekiz türlü cevab vermişlerdir ki doğruya en yakın olanları şu iki görüştür:

1. Cumhurun kabul ettiği görüş: Bu hadis kendisi için ağıt yakılmasını vasiyet eden yahutta insanların adeten bunu yapacaklarını bilmekle birlikte böyle bir işin yapılmamasını vasiyet etmeyen kimseler hakkında kabul edilir. Bundan dolayı Abdullah b. el-Mubarek şöyle demiştir: "Eğer hayatta iken bu işi yapmamalarını söylemekle birlikte onlar vefatından sonra bunu kısmen de olsa yapacak olurlarsa bundan dolayı ona hiçbir sorumluluk olmaz."[1] Bunlara göre de azab cezalandırmak (ikab) anlamındadır.

2. Diğer görüşe göre burada "azab edilir" lafzı aile halkının kendisi için ağladıklarını işitmekle acı duyar, bundan dolayı onlara acır ve üzülür. Bu da berzah hayatında olacak bir şeydir, kıyamet günü değil. Muhammed b. Cerir et-Taberi ve başkaları bu görüşü benimsemiş, İbn Teymiye, İbnu'l-Kayyim ve başkaları da bu görüşü destekleyerek şöyle demişlerdir:

"Bundan kasıt Allah hayatta olanların kendisi için ağlamaları dolayısıyla onu azablandırıcı değildir. Azab Peygamber efendimizin: "Yolculuk azabtan bir parçadır" buyruğunda olduğu gibi "ikab: ceza"dan daha geneldir. Buradaki ikab herhangi bir günah dolayısıyla yapılan bir ceza değildir. Bu bir çeşit azab görmek, acı çekmek demektir."[2]

Bu açıklamayı beş ve altıncı hadislerdeki: "kabrinde" ifadesi desteklemektedir. Ben bir süre bu kanaate meylediyordum. Daha sonra sözkonusu edilen azabı "kıyamet günü"nde gerçekleşmekle kayıtlayan yedinci hadise muhalif olduğundan ötürü bu görüşün zayıf olduğunu gördüm. Açıkça görülen husus şu ki bunun belirttikleri şekilde teviline (açıklanıp, yorumlanmasına) imkan yoktur. Bundan dolayı bizce tercih edilen görüş cumhurun görüşüdür. Onların bu açıklamasına göre bu kayıt ile diğer hadisteki "kabrinde" kaydı arasında da bir aykırılık olmaz. Aksine bu azab ötekine katılır ve sonuç olarak bunun hem kabrinde, hem de kıyamet gününde azaba

---

[1] Umdetu'l-Kari, IV, 79

[2] İbn Teymiye'nin açıklamaları için bk. Mecmuatu'r-Resail el-Muniriyye, II, 209; İbnu'l-Kayyim, Tehzibu's-Sünen, IV, 290-293

uğratılacağı anlaşılır. Bu husus -yüce Allah'ın izniyle- açıkça anlaşılan bir şeydir.

8. en-Numan b. Beşir'den şöyle dediği rivayet edilmiştir:

"Abdullah b. Revaha (r.a) baygın düştü. Kızkardeşi Amra ağlayarak: Ey benim dağ gibi kardeşim, ey şöyle olan, ey böyle olan deyip onun için ağıt yakmaya başladı. Kendisine gelince: Sen bir şey söyledikçe mutlaka bana da sen böylemisin denildi. Onun için Abdullah ölünce ona ağlamadı."

Bu hadisi Buhari ve Beyhaki (IV, 64) rivayet etmişlerdir.

Bu hususta başka hadisler de vardır. Bunları yüce Allah'ın izniyle bundan sonraki fıkrada sözkonusu edeceğiz.

B,C. Yanaklara vurmak, yakaları (elbiseleri) yırtmak. Çünkü Peygamber (s.a) şöyle buyurmuştur:

"Yanaklarına vuran, yakalarını yırtan ve cahiliye davasını güden bizden değildir."

Buhari (III, 127-128-129), Müslim (I, 70), İbnu'l-Carut (257), Beyhaki (IV, 63-64) ve başkaları İbn Mesud'dan rivayet etmişlerdir.

D. Saçları traş etmek. Çünkü Ebu Burde b. Ebi Musa rivayet ettiği hadiste şöyle demektedir:

"Ebu Musa bir ağrıya tutuldu ve bunun sonucunda bayıldı. Başı yakınlarından hanımının göğsünde idi. Hanımlarından bir kadın feryad etti. Ona hiçbir şekilde cevap veremiyordu. Kendisine gelince şöyle dedi: Ben Rasûlullah (s.a)'ın uzak olduğunu belirttiği kimselerden uzağım. Çünkü Rasûlullah (s.a) ölüm musibeti karşısında sesini yükselten, saçlarını traş eden, (elbiselerini) yırtan herkesden uzak olduğunu belirtmişti."

Buhari (III, 129), Müslim (I, 70), Nesai (I, 263), Beyhaki (IV, 64)

E. Saçları çözmek. Çünkü bey'at eden hanımlardan birisi rivayet ettiği hadiste şöyle demiştir:

"Rasûlullah (s.a)'ın bizden söz aldığı maruf hususlar arasında maruf olan hiçbir hususda ona isyan etmemek, yüzümüzü tırmalayıp yırtmamak, veyl (vay başıma gelenler) diye feryad etmemek, yaka yırtmamak ve saçlarımızı (matem dolayısıyla) çözmemek de vardır."

Hadisi Ebu Davud (II, 59) onun naklettiği rivayet yoluyla Beyhaki (IV, 64) sahih bir senet ile rivayet etmişlerdir.

F. Bazı erkeklerin ölülerine üzüldükleri için birkaç gün sakal traşı olmamaları. Bu günler bitince tekrar sakallarını traş etmeye başlamaları. Bu şekilde sakalı traş etmemek[3] açıkça görüleceği gibi,

---

[3] Peygamber (s.a)'a uyarak sakal koyvermenin aslı ise açıkça bilindiği gibi vacib bir sünnettir. Çoğu kimse bu sünneti yerine getirmekte kusurlu davranmaktadır. Bk. Adab-u Zifaf, s. 207-213, yeni baskı

saçları çözmek (taramamak) demektir. Ayrıca bunun bid'at olduğunu da eklemek gerekir. Peygamber (s.a) da şöyle buyurmuştur:

"Her bid'at bir sapıklıktır ve herbir sapıklıkta ateştedir."

Nesai, el-Esma ve's-Sıfat adlı eserinde Beyhaki sahih bir senedle Cabir (r.a)'dan -az önce geçtiği gibi- rivayet etmişlerdir.

G. Minare ve benzeri şeyler vasıtasıyla ölenin haberini vermek. Çünkü bu bir çeşit na'y (ölümü yasak olan bir yolla ilan etmek)dir. Huzeyfe b. el-Yeman'dan şöyle dediği sabittir:

"Onun bir cenazesi oldu mu kimseye bunu haber vermeyiniz. Çünkü ben bunun bir na'y olacağından korkuyorum diyordu. (Devamla) çünkü Rasûlullah (s.a)'ı na'yi yasaklarken dinledim."

Tirmizi (II, 129)'de rivayet etmiş olup, hasen olduğunu belirtmiştir. İbn Mace (I, 450), Ahmed (V, 406) -anlatım ona ait-, Beyhaki (IV, 74). Hadisin merfu olan bölümünü İbn Ebi Şeybe, Musannef (IV, 98'de) rivayet etmiş olup, Hafız İbn Hacer'in Fethu'l-Bari'de dediği gibi senedi hasendir.

Na'y sözlükte ölenin ölümünü haber vermektir. Bu açıklamaya göre hertürlü haber vermeyi kapsar. Fakat bir çeşit haber vermenin caiz olduğuna delalet eden sahih birtakım hadisler de vardır. İlim adamları bu hadislere dayanarak mutlak olarak gelen yasaklayıcı ifadeleri kayıtlamışlar ve şöyle demişlerdir: Na'yden kastedilen cahiliye halkının yaptığı gibi -ileride geleceği üzere- evlerin ve çarşı pazarların girişlerinde yüksek sesle bağırıp çağırmaya benzeyen ilanlardır. Bu sebebten ötürü ben de bir sonraki bölümde bu hususu açıklamayı uygun gördüm.

---

7. CAİZ OLAN NA'Y (ÖLÜMÜ HABER VERMEK):

23. Beraberinde cahiliye türü ölümü haber verme şeklini andıran herhangi bir husus bulunmadığı sürece ölümün ilan edilmesi caizdir. Bu yanında gasletmek, kefenlemek, namazını kılmak ve benzeri hususları hakkıyla yerine getirecek kimseler bulunmadığı takdirde vacib dahi olabilir. Bu hususta bazı hadis-i şerifler vardır:

Birinci Ebu Hureyre (r.a)'dan rivayet edilmektedir:

"Rasûlullah (s.a) öldüğü günü Necaşi'nin ölüm haberini verdi. Namazgaha çıktı, ashabı saf halinde dizdi ve onlara dört tekbir getir(ip cenaze namazını kıl)dı."

Hadisi Buhari, Müslim ve başkaları rivayet etmiştir. İleride çeşitli rivayet yollarıyla, bütün fazlalıklarıyla altmışıncı meselenin yedinci hadisi olarak sözkonusu edilecektir.

İkinci hadis: Enes (r.a)'dan dedi ki: Peygamber (s.a) buyurdu ki:

"Sancağı Zeyd aldı, o da isabet aldı. Sonra Cafer aldı, o da isabet aldı. Sonra Abdullah b. Revaha aldı, o da isabet aldı. -Bu arada Rasûlullah (s.a)'ın gözlerinden yaş akıyordu.- Sonra sancağı Halid b. Velid (onların başına geçmesi hususunda tarafımdan) emirliği tayin edilmeksizin aldı ve ona zafer nasib oldu."

Hadisi Buhari rivayet etmiş olup, bu hadisin ve bundan önceki hadisin bulunduğu babı şöylece kaydetmiştir:

"Kişinin ölenin akrabalarına bizzat kendisinin ölümü haber vermesi" Hafız (İbn Hacer) de şöyle demektedir:

"Bu başlığın faydası ölümü haber vermenin (na'yin) büsbütün menedilmediğine, ancak cahiliye halkının yaptıklarının yasaklandığına işaret etmektedir. Çünkü onlar evlerin kapılarına ve çarşı pazara ölenin ölüm haberini ilan edecek kimseler gönderirlerdi..."

Derim ki: Eğer bu ölen kişi müslüman bir kimse ise minareler de bunu yüksek sesle ilan etmek öncelikli olarak bir na'y olur. Bundan dolayı bundan önceki fıkrada biz bunu açıkça ifade etmiş bulunuyoruz.

Ayrıca bizatihi haram olan başka hususlar da bu haber verme ile birlikte bulunabilir. Bu şekilde yüksek sesle ilan karşılığında ücret almak ölenin bu şekilde olmadığı bilinen ifadelerle methedilmesi buna örnektir. Mesela: "Kerem ve lutfa nail olmuş şerefli kimselerin övüncü ile salih ve şerefli selefin kalıntısı olan bu zatın haydi cenaze namazına" demek buna örnektir.

24. Ölümü haber veren kişinin insanlardan ölü için mağfiret dilemelerini istemesi müstehabtır. Çünkü Ebu Katade (r.a) rivayet ettiği hadiste şöyle demektedir:

"Rasûlullah (s.a) emir (kumandan) tayin ettiği kimselerin bulunduğu orduyu gönderdi ve şöyle dedi: Kumandanınız Zeyd b. Harise'dir. Eğer Zeyd şehid düşerse, Cafer b. Ebi Talib olsun. Eğer Cafer şehid düşerse, ensardan Abdullah b. Revaha olsun. Cafer ileri atılarak dedi ki: Anam babam sana feda olsun ey Allah'ın Rasûlü. Ben, benim başıma Zeyd'i kumandan tayin edeceğinden korkmadım. (Peygamber) buyurdu ki: Git sen bunlardan hangisinin daha hayırlı olduğunu bilmezsin. Ayrılıp gittiler, Allah'ın dilediği kadar bir süre kaldılar. Daha sonra Rasûlullah (s.a) minbere çıktı ve "es-salâtu camiatun: hep birlikte namaza" diye nida edilmesini emir buyurdu. Rasûlullah (s.a) şöyle buyurdu: "Bir hayır oldu ya da dün bir hayır oldu ya da hayır gerçekleşti. -Bu şüpheli ifadeleri Abdu'r-Rahman (yani Abdu'r-Rahman b. Vehdi) kullanmıştır.- Ben şimdi şu gazaya giden ordunuza dair size haber vereceğim. Onlar yollarına koyuldular, düşmanla karşılaştılar. Zeyd isabet alarak şehid oldu. Ona mağfiret dileyiniz. -Hazır bulunanlar da ona mağfiret diledi.- Daha sonra sancağı Cafer b. Ebi Talib aldı. O kâfirler üzerine şehid olarak öldürülünceye kadar sıkı hücum yaptı. Ben onun şehid olduğuna şahidlik ederim. Onun için mağfiret dileyin. Daha sonra sancağı Abdullah b. Revaha aldı. Şehid olarak öldürülünceye kadar ayaklarını sağlam tuttu. Onun için Allah'tan mağfiret dileyin. Sonra Halid b. el-Velid -ki (Peygamberin) tayin ettiği emirlerden (kumandanlardan) değildi kendi kendisini emir yapmıştı- sancağı aldı. Daha sonra Rasûlullah (s.a) iki parmağını kaldırarak şöyle buyurdu: "Allah'ım o senin kılıçlarından bir kılıçtır. Sen ona zafer nasib et. -O günden bu yana Halid'e Allah'ın kılıcı adı verildi- sonra şöyle buyurdu: Haydi sefere hazırlanın, kardeşlerinizin yardımına koşun. Hiç kimse geri kalmasın. İnsanlar oldukça sıcak bir zamanda binekli, bineksiz savaşa hazırlanıp çıktılar."

Hadisi Ahmed (V, 299-300-301) rivayet etmiş olup, senedi hasendir.

Peygamber (s.a)'ın Necaşi'nin ölümünü insanlara bildirdiği vakit: "Kardeşiniz için mağfiret dileyiniz." sözü ile ilgili olarak Ebu Hureyre'den ve başkalarından gelmiş rivayetler vardır. İleride 60. meselede bu husus gelecektir.[1]

---

8. HÜSN-İ HATİME'NİN ALAMETLERİ

25. Hikmeti sonsuz şeriat koyucu hüsn-i hatime'ye delil olarak görülebilecek apaçık birtakım alametler tesbit etmiştir. Yüce Allah lütuf ve ihsanıyla bunları bizim için takdir etmiş bulunmaktadır. Her kim bu hallerden birisi ile ölürse bu onun için bir müjde olur. Hem de nasıl bir müjde:

Birincisi kişinin ölüm esnasında şehadeti söylemesidir. Bu hususta birtakım hadisler vardır:

1. "Her kimin son sözü la ilahe illallah olursa cennete girer."

Bu hadisi Hakim ve başkaları hasen bir sened ile Muaz'dan rivayet etmişlerdir.

Yine Muaz'dan bir başka rivayet yoluyla şu lafız da gelmiştir: "Ölürken Allah'tan başka hiçbir ilah olmadığına ve benim Allah'ın Rasûlü olduğuma şehadet eden herbir kimse bunu yakîn ile inanan bir kalb ile söylemiş ise mutlaka Allah o kimseye (günahlarını) bağışlar."

Hadisi İbn Mace, Ahmed ve başkaları rivayet etmiş olup, İbn Hibban sahih olduğunu belirtmiştir. Bana göre senedi hasendir. Nitekim ben bunu Silsiletu'l-Ahadiysi's-Sahiha (2278)'da açıklamış bulunuyorum.

Bu hadisin Ebu Hureyre'den gelen ve telkin bahsinde a fıkrasında kaydettiğimiz bir şahidi daha vardır.

---

[1] Geçen bu açıklamalardan günümüzde bazı yerlerde insanların: "Filanın ruhuna fatiha" demelerinin sözü geçen sünnete muhalif olduğu açıkça görülmektedir ve bu şüphesiz ki bir bid'attir. Özellikle sahih olan görüşe göre kıraat ölülere ulaşmaz. Yüce Allah'ın izniyle ileride açıklaması gelecektir.

2. Talha b. Ubeydullah (r.a)'dan dedi ki:

"Ömer, Talha b. Ubeydullah'ın ağır (hasta) olduğunu gördü. Ona: Ey filanın babası ne oldu sana? Galiba senin amcanın hanımı sana kötülük yaptı ey filanın babası dedi. Talha hayır dedi [ve Ebu Bekir'den övgü ile sözetti]. Ancak ben Rasûlullah (s.a)'dan bir hadis dinledim. Ona bu hadis hakkında o ölene kadar bu hadis hakkında soru sormamı engelleyen tek husus buna güç yetirebileceğim (bir gün gelir sorabileceğim) düşüncesi ben onu şöyle buyururken dinlemiştim: Şüphesiz ki ben bir söz biliyorum ki ölümü sırasında bir kul onu söyleyecek olursa, mutlaka onun sebebiyle rengi parıldar ve Allah onun sıkıntısını açar. (Talha b. Ubeydullah) dedi ki: Bunun üzerine Ömer şöyle dedi: Ben onun hangi söz olduğunu biliyorum. (Talha) hangisidir diye sordu. Ömer dedi ki: Sen ölüm esnasında amcasına söylemesini emrettiği la ilahe illallah kelimesinden daha büyük bir söz biliyor musun? Talha: Doğru söyledin odur. Allah'a yemin ederim odur dedi."

Hadisi İmam Ahmed (no: 1384) rivayet etmiş olup, senedi sahihtir. İbn Hibban(2) (Dizgici notu: Kasetten burada 2 nolu bir dipnot verilmiştir fakat ben aşağıda verilen 1 nolu dipnottan başlayarak bu bölümün dipnotlarını yazacağım. Metinden bakılarak düzeltilmesi) buna yakın ifadelerle ve Hakim (I, 350-351)'de rivayet etmiş olup, fazlalık onun rivayetindedir. Hakim: "Buhari ve Müslim'in şartına göre sahihtir" demektedir. Zehebi de bu hususta ona muvafakat etmiştir.

Bu hususta telkin bahsinde zikredilmiş başka hadisler de vardır.

İkinci alamet alnı terleyerek ölmektir. Çünkü Bureyde b. el-Hasib (r.a) şöyle demiştir:

"Horosan'da bulunduğu sırada hasta olan bir kardeşinin ziyaretine gitti. Ölmek üzere olduğunu gördü. Alnının da terlemekte olduğunu gördü. Bunun üzerine şöyle dedi: Allahu ekber! Ben Rasûlullah (s.a)'ı şöyle buyururken dinledim: Mü'minin ölümü alın teri ile olur."

Hadisi Ahmed (V, 357, 360)'da rivayet etmiş olup ifadeler ona aittir. Nesai (I, 259), Tirmizi (II, 128) -hasen olduğunu belirterek-; İbn Mace (I, 443-444), İbn Hibban (730), Hakim (I, 361), Tayalisi (808) ve el-Hilye adlı eserinde Ebu Nuaym (IX, 223) rivayet etmiş olup, Hakim de şöyle demiştir:

"Hadis Müslim'in şartına göre sahihtir." Zehebi de bu hususta ona muvafakat etmiştir. Ancak bu hususun böyle olması tartışılabilir bir konudur. Burada bunu sözkonusu etmenin yeri değildir. Özellikle Nesai'nin isnadlarından birisi Buhari'nin şartına göre sahihtir.

Ayrıca Abdullah b. Mesud (r.a)'ın rivayet ettiği hadiste buna şahittir.

Bu hadisi Taberani, el-Evsat ve el-Kebir'de rivayet etmiş olup, ricali sika (güvenilir) ve sahih hadisin ravileridir. Mecmau'z-Zevaid (II, 325)'de olduğu gibi.

Üçüncü alamet: Cuma gecesi ya da cuma gündüz vefat etmek. Çünkü Peygamber (s.a) şöyle buyurmuştur:

"Cuma gündüz ya da cuma gece ölen herbir müslümanı muhakkak yüce Allah kabir fitnesinden (azabından) korur."

Hadisi Ahmed (6582, 6646), el-Fesevi, el-Marife (II, 520)'de Abdullah b. Amr'dan iki rivayet yoluyla, Tirmizi iki rivayet yolundan birisinde rivayet etmişlerdir. Hadisin Enes'den, Cabir b. Abdullah'tan ve başkalarından gelen başka şahidleri de vardır. O halde bu hadis rivayet yollarının toplamı ile hasen ya da sahihtir.[1]

Dördüncü alamet: Savaş meydanında şehid düşmek. Yüce Allah şöyle buyurmaktadır:*"Allah yolunda öldürülenleri sakın ölüler sanma. Bilakis onlar Rableri katında diridirler, rızıklanırlar. Allah'ın lütfundan kendilerine verdiği ile hepsi de sevinç içindedirler ve arkalarından henüz kendilerine katılamayanlara: 'Onlar için hiçbir korku yoktur, onlar üzülecek de değillerdir' diye müjdelemek isterler. Onlar Allah'tan bir nimet, bir lütuf ve Allah'ın mü'minlerin ecrini boşa çıkarmayacağı müjdesini de vermek isterler."* (Al-i İmran, 3/169-171)

Bu hususta birtakım hadis-i şerifler de vardır:

1. Şehidin Allah nezdinde altı tane özelliği vardır: Kanının ilk damlası ile birlikte ona mağfiret olunur. Cennetteki yerini görür, kabir azabından korunur, en büyük korkudan yana emin olur. Ona iman süsü giydirilir, huru'l-ıyn ile evlendirilir ve akrabalarından yetmiş kişi hakkında şefaatçi yapılır."

Hadisi Tirmizi (III, 17)'de rivayet etmiş ve sahih olduğunu belirtmiştir; İbn Mace (II, 184), Ahmed (IV, 131) sahih bir sened ile. Daha sonra (IV, 200)'de Ubade b. es-Samit'in rivayet ettiği bir hadis olarak (IV, 200)'de Kays el-Cüzami'nin rivayet ettiği bir hadis olarak rivayet etmektedir ki her ikisinin de senedi aynı şekilde sahihtir.

2. Peygamber (s.a)'ın ashabından bir adamdan rivayete göre:

"Bir adam ey Allah'ın Rasûlü dedi. Mü'minler ne diye -şehid müstesna- kabirlerinde fitneye maruz kalırlar. Peygamber şöyle buyurdu: Onun (şehidin) başı üzerinde kılıçların parıltısı ona fitne (imtihan ve sual) olarak yeter."

Hadisi Nesai (I, 289) ve ondan el-Kasım es-Serakusti, Garibu'l-Hadis (II, 165/1)'de rivayet etmiş olup, senedi de sahihtir.

Bir Uyarı:

Kalbinden ihlas ile şehid olmayı isteyen bir kimsenin savaş alanında şehid düşmesi nasib olmasa dahi şehadete nail olacağı

[1] Bk. Tuhfetu'l-Ahvezi ile el-Mişkat (1367)

umulur. Buna delil Peygamber (s.a)'ın şu buyruğudur: "Her kim samimi olarak Allah'tan şehadeti dileyecek olursa, yatağı üzerinde ölse dahi Allah onu şehidler mertebesine ulaştırır."

Hadisi Müslim (VI, 49) ve Beyhaki (IX, 169)'da Ebu Hureyre'den rivayet etmişlerdir.

el-Müstedrek (II, 77)'de bu hadise şahidlik edecek başka rivayetlerde vardır.

Beşincisi Allah yolunda gaza ederken ölmek. Bu hususta iki hadis-i şerif vardır:

1. "Sizler kendi aranızda kimi şehid sayıyorsunuz. Ashab: Ey Allah'ın Rasûlü ! Allah yolunda öldürülen kimse şehiddir dediler. Peygamber şöyle buyurdu: Şüphesiz o zaman ümmetimin şehidleri az olur. Ashab: Peki onlar kimlerdir? Ey Allah'ın Rasûlü deyince, şu cevabı verdi: Allah yolunda öldürülen kimse şehiddir. Allah yolunda iken ölen kimse de şehiddir. Taundan ölen kimse şehiddir. Karın hastalıklarından ölen şehiddir. Suda boğularak ölen şehiddir."

Hadisi Müslim (VI, 51), Ahmed (II, 522)'de Ebu Hureyre'den rivayet etmişlerdir.

Bu konuda Ömer (r.a)'dan gelen bir rivayet Hakim (II, 159) ile el-Beyhaki tarafından da rivayet edilmiştir.

2. Her kim Allah yolunda (evinden) çıkar da ölür ya da öldürülürse o kimse şehiddir. Devesi ya da atı düşürür (boynu kırılır)sa yahut bir yer haşeratı onu sokarsa ya da yatağı üzerinde Allah'ın dilediği herhangi bir şekilde ölürse şüphesiz ki o kimse şehiddir ve muhakkak onun için cennet vardır."

Hadisi Ebu Davud (I, 391), Hakim (II, 78), Beyhaki (IX, 166)'da Ebu Malik el-Eşari'den diye rivayet etmişler. Hakim sahih olduğunu belirtmiştir. Ancak hadis sadece hasendir.

Daha sonra bunun da yanlış olduğunu ve hadisin gerçekte zayıf olduğunu tesbit ettim. Etraflı bilgi için bk. Silsiletu'l-Ahadiysi'd-Daife, 5360

Altıncı alamet: Taun sebebiyle ölmek. Bu hususta birkaç hadis vardır.

1. Siyrin'in kızı Hafsa'dan şöyle dediği rivayet edilmiştir: Enes b. Malik bana dedi ki: Yahya b. Ebi Amra hangi sebebten öldü. Ben: Taun ile dedim. Bunun üzerine şöyle dedi: Rasûlullah (s.a) buyurdu ki:

"Taun her müslüman için bir şehadettir."

Hadisi Buhari (X, 156-157), Tayalisi (2113), Ahmed (III, 150, 220-223 ve 258-265)'de rivayet etmişlerdir.

2. Aişe (r.anha)'dan rivayete göre o Rasûlullah (s.a)'a tauna dair soru sorulmuş. Allah'ın peygamberi ona şunu bildirmiş:

"O eskiden Allah'ın dilediği kimselerin üzerine gönderdiği bir azab idi. Fakat yüce Allah onu mü'minler için bir rahmet kıldı. Bir kulun bulunduğu beldede taun baş gösterir de o da Allah'ın kendisi için yazdığından başka hiçbir şey asla kendisine isabet etmeyeceğini bilerek ve sabrederek bulunduğu yerde kalmaya devam ederse, mutlaka o kimse için şehidin ecri gibi ecir vardır."

Hadisi Buhari (X, 157-158), Beyhaki (III, 376), Ahmed (VI, 64, 145, 252)'de rivayet etmişlerdir.

3. "Şehidler ile taun sebebiyle vefat etmiş olanlar getirilir. Taun dolayısıyla ölenler şöyle derler: Biz şehid kimseleriz. Onlara şöyle denilir: Bekleyiniz, eğer onların yaraları şehidlerin yaraları gibi kanı akıyor, kokusu da misk kokusu ise onlar şehidlerdir. Onların bu halde olduklarını görecekler."

Hadisi İmam Ahmed (IV, 185), Taberani el-Kebir'de (Mecmu', VI, 55/2)'de Hafız'ın (X, 159)'da belirttiği gibi hasen bir sened ile Utbe b. Abd es-Sülemi (r.a)'dan rivayet etmişlerdir.

Bu hadisin el-İrbad b. Sariye (r.a)'dan gelen bir şahidi de bulunmaktadır. Bunu Nesai (II, 63), Ahmed (IV, 128-129), Taberani (73/2)'de rivayet etmiş olup, yine Hafız (İbn Hacer) bunun hasen olduğunu belirtmekte ise de şahid olarak değerlendirilmesi halinde hasen bir hadistir.

Yine bu hususta Ebu Hureyre'den gelen bir rivayet vardır ki beşinci fıkrada birinci hadis olarak kaydedildi. Ayrıca sekiz ve dokuzuncu fıkrada da gelecektir. Yine Ubade'den böyle bir rivayet olup, onuncu fıkrada gelecektir.

Yedincisi: Karın hastalığıyla ölmektir. Bu hususta iki hadis vardır:

1. "...Ve karın hastalığı ile ölen kimse de şehiddir."

Hadisi Müslim ve başkaları rivayet etmiş olup "beşinci" alamet sözkonusu edilirken tamamıyla geçmişti.

2. Abdullah b. Yesar'dan şöyle dediği rivayet edilmiştir:

"Ben, Süleyman b. Surad ve Halid b. Urfuta birlikte oturuyorduk. Karın hastalığı dolayısıyla vefat eden bir adamdan sözettiler. Bir de baktım ki her ikisi de onun cenazesinde hazır bulunmak istiyorlar. Biri diğerine şöyle sordu: Rasûlullah (s.a): "Karnı kendisini öldüren (karın hastalığı sebebiyle ölen) bir kimse asla kabrinde azab görmeyecektir." diye buyurmadı mı? Diğeri evet buyurdu dedi. Bir rivayette de: "Doğru söylüyorsun" diye cevap verdi.

Hadisi Nesai (I, 289), Tirmizi, (II, 160) hasen olduğunu belirterek, İbn Hibban Sahih'inde (no: 728, Mevarid), Tayalisi (1288), Ahmed (IV, 262) -sahih bir sened ile- rivayet etmişlerdir.

8. ve 9. alamet: Boğularak ya da yıkıntı altında kalarak ölmek. Çünkü Peygamber (s.a) şöyle buyurmuştur:

"Şehidler beş (türlü)dür. Taun ile ölen, karın hastalığı dolayısıyla ölen, suda boğularak ölen, yıkıntı sahibi (altında kalarak ölen) ve Allah yolunda şehid düşen."

Hadisi Buhari (VI, 33-34), Müslim (VI, 51), Tirmizi (II, 159), Ahmed (II, 325 ve 533)'de, Ebu Hureyre'den gelen bir rivayet olarak zikretmişlerdir.

Onuncusu kadının yavrusu dolayısı ile lohusa halinde iken ölmesi. Çünkü Ubade b. es-Samit'in rivayet ettiği hadis bunu ifade etmektedir:

"Rasûlullah (s.a) Abdullah b. Revaha'yı ziyaret etti. Yatağında ona yer açınca Peygamber şöyle buyurdu: Sen ümmetimin şehidlerinin kim olduğunu biliyor musun? Hazır bulunanlar: Müslümanın öldürülmesi bir şehadettir dedi. Peygamber (s.a) şöyle buyurdu: Şüphesiz o takdirde ümmetimin şehidleri pek az olur. Müslümanın öldürülmesi bir şehadettir. Taun (ile ölmesi) bir şehadettir. Cenini karnında iken, cenini sebebiyle kadının ölmesi bir şehadettir. [Çocuğu annesini göbek bağı ile cennete doğru çekecektir.]"

Hadisi Ahmed (IV, 201, V, 323), Darimi (II, 208), Tayalisi (582)'de rivayet etmiş olup senedi sahihtir.

Hadisin ayrıca Müsned'de (IV, 315-317, 328) ile İbn Asakir, Tarih (VIII, 436/2)'de başka rivayet yolları da vardır.

Bu hususta Saffan b. Umeyye'den gelen bir rivayet Darimi, Nesai (I, 289) ile Ahmed (VI, 465-466)'de yer almaktadır.

Ukbe b. Amir'den gelen rivayet ise Nesai (II, 62-63), Buhari, Tarih (III, 1/58)'de yer almaktadır.

Raşid b. Hubeş'den gelen rivayet Ahmed (III, 289)'da yer almakta olup, hadisin senedindeki raviler sikadırlar.

el-Münziri, et-Terğib (II, 201)'de: "Senedi hasendir" demektedir. Tirmizi'nin naklettiği rivayette belirtilen fazlalık da vardır. Bu fazlalık Tayalisi ve Ahmed'in kaydettiği Ubade yoluyla gelen hadiste Taberani'nin kaydettiği Abdullah b. Büsr'den gelen rivayette de vardır. Hadisin ravileri Heysemi (V, 301)'e göre sikadırlar.

Cabir b. Atik'den gelen bir rivayette vardır ki bu hadisin lafzı bundan sonraki paragrafda gelecektir.

11. ve 12. alamet: Yangın ve zatu'l-cenb diye bilinen hastalık sebebiyle ölmek. Bu hususta birtakım hadisler vardır ki bunların en meşhuru Cabir b. Atik'den merfu olarak gelen şu rivayettir:

"Şehidler Allah yolunda öldürülmenin dışında yedi kişidirler: Taun ile ölen şehiddir. Suda boğularak ölen şehiddir. Zatu'l-cenb hastalığı ile ölen şehiddir. Karın hastalığı sebebi ile ölen şehiddir. Yangında ölen şehiddir. Yıkıntı altında kalarak ölen şehiddir. Karnındaki cenin[2] sebebi ile ölen kadın da şehiddir."

---

[2] en-Nihaye'de □unlar□ sцylemektedir: "Kad□n karn□nda yavrusu bulundu□u halde цlьrse demektir. Bakire olarak цlendir diye de sцylenmi□tir. Зьnkь "el-cum'" mecmu (toplanan □ey) anlam□ndad□r... Yani e□er kad□n

Hadisi Malik (I, 232-233), Ebu Davud (II, 26), Nesai (I, 261), İbn Mace (II, 185-186), İbn Hibban, Sahih (1616-Mevarid), Hakim (I, 352), Ahmed (V, 446)'da rivayet etmişler ve Hakim: "Senedi sahihtir" demiş, Zehebi de bu hususta ona muvafakat etmiştir.

Ben bu hadisin metninin sıhhatinde şüphe etmiyorum. Çünkü bu hadisin çoğu daha önce kaydettiğimiz pekçok şahidi de bulunmaktadır.

Taberani (4607)'de Rebi el-Ensari'den yıkıntıyı sözkonusu etmeksizin buna yakın merfu bir rivayet kaydetmektedir.

el-Münziri -ve ona uyarak el-Heysemi (V, 300)- şöyle demektedir: "Hadisin ravileri ile sahih'de ihticac edilmiştir."

Ahmed (IV, 157)'de, Ukbe b. Amir'den gelen merfu bir rivayeti şu lafızla zikretmektedir:

"Zatu'l-cenb'den ölen kimse şehiddir."

Senedi şahidler arasında kullanıldığı takdirde hasendir. Bu cümle daha önce beşinci fıkrada kaydettiğimiz Ebu Hureyre hadisinin bazı yollarında zikredilmiştir. Bunu Ahmed (II, 441-442)'de rivayet etmiştir. Hadisin senedinde Muhammed b. İshak vardır. Tedlis yapan bir ravidir ve burada onu anâne (an lafzını kullanarak) ile nakletmiştir. Az önce geçen Cabir b. Atik hadisinde de bu ifade yer almaktadır.

13. alamet: Verem hastalığıyla ölmek. Çünkü Peygamber (s.a) şöyle buyurmuştur:

"Allah yolunda ölmek bir şehadettir. Lohusa (iken ölmek) bir şehadettir. Yangın (ile ölmek) bir şehadettir. Suda boğularak ölmek bir şehadettir. Verem hastalığı (sonucu ölmek) bir şehadettir. Karın hastalığı (sonucu ölmek) bir şehadettir."

Mecmau'z-Zevaid (II, 317) ile (V, 301)'de şunları söylemektedir:

"Hadisi Taberani el-Evsat'ta, Selman'dan rivayet etmiştir. Senedinde Mendel b. Ali vardır. Hakkında çok şeyler söylenmiştir. Sika kabul edildiği de olmuştur."

Derim ki: Fakat daha önce onuncu fıkrada kendisine işaret olunan Raşid b. Hubeyş hadisi bunun lehine şahidlik etmektedir. Burada Ahmed ondan kaydettiği bir rivayette "ve verem hastalığı" fazlalığını zikretmiştir.

Bu rivayetin ravileri sika oldukları söylenmiş ravilerdir. el-Münziri önceden de geçtiği gibi hasen olduğunu belirtmiştir. Yine bu hadisin Mecmau'z-Zevaid'de, Ubade b. es-Samit'ten gelen bir diğer

---

kendisinden ayrılmayan hamilelik ya da bekaret ile bulunan bir şey ile birlikte (bu halde) ölürse... demektir."
Derim ki burada maksat kesinlikle hamileliktir. Buna delil ise onuncu alamette geçen "hamile olduğu çocuğu onu öldürürse" lafzının zikredildiği hadisi şeriftir.

şahidi daha vardır. Üçüncü bir şahidi de Ebu Nuaym'in Ahbaru Asbahan (I, 217-218)'de kaydettiği Aişe (r.anha)'dan gelen hadistir.

14. alamet: Gasbedilmek istenen bir mala karşı savunma yaparken ölmek. Bu hususta birkaç hadis vardır:

1. "Malı uğrunda öldürülen (bir rivayette: haksız yere malı alınmak istenip de çarpışan ve öldürülen) kimse şehiddir."

Buhari (V, 93), Müslim (I, 87), Ebu Davud (II, 285), Nesai (II, 173), Tirmizi (II, 315) sahih olduğunu belirterek, İbn Mace (II, 123), Ahmed (6816, 6823 ve 6829)'da hepsi de ikinci rivayet ile kaydetmişlerdir. Ancak Buhari ve Müslim birinci rivayetteki gibi zikretmişlerdir. Bu aynı zamanda Nesai, Tirmizi ve Ahmed (6822)'in de bir rivayetidir. Hepsi bunu Abdullah b. Amr'dan nakletmişlerdir. Yalnızca İbn Mace bunu Abdullah b. Ömer'den diye rivayet etmiştir.

Bu hususta Said b. Zeyd'den de gelmiş bir rivayet vardır ki onbeşinci alametten sözedilirken gelecektir.

2. Ebu Hureyre (r.a)'dan dedi ki:

"Bir adam Rasûlullah (s.a)'ın yanına gelerek şöyle dedi: Ey Allah'ın Rasûlü! Ne dersin? Bir adam gelip malımı almak istese (ne yapayım). Peygamber (s.a): Malını ona verme diye buyurdu. Adam: Ya benimle döğüşecek olursa ne dersin. Peygamber: Sen de onunla döğüş diye buyurdu. Adam: Peki ya beni öldürürse görüşün nedir? Peygamber: Sen bir şehidsin diye buyurdu. Adam: Peki ya ben onu öldürürsem ne dersin deyince, Peygamber: O cehennemdedir diye buyurdu."

Hadisi Müslim (I, 87), Nesai (II, 173), Ahmed (I, 339, 360) bir başka yoluyla ondan rivayet etmişlerdir.

3. Muharik (r.a)'dan şöyle dediği rivayet edilmiştir:

"Bir adam Peygamber (s.a)'a gelerek şöyle dedi: Bir adam gelip benim malımı almak isterse (ne yapayım). Peygamber: O kimseye Allah'ı hatırlat diye buyurdu. Adam: Şâyet Allah'ı hatırlamaz (vazgeçmez)se ne yapayım. Peygamber: Çevrende bulunan müslümanlardan ona karşı sana yardım etmelerini iste diye buyurdu. Adam: Şâyet etrafımda müslümanlardan hiçbir kimse yoksa (ne yapayım). Peygamber: Bu sefer ona karşı yönetim sorumlularının yardımını iste diye buyurdu. Adam: Eğer devlet sorumluları benden uzakta bulunursa [ve benim üzerime gelmekte elini çabuk tutarsa] ne yapayım diye sordu. Peygamber şöyle buyurdu: Sen ahiret şehidlerinden olasıya kadar malın uğrunda çarpış ya da malını koru."

Hadisi Nesai, Ahmed (V, 294-295)'de rivayet etmiş olup, fazlalık ona aittir. Senedi Müslim'in şartına göre sahihtir.

15. ve 16. alamet: Dini ve canı korumak uğrunda ölmek. Bu hususta iki hadis-i şerif vardır.

1. "Her kim malı uğrunda öldürülürse o kimse şehiddir. Her kim aile halkı uğrunda öldürülürse, o kimse şehiddir. Her kim dini uğrunda öldürülürse o kimse şehiddir. Her kim kanı uğrunda öldürülürse o kimse şehiddir."

Hadisi Ebu Davud (II, 275), Nesai, Tirmizi (II, 316) sahih olduğunu belirterek, Ahmed (1652 ve 1653), Said b. Zeyd'den diye rivayet etmiş olup, senedi de sahihtir.

2. "Kendisine yapılan haksızlığı önlemek uğrunda öldürülen kişi de şehiddir."[3]

Hadisi Nesai (II, 173-174)'de Süveyd b. Mukarrin'den, Ahmed (2780) İbn Abbas'tan rivayet etmiş olup, eğer Sad b. İbrahim b. Abdu'r-Rahman b. Avf ile İbn Abbas arasında inkita (rivayetteki zincir kopukluğu) yoksa senedi sahihtir. Çünkü el-Alai, Camiu't-Tahsil (s. 180)'de İbnu'l-Medeni'den naklettiğine göre bu zat (Sad b. İbrahim) ashabdan herhangi bir kimseden hadis dinlemiş değildir fakat iki yoldan biri diğerini pekiştirmektedir. Birinci rivayette ise İbn Hibban dışında kimsenin sika kabul etmediği ravi(ler) de bulunmaktadır.

17. alamet: Allah yolunda murabıt iken (sınır koruyuculuğu yaparken) ölmek. Bu hususta iki hadis-i şerif zikredeceğiz:

1. "Bir gün ve bir gece ribat yapmak (İslam devletinin sınır koruyuculuğunu yapmak) bir ay oruç tutup, namaz kılan kimsenin amelinden hayırlıdır. Eğer bu kişi ölürse yaptığı ameli ona yazılmaya devam edilir, rızkı verilir ve o çok fitneci (şeytanın fitnesinden) emin olur."

Hadisi Müslim (VI, 51), Nesai (II, 63), Tirmizi (III, 18), Hakim (II, 80), Ahmed (V, 440-441)'de Selman el-Farisi'nin rivayet ettiği bir hadis olarak zikretmişlerdir. Taberani de (6179)'de bu hadisi rivayet etmiş olup, ayrıca:

"Ve kıyamet gününde şehid olarak diriltilir." fazlalığını zikretmektedir.

Fakat Mu'cem (V, 297)'de kaydettiği rivayetin senedinde el-Heysemi'nin tanımadığı kimseler bulunmaktadır. el-Münziri de et-Terğib (II, 150)'de hakkında hiçbir şey söylememektedir.

2. "Her ölenin ameli (ölümü neticesinde) mühürlenir. Ancak Allah yolunda ribat yaparken ölen kimse müstesna. Buna ameli kıyamet gününe kadar arttırılır durulur ve kabir fitnesinden yana emin olur."

Hadisi Ebu Davud (I, 391), Tirmizi (III, 2)'de sahih olduğunu belirterek rivayet etmişlerdir. Hakim (II, 144), Ahmed (VI, 20)'de (hepsi) Fedale b. Ubeyd'den rivayet etmişlerdir. Hakim:

"Buhari ve Müslim'in şartına göre sahihtir" demiştir.

---

[3] Derim ki: Bu hadis bu mutlak ifadesiyle birinci hadiste ve diğerlerinde sözkonusu edilen dört türü de kapsamına alır.

18. alamet: Salih bir ameli işlerken ölmek. Çünkü Peygamber (s.a) şöyle buyurmaktadır:

"Her kim Allah rızasını umarak la ilahe illallah derken ameli onunla mühürlenirse cennete girer. Her kim Allah rızası için bir gün oruç tutar da onunla ameli mühürlenirse cennete girer, her kim Allah rızasını umarak bir sadaka verir de onunla ameli mühürlenirse cennete girer."

Ahmed (V, 391)'de Huzeyfe'den şöyle dediğini kaydetmektedir: "Peygamber (s.a) göğsüme dayanıp şöyle buyurdu ...." diyerek hadisi zikretti, senedi sahihtir.

el-Münziri (II, 61)'de: "Bir sakıncası yoktur" demiştir. Hafız İbn Hacer, Fethu'l-Bari (VI, 43)'de şehadetin sebeblerini ve özelliklerini sözkonusu ederken şunları söylemektedir:

"Ceyyid rivayet yollarından toplam olarak bunların yirmi hasletten fazla olduğunu tesbit ettik."

Bir uyarı: Buhari Sahih'inde (VI, 89) şöyle bir başlık açmıştır: "Filan şehiddir denilmez babı." Bu husus insanların çoğunlukla işi önemsemediği konulardan birisidir. Bu sebeble şehid filan... şehid filan der dururlar."

---

9. İNSANLARIN ÖLMÜŞ KİMSEDEN ÖVGÜYLE SÖZETMELERİ:

26. En az komşuları arasında kendisini tanıyanlardan olup, salah ve ilim sahibi olan iki kişi dahi olsa sadık müslümanlardan bir topluluğun ölenden hayır ile sözetmeleri -yüce Allah'ın lütfuyla- ölenin cennete girmesini gerektirir. Bu hususta bazı hadis-i şerifler vardır:

1. Enes (r.a)'dan dedi ki: "Peygamber (s.a)'ın yanından bir cenaze geçirildi. Ondan hayır ile sözedildi. [Diller ardı arkasına hayır söyledi], [dediler ki: Bildiğimiz kadarıyla bu kişi Allah'ı ve Rasûlünü seviyordu.] Bunun üzerine Allah'ın peygamberi şöyle buyurdu: Gerekti, gerekti, gerekti. Yine bir cenaze geçirildi. Ondan da kötü bir şekilde sözedildi. [Ardı arkasına diller ondan kötü bir şekilde sözettiler], [ve dediler ki: Bu kişi Allah'ın dininde ne kadar kötü birisi idi]. Bunun üzerine Allah'ın Peygamberi: Gerekti, gerekti, gerekti diye buyurdu. Ömer şöyle sordu: Anam-babam sana feda olsun. Bir cenaze geçirildi, ondan iyilikle sözedildi. Sen gerekti, gerekti, gerekti dedin. Bir başka cenaze daha geçirildi. Ondan kötülükle sözedildi sen yine gerekti, gerekti, gerekti diye buyurdun. (Bu ne demektir). Rasûlullah (s.a) şöyle buyurdu:

"Kendisinden hayırla sözettiğiniz kimseye cennet gerekti, kendisinden kötülükle sözettiğiniz kimseye de cehennem gerekti. [Melekler Allah'ın gökteki şahidleridir.] Sizler de Allah'ın yeryüzündeki şahidlerisiniz. Sizler Allah'ın yeryüzündeki şahidlerisiniz, sizler Allah'ın yeryüzündeki şahidlerisiniz. (Bir başka rivayette şöyle denilmektedir: Mü'minler Allah'ın yeryüzündeki şahidleridir), [şüphesiz Allah'ın Adem oğullarının dilleri aracılığı ile kişideki hayır ve şerri konuşan melekleri vardır.]"

Hadisi Buhari (III, 177-178, V, 192-193), Müslim (III, 53), Nesai (I, 273), Tirmizi (II, 158) sahih olduğunu belirterek, İbn Mace (I, 454), Hakim (I, 377), Tayalisi (2062), Ahmed (III, 179, 186, 197, 211, 245, 281)'de Enes'den gelen çeşitli rivayet yollarından rivayet etmişlerdir. Anlatım Müslim'e aittir. Diğer rivayet İbn Mace'ye aittir. Bir rivayette Ahmed ve Buhari'ye aittir. Sondan bir önceki dışındaki bütün fazlalıklar Ahmed'e aittir. Birinci fazlalık Buhari'ye, son fazlalık da Hakim'e ait olup, bu fazlalığın sahih olduğunu belirtmiş. Zehebi bu hususda ona muvafakat etmiştir. Durum ikisinin dediği gibidir.

Ayrıca Ebu Davud (II, 72), Nesai, İbn Mace ve Tayalisi (2388), Ahmed (II, 261, 466, 470, 498 ve 528)'de Ebu Hureyre'den gelen iki ayrı rivayet yoluyla kaydetmişlerdir. Son fazlalık Nesai'nin ondan naklettiği bir ziyadedir. Senedi de sahihtir. Diğer rivayet yolunun senedi ise hasendir.

2. Ebu'l-Esved ed-Diylî'den şöyle dediği nakledilmiştir:

"Medine'ye vardım. O sırada orada (salgın) bir hastalık başgöstermişti. Dehşetli bir şekilde ölüyorlardı. Ömer b. el-Hattab (r.a)'ın yanında oturdum. Bir cenaze geçti. Ondan hayırla sözedildi. Ömer: Gerekti dedi. Ben ey mü'minlerin emiri gerekti ne demek? Şöyle dedi: Ben de Peygamber (s.a)'ın söylediği gibi söyledim:

"Herhangi bir müslümana hayır ile dört kişi şahitlik edecek olursa, Allah onu cennete koyar. Bizler ya üç kişi diye sorduk. Üç kişi de diye buyurdu. Ya iki kişi diye sorduk. İki kişi de diye buyurdu. Sonra bir kişi hakkında ona soru sormadık."

Hadisi Buhari, Nesai, Tirmizi -sahih olduğunu belirterek- Beyhaki (IV, 75), Tayalisi (23) ve Ahmed (hadis no: 129 ve 204) rivayet etmişlerdir.

3. "Bir müslüman ölür de ona yakın komşularından dört hane halkı ondan hayırdan başka bir şey bilmediklerine dair lehine şehadet ederlerse mutlaka şanı yüce ve mübarek olan Allah: "Sizin söylediğinizi kabul ettim der yahutta: Şehadetinizi (kabul ettim) ve sizin bilmediğiniz şeyleri de ona bağışladım der."

Şunu belirtelim ki bu üç hadisin bir arada gösterdiği şudur: Bu şahidlik ashab-ı kiram'a mahsus değildir. Aksine onlardan sonra gelip iman, ilim ve sıdk hususunda onların yolundan giden mü'minler için de böyledir. Hafız İbn Hacer Fethu'l-Bari adlı eserinde bunu kesin bir dille ifade etmiştir. Bu konuda geniş açıklama almak isteyenler onun oradaki açıklamalarına başvurabilirler.

Üçüncü hadiste şehadet edenlerin sayısının dört kişi ile sınırlandırılmasına gelince, göründüğü kadarıyla bu hadis ondan önce zikredilen Ömer (r.a)'ın rivayet ettiği hadisten önce olmuştur. Çünkü orada iki kişinin şahidliği ile yetinilmektedir. Bu hususta dayanak da o olmalıdır.

Hadisler böyle. Günümüzde cenaze namazı akabinde bazı kimselerin kalkıp: "Siz onun hakkında nasıl şahidlikte bulunursunuz. Hakkında hayırla şahidlik ediniz" denilip, böyle diyene salih bir kimsedir yahutta hayır ehlindendir ve benzeri ifadelerle cevap vermelerine gelince, kesinlikle hadisten kastedilen bu değildir. Aksine bu çirkin bir bid'attir. Çünkü böyle bir uygulama selefin yaptığı işlerden değildi. Ayrıca bu şekilde şahidlik edenler çoğunlukla öleni tanıyan kimseler değildir. Hatta bunlar hayırla şehadette bulunmalarını isteyenlerin arzusuna uyarak bildiklerinin aksine dahi şahitlik ederler ve böylesinin ölüye fayda sağlayacağını sanırlar, fayda verecek şahidliğin ancak lehine şahidlikte bulunan kimsenin gerçek haline uyan şahidlik olduğunu da bilmiyorlar. Halbuki birinci hadisteki şu ifadeler bunu açıkça ortaya koymaktadır: "Şüphesiz Allah'ın kişide bulunan hayır ve şerri Ademoğullarının dili ile konuşan melekleri vardır."

Bunu Ahmed (III, 242), İbn Hibban (749-el-Mevarid) ve Hakim (I, 378)'de rivayet etmişlerdir.

Hakim:

"Hadis Müslim'in şartına göre sahihtir" demiş, Zehebi de bu hususta ona muvafakat etmiştir.

Bu hadisin Ebu Hureyre'den gelen bir şahidi de vardır:

"Onu Ahmed (II, 408)'de nakletmektedir. Hadisin senedinde adı verilmeyen ilim ehlinden bir ravi bulunmaktadır. Bundan rivayeti nakleden kişi ise Abdu'l-Hamid b. Cafer ez-Ziyadi'dir. Buna dair bir tercüme bulamadım.

Bunun Bişr b. Kâb'dan gelen mürsel bir başka şahidi de vardır.

Bunu Fethu'l-Bari (III, 179)'de belirtildiği üzere Ebu Müslim el-Kecci rivayet etmiştir.

Güneş ya da ay tutulması esnasında ölüm:

27. Ay ya da güneş tutulması esnasında herhangi bir kimsenin vefatı sözkonusu olursa, bu özel olarak hiçbir şeye delil değildir. Bunun ölenin büyüklüğüne delalet ettiğine inanmak, Rasûlullah (s.a)'ın oğlu İbrahim (a.s) öldüğü ve güneşin tutulduğu gün iptal ettiği cahiliye hurafelerinden bir hurafedir. Bu vesileyle insanlara bir hutbe irad etmiş, Allah'a hamd-u senada bulunduktan sonra şöyle buyurmuştur: "İmdi ey insanlar! Şüphesiz cahiliye halkı şöyle diyorlardı: Güneş ve ay ancak büyük bir kimsenin ölümü dolayısı ile tutulurlar. Halbuki onların ikisi Allah'ın âyetlerindendir. Herhangi bir

kimsenin ölümü dolayısıyla da, hayatı dolayısıyla da tutulmazlar fakat yüce Allah bununla kullarını korkutmaktadır. Sizler bu kabilden bir şey görecek olursanız, tutulma bitinceye kadar, Allah'ı zikretmeye, O'na dua etmeye, O'ndan mağfiret dilemeye koşunuz. Sadaka vermeye, köle azad etmeye, mescidlerde namaz kılmaya sığınınız."

Bu anlatım benim "küsuf namazı" ile ilgili bir eserde kaydettiğim birtakım hadislerden ortaya çıkardım. O kitabta bu hadislerin rivayet yolları ve lafızları üzerinde açıklamalarda bulundum. Sonra da kitabın sonunda bu rivayetlerin özetini tek bir anlatım halinde kaydettim. Burada kaydettiğim miktar da onun bir parçasıdır.

Bunların tamamı Buhari ve Müslim ile Sünenlerde yer almaktadır.

10. ÖLÜNÜN GASLİ (YIKANMASI):

28. Kişi öldükten sonra bir grub insanın onu yıkamak için ellerini çabuk tutması icab eder. Bu hususta eli çabuk tutmanın delili daha önce 3. bölüm, 17. mesele e fıkrasında geçmiş bulunmaktadır.

Ölüyü yıkamanın vücubu ise bu hususta Peygamber (s.a)'ın pekçok hadis-i şerifteki emrinin bir gereğidir:

1. Peygamber (s.a) devesinden düşüp, boynu kırılan ihramlı hacı hakkında:

"Onu su ve sidr ile yıkayınız..." buyruğu bu delillerinden birisidir.

Bu hadisin lafzı bütünüyle ve kaynakları, işaret ettiğimiz mesele (d fıkrasında) gösterilmiş bulunmaktadır.

2. Peygamber (s.a)'ın kızı Zeynep (r.anha) hakkında söylediği: "Onu üç yahut beş veya yedi ya da bundan daha fazla defa yıkayınız..." diye buyurmuştur.

Bu hadis tamamıyla ve kaynakları (tahrici) bir sonraki meselede gelecektir.

29. Ölü yıkanırken aşağıdaki hususları riayet edilir:

a- Onu yıkamakta olanların uygun görmesine göre üç ya da daha fazla yıkanması

b- Yıkama sayılarının tek olması

c- Bazı yıkamalarla birlikte sidr yahut temizlikte onun yerini tutan çöven otu ve sabun gibi şeylerin kullanılması

d- Son yıkama suyu ile birlikte hoş bir koku karıştırılması, kafur daha uygundur

e- Saç örüklerinin çözülmesi ve iyice yıkanması

f- Saçlarının taranması

g- Kadın ise saçlarının üç örük yapılarak arkasına salınması

h- Yıkamaya sağ taraflardan ve abdest yerlerinden başlanması i- Erkeği erkeklerin, dişileri de kadınların yıkaması -ileride açıklaması gelecek istisnalar dışında-

Bu hususlara dair delil Um Atiyye (r.anha)'ın rivayet ettiği şu hadis-i şeriftir:

"Peygamber (s.a) yanımıza onun kızı [Zeynep]'i yıkarken girdi ve şöyle buyurdu: Onu üç yahut beş [yahut yedi] yahut eğer gerekli görürseniz bundan daha fazla defa su ve sidr ile yıkayınız. [Um Atiye dedi ki: Ben tek mi diye sordum. O: evet diye buyurdu.] Ve son yıkayış ile birlikte kafur yahut bir miktar kafur koyunuz. Bitirdiğiniz vakit bana haber veriniz. Biz işimizi bitirince ona haber verdik. Bize kendi izarını verdi ve bunu üzerine sarınız dedi. [Um Atiye, Peygamber efendimizin kendi izarını verdiğini kastetmektedir], [dedi ki: Saçlarını üç örük halinde taradık]. (Bir rivayette: Onu çözdüler, sonra yıkadılar denilmektedir). [Sonra saçlarını üç bölük halinde sağ ve solları ve başının ortasını (birer örük olarak) taradık [ve o örükleri arkasına bıraktık], [(Um Atiye) dedi ki: Bize şöyle buyurdu: (Yıkamaya) sağ taraflarından ve abdest yerlerinden başlayınız diye buyurdu.]"

Hadisi Buhari (III, 99-104), Müslim (III, 47-48), Ebu Davud (II, 60-61), Nesai (I, 266-267), Tirmizi (II, 130-131), İbn Mace (I, 445), İbnu'l-Carut (258-259), Ahmed (V, 84-85, VI, 407-408). Tirmizi dedi ki: "Hasen, sahih bir hadistir. İlim ehlince amel bunun gereğincedir."

İkinci rivayet Buhari ve Nesai'ye aittir. Birinci fazlalık Müslim'e, ikinci fazlalık ona, Buhari'ye, Ebu Davud'a ve Nesai'ye, üçüncü fazlalık Nesai'ye aittir. Buhari ve Müslim'de de bu manada fazlalık vardır. Dördüncü fazlalık Buhari, Ebu Davud, beşinci fazlalık Ebu Davud, Müslim, Nesai, İbn Mace ve Ahmed'in, altıncı fazlalık Buhari, Müslim ve Ahmed'in, yedinci fazlalık Buhari, Ebu Davud, Nesai ve Ahmed'in, son fazlalık ise hepsinindir.

j- Bütün elbiseleri soyulduktan sonra bedenini örten bir örtünün altından bir bez veya benzeri bir şey ile yıkanması. Çünkü Peygamber (s.a) döneminde uygulama bu şekilde idi. Nitekim Aişe (r.anha)'nın rivayet ettiği hadis bunu böylece ifade etmektedir:

"Peygamber (s.a)'ı yıkamak istediklerinde şöyle dediler: Acaba kendi ölülerimizin elbiselerini çıkardığımız gibi, Rasûlullah (s.a)'ın da elbiselerini çıkaralım mı yoksa onu elbiseleri üzerinde olduğu halde mi yıkayalım. Allah'a yemin ederiz ki bilemiyoruz. Onlar bu şekilde anlaşmazlığa düşünce, Allah onlara uykuyu saldı. Çenesi sakalına değmeyen bir adam aralarında kalmadı. Daha sonra evin bir tarafından kim olduğunu bilemedikleri bir kişi onlarla konuştu: Peygamberi elbiseleri üzerinde olduğu halde yıkayınız dedi. Rasûlullah (s.a)'ın yanına kalkıp gittiler ve onu gömleği üzerinde olduğu halde yıkadılar. Suyu gömleğinin üzerinden döküyorlar ve elleriyle değil de gömlekle onu ovalıyorlardı. Aişe şöyle diyordu:

Şâyet geride bıraktığım bu hususun bir benzeri karşıma çıkacak olsaydı, onu hanımlarından başkası kimse yıkamazdı."

Hadisi Ebu Davud (II, 60), İbnu'l-Carud, el-Münteka (257), Hakim (III, 59-60) (Müslim'in şartına göre sahih olduğunu belirterek), Beyhaki (III, 387), Tayalisi (no: 1530), Ahmed (VI, 267) -sahih bir sened ile- rivayet etmişlerdir. İbn Mace ise (I, 446)'da bu hadisten sadece Aişe (r.anha)'ın hadisin sonunda yer alan: "Eğer..." bölümünü rivayet etmiştir. Ayrıca İbn Hibban Sahih'inde (2156) rivayet etmiştir.

k- Dördüncü olarak (d şıkkında) sözkonusu edilenlerden ihramlı kimse istisna edilir. İhramlı kimsenin kokulandırılması caiz değildir. Çünkü az önce işaret ettiğimiz hadiste yer alan: "Ona hanud koymayınız. Bir rivayette hoş koku sürmeyiniz... Çünkü o kıyamet gününde telbiye getirerek haşredilecektir" diye buyurulmuştur.

Bu hadisi az önce de geçtiği üzere Buhari, Müslim ve başkaları rivayet etmiştir.

l- i fıkrasında zikredilenlerden eşler istisna edilir. Çünkü eşlerden herbirisinin diğerini yıkamasını üstlenmesi caizdir. Zira bunu yasaklayan bir delil yoktur. Aslolan caiz olmasıdır. Üstelik bu iki hadisle de desteklenmektedir:

1. Aişe (r.anha)'dan şöyle dediği rivayet edilmiştir:

"Eğer geride bıraktıklarım gibisi ile gelecekte karşılaşacak olursam, Peygamber (s.a)'ı hanımlarından başka kimse yıkamazdı."

Beyhaki dedi ki: "Böylece o buna (bu şekilde davranmadıkları için) üzüldüğünü belirtmektedir. Ancak caiz olan bir iş için üzülünebilinir."

Bunun caiz olduğu Ebu Davud'un "Mesail" (s. 149) adlı eserinde rivayet ettiği üzere İmam Ahmed'in görüşüdür.

Bu rivayeti İbn Mace zikretmiş olup, Ebu Davud ve başkaları da az önce geçen Peygamber (s.a)'ın yıkanması ile ilgili hadis-i şerifin sonlarında rivayet etmişlerdir.

2. Yine Aişe (r.anha)'dan şöyle dediği rivayet edilmiştir:

"Rasûlullah (s.a) baki'de bir cenazeden sonra yanıma döndü. Ben bir başağrısı çekiyor ve vah başım diyordum. Bu sefer o şöyle buyurdu: Asıl ben vah başım demeliyim. Benden önce ölsen de seni yıkasam, kefenlesem, sonra senin namazını kılsam ve seni defnetsem sana ne zararı olur diye buyurdu."

Bunu Ahmed (VI, 228), Darimi (I, 37-38), İbn Mace (I, 447), Ebu Ya'la, Müsned (4579), İbn Hişam, Siyre (II, 366-Bulak baskısı), Darakudni (192), Beyhaki (III, 396)'da rivayet etmişlerdir. Hepsinin de rivayetlerinde Muhammed b. İshak vardır ve bunu anâne ile (an lafzını kullanarak) rivayet etmiştir. Bundan tek istisna Ebu Ya'la'nın rivayeti ile İbn Hişam'ın rivayetidir. Orada açıkça hadis olarak dinlediğini (tahdis)i kullanmaktadır. Böylelikle hadis -Allah'a hamdolsun ki- sabit olmaktadır.

Üstelik Hafız İbn Hacer et-Telhis (II, 107)'de bu hususta Salih b. Keysan'ın, Ahmed ve Nesai'deki rivayetinde ona mutabaat ettiğini zikretmektedir.

Derim ki: Sözü geçen bu rivayeti Ahmed (VI, 144)'de zikretmektedir fakat orada açıkça yıkamaktan sözedilmemektedir. Nesai'nin sözünü ettiği rivayetinin ise tetkik edilmesi gerekir. Belki orada bulunabilir fakat ben hadis-i Sünen-i Suhra'sında göremedim. Kübra'da olabilir.

Daha sonra hadisin Tuhfetu'l-Eşraf (XI, 482)'de, Sünen-i Kübra'sının vefat bölümünde geçtiğini zikrettiğini gördüm.

m- Ölüyü yıkama işini, yıkama sünnetini en iyi bilen bir kimse üstlenmelidir. Özellikle aile halkı ve akrabaları arasında böyle birisi varsa o üstlenmelidir. Çünkü Peygamber (s.a)'ın yıkama işini üstlenen kimseler belirttiğimiz durumda idiler. Ali (r.a) şöyle demiştir:

"Rasûlullah (s.a)'ı yıkadım. Ölüde görülen değişiklikleri onda görmeye çalıştım. Hiçbir şey göremedim. O hayatta iken de, ölü iken de pek hoştu. Allah'ın salât ve selamı üzerine olsun."

Bunu İbn Mace (I, 447), Hakim (I, 362), Beyhaki (III, 388)'de rivayet etmiş, isnadı el-Busiri'nin ez-Zevaid'de (k. 92/1) belirttiği gibi senedi sahihtir. Hakim de: "Buhari ve Müslim'in şartına göre sahihtir" demiş, ez-Zehebi ise bununla ilgili olarak: "Derim ki: Senedinde ınkıta (kopukluk) vardır." demiştir.

Derim ki: Bunun açıklanabilecek tarafı yoktur. Çünkü hadisi Ma'mer, ez-Zühri'den, o Said b. el-Müseyyeb'den, o da Ali'den rivayet etmiştir. Bu sened ise muttasıl ve bunların birbirlerinden rivayetleri bilinen bir husustur. Ma'mer'in, Zühri'den, Zühri'nin, Said'den rivayeti sözkonusu edilmeyecek kadar meşhurdur. Said'in, Ali (r.a)'dan rivayetine gelince, bu da Hafız (İbn Hacer)'in et-Tehzib adlı eserinde işaret ettiği gibi mevsul bir rivayettir (ınkıta, kopukluk) yoktur. Hatta Hafız'ın kanaatine göre Said, Ömer (r.a)'dan da hadis dinlemiştir.[1]

eş-Şabi'nin naklettiği mürsel bir rivayette de Peygamber (s.a)'ı, Ali (r.a) ile birlikte el-Fadl (Abbas (r.a)'ın oğlu) ve Üsame b. Zeyd yıkamışlardır. Bunu Ebu Davud (II, 69)'da rivayet etmiş olup, senedi sahih ve mürseldir.

İbn Abbas'ın rivayet ettiği bir hadis buna şahidlik etmektedir.

Bunu Ahmed (3358) zayıf bir senedle rivayet etmiştir.

---

[1] Derim ki Ömer hakkında belirttiği (Said b. el-Müseyyeb'in ondan hadis dinlediği) tartışılır. Şu an bunu açıklamaya yerimiz elverişli değildir. Ali (r.a)'dan hadis dinlediği ise sahihtir. Çünkü Ali (r.a)'ın vefat tarihi 40'tır. Said ise o vakit 28 yaşında idi. Dolayısıyla burada ınkıtadan nasıl sözedilebilir.

30. Ölenin gaslini (yıkama işini) üstlenen kimseye şu iki şart bulunması halinde pek büyük bir ecir vardır:

Birinci şart: Onun halini gizlemeli ve görebileceği hoş olmayan şeyleri anlatmamalıdır. Çünkü Peygamber (s.a) şöyle buyurmuştur: "Her kim bir müslümanı yıkar da onun halini gizlerse, Allah ona kırk kere mağfiret buyurur. Ve her kim onun için bir kabir kazar da onun üstünü örterse o kimseye o ölüyü kıyamet gününe kadar bir meskene yerleştirmiş gibi ecir verilir. Her kim öleni kefenlerse Allah kıyamet gününde ona cennetin ince ve kalın ipeklerinden giydirecektir."

Hadisi Hakim (I, 354, 362), Beyhaki (III, 395), Asbahani et-Terğib (235/1)'de, Ebu Rafi (r.a)'ın rivayet ettiği bir hadis olarak zikretmişlerdir. Hakim:

"Müslim'in şartına göre sahihtir" demiş, Zehebi bu hususta ona muvafakat etmiştir. İkisinin de dedikleri gibidir.

Taberani de el-Kebir'de:

"Kırk büyük günah(ını bağışlar)..." lafzı ile rivayet etmiştir.

el-Münziri (IV, 171)'de ve ona tabi olarak el-Heysemi (III, 21)'de şunları söylemektedirler:

"Ravileri Sahih'de rivayetleri delil olarak gösterilmiş kimselerdir." Hafız İbn Hacer, ed-Diraye (140)'da: "Senedi kavidir." demektedir.

İkinci şart bununla sadece Allah'ın rızasını aramalıdır. Herhangi bir karşılık, bir teşekkür ve dünya işlerinden herhangi bir şey beklememelidir. Çünkü şeriatte sabit olan bir husus şudur: Şanı yüce ve mübarek olan Allah ibadetlerden ancak kendi zatı için ihlasla yapılanları kabul eder.

Buna dair kitab ve sünnetten deliller oldukça çoktur. Ben burada sadece onlardan altı tanesini zikretmekle yetineceğim:

1. Şanı yüce Rabbimiz şöyle buyurmaktadır:

"Deki: 'Ben de ancak sizin gibi bir beşerim. Yalnız bana ilahınızın ancak tek bir ilah olduğu vahyediliyor. Artık kim Rabbine kavuşmayı ümit ediyorsa, salih bir amel işlesin ve Rabbine ibadetinde kimseyi ortak koşmasın.'" (el-Kehf, 18/110) Yani ibadetinde yüce Allah'ın rızasından başka bir maksat gözetmesin.

2. Yine yüce Allah şöyle buyurmaktadır:

"Halbuki onlar O'nun dininde ihlas sahibleri... olarak Allah'a ibadet etmelerinden... başkası ile emrolunmadılar." (el-Beyyine, 98/5)

3. Peygamber (s.a) şöyle buyurmaktadır:

"Ameller ancak niyetler iledir. Her kişi için sadece niyet ettiği vardır. Her kimin hicreti Allah ve Rasûlü için ise onun hicreti Allah ve Rasûlü için demektir. Kimin de hicreti elde edeceği bir dünyalık yahut nikahlayacağı bir kadın için ise onun hicreti ne için hicret etmiş ise onun içindir."

Hadisi Buhari "Sahih"inin başında, Müslim ve başkaları Ömer b. el-Hattab (r.a)'dan rivayet etmişlerdir.

4. Yine Peygamber (s.a) şöyle buyurmuştur:

"Bu ümmete uzun bir ömür, ülkelerde güç ve iktidar, din hususunda zafer ve yükseklik müjdesini ver. Her kim onlardan ahirete ait olan bir ameli dünya için işleyecek olursa, o kimseye ahirette (o amelinden dolayı) herhangi bir pay yoktur."

Bu hadisi Ahmed ve oğlu "Müsned"in zevaidinde (V, 134), İbn Hibban Sahih'inde (Mevarid) ve Hakim (IV, 311)'de "senedi sahihtir" diyerek rivayet etmiş, Zehebi de bu hususta ona muvafakat etmişlerdir. el-Münziri de (I, 31) böyle olduğunu kabul etmiştir.

Derim ki: Abdullah'ın (Ahmed b. Hambel'in oğlunun) zikrettiği sened Buhari'nin şartına göre sahihtir.

5. Ebu Umame (r.a)'dan şöyle dediği rivayet edilmiştir:

"Bir adam Peygamber (s.a)'a gelip şöyle dedi: Hem ecir kazanmak, hem de güzel bir şekilde anılmak isteyerek gazaya çıkan bir adam hakkında ne dersin? Onun bir şeyi var mı? Peygamber şöyle buyurdu: Onun lehine hiçbir şey yoktur. Adam aynı soruyu üç defa tekrarladı. Rasûlullah (s.a) da ona: Onun lehine hiçbir şey yoktur diye cevap veriyordu. Sonra şöyle buyurdu: "Allah ancak sadece kendisi için ihlasla yapılan ve onunla kendi rızası aranılan ameli kabul eder."

Hadisi Nesai (II, 59)'da rivayet etmiş olup, senedi Münziri (I-24)'nin de dediği gibi ceyyiddir.

6. Yine Peygamber (s.a) şöyle buyurmaktadır:

"Yüce Allah şöyle buyurmaktadır: Ben ortaklar arasında ortaklığa (şirke) en muhtaç olmayanım. Kim benim için bir amel işleyip de ona benden başkasını da ortak koşarsa, o amelden ben büsbütün uzağım ve o amel ortak koştuğu kimseye ait olur."

Hadisi İbn Mace, Zühd bölümünde, Ebu Hureyre'den rivayet etmiştir. Senedi Müslim'in şartına göre sahihtir. Yine Müslim bu hadisi Sahih'inde (VIII, 223) buna yakın lafızlarla rivayet etmiş bulunmaktadır.

31. Ölüyü yıkayan kimsenin Peygamber (s.a)'ın şu buyruğu dolayısıyla gusletmesi müstehabtır:

"Kim bir ölüyü yıkarsa gusletsin. Kim onu taşırsa, abdest alsın."

Hadisi Ebu Davud (II, 62-63), Tirmizi (II, 132) hasen olduğunu belirterek; İbn Hibban Sahih'inde (751-Mevarid), Tayalisi (2314), Ahmed (II, 280, 433, 454, 472)'de Ebu Hureyre'den gelen çeşitli rivayet yollarıyla rivayet etmişlerdir. Bazı rivayet yolları hasen, bazıları da Müslim'in şartına göre sahihtir.[2] -Buna dair geniş ve yeterli açıklamalar "es-Semeru'l-Müstetat" adlı eserimde vardır.-

İbnu'l-Kayyim, Tehzibu's-Sünen adlı eserinde buna dair onbir rivayet yolu kaydetmiş, sonra şunları söylemiştir:

"İşte bu rivayet yolları bu hadisin mahfuz bir hadis olduğunun delilidir."

Derim ki: İbnu'l-Kattan ve aynı şekilde İbn Hazm, el-Muhalla (I, 250, II, 23-25)'da sahih olduğunu belirtmişlerdir. Hafız (İbn Hacer) et-Telhis (II, 134-Müniriye baskısı)'de de sahih olduğunu belirtir ve şöyle der:

"Bu hadisin en olumsuz hali hasen olmasıdır."

(Hadiste yıkanma ve abdest alma emri) vardır. Emir ise zahiri itibariyle vücub ifade eder. Bizim vacibtir demeyişimizin sebebi - merfu hükmüne sahib- menkuf iki hadisin varlığıdır. Birinci hadis İbn Abbas'tan gelmektedir:

"Ölünüzü yıkamanızdan ötürü onu yıkayacak olursanız sizin için gusletmek sözkonusu değildir. Çünkü ölünüz necis değildir. Ellerinizi yıkamanız size yeterlidir."

Bu hadisi Hakim (I, 386), Beyhaki (III, 398)'da İbn Abbas'ın naklettiği merfu bir rivayet olarak zikretmiştir.

Ayrıca Hakim: "Buhari'nin şartına göre sahihtir" demiş ve Zehebi de bu hususta ona muvafakat etmiştir. Ancak bu hadis hafızın Telhis'de de dediği gibi senedi hasen bir hadistir. Çünkü senedinde Amr b. Amr denilen ravi vardır ki onun hakkında (tenkid edici) birtakım sözler vardır. Zehebi'nin bizzat kendisi onun ile ilgili imamların sözlerini naklettikten sonra el-Mizan adlı eserinde: "Hadisi salih ve hasendir" demiştir.

Daha sonra bende hadis ile ilgili olarak doğru olan hükmün mevkuf olacağı kanaati ağırlık basmıştır. Bunu "ed-Daife" (6304)'de tahkik edip gösterdiğim üzere.

İkinci hadis İbn Ömer (r.a)'ın şu sözüdür: "Biz ölüyü yıkardık da kimimiz gusleder, kimimiz gusletmezdik." Bu hadisi Darakudni (191), Hatib, Tarih (V, 424)'de -hafızın da işaret ettiği gibi- sahih bir isnad ile rivayet etmişlerdir. İmam Ahmed de buna işaret etmektedir. Hatib, İmam Ahmed'den onun oğlu Abdullah'ı bu hadisi yazmaya özellikle teşvik ettiğini rivayet etmektedir.

32. Savaş meydanında öldürülmüş şehidin yıkanması meşru değildir. Hatta onun cünubluğuna denk düşse dahi bu böyledir. Bu hususta birtakım hadis-i şerifler vardır.

Birincisi Cabir (r.a)'dan şöyle dediğine dair gelen rivayettir: Peygamber (s.a) buyurdu ki:

---

[2] Ben bu hususu "es-Semeru'l-Müsteta, Kitabu'l-Ğasl"de yeteri kadar açıklamış bulunuyorum.

"Onları kanları ile defnediniz. -Uhud günü (şehidlerini) kastetmektedir- ve onları yıkamadı. (Bir rivayette) dedi ki: Ben bunlara şahidim. Onları kanlarıyla (kefenlerine) sarınız. Çünkü [Allah yolunda] yaralanan herbir yaralı mutlaka kıyamet gününde yarası kanayarak gelecektir. Yarasının rengi kan renginde, fakat kokusu misk kokusunda olacaktır."

Hadisi Buhari (III, 165)'de birinci rivayet şekliyle rivayet etmiştir. Ebu Davud (II, 60), Nesai (I, 277-278), Tirmizi (II, 147) -sahih olduğunu belirterek-, İbn Mace (I, 461-462), Beyhaki (IV, 10)'da rivayet etmiş olup, diğer rivayet ona aittir. Aynı şekilde İbn Sad, Tabakat (III, 1. kısım, s. 7)'de rivayet etmiş olup, fazlalık da ona aittir. Senedi Müslim'in şartına göre sahihtir. Bunun -yani son rivayetin- Müsned (III, 296)'da bir başka rivayet yolu vardır ki bu da İbn Cabir'den merfu olarak şu lafızla zikredilmiştir:

"Onları yıkamayınız. Çünkü herbir yara kıyamet gününde misk kokacaktır. Ayrıca onların namazlarını da kılmadı."

Eğer "Cabir'in oğlu" Abdu'r-Rahman'ın kendisi ise senedi sahihtir. Şâyet Abdu'r-Rahman'ın kardeşi Muhammed ise senedi zayıftır. Burada hangilerinin kastedileceğini tercih edemedim.

Şevkani ise Neylu'l-Evtar (IV, 25)'de: "Bu hakkında herhangi bir tenkidin yapılamayacağı bir rivayettir." demektedir.

Daha sonra ben bu hadisin tahricini el-İrva (III, 164)'de yaptım. Oraya başvurabilirsiniz.

Bu hadisin üçüncü bir rivayet yolu daha vardır. Bunu Ahmed (V, 431-432) Abdullah b. Salebe b. Suayr'den diye rivayet etmiştir ki onun (Peygamber efendimizi) görmüşlüğü vardır. Ancak hadis dinlediği sabit değildir. O halde bu bir sahabinin rivayet ettiği bir mürsel hadis olur bu da hüccettir. Ona kadar giden senedi de sahihtir. Hatta Beyhaki bunu (IV, 11)'de ondan ve onun Cabir'den yaptığı rivayet olarak mevsul bir senedle kaydetmiş bulunmaktadır.

İkinci hadis Ebu Berze'den rivayete göre Peygamber (s.a) bir gazada bulunuyordu. Allah ona birtakım ganimetler almayı nasib etti. Ashabına: Görmediğiniz kimse var mı diye sordu. Onlar: Evet filanı, filanı ve filanı görmüyoruz dediler. Sonra: Görmediğiniz kimse var mı diye sordu. Bu sefer hayır dediler. Peygamber ise: Fakat ben Cüleybibi göremiyorum, onu arayınız diye buyurdu. Ölenler arasında arandı, onu bizzat kendisinin öldürdüğü, sonra onlar tarafından öldürülen yedi kişinin yanıbaşında buldular. Peygamber (s.a)'a getirildi, Peygamber başında durdu ve şöyle buyurdu: O yedi kişi öldürdü, sonra onlar onu öldürdüler. İşte bu bendendir, ben de ondanım. İşte bu bendendir, ben de ondanım. [Bu sözünü iki ya da üç defa tekrarladı], [sonra kollarını şöylece açtı]. (Ebu Berze) dedi ki: Onu kollarının üzerine koydu. Peygamber (s.a)'ın kolları dışında onun (üzerinde taşınacağı) bir teneşiri yoktu. (Ebu Berze) dedi ki:

Ona mezar kazıldı, kabrine konuldu. (Ebu Berze) yıkandığını sözkonusu etmedi."

Hadisi Müslim (VII, 152) rivayet etmiş olup, anlatım ona aittir; Tayalisi (924)'de rivayet etmişlerdir. İki fazlalık da ona aittir. Ahmed (IV, 421-422-425) ve Beyhaki (IV, 21)'de rivayet etmişlerdir.

Üçüncü hadis Enes'den gelen rivayettir:

"Uhud şehidleri yıkanmadılar. Kanlarıyla defnedildiler ve [Hamza dışında] üzerlerine namaz kılınmadı."

Hadisi Ebu Davud (II, 59) fazlalık ona ve Hakim'e -ki Hakim'in lafzı biraz sonra gelecektir- aittir. Ayrıca Tirmizi (II, 138-139)'da rivayet etmiş ve hasen olduğunu belirtmiştir. İbn Sad (3 k, 1 s. 8), Hakim (I, 365), Beyhaki (IV, 10-11) ve Ahmed (III, 128)'de rivayet etmişlerdir. Hakim:

"Müslim'in şartına göre sahihtir" demiş. Bu hususta Zehebi de ona muvafakat etmiştir.

Nevevi, el-Mecmu' (V, 265)'de hadisi sadece Ebu Davud'a nisbet ettikten sonra şunları söylemektedir:

"Senedi hasen veya sahihtir."

Derim ki: Bu hadis her ne kadar Müslim'in şartına uygun ise de bence hasendir.

Dördüncü hadis Abdullah b. ez-Zübeyr'in Uhud'a ait ve Hanzala b. Ebi Amir'in şehadetine dair naklettiği rivayettir. Bu rivayetinde diyor ki: Rasûlullah (s.a) şöyle buyurdu:

"Sizin arkadaşınızı melekler yıkamaktadır. İsterseniz zevcesine sorunuz." (Ona sordular). Şöyle dedi: O dehşetli sesi (savaş çağrısını) işitince cunub olduğu halde dışarı çıktı. Rasûlullah (s.a) şöyle buyurdu:

"İşte bundan dolayı melekler onu yıkadı."

Hadisi İbn Hibban "Sahih"inde, Hakim (III, 204), Beyhaki (IV, 15)'de, Nevevi'nin el-Mecmu'da (V, 260) bir yerde belirttiği gibi ceyyid bir isnadla rivayet etmişlerdir. Daha sonra Nevevi bunu unutarak (V, 263)'de: "Bu hadisin zayıf bir hadis olduğunu belirtmiştik." demektedir. Hiçbir şey unutmayan şanı yüce Allah hertürlü eksiklikten münezzehtir. Hakim ise şöyle demektedir:

"Bu Müslim'in şartına göre sahihtir." Zehebi de bu değerlendirmesini kabul etmiştir.

Beşinci hadis: İbn Abbas'tan dedi ki:

"Hamza b. Abdu'l-Muttalib ile Hanzala b. er-Rahib isabet aldılar (şehid düştüler). Her ikisi de cünubtu. Rasûlullah (s.a): Meleklerin onları yıkadıklarını gördüm diye buyurdu."

Taberani, el-Kebir (III, 148/1)'de rivayet etmiş olup, senedi el-Heysemi'nin Mecmau'z-Zevaid (III, 23)'de belirttiği gibi hasendir. Hakim (III, 195)'de Hanzala'dan sözetmeden bu hadisi rivayet etmiş ve şöyle demiştir:

"Senedi sahihtir." Ancak Zehebi bunun böyle olmadığını belirtmiş ve bu hususta isabet etmiştir. Şu kadar var ki hadisin güçlü ve mürsel bir şahidi bulunmaktadır. Bunu da İbn Sad (c. 3, k. 1, s. 9)'da Hasan-ı Basri'den merfu ve bunun gibi bir rivayet olarak kaydetmektedir.

Derim ki: Senedi sahihtir. Hepsinin de ricali sikadırlar. Bu da Hafız'ın kanaatini reddetmektedir. Çünkü o İbn Abbas'ın hadisini garib olmakla nitelendirmiştir. Sebeb ise onda Hamza'nın zikredilmesidir. Halbuki onun senedi hakkında -Şevkani'nin ondan naklettiği üzere- (IV, 26) senedinde pek sakınca olmadığını belirtmiştir. Görülen o ki hafız -Allah'ın rahmeti üzerine olsun- bu şahide vakıf olmamıştır.

Şunu belirtelim ki hadisin cünub olan şehidin yıkanmasının meşru olmadığına delalet yönü Şafiilerin ve başkalarının zikrettiği şu husustur: Eğer şehidi yıkamak vacib olsaydı, meleklerin yıkamasıyla (cünubluk) kalkmaz, Peygamber (s.a) yıkanmasını emrederdi. Çünkü onu yıkamaktan kasıt insanoğlunun bu yolla taabbud etmesidir. Bk. el-Mecmu' (V, 263), Neylu'l-Evtar (IV, 26)

---

11. ÖLÜNÜN KEFENLENMESİ:

33. Ölünün yıkanması işi bitirildikten sonra kefenlenmesi icab eder. Çünkü Peygamber (s.a) devesinin düşürüp boynu kırılan ihramlı kimse ile ilgili hadiste:

"...Ve onu kefenleyiniz..." diye bunu emretmiştir.

Hadis Buhari ve Müslim tarafından rivayet edilmiş olup, daha önce III. bölüm "e" fıkrasında geçmiş bulunmaktadır.

34. Kefen yahut kefenin bedeli ölenin malından verilir. İsterse geriye bundan başka bir şey bırakmamış olsun. Çünkü Habbab b. el-Eret'in rivayet ettiği hadis bunu gerektirmektedir. O dedi ki:

"Rasûlullah (s.a) ile birlikte Allah yolunda Allah'ın rızasını arayarak hicret ettik. Bundan ötürü ecrimizi verecek olan Allah'tır. Bizden herhangi bir kimse kendi ecrinden hiçbir şey yemeden geçip gitti. Bunlardan birisi de Mus'ab b. Umeyr'dir. Uhud günü öldürüldü. Çizgili bir kumaş dışında ona ait hiçbir şey bulunmadı. (Bir rivayette: ...Hiçbir şey bırakmadı). Onun başının üzerinden koyduğumuz vakit ayakları dışarıda kalırdı. Ayaklarının üzerinden koyduğumuz vakit başı dışarıda kalırdı. Rasûlullah (s.a) şöyle buyurdu: Onunla başından itibaren onu örtünüz. (Bir rivayette onunla başını örtünüz) ve ayakları üzerine izhir otunu koyunuz. Kimimizin de mahsulleri olgunlaştı, meyve verecek hale geldi. İşte o da o meyveleri toplamaktadır."

Hadisi Buhari (III, 110), Müslim (III, 48) -anlatım ona ait- İbnu'l-Carut, el-Münteka (260), Tirmizi (IV, 357) -sahih olduğunu belirterek-

, Nesai (I, 269), Beyhaki (III, 401), Ahmed (VI, 395) -ikinci rivayet ona ve Tirmizi'ye ait- rivayet etmişlerdir. Bunun bir bölümünü Ebu Davud (II/14, 62)'de Mus'ab hakkındaki: "Uhud günü öldürüldü..." ifadelerini nakletmiştir. Üçüncü rivayette ona aittir. Bu hususta Abdu'r-Rahman b. Avf'tan gelmiş rivayette vardır ki bunu da Buhari ve başkaları kaydetmişlerdir.

35. Kefenin ölenin bütün bedenini örtecek şekilde uzun ve her tarafını kaplayıcı olması gerekir. Çünkü Cabir b. Abdullah (r.a)'ın hadisi bunu ifade etmektedir:

"Peygamber (s.a) bir gün bir hutbe irade etti. Ashabından ruhu kabzedilen ve kefeni yeterince uzun olmayan bir kefen ile kefenlenip geceleyin mezara gömülen bir adamdan sözetti. Peygamber (s.a) kişinin namazı kılınmadan geceleyin kabre konulmasını -insanın bu işe mecbur kalması hali dışında- yasakladı ve Peygamber (s.a) şöyle buyurdu:

"Sizden herhangi bir kimse kardeşini kefenlediği vakit kefenini [eğer gücü yeterse] olabildiğince güzel yapsın."

Hadisi Müslim (III, 50), İbnu'l-Carut (268), Ebu Davud (II, 62) ve Ahmed (III, 295, 329) rivayet etmişlerdir.

Hadisin son cümlesini de Tirmizi (II, 133) ve İbn Mace'de Ebu Katade'nin rivayeti olarak zikretmişler, Tirmizi: "Hasen bir hadistir" demiştir.

Derim ki: Bilakis bu hadis sahihtir. Çünkü bunun Cabir yoluyla gelen senedi sahihtir.[1] Peki ya ona bir de Ebu Katade hadisi katılırsa ne olur. Sıddiyk Hasen Han da bu hadisin er-Ravdatu'n-Nediyye (I, 164)'de Müslim'de bulunduğunu kaydetmekte ise de bu hususta yanılmıştır.

Fazlalık Ahmed'in kaydettiği rivayetlerin birisindedir.

İlim adamları şöyle demişlerdir:

"Kefenin güzel tutulmasından maksat temizliği, sıkı dokunmuş olması, bedeni örtmesi ve orta halli olmasıdır. Bundan kasıt kefende israf, aşırılık ve oldukça nefis kaliteli olması değildir."

Nevevi'nin el-Mecmu (V, 195 ve 197)'de kefenin ölenin hayatta giyindiği elbise türünden olması, ne ondan değerli, ne de ondan değersiz olmasını şart koşması hususuna gelince, kanaatimce bu su götürür bir görüştür. Zira bu görüş delilsiz olmakla birlikte kişinin dünya hayatındaki elbisesi, giyimi çok nefis ya da bayağı olması da mümkündür. Peki bu durumda kefeni nasıl bu kabilden olabilir.

36. Şâyet kefen buna yeterli gelmeyip, vücudun her tarafını örtebilecek kadar bol olmasa onunla baş kısmından itibaren örtülür,

---

[1] Bunun Cabir'den gelen bir başka rivayet yolu daha vardır. Bunu ve bundan öncekini, Hakim, el-Müstedrek (I, 369)'da rivayet etmiştir. Senedi sahihtir.

açıkta kalan kısmın üzerine bir parça izhir yahut başka türden ot konulur. Bu hususta iki hadis vardır:

Birinci hadis Habbab b. el-Ered'den gelen ve Musab'ın kıssası ile ilgili olan rivayette onun çizgili kumaşı ile ilgili olarak söylediği şu sözlerdir:

"Siz o kumaşı baş tarafından itibaren üzerine örtünüz. (Bir rivayette: Onunla baş tarafını örtünüz) ve ayakları üzerine de izhir otunu koyunuz."

Hadis Buhari ve Müslim tarafından rivayet edilmiş olup, tamamı 34. meselede kaydedilmiş bulunmaktadır.

İkinci hadis Harise b. Mudarrib'den gelmektedir. O şöyle demiştir:

"Habbab'ın yanına girdim. [Karın bölgesinde] yedi yere dağlama yaptırmıştı. Dedi ki: Şâyet Rasûlullah (s.a)'ı: "Sizden kimse ölümü temenni etmesin." buyururken dinlememiş olsaydım, hiç şüphesiz ben ölümü temenni edecektim. Kendimi Rasûlullah (s.a) ile birlikte tek bir dirhem sahibi dahi değilken gördüm. Şu anda ise evimin bir tarafında kırkbin dirhem vardır. Sonra ona kefeni getirildi. Onu görünce ağladı ve şöyle dedi: Fakat Hamza'nın siyah beyaz çizgili bir cübbeden başka bir kefeni bulunamamıştı. Bu cübbesi baştarafından konulduğu vakit ayaklarını örtmez, ayakları tarafından konulduğu vakit başını örtmezdi. Ayakları üzerine izhir otu konuldu."

Hadisi Ahmed (VI, 395) bu mükemmelliğiyle rivayet etmiştir. Senedi sahihtir. Tirmizi ise "sonra kefeni getirildi..." ifadeleri olmadan rivayet etmiş olup, "hasen, sahih bir hadistir" demiştir.

Buhari, Müslim ve başkaları bir başka yoldan ölümü temenni etmenin yasaklandığını rivayet etmişlerdir.

Bu hadisin Enes'in rivayet ettiği bir şahidi daha vardır. İnşaallah bunu bir sonraki meselede zikredeceğiz.

37. Kefenler az gelir, ölüler çok olursa, ölüler topluluğunun tek bir kefene sarılması caizdir. Aralarından daha çok Kur'ân'ı bilenleri kıble tarafında öne geçirilir. Çünkü Enes (r.a)'dan gelen hadiste o şöyle demektedir:

"Uhud günü Rasûlullah (s.a) Hamza b. Abdu'l-Muttalib'in yanından geçti. Burnu kesilmiş, organları parçalanmıştı. Bunun üzerine şöyle buyurdu: Şâyet Safiye [kendi kalbinde] bundan dolayı rahatsız olmayacak olsaydı [leş yiyen kuşlar onu yesin diye] öylece bırakırdım ta ki yüce Allah onu kuşların ve yırtıcı hayvanların karınlarından biraraya getirip haşredinceye kadar. Sonra onu çizgili bir kumaş ile kefenledi. Bununla başını örttüğü zaman ayakları görünür, ayakları tarafından örtündüğü zaman başı görünür [idi]. Bu sebeble baş tarafını örttü. Onun dışında şehidlerden hiçbir kimsenin namazını kılmadı ve şöyle buyurdu: Bugün ben sizin için bir şahidim. [(Enes) dedi ki: Öldürülenler çoktu. Kefen yapılacak kumaşlar ise azdı. Yine dedi ki:] Üç ya da iki kişi bir kabirde konuluyordu. Peygamber: Hangileri Kur'ân'ı daha çok biliyor diye soruyor ve o lahdde öne geçiriliyordu. Tek bir en ile iki ya da üç kişiyi kefenledi."

Şeyhu'l-İslam İbn Teymiye (Allah'ın rahmeti üzerine olsun) şöyle demektedir:

"Hadisin manası şudur: O kefen olarak kullanılacak bir tek kumaşı, bir topluluk arasında paylaştırıyordu. Herbir kişiyi onun bir parçası ile -zaruretten dolayı- kefenliyordu. İsterse bu parça onun sadece bedeninin bir bölümünü örtmüş olsun. Bu açıklamanın doğruluğuna hadisin tamamı (sonraki bölümleri) delalet etmektedir. Çünkü o hangilerinin Kur'ân'ı daha iyi bildiğini soruyor ve onun lahdde öne geçiriyordu. Eğer bu şahısları tek bir beze hep birlikte koymuş olsaydı, -kefenlerin- yeniden çözülüp, tekrar bağlanması sonucuna götürmemesi için önceden (kefenlemeden) hangilerinin (Kur'ân bilmek bakımından) daha faziletli olduğunu sorması gerekirdi."

Bu sözleri Avnu'l-Ma'bud (III, 165)'de zikretmiş bulunmaktadır. Bu açıklama doğru olan anlama şeklini gösteriyor. Bunu zahirine göre açıklayanların açıklaması hem hatalıdır, hem de kıssanın anlatımına -İbn Teymiye'nin açıkladığı gibi- uymamaktadır. Bundan daha da ileri derecede doğrudan uzak olan açıklama şekli ise "tek bir bez"in anlamı tek bir kabirdir diyenlerdir. Çünkü zaten hadiste açıkça tek bir bezden sözedilmektedir. Bunun tekrar iade edilmesinin anlamı olmaz.

Hadisi Ebu Davud (II, 59), Tirmizi (II, 138-139) -hasen olduğunu belirterek- İbn Sad (c. 3, k. 1, s. 8), Hakim (I, 365-366) -anlatım ona ait- ondan naklen Beyhaki (IV, 10), Ahmed (III, 128), Taberani (el-Kebir, I, 7 ve II, 2), Ebu Nuaym, el-Hilye (IX, 26) -fazlalıklar onun- rivayet etmişlerdir. Hakim:

"Müslim'in şartına göre sahihtir" demiş ve Zehebi de bu hususta ona muvafakat etmiştir. Ancak hadis daha önce 32. meselede de geçtiği üzere sadece hasen bir hadistir.

38. Şehidin üzerinde iken öldürüldüğü elbiselerinin çıkartılması caiz değildir. Bu elbiseler üzerinde olduğu halde defnedilir. Çünkü Peygamber (s.a) Uhud'da öldürülenler hakkında şöyle buyurmuştur:

"Onları elbiseleri ile sarıp sarmalayınız."

Hadisi Ahmed (V, 431) bu lafız ile rivayet etmiştir. Ona ait bir başka rivayette: "Kanlarıyla onları elbiselerine sarıp sarmalayınız" şeklindedir. Nesai de (I, 282) böylece rivayet etmiş, Şevkani (IV, 34)'de bunun Ebu Davud tarafından rivayet edildiğini söylemiş ancak yanılmıştır.

Bu hususta Cabir, Ebu Berze ve Enes'den de gelmiş rivayetler vardır. 32. mesele 1, 2, ve 3. hadislere bakabilirsiniz.

39. Bununla birlikte şehidin üzerindeki elbiselerin üzerinden bir ya da daha fazla bir bezle kefenlenmesi müstehabtır. Nitekim Rasûlullah (s.a) Mus'ab b. Umeyr ile Hamza b. Abdu'l-Muttalib'e böyle yapmıştır. Her ikisine ait olaylar da 34, 36 ve 37. meselede geçmiş bulunmaktadır. Bu hususta iki olay daha vardır:

Birincisi: Şeddad b. el-Hâd'dan rivayet edilmektedir:

"Bir bedevi adam Peygamber (s.a)'a gelip ona iman etti ve ona uydu. Sonra ona: Seninle beraber hicret edeyim dedi. Peygamber (s.a) onu ashabından birisine tavsiye etti. [Hayber] gazvesinde Peygamber (s.a) [o gazvede] bir şeyler ganimet aldı. Ganimeti paylaştırdı, o bedeviye de payını ayırdı. Ona ayırdığı payı arkadaşlarına verdi. Çünkü o, onların arkalarını koruyuculuğunu yapıyordu. Yanlarına gelince ona payını verdiler. Bu ne oluyor dedi. Arkadaşları: Peygamber (s.a) sana pay ayırdı dediler. Bu malı alıp Peygamber (s.a)'ın yanına gelip: Bu ne diye sordu. Peygamber: Onu pay olarak sana verdim diye buyurdu. Adam: Ben bunlar için sana uymadım fakat sana -boğazına işaret ederek- burada bana bir ok atılıp öleyim diye ve bunun sonucunda cennete gireyim diye sana tabi oldum dedi. Peygamber (s.a) eğer sen Allah'a karşı doğru söylüyor isen o da sana istediğini verecektir diye buyurdu. Aradan kısa bir süre geçti, sonra düşman ile çarpışmaya giriştiler. Taşınarak Peygamber (s.a)'a getirildi. İşaret ettiği yerde ona bir ok isabet etmişti. Peygamber (s.a) bu o mudur diye sordu, onlar evet dediler. Peygamber: Allah'a doğru söyledi, Allah da ona istediğini verdi diye buyurdu. Sonra Peygamber (s.a) onu kendi cübbesi ile kefenledi. Sonra önüne geçirdi ve namazını kıldı. Kıldığı namazda açıkça duyulan sözleri arasında şunlar da vardı: "Allah'ım bu senin kulundur. Senin yolunda hicret etmek üzere çıktı. Şehid olarak öldürüldü ve ben de buna şahitlik ediyorum."

Hadisi Abdu'r-Rezzak (9597), Nesai (I, 277), Tahavi, Şerhu Meani'l-Asar, (I, 291), Hakim (III, 595-596), Beyhaki, es-Sünenü'l-Kübra (IV, 15-16) ve Delailu'n-Nubuvve (IV, 22)'de rivayet etmişlerdir.

Derim ki: Hadisin senedi sahihtir. Bütün ravileri Müslim'in şartına uygundur. Şeddad b. el-Hâd bundan müstesnadır. Onun herhangi bir rivayetini zikretmemiştir fakat bunun zararı da yoktur. Çünkü o bilinen bir sahabidir. Şevkani, Neylu'l-Evtar (III, 37), Nevevi, el-Mecmu' (V, 565)'deki ifadelerine uyarak tabiînden olduğunu söylemiş ise de bu açık bir yanılmadır. Buna kanmamak gerekir.

İkinci rivayet: ez-Zübeyr b. el-Avvam (r.a)'dan şöyle dediği rivayet edilmiştir:

"Uhud gününde bir kadın koşarak geldi. Az kalsın ölülerin yanına varıp, onları görecekti. (ez-Zübeyr) dedi ki: Peygamber (s.a) onları görmesinden hoşlanmadığından: Kadına dikkat edin kadına diye buyurdu. (ez-Zübeyr) dedi ki: Dikkatle bakınca onun annem Safiye olduğunu anladım. Ona doğru koşup gittim, ölülerin yanına varmadan önce ona yetiştim. (ez-Zübeyr) dedi ki: Göğsüme vurup beni itti. Güçlü kuvvetli bir kadındı. Benden uzak dur, duracak bir yeri olmayasıca dedi. Ben: Rasûlullah (s.a) senden durmanı istedi dedim. O da durdu. Beraberindeki iki bezi çıkardı ve şöyle dedi: Bu iki bezi kardeşim Hamza için getirdim. Onun öldürüldüğü haberini aldım. Bu ikisiyle onu kefenle. (ez-Zübeyr) dedi ki: O iki bezi onlarla Hamza'yı kefenleyelim diye getirdik. Yanıbaşında ensardan öldürülmüş bir adam daha vardı. Hamza'ya yapılanların bir benzeri ona da yapılmıştı. Hamza'yı iki bez ile kefenlerken ensarinin kefensiz kalmasından haya ettik ve bunu kendimize yediremedik. O bakımdan: Hamza'ya bir bez, ensariye bir bez olsun dedik. Bezleri birbirleriyle ölçtük, biri diğerinden daha büyüktü. Aralarında kura çektik, herbirisini kurada kendisine çıkan beze kefenledik."

Ahmed (1418) anlatım ona ve hasen bir sened ile rivayet etmiştir. Beyhaki (III, 401) senedi de sahihtir.

40. İhramlı kimse ise içinde öldüğü iki ihram bezi ile kefenlenir. Çünkü Peygamber (s.a) devesinin düşürüp, boynunu kırdığı ihramlı kimse hakkında şunları söylemiştir:

"...Onu [ihram için giydiği] iki bez ile kefenleyiniz..."

Bu hadis tamamıyla üçüncü bölüm e fıkrasında geçmiş idi. Buradaki fazlalığı Nesai rivayet ettiği gibi, Taberani de el-Mucemu'l-Kebir (k. 165/2)'de Amr b. Dinar'dan, o İbn Cübeyr'den, o İbn Abbas'tan diye iki rivayet yoluyla nakletmişlerdir.

Bu da sahih bir seneddir.

41. Kefende bazı hususlar müstehabtır:

a. Beyazlık: Çünkü Peygamber (s.a) şöyle buyurmuştur:

"Beyaz elbiseler giyiniz. Çünkü onlar sizin elbiselerinizin en hayırlılarıdır. Ölülerinizi de onunla kefenleyiniz."

Hadisi Ebu Davud (II, 176), Tirmizi (II, 132) -sahih olduğunu belirterek-, İbn Mace (I, 449), Beyhaki (III, 245), Ahmed (3426), Dıya el-Makdisi, el-Muhtare (60/229/2), İbn Abbas'tan rivayet etmişlerdir. Hakim:

"Müslim'in şartına göre sahihtir" demiş, Zehebi bu hususta ona muvafakat etmiştir. Hadis dedikleri gibidir.

Ayrıca Semura b. Cündub'un rivayet ettiği bir hadiste buna şahidlik etmektedir.

Bu hadisi Nesai (I, 268), İbnu'l-Carut (260), Beyhaki (III, 402-403) ve başkaları rivayet etmişlerdir.

Derim ki: Bunun da senedi Hakim, Zehebi ve Hafız, Fethu'l-Bari (III, 105)'de dedikleri gibi sahihtir.

b. Kefenin üç bez olması. Çünkü Aişe (r.anha) şöyle demiştir:

"Rasûlullah (s.a) pamuktan oldukça beyaz Yemen dokuması üç bez ile kefenlendi. Bunlar arasında kamiys (gömlek) da, sarık da yoktu. [Bunların içine özel bir şekilde yerleştirildi.]"

Hadisi Kütüb-ü Sitte, İbnu'l-Carut (259), Beyhaki (III, 399), Ahmed (VI, 40, 93, 118, 132, 165, 192, 203, 221, 231, 264)'de - fazlalıkta ona aittir- rivayet etmişlerdir. Bu rivayet kefen bezlerinin ilikli olmadıklarına, gömlek şeklinde olmadıklarına açıkça delalet etmektedir. Böyle olduklarına dair varid olan hadis ed-Daife (5909)'da açıkladığım gibi münker bir rivayettir.

c. Bu bezlerden birisi eğer imkan olursa çizgili olur. Çünkü Peygamber (s.a) şöyle buyurmuştur: "Sizden herhangi birisi ölür de bir imkan bulursa çizgili bir bez ile kefenlensin."

Bunu Ebu Davud (II, 61)'de onun rivayet yoluyla Beyhaki (III/403), Vehb b. Münebbih, o Cabir'den (Peygamber efendimize) merfu olarak rivayet etmişlerdir.

Derim ki bu bana göre sahih bir senettir. el-Mizzi'ye göre de böyledir. Ancak Hafız (İbn Hacer) et-Telhis (V, 131)'de şöyle demektedir: "Hadisin senedi hasendir."

Derim ki: Hadisin Ahmed (III, 319) tarafından rivayet edilen Ebu'z-Zübeyr'den, o Cabir'den diye şu lafızla bir başka rivayet yolu daha vardır.

"Her kim bir genişlik bulursa, çizgili bir bez ile kefenlensin."

Şunu bilelim ki bu hadis ile beyazlık hakkındaki birinci hadiste geçen: "Onunla ölülerinizi kefenleyiniz" lafızları arasında bir tearuz (çatışma) yoktur. Çünkü ilim adamları tarafından bilinen pekçok cem' (farklı rivayetleri birarada yorumlama) şekillerinden birisi ile hadisler arasında uyum sağlamak mümkündür. Şu anda bu yollardan ikisi hatırıma gelmektedir:

Birinci yol: Çizgili kumaş aynı zamanda beyaz olur ve çoğunlukla beyaz hakim renk olur. O vakit birinci hadis bunu kapsar. Çünkü herşeyde muteber olan onda çoğunlukla bulunana göredir. Bu da kefenin tek bir bez olması halinde sözkonusudur. Şâyet birden çok bez olursa, bu rivayetleri bir arada yorumlamak daha kolaydır, bu da bir sonraki yorum şeklidir.

İkincisi: Bir kefen bezi çizgili olur, diğerleri beyaz olur. Böylelikle her iki hadisle bir arada amel edilmiş olur. Hanefiler de böyle demiştir. Onların delilleri de bu hadistir. Yoksa Hafız'ın Ebu Davud'a nisbet ettiği Cabir (r.a)'dan rivayet olunan Peygamber (s.a) iki beze ve çizgili bir bez ile kefenlendi dediği ve hakkında senedi hasendir değerlendirmesini yaptığı hadis değildir. Çünkü onlar bu hadisi delil kullanmamışlardır. Hatta bu hadis Ebu Davud'da yoktur. Aksine Ebu Davud'da yer alan Aişe (r.anha)'dan gelen hadis olup, bu da ikinci hadistir. Orda şöyle demektedir: Çizgili bez getirildi, onu geri çevirdiler ve onunla Peygamberi kefenlemediler.

Şâyet Ebu'z-Zübeyr'in anânesi (an lafzını kullanarak rivayet etmesi) olmasaydı, senedi sahihtir fakat ondan önceki hadisle de sıhhat derecesine ulaşır.

d. Kefenin üç defa tütsülendirilmesi. Çünkü Peygamber şöyle buyurmuştur: "Ölüyü tütsülendirecek olursanız, onu üç defa tütsülendiriniz."

Hadisi Ahmed (III, 331), İbn Ebi Şeybe (IV, 92), İbn Hibban, Sahih (752-Mevarid), Hakim (I, 355), Beyhaki (III, 405)'de rivayet etmişlerdir. Hakim:

"Müslim'in şartına göre sahihtir demiş. Zehebi de bu hususta ona muvafakat etmiştir. Hadis dedikleri gibidir. Nevevi de el-Mecmu (V, 196)'de bu hadisin sahih olduğunu belirtmektedir.

Ancak bu hüküm ihramlı olan kimseyi kapsamaz. Çünkü Peygamber (s.a) devesi tarafından düşürülüp, boynu kırılan ihramlı sahabi hakkında: "...Ve ona hoş koku sürmeyiniz..." diye buyurmuştur.

Bu hadis tahriciyle beraber bütünüyle onyedinci mesele "d" fıkrasında geçmiş bulunmaktadır.

42. Kefende aşırıya kaçmak da, üç bezden fazla kullanmak da caiz değildir. Çünkü bu durum Rasûlullah (s.a)'ın -az önce bir önceki meselede geçtiği üzere- kefenlenmesi şekline muhaliftir. Bu yolla ayrıca mal boşa harcanmaktadır. Malın boşa harcanması ise yasaktır. Özellikle hayatta olanın mala olan ihtiyacı daha fazladır. Rasûlullah (s.a) da şöyle buyurmuştur:

"Şüphesiz Allah sizin için üç şeyi hoş görmemiştir: Dedikodu, malı boşa tüketmek ve çokça soru sormak."

Hadisi Buhari (III, 266), Müslim (V, 131), Ahmed (IV, 246-249-250-254)'de Muğire b. Şube yoluyla rivayet etmişlerdir.

Hadisin Ebu Hureyre (r.a) tarafından rivayet edilen bir şahidi de bulunmaktadır.

Bunu Müslim rivayet etmiştir.

Bu münasebetle büyük ilim adamı Ebu't-Tayyib'in er-Ravdatu'n-Nediyye (I, 165)'de söylediklerini nakletmeyi uygun görüyorum:

"Kefen bezlerini çok kullanmak ve pahallı olanlarını seçmek övülmeye değer bir davranış değildir. Çünkü bu hususta eğer şer'î hüküm varid olmasaydı, kefene para vermek, malı boşa harcamak olurdu. Çünkü ölünün ondan bir faydası yoktur. Bundan hayatta olana da bir fayda gelmemektedir. Ebu Bekir es-Sıddiyk -Allah'ın rahmeti üzerine olsun-'ın şu sözleri ne kadar güzeldir: "Yeni elbise hayatta olana daha bir yakışır." O elbiselerinden birisinin kendisine kefen olarak kullanılmasını isterken ona: "Bu eski bir bezdir." denilmesi üzerine söylemiştir."

43. Kadın da bu hususta erkek gibidir. Çünkü aralarında fark gözetmeyi gerektirecek bir delil bulunmamaktadır.[2]

Sakifli Kaif kızı Leyla'nın rivayet ettiği Peygamber (s.a)'ın kızının beş kefen bezine sarıldığına dair hadis ise sened bakımından sahih değildir. Çünkü onun senedinde Sakifli Nuh b. Hakim vardır. Bu da Hafız İbn Hacer'in ve başkalarının söylediği gibi meçhul bir ravidir. Ayrıca bunda Zeylai, Nasbu'r-Ra'ye (II, 258)'de açıkladığı bir başka illet daha vardır.

Bazılarının Peygamber (s.a)'ın kızı Zeyneb'in yıkanması ile ilgili daha önce kaydettiğimiz kıssada ekledikleri: "Biz de onu beş bez ile kefenledik" lafzına gelince, bu ed-Daife (5844)'de tahkik ettiğim üzere şaz ya da münker bir rivayettir.

---

12. CENAZEYİ TAŞIMAK VE ARKASINDAN GİTMEK

43. Cenazeyi taşımak ve arkasından gitmek icab eder. Bu müslüman ölünün diğer müslümanlar üzerindeki haklarındandır. Bu hususta birtakım hadisler vardır. Ben bunlardan ikisini kaydedeceğim:

Birinci hadis: Peygamber (s.a) şöyle buyurmaktadır:

"Müslümanın, müslüman üzerindeki hakkı (bir rivayette: müslümanın kardeşi üzerindeki hakkı) beş tanedir. Selamı almak, hastayı ziyaret etmek, cenazelerin arkasından gitmek, davete icabet etmek, aksırana (elhamdulillah dediği takdirde) yerhamukellah demek."

Hadisi Buhari (III, 88) -anlatım ona ait-, Müslim (VII, 3) ikinci rivayetiyle, İbn Mace (I, 439), İbnu'l-Carut (261), Ahmed (II, 372, 412, 540)'da rivayet etmişlerdir. Ahmed zikrettiği bir rivayette: "Altıdır" diyerek: "Ve senden nasihat istediği vakit ona nasihat et." fazlalığını eklemektedir. Bu aynı zamanda Müslim'in de bir rivayetidir. Hepsi Ebu Hureyre'den rivayet etmişlerdir.

Bu hususta el-Bera b. Azib'den gelen bir rivayet Buhari ve Müslim ve başkalarında da yer almaktadır.

İkinci hadis: Peygamber (s.a)'ın şu buyruğudur:

"Hastayı ziyaret ediniz, cenazelerin arkasından gidiniz. Onlar size ahireti hatırlatır."

Hadisi İbn Ebi Şeybe, Musannef (III, 73), Buhari, el-Edebu'l-Müfred (s. 75), İbn Hibban, Sahih (709-Mevarid), Tayalisi (I, 224), Ahmed (III, 27, 32, 48), Beğavi, Şerhu's-Sünne (I, 166/1)'de Ebu Said el-Hudri'den rivayet etmektedirler.

---

[2] Peygamber (s.a)'ın beş beze sarılarak kefenlendiğini belirten hadis de münker bir hadistir. Bunu tek başına (münferiden) kötü hıfz (su-i hıfz) ile nitelendirilmiş kimse(ler) rivayet etmiştir. Bunun için bk. Nasbu'r-Ra'ye, II, 262-262

Derim ki: Senedi hasendir.

Son cümle olmaksızın Avf b. Malik'in rivayeti olan bir hadis buna şahidlik etmektedir.

Bu hadisi Taberani rivayet etmiştir. Bk. Mecmau'z-Zevaid (II, 299)

44. Cenazenin peşinden gitmenin iki mertebesi vardır.

Birincisi cenazenin arkasından ailesi yanından alındığından cenaze namazı kılınıncaya kadar gitmek

İkincisi ailesinin yanından itibaren defin işi bitirilinceye kadar arkasından gitmektir.

Rasûlullah (s.a) bunların her birisini de yapmıştır. Ebu Said el-Hudri (r.a) naklettiği bir rivayette şöyle demektedir:

"Peygamber (s.a) geldiğinde (Medine'ye geldiğinde demek istiyor) bizden birisi ölüm haline düştü mü Peygamber (s.a)'a haber verirdik. O da yanına gelir ve onun için mağfiret dilerdi. Ruhu kabzedilince Peygamber (s.a) ve beraberindekiler defnedilinceye kadar ayrılırlardı. Bazan bu Peygamber (s.a)'ın uzun bir şekilde alıkonulmasına da sebeb olabilirdi. Biz bu işin Peygambere zorluk vereceğinden korktuğumuzdan birbirimize şöyle dedik: Keşke Peygamber (s.a)'a bir kimsenin ruhu kabzedilmedikçe haber vermesek. Ruhu kabzedilince gidip ona haber versek ve böylece bu sebebten Peygamber efendimize zorluk verilmese ve onu alıkoymasak. Bu şekilde hareket ettik. Kişi öldükten sonra öleni ona gider haber verirdik. O da yanına gelir, cenaze namazını kılardı. Kimi zaman ayrılır gider, kimi zaman ölen defnedilinceye kadar beklerdi. Bir süre bu şekilde devam ettik. Sonra şöyle dedik: Keşke Peygamber (s.a) gelmese, cenazemizi biz ona götürsek de evinin yanında onun namazını kıldırsa. Bu onu daha da rahatlatır dedik ve bu durum bu güne kadar böylece devam etti."

Hadisi İbn Hibban Sahih'inde (753-Mevarid), Hakim (I, 353, 364-365) ondan rivayetle Beyhaki (IV, 74), Ahmed (III, 66) -ona yakın ifadelerle- nakletmişlerdir. Hakim:

"Buhari ve Müslim'in şartına göre sahihtir." demiş, bu hususta Zehebi de ona muvafakat etmiştir. Ancak hadis sadece sahihtir. Çünkü senedinde Said b. Ubeyd b. es-Sebbak vardır. Her ikisi de ona ait herhangi bir rivayet zikretmemişlerdir.

45. Şüphesiz öbür mertebe birincisinden daha faziletlidir. Çünkü Peygamber (s.a) şöyle buyurmuştur:

"Kim cenazede [evinden itibaren] hazır bulunursa, (bir rivayette: kim bir müslümanın cenazesinin arkasından (ecrine) inanarak ve umarak giderse) ve namazı kılınıncaya kadar beklerse ona bir kiyrad vardır. Kim de defnedilinceye kadar hazır bulunursa (diğer rivayette: işi bitene kadar) ona ait [ecir olarak] iki kiyrad vardır. [Ey Allah'ın Rasûlü] iki kiyrad nedir diye soruldu. O: Oldukça büyük iki dağ kadar diye buyurdu. (Diğer rivayette: Herbir kiyrad Uhud gibidir)."

Hadisi Buhari (I, 89-90, III, 150-152-153-154), Müslim (III, 51-52), Ebu Davud (II, 63-64), Nesai (I, 282), Tirmizi (II, 150) -sahih olduğunu belirterek-, İbn Mace (I, 467-468), İbnu'l-Carut (261), Beyhaki (III, 412-413), Tayalisi (2581), Ahmed (II, 233, 246, 273, 280, 320, 401, 430, 458, 470, 474, 493, 503, 521, 531) Ebu Hureyre (r.a)'dan gelen pek çok yoldan rivayet etmişlerdir.

İkinci rivayet Buhari, Nesai ve Ahmed'e aittir.

Nesai'nin kaydettiği bir lafızda: "Uhud'dan daha büyüktür" denilmektedir.

Bu hadisin Ubey b. Kâb tarafından merfu olarak rivayet edilen: "Mizanında Uhud'dan daha ağır basacaktır" lafzı ile bir şahidi de vardır.

Bunu da Ahmed (V, 131), İbn Mace (I, 468)'da Nesai'nin lafzı ile rivayet etmiş olup, hasen bir hadistir.

Birinci fazlalık Müslim, Ebu Davud ve başkalarına aittir. Son iki fazlalık ise Nesai'ye aittir. Hadisin ashab-ı kiram (r.anhum)'dan bir topluluktan nakledilen başka şahitleri de vardır.

Birincisi Müslim, Tayalisi (985), Ahmed (V, 276-277, 282, 283, 284)'de Sevban'dan kaydettikleri rivayettir.

İkinci ve üçüncü hadis ise el-Bera b. Azib ile Abdullah b. Muğaffel'den rivayet edilen Nesai'nin ve Ahmed'in (IV, 86 ve 294) kaydettikleri rivayettir.

Dördüncü şahid Ebu Said el-Hudri'den rivayet edilmiştir. Hadisi Ahmed (III, 20, 27, 97) ondan gelen iki rivayet yoluyla kaydetmiştir. Ayrıca bunun başka şahidleri de bulunmaktadır ki bunları Hafız (İbn Hacer) el-Feth (Fethu'l-Bari) adlı eserinde (III, 153) zikretmiştir.

Ebu Hureyre'den gelen şahidlerden birisinde oldukça faydalı bazı fazlalıklar vardır. Bunları zikretmek güzel olabilir:

"İbn Ömer cenaze namazını kılar, sonra giderdi. Ebu Hureyre'nin hadisi kendisine ulaşınca şöyle dedi: [Ebu Hureyre'nin rivayetleri artık bize çok gelmeye başladı. Bir rivayette: Bunu pek büyük bir iş olarak değerlendirdi], [bunun üzerine Habbab'ı, Aişe'ye, Ebu Hureyre'nin söyledikleri hakkında soru sormak ve sonra dönüp neler söylediklerini kendisine haber vermek üzere gönderdi. İbn Ömer mescidin çakıl taşlarından bir avuç alıp onları gönderdiği elçi kendisine dönünceye kadar elinde evirip çevirdi. Elçi dedi ki: Aişe dedi ki: Ebu Hureyre doğru söylemiştir. Bu sefer İbn Ömer elinde bulunan çakılları yere attı, sonra şunları söyledi:] Andolsun pek çok kiyradları kazanma fırsatını kaybettik. [Bu durum Ebu Hureyre'ye ulaşınca şunları söyledi: Ne çarşı pazarda alışveriş, ne hurma fidanları dikmek beni Rasûlullah (s.a) (ile birlikte olmak)dan alıkoymadı. Ben bana öğreteceği bir kelime ve bana yedireceği bir lokma için Peygamber (s.a)'ın yanından ayrılmıyordum], [İbn Ömer ona şöyle dedi: Sen ey Ebu Hureyre, aramızda Rasûlullah (s.a) ile en çok birlikte olan ve hadisini aramızda en iyi bilensin.]"

Bütün bu fazlalıklar -sonuncusu müstesna- Müslim'e aittir. Bu sonuncu fazlalık Ahmed (II, 2-3 ile 387) tarafından rivayet edilmiştir. Aynı şekilde Said b. Mansur da -Hafız'ın Feth'de belirttiği üzere sahih isnad ile bunu rivayet etmiştir. Ondan önceki fazlalık ise Tayalisi'ye aittir. Onun da senedi Müslim'in şartına göre sahihtir. İkinci fazlalık Buhari ve Müslim'e aittir. Burdaki ikinci rivayet ise Tirmizi ve Ahmed'in rivayetleridir.

Son fazlalık İbn Ömer (r.a)'ın bizzat Ebu Hureyre ile kendisinin görüştüğünü açıkça ifade etmektedir. Bunu Müslim'in ve başkalarının şu lafızla kaydettiği rivayette desteklemektedir: İbn Ömer dedi ki: Ey Ebu Hureyre, Rasûlullah (s.a)'dan neler söylediğine dikkat et. Bu sefer Ebu Hureyre ona doğru kalkıp gitti ve onunla Aişe'nin yanına gitti. Ona: Ey mü'minlerin annesi, Allah adına sana and veriyorum. Râsulullah (s.a)'ı şöyle şöyle buyururken dinledin mi? (deyip hadisi zikretti). Aişe (r.anha) Allah'a yemin ederim ki evet dedi. Bu sefer Ebu Hureyre: ...Beni Rasûlullah (s.a) ile birlikte olmaktan alıkoymadı... şeklindeki sözlerini söyledi.

Bütün bunlarınn zahir ifadesi Ebu Hureyre'nin, İbn Ömer'e, Habbab'ı gönderdiği şeklindeki rivayete muhaliftir.

Hafız İbn Hacer iki rivayeti bir arada şöylece açıklamaktadır: Elçi İbn Ömer'e, Aişe (r.anha)'ın söylediklerini gelip haber verince, Ebu Hureyre bu durum öğrendi. Bu sefer kendisi İbn Ömer'in yanına gitti ve bu sözleri bizzat Aişe (r.anha)'a söyletti ve İbn Ömer'in bu sözleri duymasını sağladı.

Ebu Hureyre (r.a)'ın cenazede hazır bulunmanın faziletine dair bir başka hadisi daha vardır. O diyor ki: Rasûlullah (s.a) buyurdu ki:

"Bugün aranızdan kim oruçlu sabahı etti. Ebu Bekir ben dedi. Bu sefer: Aranızdan bugün kim bir hasta ziyareti yaptı diye sordu. Ebu Bekir: Ben dedi. Bu sefer: Bugün aranızdan kim bir cenazede hazır bulundu diye sordu. Yine Ebu Bekir ben dedi. Peygamber: Bugün kim bir yoksula yemek yedirdi diye sordu. Ebu Bekir ben dedi. Peygamber (s.a) şöyle buyurdu: Bunca haslet bir kişide bir günde bulundu mu o kişi mutlaka cennete girer."

Bu hadisi Müslim, Sahih'inde (III, 92 ve VII, 110) ile Buhari el-Edebu'l-Müfred (s. 57)'de rivayet etmişlerdir.

46. Cenazenin arkasından gitmenin bunca fazileti -kadınlar dışında- erkeklere aittir. Çünkü Peygamber (s.a) kadınların cenazenin peşinden gitmelerini yasaklamıştır. Bu yasaklama (nehy) tenzihi bir nehydir. Çünkü Um Atiye (r.anha) şöyle demiştir:

"Bizlere cenazelerin arkasından gitmek yasaklanıyordu. (Bir rivayette Rasûlullah (s.a) bize yasakladı) fakat bunu bize kesin bir emir olarak vermedi."

Hadisi Buhari (I, 328-329 ve III, 162), Müslim (III, 47) -anlatım ona ait- Ebu Davud (II, 63), İbn Mace (I, 487), Ahmed (VI, 408-409), aynı şekilde Beyhaki (IV, 77) ve el-İsmailî -ikinci rivayet ona aittir-aynı zamanda bu Buhari'nin muallak olarak kaydettiği bir rivayettir-rivayet etmişlerdir.

47. Şeriate muhalif bir şekilde cenazelerin arkasından gitmek caiz değildir. Buna dair nass iki hususu sözkonusu ederek bize kadar gelmiştir: Yüksek sesle ağlamak ve tütsülerle cenazenin arkasından gitmek. Bu da Peygamber (s.a)'ın şu buyruğunda dile getirilmektedir:

"Cenazenin arkasından yüksek sesle de, ateşle de gidilmez." Bu hadisi Ebu Davud (II, 64), Ahmed (II, 427, 528 ve 532)'de Ebu Hureyre'nin rivayet ettiği bir hadis olarak kaydetmişlerdir.

Senedinde adı verilmeyen ravi vardır fakat merfu olarak rivayet edilen şahitleri ile mevkuf bazı rivayetlerle güç kazanmaktadır.

Bu rivayetin şahidleri: Cabir'den gelen rivayete göre o Peygamber (s.a)'ın ölünün arkasından yüksek sesle ya da ateşle gidilmesini yasakladığını rivayet etmiştir. el-Heysemi (III, 29)'da şunları söylemektedir: "Bunu Ebu Ya'la rivayet etmiştir. Senedinde kendisinden bahsedilmeyen kimse(ler) vardır."

Derim ki bu hadis Ebu Ya'la'nın Müsned'inde (2627) bulunmaktadır. Senedinde Abdullah b. el-Muharrar vardır. Bu hadisi münker bir ravidir. Anlaşıldığı kadarıyla bunun ismini Heysemi tahrif edilmiş bir şekilde gördüğünden onu tanıyamamıştır.

İbn Ömer'den şöyle dediği rivayet edilmektedir: "Rasûlullah (s.a) beraberinde ses bulunan bir cenazenin peşinden gidilmesini yasakladı."

Hadisi İbn Mace (I, 479-480), Ahmed (5668), Mücahid'in Ebu Hureyre'den rivayeti olarak iki farklı yoldan rivayet etmişlerdir. Bu iki yolun birlikte ele alınması ile hadis hasen olur.

Ebu Musa'dan beraberinde tütsü bulunan ölünün arkasından gitmeyi yasaklayan hadisi de vardır ki lafzı bundan önce onikinci meselede b fıkrasında geçmiş bulunmaktadır.

Bu husustaki asara (ashabdan gelen rivayetlere) gelince, Amr b. el-As'dan yaptığı vasiyetinde şöyle dediği nakledilmektedir:

"Öldüğüm takdirde benimle beraber ne ağıt yakıcı bir kadın, ne de bir ateş gelmesin."

Hadisi Müslim (I, 78) ve Ahmed (IV, 199) rivayet etmişlerdir.

Ebu Hureyre'den rivayete göre ölümü yaklaştığı sırada şöyle demişti:

"Benim üzerime herhangi bir çadır kurmayınız ve cenazemin arkasından tütsü ile (bir rivayette ateş ile) gelmeyiniz."

Bunu Ahmed ve başkaları sahih bir sened ile -bir mesele sonra ikinci hadis olarak kaydedileceği üzere- rivayet etmişlerdir.

48. Buna cenazenin önünde yüksek sesle zikir getirmek de katılır. Çünkü bu bir bid'attir. Ayrıca Kays b. Abbad şöyle demiştir:

"Peygamber (s.a)'ın ashabı cenazelerin yanında sesin yükseltilmesini mekruh görüyorlardı."

Bunu Beyhaki (IV, 74), İbnu'l-Mübarek, ez-Zühd (83) ve Ebu Nuaym (IX, 58) ravileri sika olan bir sened ile rivayet etmişlerdir.

Bunun bir diğer sebebi de bu davranış hristiyanlara benzeyiştir. Onlar bu halde incillerinden ve yaptıkları zikirlerden bölümler okuyarak seslerini nağmelerle, seslerine hüzün vererek ve gerekli gereksiz uzatarak yükseltirler.

Bundan daha da çirkin olarak cenazenin önünde müzik aletleri ile hazin çalgılar ile cenazeyi götürmektir. Bazı İslam ülkelerinde kâfirler taklit edilerek yapıldığı gibi. Allah'tan yardım dileriz.

Nevevi -yüce Allah'ın rahmeti üzerine olsun- el-Ezkar adlı eserinde (s. 203) şunları söylemektedir:

"Şunu bil ki doğru ve tercih edilen selefin (Allah onlardan razı olsun) izlediği yol cenaze ile birlikte yürüme halinde susmaktır. Ne Kur'ân okuyarak, ne zikirle ne de başka bir şekilde ses yükseltilmez. Bundaki hikmet gayet açıktır. Çünkü böyle bir hal cenaze ile ilgili hususlarda kişinin kalbine daha bir sükun verir, düşüncesini daha bir toparlamasına yardım eder. Böyle bir halde istenen de budur. Hak olan işte budur. Buna muhalefet edenlerin çokluğu seni aldatmasın. Ebu Ali el-Fudayl b. İyad (r.a) şu manada bir söz söylemiştir: "Sen hidayet yollarından ayrılma da o yolu izleyenlerin çokluğunun sana zararı olmaz. Sapıklık yollarından da sakın. O yolda helak olanların çokluğu da seni aldatmasın." Bizlere Beyhaki'nin Sünen'inde bu dediklerimi gerektiren rivayetler nakledilmiştir. (Bununla Kays b. Abbad'ın sözüne işaret etmektedir.) Dımaşk ve başka yerlerde cenaze üzerinde cahillerin yaptıkları gibi Kur'ân okumak, Kur'ân okurken nağmeleri uzatmak, sözü gerçek şeklinde uzaklaştırmak ise ilim adamlarının icmaı ile haramdır. Ben bunun çirkinliğini, haramlığın ağırlığını ve buna karşı çıkıp değiştirmek imkanı bulunmakla birlikte bunu yapmayan kimselerin fasık olacağını, Adâbu'l-Kırae adlı eserimde açıklamış bulunuyorum."

O bu sözleriyle: "et-Tibyan fi Adabi Hamaleti'l-Kur'ân" eserine işaret etmektedir. Bk. (s.) (kitabta sahife numarası yerinde bir boşluk bulunmaktadır.

49. Cenazenin yavaşça koşmak derecesine varmayan bir şekilde çabucak götürülmesi gerekir. Bu hususta bazı hadisler vardır.

Birinci Hadis:

"Cenazeyi çabuk götürünüz. Eğer salih birisinin cenazesi ise onu bir hayra doğru götürüyorsunuz. Eğer böyle değil ise boyunlarınızdan bırakacağınız bir kötülüktür."

Bu hadisi Buhari ve Müslim -anlatım Müslim'e ait- dört Sünen sahibi -Tirmizi sahih olduğunu belirterek- Ahmed (II, 240, 280, 488), Beyhaki (IV, 21), Ebu Hureyre'den birkaç yoldan rivayet etmişlerdir. Yine onun rivayet ettiği ve aşağıda gelecek olana yakın bir başka hadisi daha vardır.

İkinci Hadis:

"Cenaze konulup, adamlar boyunları üzerinde onu yüklendiklerinde eğer salih bir kişinin cenazesi ise: Beni çabuk götürün. [Beni çabuk götürün] der ve eğer salih değil ise: Vay benim halime bunu nereye götürüyorsunuz der. Onun bu sesini insan dışında herşey işitir ve eğer insan bu sesi duyarsa [elbette] baygın düşer."

Hadisi Buhari (III, 142), Nesai (I, 270), Beyhaki, Ahmed (III, 41, 58), Ebu Said el-Hudri (r.a)'dan rivayet etmişlerdir.

İki fazlalık Nesai'ye aittir. Bunların birincisini Beyhaki, ikincisini de Ahmed de rivayet etmiştir.

Birinci fazlalığın lehine Ebu Hureyre'nin rivayet ettiği hadis tanıklık etmektedir. O ölümü yaklaştığında şöyle demişti:

"Benim (mezarımın) üzerine çadır kurmayınız. Arkamdan buhur ve tütsü getirmeyiniz. Beni hızlıca götürünüz. Çünkü ben Rasûlullah (s.a)'ı şöyle buyururken dinledim: "Salih bir kimse teneşiri üzerine konuldu mu beni ileriye götürünüz... der." Bu hadisi (bir öncekine) yakın olarak rivayet etti ancak "onun sesini... işitir" bölümünü zikretmeden.

Hadisi Nesai, İbn Hibban, Sahih (768), Beyhaki, Tayalisi (no: 2336), Ahmed (II, 292, 274, 500)'de Müslim'in şartına göre sahih bir senedle rivayet etmiştir.

Üçüncü Hadis:

Abdu'r-Rahman b. Cevşen'den şöyle dediği rivayet edilmiştir:

"Ben Abdu'r-Rahman b. Semura'nın cenazesinde hazır bulunmuştum. Ziyad ve onun azadlılarından birtakım kimseler tabutunun önünde topukları üzerinde (gerisin geri) yürümeye ve sonra da: Yavaş yavaş Allah size bereketler ihsan etsin demeye koyulsunlar. Ebu Bekre Medine'nin yollarından birisinde onlara yetişti, altındaki katır ile üzerlerine yürüdü, kamçı ile onlara hamle yapıp: Bırakınız dedi. Ebu 'l-Kasım'ın zatını mükerrem kılanın hakkı için Rasûlullah (s.a) döneminde bizi nerdeyse koşarcasına cenazeyi götürdüğümüzü gördü."

Hadisi Ebu Davud (II, 65), Nesai (I, 271), Tahavi (I, 276), Hakim (I, 255), Beyhaki (IV, 22), Tayalisi (883), Ahmed (V, 36-38) rivayet etmişlerdir. Hakim: Sahihtir demiş, Zehebi de bu hususta ona muvafakat etmiştir. Ondan önce Nevevi el-Mecmu' (V, 272) bu hususta (Hakim'e) muvafakat etmiştir. Nevevi aynı eserde (V, 271) şunları söylemektedir:

"İlim adamları cenazenin çabuk götürülmesinin müstehab olduğu üzerinde ittifak etmişlerdir. Ancak hızlı gitmekten, ölünün parçalanmasından yahut değişikliğe uğramasından ve benzeri hallerden çekinilmesi müstesnadır. O vakit teenni ile gidilir."

Derim ki: Emrin zahiri vücubu gerektirir. İbn Hazm da (V, 154-155) böyle demiştir. Bizler bu vücubu müstehablığa dönüştürecek herhangi bir delil bulamadık. Bundan dolayı biz bu kanaati aşmıyoruz. İbnu'l-Kayyim Zadu'l-Mead'de şöyle demektedir:

"Bugün insanların adım adım, ağır ağır yürümelerine gelince bu çirkin bir bid'attir. Sünnete muhaliftir. Kitab ehli yahudilere benzemeyi ihtiva eder."

50. Cenazenin önünde, arkasında, sağında, solunda yürümek -ona yakın olmak şartı ile- caizdir. Ancak binekli olan kimse cenazenin arkasından yürür. Çünkü Peygamber (s.a) şöyle buyurmuştur:

"Binekli cenazenin arkasında [yürür], yayan ise cenazenin istediği yerinde [arkasında, önünde, sağında, solunda (ama) ona yakın olarak] (yürür). Çocuğun da cenaze namazı kılınır. [Anne babasına mağfiret ve rahmet ile dua edilir.]"

Hadisi Ebu Davud (II, 65), Nesai (I, 275-276), Tirmizi (II, 144), İbn Mace (I, 451, 458), Tahavi (I, 278), İbn Hibban, Sahih (769), Beyhaki (84 ve 25), Tayalisi (701-702), Ahmed (IV, 247-248-249-252)'de Muğire b. Şube'den gelen bir hadis olarak rivayet etmişlerdir. Tirmizi:

"Hasen, sahih bir hadistir" derken, Hakim:

"Buhari'nin şartına göre sahihtir" demiş, bu hususta Zehebi ona muvafakat etmiştir. Hadis dedikleri gibidir.

Hadisin anlatımı Nesai ile Ahmed'in bir rivayetindeki gibidir.

Üç fazlalık Ebu Davud, Hakim ve Tayalisi'nin, ilk iki fazlalık Ahmed'in, üçüncüsü Beyhaki'nindir.

Ebu Davud ve İbn Hibban "çocuk" yerine "düşük" demişlerdir. Aynı zamanda bu şekil Hakim, Beyhaki ve Ahmed'in de bir rivayetidir. Hafız İbn Hacer et-Telhis (V, 147)'de Tirmizi'ye de bunu nisbet etmiştir. Ancak bu bir yanılmadır. Tirmizi'deki ifade cemaatin (diğer büyük çoğunluğun) lafızları gibidir.

51. Cenazenin önünde de, arkasında da yürümek Rasûlullah (s.a)'dan fiili olarak sabit olmuştur. Nitekim Enes b. Malik (r.a) böyle demiştir:

"Rasûlullah (s.a), Ebu Bekir ve Ömer cenazenin önünde de, arkasında da yürüyorlardı."

İbn Mace (1483), Tahavi (I, 278)'de Yunus b. Yezid'den, o İbn Şihab'dan, o Enes'den diye iki ayrı rivayet yoluyla kaydetmişlerdir.

Derim ki: Bu Buhari ve Müslim'in şartına göre sahih bir seneddir.[1]

51. (Dizgici notu: Kasette baştaki no 51 olarak ikinci defa verilmiştir. Ben de aynı şekilde yazıyorum.) Fakat efdal olan cenazenin arkasında yürümektir. Çünkü Peygamber (s.a)'ın: "Ve cenazelerin arkasından gidiniz." buyruğu ile daha önce bu bölümün başında 43. meselede geçen bu anlamdaki diğer buyrukların gereği budur.

Ayrıca bunu Ali (r.a)'ın şu sözü de desteklemektedir:

"Cenazenin arkasında yürümek, cenazenin önünde yürümekten daha faziletlidir. Tıpkı kişinin cemaat ile birlikte namaz kılmasının, tek başına namaz kılmasından daha faziletli olduğu gibi."

İbn Ebi Şeybe, Musannef (IV, 101), Tahavi (I, 279), Beyhaki (IV, 25), Ahmed (754)'de rivayet etmişlerdir. Aynı şekilde İbn Hazm, el-Muhalla (V, 165) ve Said b. Mansur ondan gelen iki yolla rivayet etmişlerdir. Hafız (III, 143) bu iki yoldan birisi hakkında şunları söylemektedir:

"Bunun senedi hasendir ve merfu hükmünde mevkuf bir rivayettir fakat el-Esrem'in, Ahmed'den naklettiğine göre o bu sened hakkında tenkitte bulunmuştur."

Derim ki: Fakat diğer rivayet yoluyla güç kazanmaktadır.

Bir uyarı: Şevkâni daha önceki ifadelerinin akabinde şunları söylemektedir:

"el-Bahr'da, es-Sevri'den şöyle dediği nakledilmektedir: Binici cenazenin arkasından yürür, bineksiz ise önünde yürür. Onun bu söylediğine daha önce geçen el-Muğire yoluyla geçen hadis delil teşkil etmektedir. Buna göre Peygamber (s.a) şöyle buyurmuştur:

"Binici cenazenin arkasında, yürüyen önünde, onun yakınında, sağında veya solunda yürür. Bu hadisi Sünen sahibleri rivayet etmiş olup, İbn Hibban ve Hakim sahih olduğunu belirtmişlerdir. Bu güçlü bir görüştür..."

---

[1] Derim ki: el-Cevheru'n-Nakih (IV, 25)'de yer alan:
"Abdu'r-Rezzak'ın Musannef'inde Ma'mer'den, o İbn Tağus'tan, o babasından şöyle dediğini rivayet etmektedir: Rasûlullah (s.a) ölünceye kadar cenaze arkasında olması hali dışında yürümemiştir. İşte bu cemaatin şartına göre sahih bir senettir." ifadelerine gelince,
diyorum ki: Bu mürsel bir rivayet iken nasıl böyle denilebilir. Çünkü Tağus tabiî bir kimsedir ve bunu mürsel olarak rivayet etmiştir. Mürsel ise onlarca hüccet delil değildir. Ayrıca Enes'in sahih hadisi de bununla taaruz halindedir. Yine Şevkâni de (IV, 62)'de mürsel olduğunu belirterek illetine işaret etmiştir fakat: "Ben hadis kitablarından herhangi birisinde buna vakıf olmadım." demiştir.

Asla! Hadisi bu lafzıyla Ahmed el-Mubarek b. Fadale yoluyla rivayet etmiştir. Bu rivayette bir zayıflık vardır. Başkası buna bir ilavede bulunarak: "Arkasında ve önünde..." demişlerdir. Az önce işaret edildiği üzere. Bunu da el-Mübarek, Tayalisi'nin kaydettiği rivayette zikretmektedir. O halde onu almak gerekir. Bu muhayyerlikte bir nasstır. Onun önüne geçmenin faziletli olduğu hususunda değil. Garib kaçan şu ki bu ziyadeyi "el-Münteka" müellifi bizzat Şevkâni'nin işaret ettiği az önceki ifadelerinde kaydetmiş, sonra kendisi şunu unutuvermiştir.

52. Cenazenin arkasında yürümek şartıyla binekli olmak caizdir. Çünkü Peygamber (s.a) şöyle buyurmuştur:

"Binekli cenazenin arkasında yürür..."

Bu rivayet tamamiyle 50. meselede geçmiş bulunmaktadır.

Fakat efdal olan yürümektir. Çünkü Peygamber (s.a)'dan görülen budur. Onun cenaze ile birlikte bindiği varid olmamıştır. Hatta Sevban (r.a) şöyle demiştir:

"Rasûlullah (s.a) bir cenaze ile birlikte bulunduğu bir sırada ona bir binek getirildi. Ona binmeyi kabul etmedi. Cenazeden döndükten sonra yine ona bir binek getirildi, bu sefer bindi. Ona sebebi sorulunca şöyle buyurdu: Melekler de yürüyordu. Onlar yürürken ben binmek istemedim. Onlar gidince ben de bindim."

Hadisi Ebu Davud (II, 64-65), Hakim (I, 355), Beyhaki (IV, 23)'da rivayet etmişler, Hakim:

"Buhari ve Müslim'in şartına göre sahihtir." demiş, Zehebi de bu hususta ona muvafakat etmiştir. Hadis ikisinin dediği gibidir.

Hakim'in ve başkasının Sevban'dan kaydettiği rivayette Sevban şöyle demektedir: Rasûlullah (s.a) bir cenaze ile birlikte çıktı. Bazılarının binekli olduğunu görünce: Utanmıyormusunuz dedi. Allah'ın melekleri ayakları üzerinde, siz ise bineklerin sırtındasınız."

Bu rivayetin senedi zayıftır. Mevkuf olarak da rivayet edilmiştir. Beyhaki: "O (mevkuf rivayet) daha sahihtir" demiştir.

Derim ki: Hadis ister merfu, ister mevkuf olsun rivayet olarak Ebu Bekir b. Ebi Meryem etrafında döner dolaşır, o ise zayıf bir ravidir.

53. Cenazeden döndükten sonra binmeğe gelince, kerahet sözkonusu olmaksızın caizdir. Az önce zikredilen Sevban yoluyla gelen hadis bunu gerektirmektedir. Bunun bir benzeri de Cabir b. Semura (r.a)'ın rivayet ettiği hadis-i şeriftir. O şöyle demektedir:

"Rasûlullah (s.a) [biz hazır bulunuyorken] İbnu'd-Dehdah'ın cenaze namazını kıldırdı. (Bir rivayette: İbnu'd-Dehdah'ın cenazesi ile [yürüyerek] çıktı.) Sonra ona eğersiz bir at getirildi. Bir adam onu bağladı. Peygamber [geri döndüğünde] o ata bindi. Bu at kısa adımlarla yürümeye koyuldu. Biz de onun arkasından (bir rivayette: etrafında) yürüyerek gittik. (Cabir) dedi ki: Hazır bulunanlardan birisi şöyle dedi: Allah'ın Peygamberi buyurdu ki: Cennette İbnu'd-Dehdah'a ait asılı ya da sarkıtılmış nice salkım bulunmaktadır."

Hadisi Müslim (3, 60-61) -anlatım ona ait-, Ebu Davud (II, 65), Nesai (I, 284), Tirmizi (II, 138) -sahih olduğunu belirterek-, Beyhaki (IV, 22-23), Tayalisi (760-761), Ahmed (V, 98-99, 102), Simad b. Harb'den, o Cabir b. Semura'dan diye değişik yollardan rivayet etmişlerdir.

İkinci rivayet Nesai'ye aittir. O rivayetteki fazlalık kaydettiği iki rivayetten birisinde Tirmizi'ye aittir. Manası itibariyle de Tayalisi'de mevcuttur. Üçüncü rivayet Ebu Davud ile Tirmizi'ye aittir. Müslim, Beyhaki ve Ahmed de kaydettikleri bir rivayet bunun gibidir.

Birinci fazlalık Nesai'nin, diğeri Ebu Davud'undur.

Bu rivayet Peygamber (s.a)'ın cenazeden dönüşünde bineğe bindiği hususunda açık bir ifadedir. Bu husus Ebu't-Tayyib Sıddiyk Hasen Han tarafından tesbit edilemediğinden ötürü o er-Ravda (I, 173)'de cenazeyi teşyi eden kimsenin cenazenin önünde ya da arkasında yürümekte muhayyer olduğunu bu hadise dayanarak söylemiş ve şöyle demiştir: Ashab-ı Kiram, İbnu'd-Dehdah'ın cenazesi etrafında yürüyorlardı. Ancak bu iki bakımdan yanlıştır.

1. Sözü geçen hadiste onun belirttiği husus sözkonusu edilmemektedir. Aksine bu hadis onların Peygamber (s.a) etrafında yürüdükleri noktasında açık bir ifade taşımaktadır. Açıkça görüleceği gibi bu iki yürüme birbirinden ayrı şeylerdir.

2. Önceden de geçtiği gibi cenazeden dönüş halinde bu yeterlidir. Onun yanılmasının sebebi muhtemelen Ömer b. Musa b. el-Vecih'in, Simak'den bu yolla şu lafızla yaptığı rivayet olmalıdır:

"Ben Rasûlullah (s.a)'ı Sabit b. ed-Dahdah'ın cenazesi ile birlikte alnında beyazlık bulunan ayakları da beyaz bir at üzerinde gördüm. Bu atın üzerinde eğer yoktu. Beraberinde bulunan insanlar onun etrafını sarmıştı. (Cabir b. Semura) dedi ki: Rasûlullah (s.a) binekten indi, onun cenaze namazını kıldı. Sonra da defnedilmesi bitinceye kadar oturdu. Sonra kalkıp atı üzerine bindi, sonra da insanlar etrafında yürüyerek ayrılıp gitti."

Hadisi Ahmed (V, 99) rivayet etmiştir. Bu hadis cenazenin kabre götürülmesi esnasında da binmek hususunda açık bir ifade taşımaktadır. Fakat bu anlatımı ile batıldır. Çünkü burada sözü edilen Ömer b. Musa hadis uyduran birisi idi. Bundan dolayı rivayeti başka rivayetlere muvafık düştüğü vakit bile onun rivayeti delil gösterilmez. Ya muhalif ifadeler ile birlikte zikrettiği rivayet nasıl kabul edilebilir.

54. Cenazenin bir araba ya da cenazelere has motorlu taşıt üzerinde taşınmasına ve cenazeyi kabre götürenlerin arabalarında cenazeyi teşyi' etmelerine gelince, bu şekil hiçbir şekilde meşru kabul edilemez. Bununsa birkaç sebebi vardır:

1. Evvela bu kâfirlerin adetlerindendir. Şeriatte ise bu hususta onların taklid edilmelerinin caiz olmadığı açıkça sabittir. Bu konuda oldukça pekçok hadis vardır. Ben bunları hepsini "Hicabu'l-Mer'ati'l-Müslime fi'l-Kitabi ve's-Sünne" adlı eserimde topladım ve tahriclerini yaptım. Bu hadislerin bir bölümü ibadetlerinde, kılık kıyafetlerinde, adetlerinde onlara muhalefeti emr ve teşvik sadedindedir. Bir bölümü Peygamber (s.a)'ın onlara muhalefet etmeye dair fiili uygulamaları hakkındadır. Bunları görmek isteyen kimse bu kitaba başvurabilir.

2. Bu bir ibadette ortaya konulmuş bir bid'attir. Aynı zamanda bu cenazenin taşınması hususundaki amelî sünnetle çatışmaktadır. Bu şekilde olan sonradan çıkan bütün hususlar ittifakla bir sapıklıktır.

3. Böyle bir uygulama cenazeyi taşımanın ve teşyi' etmenin gayesini ortadan kaldırır. Bu gaye ise ahireti hatırlamaktır. Nitekim Rasûlullah (s.a) bu bölümün baştaraflarında kaydettiğimiz hadis-i şerifte:

"...Ve cenazelerin arkasından gidiniz. Çünkü onlar sizlere ahireti hatırlatırlar." lafzı ile bunu açıkça ifade etmektedir.

Derim ki: Şüphesiz bu şekilde cenazeyi götürmek insanların bu yüce amacı gerçekleştirmelerine tamamen ya da ona yakın bir şekilde engel teşkil eder. Basiret sahibi olan kimse açıkça şunu görür ki öleni omuzlar üzerinde taşımak, cenazeyi götürenlerin başları üzerinde cenazeyi görmeleri elbetteki sözü geçen şekilde cenazeyi götürmeye nisbetle daha çok öğüt ve ahireti hatırlatıcıdır. Ben: Avrupalıları bu şekilde cenaze götürmeye iten onların ölümden ve ölümü hatırlatan her şeyden korkmalarıdır. Buna sebeb de maddenin onlara baskın gelmesi ve ahireti inkar etmeleridir diyecek olursam, mübalağalı bir ifade kullanmış sayılmam.

4. Ayrıca bu cenazeyi uğurlayanların azalmasına, bu bölümdeki 45. meselede sözü edilen ecri elde etmek isteyenlerin azalmasına sebebtir. Çünkü herkes cenazeyi uğurlamak için bir araba kiralayamaz.

5. Bu şekil uzaktan yakından pak ve müsamahakâr şeriatin bilinen şekilcilik ve resmiyetten uzaklığı ile hiçbir şekilde bağdaşmamaktadır. Özellikle oldukça önemli bir husus olan bu ölüm meselesinde. Ben doğruyu söyleyecek olursam, şunu söylemeliyim: Eğer bu bid'atte sadece böyle bir muhalefet dahi olsaydı, yine onu reddetmek için yeterli idi. Ya buna az önce açıkladığımız diğer muhalif davranışlar, mefsedetler ve sözünü etmediğim daha başka hususlar katılıyor ise ne buyurulur?

55. Cenaze dolayısıyla ayağa kalkmak nesh olmuştur. Bu da iki türlü olur:

a- Oturan kimsenin yanından cenaze geçmesi halinde ayağa kalkması b- Cenazeyi teşyi' eden kimselerin kabre vardıkları vakit yere bırakılıncaya kadar ayakta durmaları. Buna delil de Ali (r.a)'ın rivayet ettiği hadistir. Bu hadisin farklı lafızları vardır:

Birinci lafız: "Rasûlullah (s.a) cenaze sebebiyle ayağa kalktı. Biz de kalktık, sonra o oturdu, biz de oturduk."

Hadisi Müslim (III, 59), İbn Mace (I, 468), Tahavi (I, 383), Tayalisi (150), Ahmed (no: 631, 1094, 1167) rivayet etmişlerdir.

İkinci lafız: "(Peygamber) cenazeler getirildiğinde kalkardı. Daha sonra oturmaya başladı."

Malik (I, 332), Malik'ten naklederek Şafiî, el-Ümm (I, 247), Ebu Davud (II, 64)

Üçüncü rivayet Vakid b. Amr b. Sad b. Muaz yoluyla gelen bir rivayettir. O şöyle demiştir:

"Ben Selime oğullarında bir cenazede hazır bulundum. Nafi b. Cübeyr bana dedi ki: Otur, ben sana bu hususta sağlam bir rivayet haber vereceğim. Bana Mesud b. el-Hakem ez-Zuraki anlattığına göre o Ali b. Ebi Talib (r.a)'ı Kufe'nin düzlüğünde şöyle dediğini dinlemiş:

"Rasûlullah (s.a) (önceleri) bize cenazelerde ayağa kalkmayı emretmişti. Daha sonra oturdu ve bize oturmayı da emretti." Hadisi Şafiî, Ahmed (627), Tahavi (I, 282) ve İbn Hibban Sahih'inde rivayet etmişlerdir.

el-Hazimi, el-İtibar (s. 91)'de ceyyid bir senedle rivayet ettiği gibi Beyhaki de (IV, 127)'de bu yoldan farklı bir lafızla rivayet etmiştir ki o da dördüncü lafızdır:

Dördüncü Lafız: "Rasûlullah (s.a) yere bırakılıncaya kadar cenazelerle birlikte olduğu vakit ayakta dururdu. İnsanlar da onunla birlikte ayakta kalırdı. Daha sonra oturdu ve onlara oturmalarını emretti."

Beşinci Lafız: İsmail b. Mesud[2] b. el-Hakem ez-Zuraki babasından şöyle dediğini nakletmektedir:

"Irak'ta bir cenazede hazır bulundum. Ayakta cenazenin yere bırakılmasını bekleyen adamlar gördüm. Ali b. Ebi Talib (r.a)'ın ise onlara oturun diye işaret ettiğini gördüm. Çünkü Peygamber (s.a) daha önce ayakta duruyorken (sonraları) bize oturmamızı emretti (diyordu)."

Bunu Tahavi (I, 282) hasen bir senedle rivayet etmiştir.

Derim ki: Bu lafız ve bundan önceki lafız yere bırakılıncaya kadar cenaze için ayakta durmak yasağın kapsamı içerisindedir ve nesh olmuştur. Dolayısıyla Sıddiyk Hasen Han'ın er-Ravda (I,

---

2 Asılda "İsmail b. el-Hakem b. Mesud olarak zikredilmiştir fakat doğrusu benim tesbit ettiğim şekildir. Muhtemelen matbaa dizgicisi yahutta bazı müstensihler bunu kaybetmişlerdir. Yani Hakem yerine Mesud, Mesud yerine Hakem yazmışlardır."

176)'da cenazenin geçmesi halinde ayağa kalkmanın mensuh olduğunu tesbit ettikten sonra söylediği:

"Yere bırakılıncaya kadar insanların arkasında ayakta durmalarına gelince, bu muhkemdir, nesh olmamıştır." şeklindeki ifadeleri açık bir hatadır. Çünkü sözünü ettiğimiz iki lafza muhaliftir. Görüldüğü kadarıyla o bu rivayetlere vakıf olmamıştır.

56. Cenazeyi taşıyan kimselerin abdest almaları müstehabtır. Çünkü Peygamber (s.a) şöyle buyurmuştur:

"Kim bir ölü yıkarsa gusletsin, kim de taşırsa abdest alsın."

Bu daha önce 31. meselede açıklandığı üzere sahih bir hadistir.

---

13. CENAZE NAMAZI KILMAK

57. Müslüman ölüye namaz kılmak farz-ı kifayedir. Çünkü Peygamber (s.a) bu namazı pekçok hadis-i şerifte emretmiş bulunmaktadır. Ben bunlardan Zeyd b. Halid el-Cüheni'nin rivayet ettiği hadisi zikredeceğim:

"Peygamber (s.a)'ın ashabından bir adam Hayber günü vefat etti. Bunu Rasûlullah (s.a)'a söylediler. O: "Arkadaşımızın namazını kılınız" diye buyurdu. Bundan ötürü insanların yüzleri değişti. Peygamber şöyle buyurdu: "Sizin arkadaşınız Allah yolunda (cihada çıkmışken) ganimetten çaldı." Eşyalarını araştırdık, yahudilere ait boncuklardan iki dirhem etmeyen bir miktar boncuk bulduk."

Hadisi Malik, Muvatta (II, 14), Ebu Davud (I, 425), Nesai (I, 278), İbn Mace (II, 197), Hakim (II, 127), Ahmed (IV, 114, V, 192) sahih bir senedle rivayet etmişlerdir. Hakim de:

"Buhari ve Müslim'in şartına göre sahihtir demekte ise de bu ifade su götürür. Ben bunu "et-Talikatu'l-Ciyad ala Zadi'l-Mead ile el-İrva (726)'da açıklamış bulunuyorum.

Bu hususta Ebu Katade'den gelen rivayette vardır. Onun rivayet ettiği hadis ilerideki bir meselede gelecektir. Yine bu hususta Ebu Hureyre'den de gelmiş bir rivayet vardır.

58. Bundan iki şahıs müstesnadır. Üzerlerine namaz kılmak vacib değildir:

Birincileri ergenlik yaşına gelmemiş çocuktur. Çünkü Peygamber (s.a) oğlu İbrahim (a.s)'ın namazını kılmamıştır. Aişe (r.anha) dedi ki:

"Peygamber (s.a)'ın oğlu İbrahim onsekiz aylık iken öldü, Rasûlullah (s.a) onun namazını kılmadı."

Hadisi Ebu Davud (II, 166)'da rivayet etmiştir. Onun rivayet yoluyla İbn Hazm (V, 158), Ahmed (VI, 167)'de rivayet etmiştir. Ahmed'in senedi hasendir. Hafız İbn Hacer'in el-İsabe'de belirttiği gibi İbn Hazm da:

"Bu sahih bir haberdir" demektedir.[1]

İkincileri şehiddir. Çünkü Peygamber (s.a) Uhud şehidlerinin ve başkalarının cenaze namazlarını kılmamıştır. Bu hususta daha önce 32. meselede kaydettiğimiz üç hadis vardır.

Fakat bu durum vücub sözkonusu olmaksızın şehidlerin de, çocukların da cenaze namazlarını kılmanın meşruiyetine aykırı değildir. Nitekim ileride bundan sonraki meselede her ikisi ile ilgili hadislerde bu husus görülecektir:

59. Aşağıda sözü edilenler üzerinde cenaze namazı kılmak meşrudur:

1. Çocuk: İsterse düşük olsun (düşük tamamlanmadan önce annesinin karnından düşen cenine denilir). Bu hususta iki hadis-i şerif vardır:

"...Çocuk (bir rivayette düşük) üzerine namaz kılınır, anne-babasına mağfiret ve rahmet ile dua edilir." Hadisi Ebu Davud, Nesai ve başkaları sahih bir sened ile rivayet etmiş olup, hadis tamamıyla 50. meselede geçmiş bulunmaktadır.

2. Aişe (r.anha)'dan şöyle dediği rivayet edilmektedir:

"Rasûlullah (s.a)'a ensar çocuklarından bir çocuk getirildi. Onun üzerine namaz kıldı. Aişe dedi ki: Ben de: Ne mutlu buna cennet kuşlarından bir kuş. Hiçbir kötülük işlemedi, kötülük işleyecek yaşa da gelmedi. Peygamber (s.a) şöyle buyurdu: Daha başka şey söyleseydin olmazmıydı? ey Aişe. Yüce Allah cenneti yarattı ve oraya girecekleri yarattı. Onlar daha babalarının sulblerinde iken onları (cennet için) yarattı. Cehennemi de yarattı ve oraya girecekleri de yarattı. Onlar henüz babalarının sulblerinde iken onları (cehennem için) yarattı."

Hadisi Müslim (VIII, 55), Nesai (I, 276), Ahmed (VI, 208)'de rivayet etmişlerdir. Lafız Nesai'ye ait olup, isnadı sahihtir. Bütün ravileri sika olup, Müslim'in ravileridirler. Sadece Nesai'nin hocası Amr b. Mansur hariç o da sika ve sağlam bir ravidir.

Nevevi -yüce Allah'ın rahmeti üzerine olsun- şöyle demektedir:

"Müslüman alimlerinden kendisine itibar edilenlerin hepsi müslüman çocuklarından ölen kimselerin cennet ehlinden olduğu

---

[1] Derim ki doğrusu Hafız'ın söylediğidir. İbnu'l-Kayyim, Zadu'l-Mead (I, 233)'de İmam Ahmed'den: "Bu münker bir hadistir" dediğini nakletmektedir. Bunun "ferd bir hadis" olduğunu kastetme ihtimali de vardır. Çünkü bu sıhhati bilinen kimi hadisler hakkında onun söylediği nakledilmiş bir ifadesidir.

Şunu da bilelim ki Peygamber (s.a)'ın oğlu İbrahim'in namazını kıldığına dair gelen rivayet bu hadisin subutunu olumsuz olarak etkilemez. Çünkü bu her ne kadar birkaç yoldan gelmiş ise de ondan sahih olarak nakledilmiş değildir. Bütün yollar ya mürsel olmakla illetlidir yahutta oldukça zayıf olmakla. Nitekim bu hususu Nasbu'r-Raye (II, 279-280)'de etraflı bir şekilde görmek mümkündür. Ahmed (III, 281)'in rivayetine göre Enes'e şöyle sorulmuştur: Rasûlullah (s.a) oğlu İbrahim'in namazını kıldı mı? Enes bilmiyorum demiştir. Bunun senedi sahihtir. Eğer üzerine namaz kılmış olsaydı, bu husus Allah'ın izniyle Enes'e gizli kalmazdı. Çünkü ona on yıl hizmet etmiştir.

üzerinde icma etmişlerdir. Bu hadis ile ilgili verilecek cevap şudur: Peygamber (s.a) delilsiz bir şekilde kat'î bir kanaat belirtmekte acele etmemesini istemiş olabilir. Yahutta bunu müslümanların çocuklarının cennette olduğunu öğrenmesinden önce söylemiş olmalıdır."

es-Sindi, Nesai üzerine yazdığı haşiyesinde bir başka cevap vermektedir ki özetle şöyledir: Peygamber (s.a)'ın Aişe (r.anha)'a kesin bir kanaati muayyen bir çocuk hakkında belirtmesini reddetmiştir. Çünkü özel bir kimse hakkında kesin kanaat belirtmek sahih değildir. Zira anne-babasının iman sahibi olduklarını muhakkak olarak söyleyebilmek sözkonusu değildir. Bu bir gaybdır. Yüce Allah'ın hükme dayanak aldığı da budur.

Zahir olan şu ki ceninin -eğer ona ruh üflenmiş ise- cenaze namazı kılınabilir. Bu ise annesinin karnında dört ayı tamamladıktan sonra ölümü halinde sözkonusu olur. Bundan önce düşecek olursa, namazı kılınmaz. Çünkü o açıkça görüleceği gibi ölü değildir.

Bunun asıl dayanağı ise Abdullah b. Mesud (r.a)'ın merfu olarak rivayet ettiği şu hadis-i şeriftir:

"Sizden herhangi birinizin hilkati annesinin karnında kırk gün kalır. Sonra bu kadar bir süre alaka olur. Sonra bu kadar bir süre bir çiğnemlik et olur. Sonra ona bir melek gönderilir... Ona ruh üfler."

Hadisi Buhari ve Müslim rivayet etmiştir.

Bazıları canlı olarak düşmesini şart koşmuşlardır. Buna sebeb ise şu hadis-i şeriftir:

"Düşük eğer canlılık alametleri gösterirse namazı kılınır ve ona mirastan pay verilir."

Fakat bu ilim adamlarının da açıkladığı üzere delil olarak gösterilemeyecek şekilde zayıf bir hadistir.[2]

(Namazları kılınması meşru olanlardan ikincisi) şehiddir. Bu hususta pekçok hadis-i şerif vardır. Bunların bazılarını zikretmekle yetiniyoruz:

a- Şeddad b. el-Hâd'dan gelen rivayet:

Bedevilerden bir adam Peygamber (s.a)'a gelip ona iman etti ve ona tabi oldu. Sonra: Seninle beraber hicret edeyim dedi... Bir süre böylece kaldılar. Daha sonra düşman ile bir savaşa gittiler. Adam bir ok isabet etmiş olduğu halde taşınarak Peygamber (s.a)'a getirildi... Daha sonra Peygamber (s.a) onu kendi cübbesi ile kefenledi, sonra onu önüne koyup, üzerine namaz kıldı..."

Hadisi Nesai ve başkaları sahih bir senedle rivayet etmiştir. Hadis tamamıyla 39. meselede geçmiş bulunmaktadır.

---

[2] Bk. Nasbu'r-Raye (II, 277), et-Telhis (V, 146-147), el-Mecmu (V, 255). Benim eserim: "Nakdu't-Tac el-Camiu li'l-Usuli'l-Hamse" (no: 293) hadis namaz sözkonusu edilmeksizin sahih olarak gelmiştir. İrvau'l-Ğalil (1704)'de tahkik ettiğim gibi.

b- Abdullah b. ez-Zübeyr'den gelen rivayet:

"Rasûlullah (s.a) Uhud günü emir vererek Hamza'nın üzeri bir burde ile örtüldü. Sonra üzerine namaz kıldı, dokuz tekbir getirdi. Daha sonra diğer şehidler getirildi. Sıraya diziliyorlar, o da onlara ve onlarla birlikte Hamza'nın üzerine namaz kılıyordu."

Hadisi Tahavi, Maani'l-Asar (I, 290)'da rivayet etmiştir. Senedi hasendir. Ravilerin hepsi sika ve tanınan ravilerdir. İbn İshak da burada açıkça tahdis lafzını kullanmıştır.

Bunun ayrıca pek çok şahidi de vardır. Bunların bir bölümünü "et-Talikatu'l-Ciyad" adlı eserin 75. meselesinde zikrettim.

c- Enes b. Malik (r.a)'dan rivayete göre:

"Peygamber (s.a) Hamza'nın yanından geçti. Onun azalarının kesilmiş olduğunu gördü. Şehidler arasından ondan başkasının namazını kılmadı. Uhud'da şehid düşenleri kastetmektedir."[3]

Hadisi Ebu Davud sahih bir senedle rivayet etmiştir. Bu daha önce 37. meselede geçen hadisinin muhtasarı (kısaltılmışı)dır.

d- Ukbe b. Amir el-Cüheni'den şöyle dediği rivayet edilmiştir:

"Peygamber (s.a) bir gün dışarı çıktı ve Uhud'da şehid düşenler üzerine [sekiz sene sonra] cenaze namazı kıldı. [Sanki hem hayattakilere, hem ölmüşlere veda ediyor gibiydi.] Sonra minbere çıktı. [Yüce Allah'a hamd-u senada bulundu] ve buyurdu ki: Ben sizden önce gideceğim (sizin için ecre vesileyim) ve ben sizin üzerinize bir şahidim. [Sizinle buluşma yerimiz havzın etrafıdır.] Allah'a yemin ederim şu anda ben havzıma bakmaktayım. [Onun eni Eyle'den Cuhfe'ye kadar olan mesafe gibidir.] Bana yeryüzü hazinelerinin anahtarları ya da yeryüzünün anahtarları verildi. Allah'a yemin ederim ben sizin için benden sonra şirk koşacağınızdan korkmuyorum fakat sizin için [dünyadan] onda birbirinizle yarışacağınızdan [birbirinizle çarpışıp, sizden öncekilerin helak olduğu gibi helak olacağınızdan] korkuyorum. [(Ukbe) dedi ki: Bu benim Rasûlullah (s.a)'ı gördüğüm son defa oldu.]"

Hadisi Buhari (III, 164, VII, 279-280, 302), Müslim (VII, 67), Ahmed (IV, 149, 153-154)'de rivayet etmişlerdir. Anlatım Buhari'ye aittir. Birinci, ikinci, altıncı ve yedinci fazlalıklar Buhari'nindir. İkinci, beşinci ve ondan sonraki fazlalıklar Müslim'e aittir. Birden dörde kadar ki fazlalıkları Ahmed kaydetmiştir. Hadisi Beyhaki (IV, 14)'de rivayet etmiştir. Üç ve beşinci fazlalıklar dışındaki bütün fazlalıklar onda vardır. Ayrıca Tahavi (I, 290)'da rivayet ettiği gibi Nesai de (I,

---

[3] Ondan başkası üzerine bağımsız olarak namaz kılmayı kastetmiş olmak ihtimali vardır. Onun ile birlikte başkası üzerine namaz kılmasını gerektirmemektedir. Bundan önceki hadiste görüldüğü gibi. Bu iki hadise karşı daha önce kaydedilen Cabir'in rivayet ettiği Peygamber (s.a) Uhud şehidleri üzerine namaz kılmadı şeklindeki hadis ile karşı çıkılamaz. Çünkü bir şeyi isbat eden onu nefyedene takdim edilir. Etraflı bilgi için Neylu'l-Evtar'a bakınız.

277) rivayet etmiştir. Darakudni (s. 197)'de muhtasar olarak rivayet etmiş, birinci fazlalık Darakudni'de de vardır.

Bir kimse şöyle diyebilir: Bu hadis-i şeriflerle şehidler üzerine cenaze namazı kılmanın meşruiyeti sabit olmaktadır. Cenaze namazının asıl hükmü ise vacib olmasıdır. Niye (bu hususta da) vacib olduğu söylenmiyor.

Derim ki: Buna sebeb 58. meselede sözkonusu edilen husustur. Burada da buna şunu ekliyoruz:

Bedir gazvesinde ve diğerlerinde ashab-ı kiram'dan pekçok kimse şehid düşmüştür. Peygamber (s.a)'ın bu şehidlerin cenaze namazını kıldığı nakledilmemiştir. Eğer bu işi yapmış olsaydı, ondan bunu naklederlerdi. Bu durum şehidler üzerine cenaze namazı kılmanın vacib olmadığına delildir. Bundan dolayı İbnu'l-Kayyim, Tehzibu's-Sünen adlı eserinde (IV, 295)'de şunları söylemektedir:

"Bu meselede doğru olan kişinin üzerlerine namaz kılmak ile kılmayı terketmek arasında muhayyer bırakıldığıdır. Çünkü her iki hususa dair rivayetler gelmiş bulunmaktadır. Bu görüş aynı zamanda İmam Ahmed'den gelen rivayetlerden birisidir. Onun usülüne ve mezhebine daha layık olan da budur."

Derim ki: Şehidlerin cenaze namazını kılmak mümkün olduğu takdirde hiç şüphesiz terketmekten daha faziletlidir. Çünkü cenaze namazı hem bir dua, hem bir ibadettir.

3. Allah'ın hadlerinden birisi kendisine uygulandığı için ölen kimse(nin de cenaze namazını kılmak meşrudur.) Çünkü İmran b. Husayn'ın rivayet ettiği hadis bunu ifade etmektedir:

"Cuheyne'den bir kadın Allah'ın Peygamberine (Allah'ın salât ve selamı ona olsun) zinadan hamile olduğu halde geldi ve: Ey Allah'ın Peygamberi ben haddi gerektiren bir iş yaptım onu bana uygula dedi. Allah'ın Peygamberi (Allah'ın salât ve selamı ona olsun) o kadının velisini çağırdı ve: Buna güzel davran, doğumunu yaptığı vakit onu yanıma getir dedi. Adam denileni yaptı. Allah'ın Peygamberi kadın hakkında emir verince elbiseleri üzerine iyice bağlandı. Sonra emir verince recm edildi. Daha sonra cenaze namazını kıldı. Ömer ona: Ey Allah'ın Peygamberi bu kadın zina etmişken onun namazını mı kılacaksın? Peygamber şöyle buyurdu: Andolsun öyle bir tevbe etti ki eğer Medine ahalisinden yetmiş kişiye paylaştırılacak olsa hepsine yeterdi. Sen yüce Allah için kendi canını cömertçe feda etmesinden daha faziletli bir tevbe biliyor musun?"

Hadisi Müslim (V, 121), Ebu Davud (II, 233), Nesai (I, 278), Tirmizi (II, 325) -sahih olduğunu belirterek-, Darimi (II, 180), Beyhaki (IV, 18-19) da rivayet etmişlerdir. İbn Mace de (II, 116-117) muhtasar olarak rivayet etmiştir.

4. (Cenaze namazlarının kılınması meşru olanlar arasında) masiyetleri ve haram olan hususları işleyen facir kimse. Farziyetlerini

kabul etmekle birlikte namaz kılmayan, zekat vermeyen, zina eden, içki eden ve buna benzer fasıkların namazları kılınır. Şu kadar var ki ilim ehli ve dine bağlı kimselerin benzerlerine bir ceza ve bir te'dib olmak üzere cenaze namazlarını kılmamaları gerekir. Nitekim Peygamber (s.a) da böyle yapmıştır. Bu hususta bazı hadis-i şerifler vardır:

a- Ebu Katade'den şöyle dediği rivayet edilmiştir:

"Rasûlullah (s.a) bir cenazeye (namazını kılmak üzere) çağrıldığı vakit onun durumunu sorardı. Eğer ondan hayır ile sözedilirse kalkar namazını kılardı, şâyet ondan başka türlü sözedilirse cenaze sahiblerine: "Siz ona yapacağınızı yapınız." der, namazını kılmazdı."

Hadisi Ahmed (V, 299-300-301), Hakim (I, 364)'de rivayet etmişlerdir.

Hakim:

"Buhari ve Müslim'in şartına göre sahihtir" demiş, Zehebi de bu hususta ona muvafakat etmiştir. Hadis dedikleri gibidir.

b- Cabir b. Semura'dan şöyle dediği rivayet edilmiştir:

"Bir adam hastalandı, onun için feryad edildi. Komşusu Rasûlullah (s.a)'a gelerek dedi ki: O öldü, Peygamber nerden biliyorsun diye sordu. Adam: Ben onu gördüm dedi. Rasûlullah (s.a): Hayır o ölmedi diye buyurdu. Adam geri döndü, yine onun için feryad edildi. Hanımı Rasûlullah (s.a)'a git, ona haber ver dedi. Adam: Allah'ım ona lanet et dedi. (Cabir) dedi ki: Sonra adam gitti. Okun sivri tarafıyla intihar etmiş olduğunu gördü. Peygamber (s.a)'a giderek onun ölmüş olduğu haberini verdi. Peygamber: Nerden biliyorsun diye sordu. Adam: Ben onu yanındaki okun ucu ile kendisini keserken gördüm. Peygamber sen onu gördün mü diye sordu. Adam evet dedi. Peygamber: O halde ben onun namazını kılmam diye buyurdu."

Hadisi bu haliyle Ebu Davud (II, 65), Müslim'in şartına göre sahih bir senedle rivayet etmiştir.

Müslim (III, 66)'da muhtasar olarak rivayet etmiştir. Aynı şekilde Nesai (I, 279), Tirmizi (II, 161), İbn Mace (I, 465), Hakim (I, 364), Beyhaki (IV, 19), Tayalisi (779), Ahmed (V, 87, 91-92, 94, 96-97, 102, 107)'de rivayet etmişlerdir. Tirmizi de şöyle demektedir:

"Bu hasen bir hadistir. İlim ehli bu hususta ihtilaf etmişlerdir. Kimileri: Kıbleye doğru namaz kılan herkesin ve kendisini öldürenin de namazı kılınır demiştir. Bu Süfyan es-Sevri ve İshak'ın görüşüdür. Ahmed ise: İmam (müslümanların halifesi) kendisini öldürenin cenaze namazını kılmaz, fakat imamdan başka birisi kıldırır demiştir."

Şeyhu'l-İslam İbn Teymiye, el-İhtiyarat (s. 52)'de şöyle demektedir:

"Onlardan herhangi birisinin (katil, ganimet hırsızı, borcunu ödeyecek karşılığı bulunmayan borçlu) cenaze namazını benzer kimseleri, benzer davranışlardan alıkoymak üzere namazını kıldırmak istemeyen kimsenin bu davranışı güzeldir. Şâyet zahiren cenaze namazını kılmamakla birlikte, batınan ona dua edip böylece her iki maslahatı birarada yapmaya kalkışırsa bu onlardan birisini kaçırmaktan daha uygundur."

c- Zeyd b. Halid'in Peygamber (s.a)'ın ganimetten çalan kimsenin cenaze namazını kılmak istememesi ile ilgili hadisi ve ashabına söylediği şu sözleri:

"Arkadaşınızın cenaze namazını kılınız... Çünkü sizin arkadaşınız Allah yolunda (alınan) ganimetten hırsızlık yaptı."

Hadisi Sünen sahibleri daha önce 57. meselede açıklandığı üzere sahih bir senedle rivayet etmişlerdir.

5. Geriye borcunu ödeyecek kadar mal bırakmayan borçlunun da cenaze namazı kılınır. Rasûlullah (s.a) önceleri böylesinin cenaze namazını kılmamıştır. Bu hususta birtakım hadis-i şerifler vardır:

a- Seleme b. el-Ekva'dan şöyle dediği rivayet edilmiştir:

"Peygamber (s.a)'ın yanında oturuyorduk. Bir cenaze getirildi ve onun namazını kıldır dediler. Peygamber: Borcu var mı diye sordu. Hayır dediler. Peki geriye bir şey bıraktı mı diye sordu. Yine hayır dediler. Peygamber onun namazını kıldırdı.

Daha sonra bir başka cenaze getirildi. Ey Allah'ın Rasûlü bunun namazını kıldır dediler. Peygamber: Borcu var mı diye sordu. Evet denilince, peki geriye bir şey bıraktı mı diye sordu. Onlar üç dinar bıraktı dediler. [(Seleme) dedi ki: Parmaklarıyla üç defa dağlanma diye gösterdi] ve namazını kıldırdı.

Daha sonra üçüncü bir cenaze getirildi. Namazını kıldır dediler. Geriye bir şey bıraktı mı diye sordu. Hayır dediler. Peki borcu var mı diye sordu. Üç dinar borcu var dediler. Peygamber: Arkadaşınızın namazını siz kılınız diye buyurdu. [Ensardan kendisine] Ebu Katade [denilen adam] kalkıp dedi ki: Ey Allah'ın Rasûlü sen namazını kıldır, borcunu ben üstleniyorum dedi. Peygamber de namazını kıldırdı." Hadisi Buhari (III, 368-369, 374), Ahmed (IV, 47 ve 50)'de rivayet etmiş olup, fazlalıklar ona aittir. Nesai de bu hadisin üçüncü şahıs ile ilgili bölümünü (I, 278) rivayet etmiştir.

b- Ebu Katade (r.a)'dan Seleme b. el-Ekva'ın hadisinde zikredilen üçüncü olaya -ondan önceki şahıs ile ilgili olarak da rivayet edilmiştir- yakın bir rivayet gelmiştir. Sözkonusu bu rivayette şunlar yeralmaktadır:

"Ben onun borcunu ödeyecek olursam, onun cenaze namazını kılar mısın? (Peygamber): Eğer onun borcunu (borcun sana havalesi şeklinde ya da benzeri bir yolla değil de) kendinden ödeyecek olursan namazını kılarım. Ebu Katade gidip onun borcunu ödedi. Peygamber: Üzerindeki borcu ödedin mi diye sordu. Evet dedi. Rasûlullah (s.a)'ı çağırdı ve onun namazını kıl(dır)dı."

Hadisi Nesai (I, 378), Tirmizi (II, 161), Darimi (II, 263), İbn Mace (II, 75), Ahmed (V, 297, 300, 302, 304, 311) -anlatım ona ait- rivayet etmişlerdir. Hadisin senedi Müslim'in şartına göre sahihtir. Başkalarının rivayetlerinde Ebu Katade'nin gidip borcu ödemesi, sonra da Peygamber (s.a)'ın namazını kıldırmasından sözedilmemektedir.

c- Cabir (r.a)'dan da buna benzer bir olay nakledilmiş olup, ifadenin sonlarında şunu zikretmektedir:

"Allah Rasûlüne fetihleri nasib edince şöyle buyurdu: Ben her mü'mine kendi öz canından daha yakınım. Her kim geriye borç bırakırsa onu ödemek benim üzerimedir. Kim de bir mal bırakırsa mirasçılarına aittir."

Ebu Davud (II, 85), Nesai (I, 278), Buhari ve Müslim'in şartına göre sahih bir senedle rivayet etmişlerdir. Cabir'den bir başka fazlalık ile başka bir rivayet yolu daha vardır ki daha önceden geçmiş bulunmaktadır.

d- Ebu Hureyre (r.a)'dan rivayete göre:

"Rasûlullah (s.a)'a (önceleri) borçlu olan bir ölü getirilince bu borcunu ödeyecek bir şeyler bıraktı mı diye sorardı. Şâyet borcunu ödeyecek bir mal bırakmışsa namazını kıldırırdı, değilse namazını kıldırmaz ve: Arkadaşınızın namazını siz kılın derdi. Yüce Allah ona fetihleri nasib edince şöyle buyurdu: Ben mü'minlere kendi öz canlarından daha yakınım. [Dünyada da, ahirette de dilerseniz: *"Peygamber mü'minlere kendi öz canlarından daha yakındır."* (el-Ahzab, 33/6) buyruğunu okuyunuz.] Buna göre kim üzerinde borç olduğu halde vefat eder [ve borcunu ödeyecek bir şey bırakmazsa] onu ödemeyi ben üzerime alıyorum. Kim de geriye bir mal bırakırsa o da mirasçılarına aittir."

Hadisi Buhari (IV, 376, IX, 425), Müslim (V, 62), Nesai (I, 379), İbn Mace (II, 77), Tayalisi (2338), Ahmed (II, 290, 399, 453)'de rivayet etmişlerdir. Anlatım Müslim'e aittir. İki fazlalık Buhari'ye ve bunların ilki de sadece Ahmed'e aittir.

Hadisin sadece Peygamber (s.a)'ın sözlerinden olan bölümünü: Tirmizi (III, 178) -sahih olduğunu belirterek-, Darimi (II, 263), Tayalisi (2524), Ahmed (II, 287, 318, 334-335, 356, 399, 450, 464, 527) buna yakın ifadelerle nakletmişlerdir. Ayrıca bu Müslim'in de bir rivayetidir. Buhari de aynı şekilde yakın lafızlarla (VIII, 420, XII, 7, 22, 40), Ebu Hureyre'den pekçok rivayet yolundan yakın lafızlarla zikretmiştir.

Tayalisi'nin Müsned'inin ravisi olan Ebu Bişr Yunus b. Habib hadisin akabinde şunları söylemektedir:

"Ben Ebu'l-Velid'i -Tayalisi'yi kastediyor- şunları söylerken dinledim: Bununla daha önce borçlu olana dair (namaz kılmadığını belirten) diğer hadisleri neshetmiş olmaktadır."

6. Cenaze namazı kılınmadan defnedilen yahutta bir kısmı kılmakla birlikte, bir kısmının namaz kılmadığı kimsenin kabri üzerinde cenaze namazı kılınabilir. Şu kadar var ki ikinci halde imam olacak kimsenin daha önce namazını kılmamış kimselerden olması gerekir. Bu hususta bazı hadis-i şerifler vardır:

a- Abdullah b. Abbas (r.a)'dan şöyle dediği rivayet edilmiştir:

"Bir adam vefat etti -Rasûlullah (s.a) hasta iken onu ziyarete giderdi- geceleyin onu defnettiler. Sabah olunca ona haber verdiler. Peygamber: Bana haber vermenizi ne engelledi diye sordu. Onlar gece idi ve karanlık vardı. Seni sıkıntıya sokmak hoşumuza gitmedi dediler. Peygamber (s.a) onun kabrine gitti, üzerine namaz kıldı. [(Abdullah b. Abbas) dedi ki: Bize imam oldu, bizi de arkasında saf halinde dizdi], [ve ben de aralarında idim], [ve dört tekbir getirdi]."

Hadisi Buhari (III, 91-92), İbn Mace (I, 466) -anlatım ona ait-rivayet etmiş olup, Müslim'de (III, 55-56)'da muhtasar olarak rivayet etmiştir. Aynı şekilde Nesai (I, 284), Tirmizi (II, 148), İbnu'l-Carut, el-Münteka (266), Beyhaki (III, 45-46), Tayalisi (2687), Ahmed (no: 1962, 2554 ve 3134)'de rivayet etmişlerdir. Birinci fazlalık onlara ve Buhari'nin bir rivayetinde (III, 146-147, 159)'de bulunmaktadır. Son iki fazlalık Buhari'ye ve Beyhaki'ye, son fazlalık ise Müslim ve Nesai'ye aittir.

b- Ebu Hureyre (r.a)'dan şöyle dediği rivayet edilmiştir:

"Mescidi süpüren (bir rivayette: oradan bez parçalarını, sopaları toplayan) siyah bir kadın öldü. Peygamber (s.a) onu görmeyince birkaç gün sonra onu sordu. Ona: O kadın öldü denilince, niye bana haber vermediniz diye sordu. (Onlar: Geceleyin öldü ve defnedildi, seni uyandırmak istemedik dediler.) (Ebu Hureyre dedi ki: Sanki onlar kadının halini küçümsemiş gibi oldular. Peygamber şöyle buyurdu: Bana kabrini gösteriniz dedi, ona kabrini gösterdiler), (kabrine gitti ve üzerine namaz kıldı). Sonra [(hadisin ravilerinden birisi olan) Sabit dedi ki: İşte o vakit ya da bir başka hadiste] şöyle buyurdu: Bu kabirler sahibleri üzerine karanlıkla doludur ve şüphesiz aziz ve celil olan Allah benim onlara namaz kılmam sebebiyle o kabirleri onlar için nurlandırmaktadır."

Hadisi Buhari (I, 438-439-440, III, 159), Müslim (III, 56), Ebu Davud (II, 68), İbn Mace (I, 465), Beyhaki (IV, 47)'de rivayet etmiş olup, anlatım İbn Mace ve Beyhaki'ye aittir. Tayalisi (2446), Ahmed (II, 353, 388, 406)'da Sabit el-Bünani'den, o Ebi Rafi'den, o Ebu Hureyre'den diye rivayet etmişlerdir.

Kaydettiğimiz bu anlatımı tercih etmemizin sebebi onu nakleden ravinin ölenin bir kadın olduğunda tereddüt etmemesidir.

Halbuki diğerlerinin kaydettiği rivayette ölen kadın mı erkek mi olduğu hususunda ravi tereddüt etmiştir. Buradaki şüphe Sabit'ten yahutta Ebu Rafi'dendir. Hafız İbn Hacer'in açıkça ifade ettiği gibi. Bize göre ölenin kadın olduğu kanaati bir kaç sebebten tercihe değer görülmüştür:

Herşeyden önce yakîn (kesin kanaat) şüpheden önceliklidir.

İkinci olarak Buhari'ye ait bir rivayette şu lafızlar kullanılmaktadır: "Mescidi süpüren bir kadın ya da bir erkek - kanaatimce o bir kadındı-" denilmektedir. İşte bu ifadeler ravinin kadın olduğu kanaatini tercih ettiğini göstermektedir.

Üçüncü olarak bu hadis bir başka yoldan Ebu Hureyre'den rivayet edilmiş ve ravi bu rivayette şüphe etmemiştir. Rivayetin lafzı da şöyledir:

"Kadın bezleri ve çubukları mescidden toplayan siyah bir kadını görmez olunca filan kadın nerede diye sordu. Onlar öldü dediler." Sonra da hadisin kalan bölümünü zikretmektedir. Hadisi Beyhaki (II, 440, IV, 32) el-Ala b. Abdu'r-Rahman'dan, o babasından, o da Ebu Hureyre'den diye böylece zikretmiştir.

Yine İbn Huzeyme, Sahih'inde -Fethu'l-Bari'de belirtildiği üzere- de hadisi böylece zikretmiştir.

Birinci fazlalık Beyhaki ile İbn Huzeyme'ye aittir. Onun ilk bölümü Ahmed tarafından zikretilmiştir. İkinci fazlalık Müslim'e ve bir rivayette Beyhaki'ye aittir. Buhari'de o manadaki lafızla kaydetmiştir. Ebu Davud ile iki müsned (Tayalisi ve Ahmed b. Hambel'in müsnedleri) birinci fazlalığın ikinci bölümünü zikretmişlerdir. Üçüncü fazlalık Beyhaki'ye aittir. Dördüncü fazlalık onun kaydettiği bir rivayet ile Müslim'in rivayetinde ve aynı şekilde Ahmed'in bir rivayetindedir. Yine Ahmed, Sabit'in sözü olarak kaydedilen fazlalığı da zikretmiştir. Bu fazlalık Beyhaki'de de vardır.

Hafız (İbn Hacer) Beyhaki'ye uyarak dördüncü fazlalığın hadiste müdrec (sonradan sokulmuş) bir ifade olduğunu ve bunun Sabit'in mürsel rivayetlerinden birisi olduğu görüşünü tercih etmiştir. Ancak İbnu't-Türkmani bu hususta onlara muhalefet ederek bunun Ebu Rafi'in, Ebu Hureyre'den diye naklettiği müsned bir rivayet olduğu kanaatindedir. Çünkü Müslim'in Sahih'inde de böyledir fakat Sabit'in bu ifadesi ilk iki alimin benimsediği kanaati desteklemektedir. Yine aynı şekilde İbn Abbas'ın rivayeti olarak varid olan hadis de bunu pekiştirmektedir. Çünkü onun rivayetinde bu fazlalık yoktur. Sözkonusu bu hadisi Taberani el-Mucemu'l-Kebir (III, 128/2)'de rivayet etmiştir.

Evet bu fazlalık ya da onun anlamındaki ifade bir başka hadiste müsned olarak sabit olmuştur. O da aşağıdaki hadistir:

c- Yezid b. Sabit -ki Zeyd'den yaşça daha büyük idi-'den şöyle dediği rivayet edilmektedir:

"[Bir gün] Peygamber (s.a) ile birlikte dışarı çıktık. Bakia gelince yeni bir kabir ile karşılaştı. O kabirin kime ait olduğunu sordu. (Filan oğullarının azadlı cariyesi) filan kadına aittir dediler. (Yezid) dedi ki: Peygamber o kadını tanıdı ve şöyle buyurdu: Niçin bana onun öldüğünü haber vermediniz. Ashab: [Öğleyin öldü ve] sen hem öğle uykusunda idin hem de oruçluydun, seni rahatsız etmek istemedik. Şöyle buyurdu: Böyle yapmayınız. Sizden ve sizin aranızda bulunan tanıdıklarımdan olan birisi öldü mü mutlaka bana onu haber veriniz. Çünkü benim ona namazım bir rahmettir diye buyurdu. Sonra kabre gitti, arkasında saf tuttuk ve üzerine dört tekbir getirdi."

Hadisi Nesai (I, 284), İbn Mace (I, 465-466), İbn Hibban, Sahih (759-Mevarid), Beyhaki (IV, 48)'de rivayet etmişlerdir. Anlatım İbn Mace'ye ait olup, fazlalıklar Nesai'ye aittir. Hepsinin de zikrettiği sened Müslim'in şartına göre sahihtir.

4. Peygamber (s.a)'ın ashabından birisinden şöyle dediği rivayet edilmiştir:

"Rasûlullah (s.a) müslüman yoksullardan, zayıflardan, hasta olanların ziyaretine gider, cenazelerinin arkasından yürürdü. Ondan başkası da onların cenaze namazını kıldırmazdı. (Medine'nin) avali ahalisinden yoksulca bir kadının hastalığı uzayıp gitti. Rasûlullah (s.a) komşularından yanında bulunanlara o kadını sordu ve onlara şâyet vefat edecek olursa, onu defnetmemelerini, üzerine namaz kılmak istediğini söyledi. Bu kadın geceleyin vefat etti. Cenazesini taşıyıp, diğer cenazelerle birlikte getirdiler. -Yahut şöyle dedi: Rasûlullah (s.a)'ın mescidinin yakınındaki cenazelerin yerine (getirdiler).[4] Rasûlullah (s.a) onlara emir verdiği üzere cenaze namazını kılsın diye getirdiler fakat onun yatsı namazından sonra uyumuş olduğunu gördüler. Rasûlullah (s.a)'ı uykusundan uyandırmak istemediklerinden namazını kendileri kıldılar, sonra onu (kabrine) götürdüler. Rasûlullah (s.a) sabah olunca komşularından huzuruna gelenlere kadının durumunu sordu, ona durumunu haber verdiler ve Rasûlullah (s.a)'ı onun için geceleyin uyandırmak istemediklerini belirttiler. Rasûlullah (s.a) onlara: Ne diye böyle yaptınız haydi gidelim diye buyurdu. Rasûlullah (s.a) ile birlikte gittiler ve onun kabri başında durdular. Rasûlullah (s.a)'ın arkasında cenaze namazı için saf tutar gibi saf oldular. Rasûlullah (s.a) üzerine namaz kıldı ve cenaze üzerine getirildiği şekilde dört defa tekbir getirdi."

Hadisi Beyhaki (IV, 48)'de sahih bir senedle rivayet etmiştir. Nesai de (I, 280-281)'de muhtasar olarak zikretmektedir.

---

[4] Nebevi mescidin doğu tarafıdır. Bugün kuzeyden güneye doğru mescid boyunca kadınlar kapısı tarafındaki alandır.

7. Ölenin üzerine cenaze namazı kılacak kimsenin bulunmadığı bir beldede ölen kimse için müslümanlardan bir kesim gaib namazı kılarlar. Çünkü Peygamber (s.a) Necaşi üzerine namaz kılmış (ve kıldırmış)tır. Bunu onun ashabından bir topluluk biri diğerine göre fazla lafızlar kullanarak rivayet etmişlerdir.

Ben ashabın bu husustaki hadislerini topladım, sonra bunları daha faydalı olsun diye tek bir anlatım halinde düzenledim. Burada anlatım Ebu Hureyre'nin rivayetine göredir:

a- "Rasûlullah (s.a) [kendisi Medine'de bulunuyorken] insanlara Necaşi [Ashama'nın], [Habeşistan hükümdarının] vefat ettiğini öldüğü gün insanlara bildirdi. [Buyurdu ki: Sizin bir kardeşiniz ölmüş bulunuyor. (Bir rivayette: Bugün Allah'ın salih bir kulu öldü). [Sizin ülkenizden başka bir yerde] [kalkın onun cenaze namazını kılın], [o kimdir diye sordular. Peygamber: Necaşi diye buyurdu], [ve şunları söyledi: Kardeşiniz için mağfiret dileyiniz. (Ebu Hureyre) dedi ki: Ashabı ile namazgaha çıktı. (Bir rivayette bakia denilmektedir, [sonra öne geçti (ashab) arkasında saf tuttular.] [İki saf oldular], [(Ebu Hureyre) dedi ki: Biz de arkasında ölü üzerine (cenaze namazı için) saf tutulur gibi saf tuttuk ve ölüye namaz kılındığı gibi üzerine namaz kıldık], [cenazenin onun önüne konulmuş olmasından başka bir kanaat düşünülemezdi], [(Ebu Hureyre) dedi ki: Bize imam oldu ve üzerine namaz kıldı] ve (üzerine) dört tekbir getirdi."

Hadisi Buhari (III, 90, 145, 155, 157), Müslim (III, 54)'de rivayet etmiş olup lafız ona aittir. Ebu Davud (II, 68-69), Nesai (I, 265, 270), İbn Mace (I, 467), Beyhaki (IV, 49), Tayalisi (2300), Ahmed (II, 241, 280, 289, 348, 438-439, 479, 529) Ebu Hureyre'den çeşitli yollardan rivayet etmişlerdir.

Birinci fazlalığı Nesai ve Ahmed, ikincisini Buhari, üçüncüsünü İbn Mace, yedincisi Buhari, Müslim, Nesai ve Ahmed, onuncusunu ikinci bölümü sadece Ahmed tarafından rivayet edilmiştir. Ayrıca bu fazlalık tamamı ile Ebu Hureyre'den başkasından kaydettiği bir rivayette bulunmaktadır. Son fazlalık ise Müslim'e aittir.

Tirmizi bunun bir bölümünü (II, 140)'da rivayet etmiş ve hadisin sahih olduğunu belirterek Peygamber (s.a)'ın Necaşi üzerinde namaz kıldığını ve dört tekbir aldığını belirtmiştir. Bu aynı zamanda Tayalisi'nin (2296) de rivayetidir.

b- Bu hadisi Buhari (III, 145-146)'da, Müslim, Nesai, Beyhaki, Tayalisi (1681) ve Ahmed (III, 295, 319, 355, 361, 363, 369 ve 400)'de Cabir (r.a)'dan gelen bir rivayet olarak da kaydetmişlerdir.

İkinci, üçüncü ve dördüncü fazlalık Buhari, Müslim ve Ahmed'e aittir. Beşinci ve altıncı fazlalık sadece Ahmed'e, dokuzuncu fazlalık Müslim ve Nesai'ye aittir. Onuncu fazlalığın ilk cümlesi Nesai'ye aittir, onikinci fazlalık Müslim ve Ahmed'e aittir.

c- Diğer taraftan bu hadisi Müslim, Nesai, Tirmizi (II, 149) -sahih olduğunu belirterek-, İbn Mace, İbn Hibban, Beyhaki, Tayalisi (749), Ahmed (IV, 431, 433, 439, 441, 446), İmran b. Husayn'dan rivayet etmişlerdir.

Bu rivayette dördüncü fazlalığı hepsi kaydetmişlerdir. Onuncu fazlalık Tayalisi, Nesai, Tirmizi ve Ahmed'de vardır. Ondan bir sonraki fazlalık da Ahmed tarafından kaydedilmiştir. İbn Hibban da böyle.

d- İbn Mace, Tayalisi (1068), Ahmed (IV, 7), Huzeyfe b. Esid'den rivayet etmişlerdir. Bu rivayette bunlar dördüncü ve beşinci fazlalığı kaydetmişlerdir. Tayalisi dışında altıncı fazlalığı da zikretmişlerdir.

e- Yine bu hadisi İbn Mace, Ahmed (IV, 64, V, 376), Mucemmi' b. Cariye el-Ensari'den diye rivayet etmişlerdir. el-Busiri, ez-Zevaib'de:

"Senedi sahihtir, ravileri sikadırlar" demektedir.

Bu rivayette dördüncü fazlalık bulunmaktadır. İbn Mace ise dokuzuncusunu kaydetmiştir.

f- Hadisi Tirmizi ve İbn Mace, Abdullah b. Ömer'den, Ebu Hureyre'nin, Tirmizi'de yer alan muhtasar hadisi gibi rivayet etmişlerdir, bunun da isnadı sahihtir.

g- Yine bu hadisi Ahmed (IV, 260-263), Cerir b. Abdullah'dan merfu olarak:

"Kardeşiniz Necaşi öldü. Onun için (Allah'tan) mağfiret dileyin" lafzı ile rivayet etmiştir.

Senedi de hasendir.

Derim ki bu hadislerde açıkça görüldüğü üzere çeşitli açılardan Necaşi Ashaba'nın müslüman olduğuna delil vardır. Bunu şu da desteklemektedir: Onun Peygamber (s.a)'ın nubuvvetini tasdik ettiğine dair açık ifadeler gelmiş bulunmaktadır. Ebu Musa el-Eş'ari (r.a) şöyle demiştir:

"Rasûlullah (s.a) bizlere Necaşi'nin ülkesine gitmemizi emretti. -Bu husustaki kıssayı anlattı, onda şu ifadeler de yer almaktadır-Necaşi dedi ki: Şehadet ederim ki o Allah'ın Rasûlüdür ve o Meryem oğlu İsa'nın müjdelediği kişidir. Eğer üzerimde şu hükümdarlık görevi olmasaydı, onun yanına gider ve ayakkabılarını taşırdım."

Bu hadisi Ebu Davud ve Beyhaki sahih bir isnadla rivayet etmişlerdir. Nitekim Beyhaki de -el-Irakî'nin Tahricu'l-İhya (II, 200): "İbn Mesud'un rivayet ettiği bir hadis de buna şahidlik etmektedir." Bu hadisi Tayalisi (346) rivayet etmiştir. Ayrıca Ahmed'in Müsned'inde (V, 290-292) başka şahidleri de vardır.

Gaib cenaze namazı ile ilgili sözünü ettiğimiz husus hadisin başka bir mana ifade etme ihtimali olmayan bir husustur. Bundan dolayı mezheblerin muhakkik alimlerinden bir kesim bizden önce bu görüşü tercih etmiş bulunmaktadır. Şimdi bu hususta İbnu'l-Kayyim -Allah'ın rahmeti üzerine olsun-'in sözlerinden bir hulasayı size sunmak istiyorum. İbnu'l-Kayyim, Zadu'l-Mead (I, 205-206)'da şunları söylemektedir:

"Gaib her ölen kişi üzerine namaz kılmak Peygamberin uygulaması ve sünnetinden değildi. Gaib olduğu halde ölen pekçok müslüman olmakla birlikte onların namazlarını kılmamıştır fakat onun Necaşi'nin üzerine cenaze namazı kıldığı sahih olarak ondan rivayet edilmiş bulunmaktadır. Bu hususta üç farklı görüş vardır:

1. Bu her gaib üzerine namaz kılınabileceğine dair ümmet için bir teşri ve bir sünnettir. Şafiî ve Ahmed'in görüşü budur.

2. Ebu Hanife ve Malik bu ona (Peygambere) has bir durumdur. Başkasının bunu yapma imkanı yoktur.

3. Şeyhu'l-İslam İbn Teymiye şöyle demektedir:

"Doğrusu şudur. Gaib bir kimse eğer üzerinde namaz kılınmayan bir beldede ölmüş ise onun gaib cenaze namazı kılınır. Peygamber (s.a)'ın Necaşi'nin namazını kıldığı gibi. Çünkü Necaşi kâfirler arasında ölmüştü ve onun cenaze namazı kılınmamıştı. Şâyet öldüğü yerde cenaze namazı kılınırsa onun üzerine gaib cenaze namazı kılınmaz. Çünkü müslümanların üzerine namaz kılmaları suretiyle farz kalkmış olmaktadır. Peygamber (s.a) gaibin cenaze namazını kıldığı da olmuştur, terkettiği de olmuştur. Onun yaptığı da, terkettiği de sünnettir. Bunun ele alınacağı yer burası değildir. Doğrusunu en iyi bilen Allah'tır. Üç görüş de Ahmed'in mezhebindeki görüşlerdir. En sahih olanı bu şekildeki açıklama tarzıdır."

Derim ki bunu Şafiî mezhebine mensub bazı muhakkikler de tercih etmiştir. el-Hattabi Maalimu's-Sünen adlı eserinde şunları söylemektedir:

"Derim ki: Necaşi müslüman bir adamdır. Rasûlullah (s.a)'a iman etmiş, onun peygamberliğini tasdik etmiştir. Şu kadar var ki o imanını gizliyordu. Müslüman bir kimse öldüğü takdirde diğer müslümanların onun cenaze namazını kılmaları icab eder. Ancak Necaşi kâfir kimseler arasında idi. Onun yanında üzerine namaz kılmak suretiyle hakkını verecek kimse bulunmuyordu. Dolayısıyla Rasûlullah (s.a)'ın bu işi yapması icab etmiştir. Çünkü Allah'ın Rasûlü, O'nun peygamberi, O'nun velisi ve bütün insanlar arasında O'na en yakın olanıdır. İşte bu -doğrusunu en iyi bilen Allah'tır ya- Peygamber efendimizin onun üzerinde gıyaben namazını kılmasına sebebtir.

Buna göre müslüman eğer herhangi bir beldede ölür ve onun namazı kılınmak suretiyle hakkı yerine getirilmiş ise bir başka beldede bulunan kimseler onun üzerinde gıyabi namaz kılmazlar. Eğer herhangi bir engel ya da bunu önleyen bir mazeret dolayısıyla namazının kılınmadığı bilinecek olursa, sünnet onun namazını kılmaktır. Mesafenin uzaklığı dolayısıyla bu terkedilmez.

Üzerine namaz kılacak olurlarsa, kıbleye yönelirler. Eğer ölünün bulunduğu belde kıble cihetinde değil ise o şehire doğru yönelmezler.

Bazı ilim adamları gaib ölünün üzerine namaz kılmanın mekruh olduğu görüşündedirler. Bunlar böyle bir fiili uygulamanın Peygamber (s.a)'a has olduğunu iddia etmişlerdir. Çünkü Peygamber Necaşi'yi gören kimse hükmünde idiler. Zira bazı haberlerde: "Yeryüzünün yükseklikleri önünde dümdüz edilmiş ve Necaşi'nin yerini görecek hale gelmişti."[5] Ancak bu fasid bir tevildir. Çünkü Rasûlullah (s.a) şeriati ilgilendiren bir fiil işleyecek olursa, bize de ona tabi olmak ve ona uymak düşer. Bir fiilin ona has olduğu ise ancak bir delil ile bilinebilir. Bunu açıkça ortaya koyan hususlardan birisi de şudur: Peygamber (s.a) müslümanlarla birlikte namazgaha çıkmış, onları saf halinde dizmiş ve onunla birlikte namaz kılmışlardır. Böylelikle bu tevilin yanlış olduğu anlaşılmaktadır. Doğrusunu en iyi bilen Allah'tır."

Yine Şafiî mezhebine mensub olan er-Ruyani, el-Hattabi'nin benimsediği bu kanaati güzel bulmuştur. Bu aynı zamanda Ebu Davud'un da kabul ettiği görüştür. Çünkü o sözü geçen bu hadisi Sünen'inde zikrettiği bölümün başlığını şöyle koymuştur: "Şirk ülkesinde ölen müslüman üzerine namaz kılmaya dair bir bab." Müteahhir alimlerden büyük ilim adamı muhakkık Şeyh Salih el-Makberi de Neylu'l-Evtar (IV, 43)'de belirtildiği üzere bu görüşü tercih etmiş ve buna hadisin bazı rivayet yollarında zikredilen şu fazlalığı delil göstermiştir:

"Sizin kardeşiniz sizin bu topraklarınızın dışında bir yerde öldü. Bu sebeble kalkın onun namazını kılın."

Bu fazlalığın senedi Buhari ve Müslim'in şartına uygundur.

Her gaibin üzerine cenaze namazı kılmanın meşru olmadığını gösteren hususlardan birisi de şudur. Raşid halifeler ve başkaları vefat ettiklerinde müslümanlardan hiçbir kimse onların gaib namazlarını kılmamıştır. Eğer böyle bir iş yapılmış olsaydı, bu hususta onlardan mütevatir olarak naklin gelmesi gerekirdi.

Şimdi bu gerçeği günümüzde çoğu müslümanların uyguladıkları her gaibin cenaze namazını kılmaları şeklindeki uygulamalarıyla bir karşılaştıralım. Hele bu gaib eğer tanınan ve bilinen birisi ise. İsterse sadece siyasi bakımdan tanınan fakat salih

---

[5] Nevevi, el-Mecmu (V, 253)'de belirttiğine göre bu haber hayali haberlerdendir. Daha sonra el-Ala b. Zeydel'in rivayet ettiği yerin Peygamber (s.a)'ın katlanıp dürülmesi sonucunda gidip Tebuk'te Muaviye b. Muaviye'nin namazını kıldığına dair rivayeti zikretmekte ve bunun zayıf bir hadis olduğunu, aralarında Buhari ve Beyhaki'nin de bulunduğu hadis hafızlarının bunu zayıf kabul ettiklerini belirtmektedir.

olup olmadığı, İslama hizmet ettiği bilinmeyen bir kimse dahi olsun. İsterse bu kişi Harem-i Mekki'de ölmüş ve onun cenaze namazını hac mevsiminde binlerce kişi hazırda bulunan bir cenaze olarak kılmış olsunlar. Şimdi bizim sözünü ettiğimiz durumu böyle bir namaz ile bir karşılaştıralım. O zaman kesinlikle şu bilinecektir. Peygamber (s.a)'ın sünnetini ve selefin (r.anhum) mezhebini bilen hiçbir kimse bunun bid'atlerden bir bid'at olduğu hususunda asla şüphe ve tereddüt etmez.

60. Kâfirlerin ve münafıkların[6] cenaze namazlarını kılmak, onlar için mağfiret ve rahmet dilemek haramdır. Çünkü şanı yüce Allah şöyle buyurmaktadır: *"Onlardan ölen hiçbir kimsenin namazını asla kılma. Kabrinin başında da durma. Çünkü onlar Allah'a ve Rasûlüne kâfir oldular ve fasık olarak öldüler."* (et-Tevbe, 9/84)

Ayetin nüzul sebebi Abdullah b. Ömer ile onun babasının rivayet ettiğine göre -anlatım Ömer (r.a)'a ait olmak üzere- şöyledir:

"Abdullah b. Ubeyy b. Selûl ölünce Rasûlullah (s.a) onun üzerine namaz kılmak üzere çağrıldı. Rasûlullah (s.a) ayakta durunca ben ona doğru kendimi attım. [Tam karşısında durdum], [elbisesinden yakaladım] ve şöyle dedim:

Ey Allah'ın Rasûlü sen [Allah'ın düşmanı] İbn Ubeyy b. Selûl'ün namazını mı kıldıracaksın. Halbuki o filan günü şunları şunları söylemişti (diyorum ve onun neler söylediklerini tekrarlıyordum)[7] [Allah sana münafıklar üzerine namaz kılmanı yasaklayarak şöyle buyurmadı mı?] Onlar için ister mağfiret dile, ister mağfiret dileme sen onlar için yetmiş defa mağfiret dileyecek olsan dahi Allah asla onlara mağfiret etmeyecektir.] Rasûlullah (s.a) gülümsedi ve: Önümden çekil ey Ömer diye buyurdu. Ona ısrarımı arttırınca: Ben seçim yapmakta serbest bırakıldım, ben de seçim yaptım diye buyurdu. [Bana: "Onlar için ister mağfiret dile, ister mağfiret dileme. Onlara yetmiş defa mağfiret dilesen dahi Allah onlara asla mağfiret etmeyecektir" diye buyuruldu.] Şâyet eğer yetmiş defadan fazla mağfiret dilediğim takdirde onlara mağfiret edileceğini bilsem yetmişden fazla dilerdim. [(Ömer): O bir münafıktır

---

[6] Bunlar içlerinde küfrü gizleyip, dışa karşı müslüman olduklarını gösterenlerdir. Küfürleri şeriatın bazı hükümlerini tenkid, onları basit gören ifadeleriyle bunların şeriate aykırı olduklarını iddia etmeleri ile dışarıya sızar. İşte bu gerçeğe yüce Allah şu buyruğuyla işaret etmektedir:*"Yoksa kalblerinde hastalık bulunanlar Allah'ın kinlerini asla meydana çıkarmayacağını mı sandılar? Eğer dilersek onları elbette sana gösteririz. Sen de onları muhakkak simalarından tanırdın. Yine de sen onları -andolsun- söyleyişlerinden de bilirsin. Allah yaptıklarınızı bilir."* (Muhammed, 47/29-30) Bu gibi münafıklar çağımızda pek çoktur. Allah yardımcımız olsun.

[7] Bununla: "Rasûlullah'ın yanındakilere infak etmeyin ta ki dağılıp gitsinler" sözü ile: *"Eğer Medine'ye dönersek elbetteki en şerefli ve kuvvetli olan en hakir olanı oradan mutlaka çıkaracaktır."* (el-Münafikun, 62/7-8) diye söyledikleri sözlerin nakledildiği buyruklara işaret edilmektedir.

dedi.][8] (Ömer) dedi ki: Rasûlullah (s.a) onun namazını kıldırdı.[9] [Biz de onunla birlikte kıldık], [Peygamber (s.a) onun cenazesi ile birlikte yürüdü ve defin işi bitirilinceye kadar kabri başında durdu] sonra ayrılıp gitti. Aradan fazla zaman geçmeden Tevbe suresindeki şu iki âyet nazil oldu: *"Onlardan ölen hiçbir kimsenin namazını asla kılma..."* buyruğundan itibaren: "Ve fasık olarak öldüler." buyruğuna kadar indi. [(Ömer) dedi ki: (Bundan sonra Rasûlullah (s.a) Allah onun ruhunu kabzedinceye kadar hiçbir münafıkın namazını kılmadı, kabri başında durmadı.) Ömer dedi ki: Daha sonraları o gün Rasûlullah (s.a)'a karşı cüretkarlığıma şaştım.] Doğrusunu en iyi bilen Allah ve Rasûlüdür."

Hadisi Buhari (III, 177, VIII, 270), Nesai (I, 279), Tirmizi (III, 117-118), Ahmed (no: 95)'de, Ömer (r.a)'dan rivayet etmişlerdir.

Birinci, üçüncü, beşinci, sekizinci ve dokuzuncu fazlalıklar Ahmed ve Tirmizi'ye aittir. -Tirmizi sahih olduğunu da belirtmektedir.- Diğer fazlalıklar Buhari'ye aittir. Bundan altıncısı müstesna olup, o da Müslim'e aittir. Buhari bu hadisi İbn Ömer'den de rivayet etmiştir. İkinci fazlalık Fethu'l-Bari'de belirtildiği üzere Taberi'ye aittir.

Diğer taraftan bu hadisi Buhari (VIII- 268, 270, X, 218)'de Müslim (VII, 116, VIII, 120-121), Nesai (I, 269), Tirmizi (III, 118-119), İbn Mace (I, 464-465), Beyhaki (III, 402), Ahmed (4680)'de, İbn Ömer'den diye rivayet etmişlerdir. Bu rivayette ise ikinci ve altıncı fazlalıklar vardır.

el-Müseyyeb b. Hazm (r.a)'dan şöyle dediği rivayet edilmiştir: "

"Ebu Talib'in ölümü yaklaştığı sırada Rasûlullah (s.a) da yanına geldi. Yanında Ebu Cehil ile Abdullah b. Ebi Umeyye b. el-

---

[8] Hafız İbn Hacer (Allah'ın rahmeti üzerine olsun), Fethu'l-Bari (VIII, 270)'de şunları söylemektedir:
"Ömer (r.a)'ın onun münafık olduğunu kesin bir ifade ile söylemesi, onun şahid olduğu hallerine binaen idi. Peygamber (s.a)'ın onun sözlerini kabul etmeyip, üzerine cenaze namazı kılması ise zahiren müslüman olduğu hükmünün gereğini yaptığından ve hükmün zahirini esas kabul ettiğinden dolayı idi. Ayrıca bu yolla onun oğluna da ikram edilmiş oluyordu. Böylelikle bu uygulamanın uygunluğu ve onun kavmini ısındırmak maslahatı ile ortaya çıkabilecek mefsedetin önlenmesi de gerçekleşmiş oldu. Peygamber (s.a) işin başında müşriklerin eziyetlerine sabrediyor, affedip geçiyordu. Daha sonra müşriklerle savaşmakla emrolundu. Yine İslamı açığa vuran kimselere karşı affedip bağışlaması devam etti. İsterse içinde gizlediği bundan farklı olsun. Bu da onların kalblerini ısındırmak ve kendisinden uzaklaştırmamak maslahatına binaen idi. Bundan dolayı şöyle buyurmuştur: "İnsanlar Muhammed ashabını öldürüyor diye konuşmamalı." Fetih tahakkuk edip de müşrikler İslama girince kâfirler sayıca azalıp, zelil olunca münafıklara karşı herşeyi açık söylemekle ve onları acı gelen hakkın hükmünü kabul etmeye mecbur etmekle emrolundu. Bilhassa bu durum (Peygamberin namazını kılması) münafıklar üzerine namaz kılmasını açıkça yasaklayan buyruğun ve bunun dışında onlara karşı yüksek sesle söylemesi emrolunan hususların nüzulünden önce idi. İşte bu açıklamalar ile yüce Allah'a hamdolsun ki bu kıssa ile ilgili olarak görülebilecek müşküller ortadan kalkmaktadır."

[9] Derim ki: Onun cenaze namazını kabrine gömülmesinden sonra kılmıştır. Onun emri üzerine kabrinden çıkarıldı ve ona gömleğini giydirdi. İleride 94. meselede geleceği gibi.

Muğire'nin de olduğunu gördü. Rasûlullah (s.a) şöyle buyurdu: Amcacığım [şüphesiz sen insanlar arasında üzerimde hakkı en büyük olansın. Bana en güzel iyiliklerde bulunan sensin. Hatta senin benim üzerimdeki hakkın babamdan da fazladır.] O halde la ilahe illallah deyiver. Bu sözü söylediğine dair Allah'ın huzurunda lehine şahitlik edeyim. Bu sefer Ebu Cehil ile Abdullah b. Ebi Umeyye şöyle dedi: Ey Ebu Talib sen baban Abdu'l-Muttalib'in dininden yüz mü çevireceksin. Rasûlullah (s.a) bu sözü ona sunmaya devam etti ve [o ikisi][10] ona aynı sözleri tekrarlayıp duruyorlardı. Nihayet Ebu Talib onlara son söz olarak şunu söyledi: O (yani ben) Abdu'l-Muttalib'in dini üzereyim. La ilahe illallah[11] demeyi kabul etmedi. [(Ayrıca şunları] söyledi: Eğer Kureyş beni -onu bu sözü söylemeye iten ölümün acılarına tahammül edemeyişidir diyerek- beni ayıplamayacak olsalardı bu sözü söyleyerek senin gönlünü hoş ederdim. (Bu sefer Rasûlullah (s.a) şöyle buyurdu: Allah'a yemin ederim bu işi yapmam bana yasaklanmadıkça senin için Allah'tan mağfiret dileyeceğim. (Müslümanlar müşrik olarak ölmüş bulunan ölülerine mağfiret dilemeye başladılar)]. Bu sefer yüce Allah: *"O çılgın ateşlikler oldukları açıkça ortaya çıktıktan sonra akrabaları dahi olsalar müşriklere peygamberin de, mü'minlerin de mağfiret dilemeleri olur şey değildir."* (et-Tevbe, 9/113) buyruğunu indirdi. Allah Ebu Talib hakkında da buyruklar indirdi, Rasûlullah (s.a)'a şöyle buyurdu:

"Muhakkak ki sen sevdiğini hidayete erdiremezsin fakat Allah dilediğine hidayet verir ve O hidayet bulanları daha iyi bilir." (el-Kasas, 28/56)

Hadisi Buhari (III, 173, VII, 154, VIII, 274, 410-411), Müslim, Nesai (I, 286), Ahmed (V, 433), İbn Cerir, Tefsir (XI, 27) -anlatım ona ve aynı şekilde Müslim'e aittir. İkinci fazlalık bazı nüshalarda Müslim'e aittir. Hafız Kurtubi'nin zikrettiği üzere buna Buhari'nin ve başkalarının bu manadaki rivayeti de tanıklık etmektedir.

Bu kıssa Ebu Hureyre'nin rivayeti olarak muhtasar bir şekilde Müslim ve Tirmizi (IV, 159)'de de zikredilmiştir. Tirmizi bu rivayetin hasen olduğunu belirtmektedir. Üçüncü fazlalık Müslim'de ve Tirmizi'de de vardır. Hakim (II, 335-336)'da bunu rivayet etmiş ve sahih olduğunu belirtmiştir. Bu hususta Zehebi de ona muvafakat etmiştir. Birinci fazlalık da ona aittir. Bu fazlalık aynı şekilde İbn Cerir'de, Said b. el-Müseyyeb'in naklettiği mürsel rivayette de vardır.

---

[10] Ebu Cehil ve İbn Ebi Umeyye'yi kastediyor.

[11] Bu hadiste âyetin nüzul sebebinin bundan önceki hadiste anılan sebebten başka bir sebeb olduğu anlaşılmaktadır. Aralarında bir tearuz yoktur. Çünkü birden çok âyet-i kerime ile ilgili olarak görüldüğü üzere nüzul sebebinin birden fazla olması mümkündür. Bu görüşü Hafız İbn Hacer Fethu'l-Bari (VIII, 412)'de desteklemektedir.

Ancak bu rivayet mevsul hükmündedir. Çünkü el-Müseyyeb b. Hazn'den bu hadisi rivayet eden odur. el-Müseyyeb b. Hazn ise onun babasıdır.

Aynı rivayet Cabir'in rivayeti olarak da nakledilmiştir:

Bunu yine Hakim rivayet etmiş olup, sahih olduğunu belirtmiş, Zehebi de bu hususta ona muvafakat etmiştir. Dördüncü fazlalık da bu rivayettedir. Yine bu rivayet İbn Cerir tarafından Mücahid ile Amr b. Dinar'dan mürsel bir rivayet olarak zikredilmiştir.

Ali (r.a)'dan da şöyle dediği rivayet edilmektedir:

"Bir adamın müşrik olan anne-babasına mağfiret dilediğini duydum. Ben: müşrik oldukları halde anne-babana mağfiret mi diliyorsun dedim. Adam: İbrahim de müşrik olduğu halde babası için mağfiret dilememiş miydi dedi. (Ali) dedi ki: Bunu Peygamber (s.a)'a söyledim. Bunun üzerine şu buyruklar indi: *"O çılgın ateşlikler oldukları açıkça ortaya çıktıktan sonra akrabaları dahi olsalar müşriklere peygamberin de, mü'minlerin de mağfiret dilemeleri olur şey değildir. İbrahim'in babasına mağfiret dilemesi ancak ona verdiği bir sözden dolayı idi ama onun Allah'ın düşmanı olduğu açıkça kendisine belli olunca ondan uzaklaştı. Şüphesiz İbrahim çokça yalvarıp yakaran ve gerçekten yumuşak huylu idi."* (et-Tevbe, 9/113-114)

Bu hadisi Nesai (I, 286), Tirmizi (IV, 120) -hasen olduğunu belirterek-, İbn Cerir (XI, 28), Hakim (II, 335), Ahmed (771, 1085) -anlatım ona ait- rivayet etmişlerdir. Senedi hasendir. Hakim: Senedi sahihtir demiş, Zehebi de bu hususta ona muvafakat etmiştir.

Derim ki: Bu şekilde mağfiret dilemeyi yüce Allah İbrahim suresinin sonlarında onun duası olarak da bize zikretmiş bulunmaktadır: *"Rabbimiz hesabın görüleceği gün beni ana-babamı ve bütün iman edenleri bağışla."* (İbrahim, 14/41) Müfessirlerin naklettiklerine göre o bu duayı babasının ölümünden ve Mekke'ye hicret etmesinden sonra yapmıştır. Zaten sözü geçen âyet-i kerimenin son olarak zikredildiği diğer âyetlerin ifadesi de bunu göstermektedir. Buna göre mağfiret dileme âyetinde sözkonusu edilen açıklama yine babasının ölümünden sonra olmuş olmalıdır. Bu da yüce Allah'ın ona hükmü bildirmesi suretiyle olmuştur. Suyutî'nin fetvalarında (II, 419) belirttiği üzere İbn Ebi Hatim sahih bir sened ile İbn Abbas'tan şöyle dediğini rivayet etmektedir: "İbrahim babasına ölene kadar mağfiret dileyip durdu. O ölünce artık onun Allah'ın bir düşmanı olduğunu açıkça gördü, bundan ötürü ona mağfiret dilemez oldu."

Nevevi -yüce Allah'ın rahmeti üzerine olsun- el-Mecmu (V, 144, 258)'de şunları söylemektedir:

"Kâfire namaz kılmak, onun günahlarının bağışlanması için dua etmek, Kur'ân nassı ile ve icma ile haramdır."

Derim ki: İşte buradan günümüzde bazı müslümanların kimi kâfirlere rahmet okumalarının Allah'ın onlardan razı olmalarını dilemelerinin ne kadar yanlış olduğu anlaşılmaktadır. Hele bu kimi gazete ve dergi sahiblerinin çokça yaptıkları bir iştir. Dindar diye bilinen arab başkanlarından birisinin kendisi de, benimsediği görüşü de dinin en azılı düşmanlarından olan kominist Stalin'e rahmet okuduğunu duydum. Bu ise değindiğimiz bu başkanın sözü edilenin ölümü sebebiyle radyonun yayınladığı bir konuşmasında olmuştum. Fakat bunda hayret edecek bir şey yoktur. Çünkü böyle bir hükmü bilmez fakat asıl hayret edilecek durum bazı İslam davetçilerinin bu gibi hatalara düşmeleridir. Böyle birisi yazdığı bir risalesinde: "Allah Bernard Show'a rahmet eylesin..." demektedir. Güvenilir bir zat ilim adamlarından birisinin batıni İsmailî fırkaya mensub olup ölenlerin - onların müslüman olmadıklarına inanmakla birlikte- namazlarını kıldığını söyledi. Bunların müslüman olmayış sebebleri ise namazı da, haccı da kabul etmeyişleri, insanlara ibadet etmeleridir. Buna rağmen onlara karşı iki yüzlülük ve onlara yaranmak maksadıyla onların cenaze namazlarını kılıyordu. Şekvamız Allah'adır, yardımı O'ndan dileriz.

61. Farz namazlarda vacib olduğu gibi cenaze namazında da cemaat vacibtir. Bunun iki delili vardır:

Birinci delil Peygamber (s.a)'ın bu şekilde cemaate devam etmesidir.

Diğeri ise Peygamber (s.a)'ın:

"Benim nasıl namaz kıldığımı gördüyseniz, siz de öylece namaz kılınız." buyruğudur.

Bu hadisi Buhari rivayet etmiştir. Daha önce sözünü ettiğimiz şekilde ashab-ı kiramın Peygamber (s.a)'a kimse onlara imam olmaksızın tek tek namaz kılmış olmaları sözünü ettiğimiz bu hükmü etkilemez. Çünkü o özel bir meseledir, bunun niçin böyle olduğu bilinemez. Bundan dolayı bizim Peygamber (s.a)'ın mübarek hayatı boyunca ısrarla devam ettiği bir hususu terketmemiz caiz değildir. Özellikle sözünü ettiğimiz mesele delil olabilecek şekilde sahih bir senedle varid olmuş değildir. Her ne kadar biri diğerini pekiştiren değişik yollardan rivayet edilmiş olsa dahi bu böyledir.[12] Eğer bu

---

[12] Beyhaki, Sünen (IV, 30)'de bunlardan iki hadis rivayet etmektedir. Birisi İbn Mace'de (I, 498, 500)'de yer almaktadır. İmam Ahmed de (V, 81) üçüncü bir hadis daha zikretmektedir. Hafız İbn Hacer, et-Telhis (V, 187)'de hadis hakkında bir şey söylememiştir. Ravileri Ebu Useyn dışında Müslim'in ravileri olup, sikadırlar. el-Beğavi: "Sahabiliği olup olmadığını bilmiyorum" demiştir. Bu hususda başka hadisler de vardır. Bunları Hafız İbn Hacer anılan eserde rivayet ettikten sonra şunları söylemektedir: "İbn Dıhye dedi ki: Sahih olan müslümanların kimse onlara imam olmadan tek tek namaz kıldıklarıdır. Şafiî de bunu kabul etmiş ve şöyle demiştir: Bu Rasûlullah (s.a)'ın -anam babam ona feda olsun- azameti ve onların onun üzerine kılınan namazda imamet

münferid olay ile sözünü ettiğimiz Peygamber (s.a)'ın cenaze namazını cemaatle kılması şeklinde naklettiğimiz uygulamasını birlikte telif edip izah etmek mümkün olursa mesele yok. Aksi takdirde onun hidayet olan yol göstericiliği daha önceliklidir çünkü bu daha sağlam ve daha çok hidayete ulaştırıcıdır.

Eğer cenazenin namazını tek tek kılacak olurlarsa farz düşmekle birlikte cemaati terkettikleri için günahkar olurlar. Doğrusunu en iyi bilen Allah'tır.

Nevevi, el-Mecmu'da (V, 314) şunları söylemektedir:

"Cenaze namazının tek tek kılınmasının caiz olduğu hususunda görüş ayrılığı yoktur. Sünnet ise Sahih'te bu hususa dair varid olmuş meşhur hadisler ve bununla birlikte müslümanların icmaı dolayısıyla cemaatle kılınmasıdır."

62. Cenaze namazı için cemaat olabilecek asgari sayı hakkında varid olan rivayet üç kişidir. Abdullah b. Ebi Talha rivayet ettiği hadisinde şöyle demektedir:

"Ebu Talha, Rasûlullah (s.a)'ı, Umer b. Ebi Talha vefat ettiğinde (cenaze namazını kılmaya) çağırdı. Rasûlullah (s.a) yanına gitti ve evlerinde onun cenaze namazını kıldı. Rasûlullah (s.a) öne geçti, Ebu Talha onun arkasında idi. Um Süleym de Ebu Talha'nın arkasında idi. Beraberlerinde başka kimse de yoktu."

Hadisi Hakim (I, 365) rivayet etmiştir. Ondan naklen de Beyhaki (IV, 30-31) nakletmiş ve Hakim şöyle demiştir:

"Bu hadis Buhari ve Müslim'in şartına göre sahihtir. Kadınların cenaze namazını kılmalarının mübahlığı hususunda bu garib bir sünnettir." Zehebi de bu hususta ona muvafakat etmiştir.

Derim ki: Hadis sadece Müslim'in şartına göre sahihtir. Çünkü senedinde İmare b. Uhuzeyye bulunmaktadır. Buhari ondan ancak talik yoluyla hadis rivayet etmiştir. Hadis ile ilgili olarak el-Heysemi Mecmau'z-Zevaid'de (III, 34) şunları söylemektedir:

"Hadisi Taberani, el-Kebir'de rivayet etmiş olup, ravileri Sahih ravileridir."

Bu hadisin Enes'ten gelen bu manada bir başka şahidi de vardır.

Bunu İmam Ahmed (III, 217) rivayet etmiştir.

63. Cemaat çoğaldıkça ölü için daha faziletli ve daha faydalı olur. Çünkü Peygamber (s.a) şöyle buyurmuştur:

"Herhangi bir ölüye müslümanlardan sayısı yüze ulaşan bir topluluk namaz kılacak ve hepsi de ona şefaat dileyecek olurlarsa mutlaka onun hakkında şefaat dilekleri kabul olunur." Bir başka hadisde: "Ona mağfiret olunur" denilmektedir.

---

görevini tek bir kişi üstlenmemesi hususundaki yarışlarından ötürü idi." Doğrusunu en iyi bilen Allah'tır.

Bunu Müslim (III, 53), Nesai (I, 281-282), Tirmizi -sahih olduğunu belirterek- (II, 143-144), Beyhaki (IV, 30), Tayalisi (1526), Ahmed (VI, 32, 40, 97, 231)'de Aişe'nin rivayet ettiği bir hadis olarak ve ilk kaydedilen lafız ile rivayet etmişlerdir.

Müslim, Nesai, Beyhaki ve Ahmed (III, 266), Enes'ten gelen bir hadis olarak İbn Mace (I, 453), Ebu Hureyre'den gelen bir hadis olarak diğer lafız ile rivayet etmişlerdir. Senedi Buhari ve Müslim'in şartına göre sahihtir.

Müslüman olmaları ve tevhidlerine şirkin herhangi bir şekilde bulaşmadığı takdirde namaz kılanların sayısının yüzden aşağı olmaları halinde bile ölüye mağfiret edilebilir. Çünkü Peygamber (s.a) şöyle buyurmuştur:

"Bir müslüman ölür de onun cenazesi üzerine Allah'a hiçbir şeyi şirk koşmayan kırk adam (namaz kılmak üzere) durursa mutlaka Allah onların onun hakkındaki şefaat dileklerini kabul eder."

Hadisi Müslim, Ebu Davud (II, 64), İbn Mace, Beyhaki, Ahmed (2509), İbn Abbas'tan gelen bir hadis olarak rivayet etmişlerdir.

Nesai, Ahmed (VI, 331, 334) ise Peygamber (s.a)'ın hanımı Meymune'nin rivayet ettiği bir hadis olarak ve muhtasar bir şekilde rivayet etmişlerdir. Senedi hasendir.

64. İmamın arkasında üç[13] saf ve daha fazla saf olarak dizilmeleri müstehabtır. Çünkü bu hususta rivayet edilmiş iki hadis-i şerif vardır:

Birincisi Ebu Umame'den gelen şu rivayettir:

"Rasûlullah (s.a) beraberinde yedi kişi bulunduğu halde bir cenaze namazını kıldı. Bunların üçünü bir saf, ikisini bir saf, diğer ikisini bir saf halinde dizdi."

Hadisi Taberani, el-Kebir'de (7785) rivayet etmiş olup, Heysemi Mecmau'z-Zevaid (III, 432)'de şunları söylemektedir:

"Senedinde İbn Lehia vardır, hakkında konuşulmuştur."

Derim ki: Onun hakkındaki konuşmalar hıfzı ile ilgilidir. Yoksa şahsiyeti itibariyle itham edilmiş değildir. Buna göre rivayet ettiği hadislerin şahid olarak kullanılmasında bir sakınca yoktur. Bundan dolayı ben de bundan sonraki hadise onunla şahid göstermek maksadı ile kaydetmiş bulunuyorum. Sözkonusu hadis de şudur:

İkinci hadis Malik b. Zübeyre'den gelmiştir. Dedi ki: Rasûlullah (s.a) şöyle buyurdu:

"Bir müslüman ölür de onun üzerinde müslümanlardan üç saf namaz kılacak olursa mutlaka gerektirir. (Bir lafızda mutlaka ona mağfiret olunur.)"

Dedi ki: (Mersed b. Abdullah el-Yezeni'yi kastetmektedir):

---

[13] Şevkâni (IV, 47) şöyle demektedir:
"Saf denilebilecek asgari sayı iki erkektir. Azamisinin sınırı yoktur."

"Bundan dolayı Malik cenaze sahiblerinin sayısını az gördüğü takdirde onları -bu hadis sebebiyle- üç safa ayırırdı."

Hadisi Ebu Davud (II, 63) anlatım ona ait, Tirmizi (II, 143), İbn Mace (I, 454), İbn Sad (VII, 420), Taberani (XIX, 258, 665), Ebu Ya'la (6831), Hakim (I, 362-363), Beyhaki (IV, 30), Ahmed (IV, 79) -diğer lafız ona ait- rivayet etmişlerdir. Beyhaki ve Hakim'in kaydettikleri bir rivayette de böyledir. Ayrıca Hakim şöyle demiştir:

"Müslim'in şartına göre sahihtir." Zehebi de bu hususta ona muvafakat etmiştir. Tirmizi ve ona tabi olarak da Nevevi el-Mecmu (V, 212)'de şunları söylemektedir:

"Hadis hasen bir hadistir." Hafız İbn Hacer'de Fethu'l-Bari'de (III, 145) bunu böylece benimsemiştir. Ancak bu rivayetlerin hepsinde Muhammed b. İshak vardır. O da tahdisi açıkça ifade ederse (haddesena diyerek hadisi naklederse) rivayet ettiği hadisleri hasen olan bir ravidir. Ancak burada anâne (an lafzını kullanarak) rivayette bulunmuştur. Dolayısıyla onların bu hadisi neye göre hasen kabul ettiklerini bilemiyorum. Peki ya sahih olduğunu söylemek nasıl olabilir?

65. Eğer imam ile birlikte bir adamdan başka bulunmayacak olursa, diğer namazlarda sünnet olduğu şekilde onun hizasında durmaz. Aksine imamın arkasında durur. Buna sebeb ise 62. meselede geçen hadis-i şeriftir. Orada şöyle denilmektedir:

"Rasûlullah (s.a) öne geçti, Ebu Talha onun arkasında, Um Suleym ise Ebu Talha'nın arkasında durdu. Beraberinde onlardan başka kimse de yoktu."

66. Vali ya da onun vekili ölenin velisinden daha çok cenaze namazına imam olma hakkına sahibtir. Çünkü Ebu Hazim rivayet ettiği hadiste şöyle demektedir:

"Ben el-Hasen b. Ali'nin öldüğü günde hazır idim. el-Hüseyn b. Ali'nin Said b. el-As'a -boynunu dürterek şöyle dediğini gördüm-: Haydi öne geç eğer bu sünnet olmasaydı, seni öne geçirmezdim. (Said o gün için Medine'de emir idi.)[14] Aralarında bir çeşit hoşnutsuzluk vardı."

Bunu Hakim (III, 171), Bezzar (814-Keşfu'l-Estar), Taberani, el-Mu'cemu'l-Kebir (III, 148/2912-2913), Beyhaki (IV, 28)'de rivayet etmişlerdir. Beyhaki sonunda şunu da eklemektedir:

"Ebu Hureyre dedi ki: Peygamberinizin oğlu için onu gömeceğiniz bir toprak hususunda lafı gereksiz yere mi uzatıyorsunuz. Ben Rasûlullah (s.a)'ı şöyle buyururken dinledim: O

---

14 Said'in Peygamberi görmüşlüğü vardır. Dokuz yaşında iken Peygamber (s.a) vefat etti. Halim ve vakur birisi idi. Kureyş'in eşrafındandı. Osman'a mushafı yazanlardan birisi idi. Onu Kufe'ye vali tayin etmişti. Müslümanlarla Taberistan gazasına gitti. Muaviye de onu Medine'ye vali yapmıştı. Medine'den üç mil uzaklıkta el-Arasa'daki kasrında 58 yılında vefat etti. Baki'de defnedildi.

ikisini seven beni de sever. O ikisine buğzeden bana da buğzeder." Hadisi Ahmed (II, 531) bu fazlalıkla rivayet etmiş olup, ancak Said'in namaz kıldırmak üzere öne geçirilmesini olayını zikretmeyip, sadece "ve olayı zikretti" diye işaret etmektedir. Daha sonra Hakim şunları söyler:

"İsnadı sahihtir", Zehebi de bu hususta ona muvafakat etmiştir.

Hadisi el-Heysemi, Mecmau'z-Zevaid (III, 231)'de tamamıyla bu fazlalık ile birlikte zikrettikten sonra şunları söylemektedir:

"Hadisin ravileri sika kabul edilmiş kimselerdir."

Hafız (İbn Hacer) et-Telhis (V, 275)'de ikisine (Ahmed ve Hakim'e) ve onlarla birlikte Beyhaki'ye nisbet ettikten sonra şunları söylemektedir:

"Hadisin senedinde Salim b. Ebi Hafsa vardır zayıf bir ravidir, fakat Nesai ve İbn Mace bir başka yoldan Ebu Hazim'den buna yakın bir şekilde rivayet etmişlerdir. İbnu'l-Münzir, el-Evsat'ta şöyle demektedir: Bu hususta bundan daha alası yoktur. Çünkü el-Hasen'in cenazesinde ashab-ı kiramdan ve başkalarından pekçok kimse hazır bulunmuştur."

Derim ki: Hafızın ifadeleri bunlar ancak onun bazı bölümleri hakkında söylenecek sözler vardır. Bunlar da iki hususla ilgilidir:

Birincisi İbn Ebi Hafsa ile ilgili olarak mutlak bir ifade ile zayıf olduğunu söylemesi, et-Takrib'de ondan bahsederken kullandığı: "Doğru sözlü birisidir. Şu kadar var ki aşırı bir şiîdir" ifadeleriyle bağdaşmamaktadır.

Derim ki eğer çok doğru sözlü birisi ise onun rivayet edeceği hadis asgari hasen derecesindedir. Mustalah ilminde (hadis usulü ilminde) tesbit edildiği üzere şiî olmasının ona zararı olmaz. Ayrıca onun bu hadisini Beyhaki'nin şu rivayetle naklettiği hadis de pekiştirmektedir: İsmail b. Reca ez-Zübeydi dedi ki: Bana vefat ettiği vakit el-Huseyn b. Ali'nin yanında bulunan bir kimse haber verdi... dedikten sonra hadisi muhtasar olarak zikretmektedir. Bu rivayette el-Huseyn'in, Said'e söylediği: "Öne geç, eğer bu bir sünnet olmasaydı, seni öne geçirmezdim" ifadesi de yer almaktadır. Burada sözü geçen İsmail sika bir ravidir. İbn Ebi Hafsa'ya da bu rivayetiyle mutabaat etmiştir. O halde bu kuvvetli bir mutabaattır. Olaya şahid olan kimsenin adını vermemekle birlikte görüldüğü üzere Salim onun adını vermiş bulunmaktadır. Hafızın şu ifadelerinin işaret ettiği gibi başkaları da onun ismini vermiş bulunuyor: "Fakat bunu Nesai ve İbn Mace... rivayet etmiştir."

Ancak bunda aşağıdaki şu durum sözkonusudur:

İkincisi ben bu hadisi ne Nesai'nin Sünen'inde, ne de İbn Mace'de cenaiz bahsinde tesbit edemedim. el-Mizzi'de Tuhfetu'l-Eşraf'da, en-Nablusi ez-Zehair'de ne el-Huseyn'in Müsned'inde ne de el-Hasen'in Müsned'inde zikretmiş değillerdir. Doğrusunu en iyi bilen Allah'tır.

İbn Hazm el-Muhalla (V, 144)'de bu kıssayı -delalet ettiği hükmü kabul etmemekle birlikte- kesin bir ifade ile nakletmiş ve zayıf olduğunu belirtmeksizin şöyle demektedir:

"Deriz ki: Bizler bu hususta sizin önünüzde icma olduğunu iddia etmiyoruz ki böyle bir rivayetle bize karşı durabilesiniz fakat eğer imamlar bu hususta anlaşmazlık gösterecek olurlarsa Kur'ân ve sünnete dönmek icab eder, bizim zikrettiklerimiz ise Kur'ân ve sünnettedir. Derim ki: Sanki İbn Hazm -Allah'ın rahmeti üzerine olsun- sahabinin söylediği: "Sünnet böyledir" sözünü merfu hükmünde görmemektedir. Bu ise böyle bir sözün merfu hükmünde olduğu şeklinde usulcüler tarafından kabul edilmiş kaideye muhaliftir. Oysa onların kabul ettikleri bu hüküm yüce Allah'ın izniyle doğrunun ta kendisidir. İleride buna dair yeni açıklamalar yetmişüçüncü meselede gelecektir.

İbn Hazm'ın işaret ettiği Kur'ân ve sünnetten delile gelince o bununla yüce Allah'ın: *"Akrabalar Allah'ın kitabınca birbirlerine daha yakındırlar."* (el-Enfal, 8/75) buyruğu ile Peygamber (s.a)'ın bundan sonraki meselede gelecek olan hadiste söylediği bir rivayetindeki ifadesiyle: "Ve bir kişi sakın bir başkasına aile halkı arasında imam olmasın." şeklindeki hadistir. İbn Hazm bu hadisi ölenin namazını kıldırmaya en layık olanın onun velileri olduğuna delil göstermiştir. Bunun umumi bir ifadeyle bir istidlal olduğu açıkça ortadadır. Bizim delilimiz ise -ki o da el-Huseyn'in rivayet ettiği hadistir- özel bir delildir. Usul ilminde tesbit edildiği üzere böyle bir delil daha önceliklidir. Bundan dolayı Ebu Hanife, Malik, Ahmed, İshak, İbnu'l-Münzir ve eski kavlinde Şafiî -el-Mecmu (V, 217)'de- gibi ilim adamlarının büyük çoğunluğu bizim tesbit ettiğimiz görüşü benimsemişlerdir.

Daha sonra bu söylediklerimi düzeltmek üzere şunları belirtmek istedim: Aslında İbn Hazm'ın delil olarak gösterdiği hadisin üzerinde durmakta olduğumuz konu ile ilgili bir genel hükmü de yoktur. Çünkü hadisin manası kimse ev sahibine evinde imam olarak namaz kılmasın demektir. Bu mana hadisin rivayetlerinin toplamından açıkça anlaşılmaktadır. Müslim'in kaydettiği bir rivayette şöyle denilmektedir: "Kişi, kişiye kendisinin sorumluluğu altındaki bir yerde imam olmasın." Müslim'in bir diğer rivayeti de şöyledir: "Kişi diğerine ailesi halkında da, onun sorumluluğu altında bulunan bir yerde de imam olmasın." Aslında bu İbn Hazm'ın aleyhine bir delildir. Çünkü zahirden anlaşıldığına göre bundan kastedilen insanların yönetim işlerini elinde bulunduran sorumlu (sultan)dır. Yine zahiren anlaşılan böyle bir kimsenin başkalarına göre önceliği vardır. İsterse başkasının bildiği Kur'ân ondan daha fazla olsun. Bk. Şevkâni (III, 134)

67. Şâyet vali (en yüksek derecedeki idari sorumlu) yahut onun vekili hazır değilse imam olmaya en layık olan onların (cenazede bulunanların) Allah'ın kitabını en iyi bilenleridir. Daha sonra Peygamber (s.a)'ın şu hadisinde sözkonusu edilen sıraya bakılır:

"Cemaate Allah'ın kitabını en iyi bilen kişi imamlık yapar. Eğer Allah'ın kitabını bilmekte eşit iseler sünneti en iyi bilenleri imam olur. Şâyet sünneti bilmekte eşit iseler daha önce hicret etmiş olanları imam olur. Eğer hicrette eşit iseler daha önce müslüman olmuş olanları imam olur. Kişi, kişiye sorumluluğu altındaki bir yerde imam olmamalıdır. Onun evinde, onun iznini almadan, ona ait özel yerde oturmamalıdır."

Müslim (II, 133) ve ondan başka Sünen ve Müsned sahibleri hadisi Ebu Mesud el-Bedri el-Ensari'den rivayet etmişlerdir. Bu hadisi Sahih-u Ebi Davud (no: 594 ve 598)'de tahric ettim (yer aldığı kaynakları gösterdim).

İsterse ergenlik yaşına gelmemiş bir çocuk da olsa Kur'ân'ı en iyi bilenleri onlara imam olur. Çünkü Amr b. Selime'nin şu hadisi bunu ifade etmektedir:

"Onlar (kendi kavmini kastediyor) Peygamber (s.a)'ın yanına heyet olarak gittiler. Geri dönmek istediklerinde ey Allah'ın Rasûlü bize kim imamlık yapsın diye sordular. Peygamber Kur'ân'ı en fazla bileniniz yahutta Kur'ân'ı en çok öğrenmiş olanınız diye buyurdu. Aralarında benim bildiğim kadar Kur'ân bilenleri yoktu. O bakımdan ben henüz bir çocukken beni öne geçirdiler. Üzerimde de bir örtü vardı. (Amr) dedi ki: O bakımdan Cerm oğullarının bir cemaati arasında bulundum mu mutlaka ben onların imamı olurdum ve bugüne kadar onların cenaze namazlarını ben kıldırdım."

Hadisi Ebu Davud ve Beyhaki sahih bir isnadla rivayet etmişlerdir. Aslı Buhari'dedir. Ancak Buhari'deki rivayette tanık olarak kullanmak istediğimiz bölüm bulunmamaktadır. Bu haliyle Ebu Davud'un da rivayetlerinden birisidir. Ben hadisin kaynaklarını Sahih-u Ebi Davud (no: 599, 500 (doğrusu 600 olmalı) ve 602)'de göstermiş bulunuyorum.

68. Erkek ve kadınlardan oluşan birkaç cenaze birarada bulunacak olursa, hepsi için bir tek namaz kılınır. Erkekler -yaşları küçük olsalar dahi- imama yakın yerleştirilir. Kadınların cenazeleri ise kıble tarafında bırakılır. Bu hususta bazı hadisler vardır:

Birinci hadis Nafi'in, İbn Ömer'den zikrettiği rivayettir:

"O (İbn Ömer) dokuz cenaze üzerine birlikte namaz kıl(dır)dı.[15] Erkekleri imama yakın, kadınları da kıble tarafına yakın yerleştirdi. Kadınları cenazelerini tek bir saf yaptı. Ali (r.a)'ın kızı ve Ömer b. el-Hattab'ın hanımı olan Um Külsum'un cenazesi ile Zeyd adındaki bir oğlu ile birlikte konuldular. İmam o gün Said b. el-As idi. İnsanlar arasında da İbn Abbas, Ebu Hureyre, Ebu Said ve Ebu Katade vardı. Çocuğu imama yakın yerde koydu. Bir adam: Ben bunu uygun görmedim. Bunun için İbn Abbas, Ebu Hureyre, Ebu Said ve Ebu Katade'ye baktım ve: Bu da ne diye sordum. Onlar: Bu sünnettir dediler."

Hadisi Abdu'r-Rezzak (III, 465/6337), Nesai (I, 280), İbnu'l-Carut, el-Münteka (267-268), Darakudni (194), Beyhaki (IV, 33).

Derim ki: Nesai ve İbnu'l-Carud'un senedleri Buhari ve Müslim'in şartına göre sahihtir. Hafız (İbn Hacer) et-Telhis'de (V, 276) hadisi yalnızca İbnu'l-Carud'a nisbet etmiş ve şöyle demiştir:

"Senedi sahihtir." Nevevi ise (V, 224):

"Beyhaki bu hadisi hasen bir sened ile rivayet etmiştir" demektedir.

İkinci hadis el-Haris b. Nevfel'in mevlası Ammar'dan rivayet edilmiştir:

O Um Külsum ile oğlunun cenazesinde bulundu. Oğlunu imama yakın yerleştirdi. [Kadın ise onun arkasında yerleştirildi ve (İbn Ömer) ikisinin üzerine namaz kıldı.] Ben buna karşı çıktım. Cemaat arasında İbn Abbas, Ebu Said el-Hudri, Ebu Katade ve Ebu Hureyre de vardı. [Onlara bu hususu sordum.] Bu sünnettir dediler."

Hadisi Ebu Davud (II, 66) rivayet etmiş olup anlatım da ona aittir. Onun rivayet ettiği yoldan Beyhaki (IV, 33), Nesai (I, 280)'de rivayet etmişlerdir. İki fazlalık da Nesai'ye aittir. Senedi Müslim'in şartına göre sahihtir. Nevevi (V, 224) şunları söylemektedir:

"Senedi sahihtir. Burada sözü geçen Ammar, Haşim oğullarının bir mevlası olup tabiîndendir. Sika olduğu ittifakla kabul edilmiştir."

Beyhaki de şunları söylemektedir:

"Hadisi Hammad b. Seleme, Ammar b. Ebi Ammar'dan cenazelerin nasıl yerleştirildiğini belirtmeksizin buna yakın ifadelerle rivayet etmiş ve imamın İbn Ömer olduğunu belirterek şöyle demiştir: Cemaat arasında Hasan, Hüseyin, Ebu Hureyre ve Muhammed

---

[15] Derim ki: İmam olarak kıldırdı demek istemektedir. Nitekim anlatım da buna delil teşkil ediyor. Bundan sonra gelecek hadiste Beyhaki kaydedeceği bir rivayette -orada da zikredeceğimiz üzere- bunu açıkça ifade etmektedir. Bu daha sonra gelecek olan: "O gün İmam Said b. el-As idi." ifadesiyle çatışmamaktadır. Çünkü bundan maksat onun emir olduğudur. Hafız (İbn Hacer) der ki:
"Şöyle yorumlanır: İbn Ömer, Said b. el-As'ın izni ile hakikat manasıyla onlara imam oldu. "İmam o gün Said b. el-As idi." ifadesi de emirin o olduğu anlamında kabul edilir ve böylelikle her iki rivayet bir arada telif edilmiş olur."

(s.a)'ın ashasından yaklaşık seksen kişi de vardı. Hadisi eş-Şabi de rivayet etmiş olup, cenazelerin nasıl yerleştirildiğini de buna yakın lafızlarla belirtmiştir. O da imamın İbn Ömer olduğunu söylemiş fakat soru sormaktan bahsetmeyerek şunları söylemiştir: Arkasında İbnu'l-Hanefiyye, Huseyn ve İbn Abbas vardı. Bir rivayette Abdullah b. Cafer de (vardı) demektedir."

69. Her bir cenaze üzerine ayrıca bir namaz kılınması da caizdir. Çünkü aslolan budur. Diğer taraftan Peygamber (s.a) da uhud şehidlerine böyle namaz kıldırmıştır. Bu hususta iki hadis-i şerif vardır:

Birinci hadis Abdullah b. ez-Zübeyr'den rivayet edilmiş olup, 59. meselede ikinci hadis olarak kaydedilmiştir.

İkinci hadis İbn Abbas'tan rivayet edilmiştir: Dedi ki:

"Rasûlullah (s.a) Hamza'nın cenazesi başında durunca... emir vererek kıbleye doğru yerleştirildi. Sonra üzerine dokuz tekbir getirdi. Sonra diğer şehidler onun yanına getirildi. Önüne bir şehid getirildikçe Hamza'nın yanına konuldu. Üzerine ve diğer şehidler üzerine onunla birlikte namaz kıldı. Nihayet hem onun üzerine, hem diğer şehidler üzerine yetmişiki defa namaz kıldı."

Hadisi Taberani, el-Mucemu'l-Kebir'de (III, 107-108), Muhammed b. İshak yoluyla rivayet etmiştir. Muhammed b. İshak dedi ki: Bana Muhammed b. Kâb el-Kurazi ile el-Hakem b. Uteybe Niksem'den, Mücahid de ondan bana anlattı (haddeseni).

Derim ki: Bu ceyyid bir seneddir ve bütün ravileri sikadırlar. Ayrıca Muhammed b. İshak bu rivayette "tahdis (haddeseni)" ifadesini açıkça kullanmıştır. Böylelikle onun tedlis yapma şüphesi ortadan kalkmış olmaktadır. Göründüğü kadarıyla İmam Süheyli ile Hafız İbn Hacer bu senede vakıf olmamışlardır. Bundan dolayı Hafız İbn Hacer et-Telhis (V, 153-154)'de şunları söylemektedir:

"Yine bu hususta İbn Abbas'tan gelen hadis de vardır. Bunu İbn İshak rivayet etmiş olup, şöyle demiştir: Bana itham etmediğim bir şahıs İbn Abbas'ın mevlası Niksem'den anlattı (haddeseni), o İbn Abbas'tan... (derim ki: Bundan sonra hadisi buna yakın bir şekilde zikretti. Ancak "dokuz" yerine "yedi" dedi ve sonra şunları söyledi). Süheylî dedi ki: Eğer İbn İshak'ın adını müphem bıraktığı şahıs el-Hasen b. İmare ise o zayıftır. Aksi takdirde meçhul bir ravidir ve onda delil olacak bir taraf yoktur. -Süheyli'nin ifadeleri burada sona ermektedir.-

Derim ki: Süheyli'yi bu açıklamayı yapmaya iten husus Müslim'in mukaddimesinde Şube'den diye kaydedilen şu rivayettir: el-Hasen b. İmare ona el-Hakem'den naklen anlattı (haddesehu). el-Hakem, Niksem'den, o İbn Abbas'tan naklettiğine göre "Peygamber (s.a) Uhud'da öldürülenler üzerine namaz kıldı." Ben el-Hakem'e sordum da o, onlar üzerine namaz kılmadı dedi." Müslim'in rivayeti burada sona ermektedir. Fakat İbn Abbas'ın zikrettiği hadis daha başka yollardan rivayet edilmiştir..."

Derim ki: Sonra bu rivayetlerin bazısını zikretmektedir. Bunlar arasında Taberani'nin sözünü ettiğimiz bu rivayet yolu bulunmamaktadır. Bu rivayet ise diğer rivayette müphem bırakılan kişinin meçhul ya da zayıf olmadığına, aksine sika ve maruf bir ravi olduğuna delalet etmektedir. Bu kişi ise ya Muhammed b. Kâb el-Kurazi yahut el-Hakem b. Uteybe'dir ya da her ikisi birliktedir. el-Hakim'in Müslim'in kaydettiği rivayette: "Onların üzerine namaz kılmadı" şeklindeki ifadesi bunu herhangi bir şekilde yaralamaz. Çünkü el-Hakem'in daha önce naklettiği hadisi unutmuş olması mümkündür. Nitekim benzeri bir olay ondan başka ravilerin başından birden çok hadiste geçmiş bulunmaktadır. Faraza el-Hakem'in kendi hadisini inkar etmesi hadisin ondan gelen rivayetin sıhhatini yaraladığını kabul edecek olsak bile o hadisi sika bir başka ravi ile el-Kurazi rivayet ettiğine göre aynı hadisin sıhhatini olumsuz olarak etkileyeceğini kabul edemeyiz. Bu da yüce Allah'ın izniyle çok açık bir husustur.

Nevevi, el-Mecmu'da (V, 225) şunları söylemektedir:

"Fukaha herkes için ayrı bir namaz kılmanın daha faziletli olduğu hususunda ittifak etmişlerdir. Ancak et-Tetimme adlı eserin sahibi efdal olanın hepsi üzerine bir defada namaz kılması olduğunu ifade etmiştir. Çünkü bu yolla defin işi çabuklaştırılmış olur ve bu emrolunmuş bir husustur. Ancak mezhebin görüşü birincisidir çünkü daha çok uygulanan odur. Kabul edilme ihtimali daha yüksek olan da o uygulamadır. Ayrıca bu fazla bir gecikme sayılmaz." Doğrusunu en iyi bilen Allah'tır.

71. Cenaze üzerine mescidde namaz kılmak caizdir. Çünkü Aişe (r.anha)'dan şöyle dediği rivayet edilmiştir:

"Sad b. Ebi Vakkas vefat ettiğinde Peygamber (s.a)'ın hanımları onun cenazesini mescide getirmelerini ve böylece üzerine namaz kılacaklarını bir haberciyle bildirdiler. (Yakınları) bu şekilde yaptılar. Sad'i cenazesini Peygamber efendimizin hanımlarının hücreleri önünde bıraktılar, onlar da üzerine namaz kıldılar. Oturma yerleri yanındaki cenazeler kapısından çıkarılıp, götürüldü. Peygamberin hanımlarına insanların bu davranışı ayıpladıkları ve: [Bu bir bid'attir] cenazeler hiçbir şekilde mescide sokulmuyordu dediklerini haber aldılar. Bu durum Aişe'ye ulaşınca şöyle dedi: İnsanlar hakkında bilgileri olmadık hususlarda ayıplamaya kalkışmakta ne kadar da çabuk davranıyorlar. Onlar mescide bir cenaze getirilmesinden dolayı bizi ayıpladılar. [Allah'a yemin olsun] Rasûlullah (s.a) Süheyl b. Beyda [ve kardeşi] üzerine mescidin içinden başka bir yerde namaz kılmadı."

Hadisi Müslim (III, 63), Aişe (r.anha)'dan iki ayrı yoldan, Sünen sahibleri ve başkaları rivayet etmiştir. Bu hadisin yer aldığı kaynakları "es-Semeru'l-Müsteta" adlı eserinin Ahkamu'l-Mesacid'e dair bölümünde gösterdim. Fazlalıklar Müslim'e aittir. Ancak birincisi Beyhaki (IV, 51)'dedir.

72. Fakat efdal olan cenaze namazının mescidin dışında cenazeler üzerine namaz için hazırlanmış bir yerde kılınmasıdır. Nitekim Peygamber (s.a) döneminde durum böyle idi. Bu hususta onun hidayet yolunun uygulamaları çoğunlukla da bu şekilde idi. Bu hususta bazı hadisler vardır:

Birinci hadis: İbn Ömer (r.a)'dan şöyle dediği rivayet edilmiştir:

"Yahudiler Peygamber (s.a)'a kendilerinden olan ve zina etmiş bir erkek ve bir kadın getirdiler. Peygamberin verdiği emir üzerine mescidin yanındaki cenazeler mahalline yakın bir yerde recm edildiler."[16]

Hadisi Buhari (III, 155)'de rivayet etmiş ve bunun ve gelecek olan dördüncü hadisin bulunduğu bölüme şöylece başlık açmıştır: "Musallada ve mescidde cenazeler üzerine namaz babı."

İkinci hadis: Cabir (r.a)'dan dedi ki:

"Bizden bir adam öldü. Onu yıkadık... ve Rasûlullah (s.a) için cenazelerin yerleştirildiği makam-ı cibril yakınındaki yere koyduk. Daha sonra Rasûlullah (s.a)'a üzerinde namaz kılması için haber verdik, o da bizimle birlikte geldi... üzerine namaz kıldı..."

Hadisi Hakim ve başkaları rivayet etmiş olup, tamamı onyedinci meselede g fıkrasında üçüncü hadis olarak geçmiş bulunmaktadır.

Bu hususta Peygamber (s.a)'ın sahabilerinden birisinden gelmiş rivayet vardır. Onun bu hadisi 59. meselede 6. şık d bendinde zikredilmiş bulunmaktadır.

Üçüncü hadis Muhammed b. Abdullah b. Cahş'den rivayet edilmiştir. O dedi ki:

"Bizler mescidin avlusunda cenazelerin konulduğu yerde oturuyorduk. Rasûlullah (s.a) da aramızda oturuyordu. Derken Rasûlullah (s.a) gözlerini semaya kaldırdı..."

Hadisi Ahmed (V, 289) ile Hakim (II, 24) rivayet etmişlerdir. Hakim ayrıca:

"Senedi sahihtir" demiş ve bu hususta Zehebi ona Telhis adlı eserinde muvafakat etmiş, el-Münziri Terğib (III, 34)'de de bunu benimsemiştir. Senedinde Muhammed b. Cahş'ın mevlası Ebu Kesir

---

[16] İbn Hacer, Fethu'l-Bari'de şunları söylemektedir:
"Cenazelerin namaz kılındığı yer Peygamber (s.a)'ın mescidine doğu tarafından bitişik idi." Bir başka yerde ise (XII, 180) şunları söylemiştir: "Musalla (cenaze namazlarının kılındığı yer) Peygamber efendimizin bayram namazları ile cenaze namazlarını kıldırdığı yer idi. Bu Baki el-Ğarkat tarafında bulunuyordu."

de vardır. Bunu İbn Ebi Hatim (IV/2/429-430)'da zikretmiş, hadis ile ilgili herhangi bir cerh ve tadilden sözetmemiştir. Aynı şekilde el-Heysemi, Mecmau'z-Zevaid (IV, 127)'de: "Mesturdur" demiş, İbn Hibban es-Sikat (V, 570)'de bu hadisi irad etmiştir. Bununla birlikte Hafız onun hakkında et-Takrib adlı eserinde "sikadır (güvenilirdir)" demektedir. et-Tehzib'de ise ondan sika ravilerden bir topluluğun hadis rivayet ettiğinden sözetmekte Peygamber (s.a)'ın hayatta iken doğduğunu belirtmektedir. Böyle birisinin rivayeti yüce Allah'ın izniyle hasendir. Özellikle şahidler hakkında bu böyledir.

Dördüncü hadis Ebu Hureyre (r.a)'dan rivayet edilmektedir:

"Rasûlullah (s.a) Necaşi'nin öldüğü günü öldüğü haberini verdi. Namazgaha çıktı, onları saf halinde dizdi ve dört tekbir getirdi.

Bu hadisi Buhari, Müslim ve başkaları değişik lafızlarla ve pekçok ziyadelerle rivayet etmişlerdir. Bunların hepsi tek bir anlatım halinde ashab-ı kiram'dan başka bir topluluğun rivayet ettiği hadislerdeki başka fazlalıklarla beraber daha önceden geçmiş bulunmaktadır. Ben bu hususu 59. mesele 7. hadiste açıklamış bulunuyorum.

Bu hadise Buhari daha önce birinci hadiste geçtiği üzere musallada namaz kıldığına delil teşkil edecek şekilde bir başlık altında zikretmiştir.

Derim ki: Hafız Beyhaki'nin bu sünnete karşı tutumu garib hallerdendir. -Cenaze namazının musallada kılınmasını kastediyorum- O büyük kitabı "es-Sünenu'l-Kübra" adlı eserinde buna dair özel bir bab açmamıştır. Halbuki Aişe (r.anha)'ın rivayet ettiği hadisten başka bir rivayetin bulunmadığı bir husus olan mescidde cenaze namazı kılmaya dair müstakil bir bab açmıştır. Daha sonra bazı şafiîler yazdıkları muhtasar eserlerinde Beyhaki'nin izinden gitmişler ve namazgahta cenaze namazının kılınması üzerinde durmamışlardır. Merhum Nevevi'nin Minhacu't-Talibin (k. 34/2) gibi. O şöyle demektedir:

"Cenaze namazının mescidde kılınması caizdir." Şâyet buna mesela "ve cenaze namazının musallada kılınması sünnettir" gibi bir ifade eklemiş olsaydı, elbetteki isabet ederdi.

el-Bacuri, İbnu'l-Kasım'a yazdığı haşiyesinde durumu ters çevirerek şöyle demektedir: (I, 424): "Cenaze namazının mescidde olması sünnettir." Bundan sonra ise cenaze üzerine namazgahta namaz kılınmasından sözetmemektedir. Doğrusu ise bizim sünnet olan ile ilgili olarak zikrettiklerimizdir. Bununla birlikte cenaze namazının mescidde kılınmasının caiz olduğunu da söylüyoruz. Çünkü Aişe (r.anha)'nın rivayet ettiği hadis bunu ifade etmektedir. Bu hadisteki olayı istisnai bir durum sebebiyle yorumlamak uzak bir ihtimaldir. Çünkü durum böyle olsaydı Aişe (r.anha) ve beraberindeki diğer mü'minlerin anneleri için bu durum gizli kalmaz ve mazeretsiz olarak cenazenin mescide sokulmasını istemezlerdi. Bu da -yüce Allah'ın izniyle- apaçık bir husustur.

Beşinci hadis Peygamber (s.a)'ın şu buyruğudur: "Kim bir cenaze üzerine mescidde namaz kılacak olursa, onun için (ecir olarak) hiçbir şey yoktur." es-Sahiha (Silsiletu'l-Ahadiysi's-Sahiha) (2352)

72. Cenaze namazının kabirler arasında kılınması caiz değildir. Çünkü Enes b. Malik (r.a)'ın rivayet ettiğine göre:

"Peygamber (s.a) kabirler arasında cenazeler üzerine namaz kılınmasını yasaklamıştır."

Bunu İbnu'l-Arabi, Mucem (k. 235/1)'de, Taberani el-Mucemu'l-Evsat (I, 80/2) onun rivayet yolu ile Dıya el-Makdisi, el-Ahadiysu'l-Muhtare (79/2-Müsned-u Enes)'de rivayet etmişlerdir. el-Heysemi, Mecmau'z-Zevaid (III, 36)'da:

"Senedi hasendir" demektedir.

Derim ki: Bu rivayetin Enes'den gelen ve Dıya'nın kaydettiği bir başka rivayet yolu daha vardır. Bununla bu hadis daha da güç kazanmaktadır.

Ebu Bekir b. Ebi Şeybe, el-Musannef (II, 185) ve Hafız İbn Receb el-Hambeli'nin Fethu'l-Bari[17] 'de (65/81/1-el-Kevakib) belirttiği üzere Ebu Bekir el-Esrem de Enes'den şunu rivayet etmektedirler:

"Kabirler arasında bir mescidin bina edilmesi mekruh görülüyor idi."

Hadisin ravileri sika ravilerdir. Buhari ve Müslim'in kendilerinden hadis rivayet ettiği kimselerdir.

Bu hadise Peygamber (s.a)'dan mütevatir olarak gelen kabirleri mescid edinmeye dair nehy de şahidlik etmektedir. Ben bu hususta varid olmuş rivayetleri "Tahziru's-Sacid min İttihazi'l-Kuburi Mesacid" adlı eserimin baştarafında zikretmiş bulunuyorum. Bunların bir kısmını da 128. mesele 9. fıkrada kaydedeceğim.

73. İmam erkeğin baştarafının, kadının da göbek tarafının arkasında durur. Bu hususta iki hadis vardır:

Birincisi Ebu Galib el-Hayyat'tan rivayet edilmiştir. O dedi ki:

"Enes b. Malik'in bir erkeğin cenaze namazını kıldırdığına şahid oldum. Baştarafında durdu (bir rivayette: tabutun baştarafında). Bu cenaze kaldırılınca bu sefer Kureyş'ten -ya da ensardan- bir kadının cenazesi getirildi. Ona: Ey Ebu Hamza bu cenaze filanın kızı filan hanımın cenazesidir. Onun namazını kıl(dır).

---

[17] Bu onun Sahih-i Buhari üzerine yaptığı bir şerhin adıdır. Bunun el yazması bir bölümü İbn Urve'nin el-Kevakibu'd-Derari adlı eseri arasında ez-Zahiriye kütüphanesinde bulunmaktadır. Açıkça bilindiği gibi bu İbn Hacer el-Askalani'nin Fethu'l-Bari adlı eserinden ayrıdır.

O da namazını kıl(dır)dı. Cenazenin orta tarafında durdu. (Bir rivayette onun kalça tarafında durdu ve üzerinde yeşil bir naaş vardı.) Aramızda da el-Ala b. Ziyad el-Adevi[18] 'de bulunuyordu. Enes'in erkek ve hanım için farklı yerlerde durduğunu görünce şöyle dedi: Ey Hamza'nın babası Rasûlullah (s.a) bu şekilde senin durduğun gibi mi kadının cenazesi için de durduğun yerde mi duruyordu? Enes evet dedi. (Ebu Galib) dedi ki: Bunun üzerine el-Ala bize döndü ve: İyice belleyin dedi."

Hadisi Ebu Davud (II, 66-67), Tirmizi (II, 146) -hasen olduğunu belirterek-, İbn Mace, Tahavi (I, 283), Beyhaki (IV, 32), Tayalisi (no: 2149), Ahmed (III, 118, 204) -anlatım ona ait- rivayet etmişlerdir. Hepsi de bu hadisi Hemmam b. Yahya'nın, Ebu Galib'den yolu ile rivayet etmişlerdir. Ancak Ebu Davud bu hadisi Abdu'l-Varis'den -ki o Said'in oğludur- Abdu'l-Varis ondan diye rivayet etmişlerdir. Tahavi de kaydettiği bir rivayetinde muhtasar olarak böylece rivayet etmiştir.

Hadisin senedi her iki yoldan da sahihdir. Her iki yolun da ravileri -Ebu Galib dışında- Buhari ile Müslim'in hadislerini kaydettiği ravilerdir. Ebu Galib de Hafız İbn Hacer'in et-Takrib'de belirttiği üzere sika bir ravidir. Bundan sonra Semura'dan gelen hadisi şerhederken "Fethu'l-Bari (III, 157)" Buhari'nin bu hadisin zayıflığına işaret ettiğini söylemekle birlikte buna sesini çıkarmayıp, bu hususta hiçbir cevap vermemiş olmasına gerçekten hayret edilir.

İkinci rivayet Tayalisi ve Beyhaki'nin Ahmed'in naklettiği rivayet yolu ile aynıdır.

Üçüncü rivayet Ebu Davud'a aittir. Bu rivayet zikredilenler tarafından buna yakın lafızlarla rivayet edilmiş ancak "yeşil" lafzı zikredilmemiştir.[19]

---

[18] Künyesi Ebu Nasr olup, tabiînin sika ravilerindendir. Basralıların abidlerinden ve Kur'ân'ı iyice bilenlerinden idi. 94 yılında vefat etti.

[19] Derim ki Ebu Davud'da mutlaka zikredilmesi ve halinin açıklanması gereken bir fazlalık vardır. O fazlalık şudur: "Ebu Ğalib dedi ki: Ben Enes'in kadının kalçasının hizasında ayakta durduğu vakit ne yaptığını sordum. Bana anlattıklarına göre o zaman için henüz naaşlar (tabutlar) bulunmuyordu. Bundan dolayı imam arkasındaki cemaatten setretmek için kalça hizasında dururdu."
Böyle bir açıklama birkaç bakımdan reddolunur:
Evvela bu açıklamayı yapan kişi meçhul birisidir. Böyle olan bir açıklamanın hiçbir kıymeti yoktur.
İkincisi bu bizahiti hadisin ravisinin yaptığına muhaliftir ki o da Enes (r.a)'dır. O kadın naaşta bulunmakla birlikte bedeninin orta bölümünün hizasında durmuştur. Bu ise böyle bir açıklamanın batıl olduğunun delilidir. Bunu bundan sonraki sebeb de desteklemekde olup o da şöyledir:
Üçüncüsü bu Enes'in namazında bulunanların anladıklarına muhaliftir. Bu şahıslardan birisi el-Ala b. Ziyad el-Adevi'dir. O Enes'den bu sünnetin sebebini öğrendikten sonra arkadaşlarına dönerek: "İyice belleyiniz" demiştir. Eğer neticede sünneti iptal eden bu gerekçe buna sebeb olsaydı, el-Ala bu işe bu kadar ileri derecede ihtimam göstermez, arkadaşlarına bunu bellemelerini emretmezdi. Bu da açıkça anlaşılan bir husustur. Allah'a hamdolsun.

İkinci hadis Semura b. Cundub'dan rivayet edilmektedir. O dedi ki:

"Ben Peygamber (s.a)'ın arkasında namaz kıldım. O lohusa iken vefat etmiş bulunan Um Kâb'ın namazını kıldı. Rasûlullah (s.a) üzerine namaz kılmak için cenazenin ortasının arkasında durdu."

Hadisi Abdu'l-Rezzak (III, 468), Buhari (III, 156-157), Müslim (III, 60) -anlatım ona ait- Ebu Davud (II, 67), Nesai (I, 280), Tirmizi (II, 147) -sahih olduğunu belirterek-, İbn Mace (I, 455), İbnu'l-Carut (267), Tahavi (I, 283), Beyhaki (IV, 34), Tayalisi (902), Ahmed (V, 14, 19)

Hadis sünnet olanın imamın kadının bedeninin ortasının hizasında duracağı noktasında delaleti gayet açıktır. Bu hadis mana itibariyle Enes'in: "Onun kalça kısmının hizasında" ifadesi ile aynı manaya gelir. Bu da ona daha bir açıklık getirmektedir. Çünkü bu ifade Semura'nın rivayet ettiği hadise nazaran maksada daha açık bir şekilde delil teşkil etmektedir.

74. Cenaze üzerine dört yahut beş tekbir hatta dokuz tekbire kadar tekbir alır. Bütün bu sayılar Peygamber (s.a)'dan sabit olmuştur. Hangisini yaparsa yeterli olur. Fakat daha uygunu çeşitlendirmektir. Bazan bunu, bazan ötekini yapar. Benzeri durumlarda olduğu gibi mesela namaza başlarken okunacak dua (istiftah duası), teşehhüd şekilleri, İbrahimî salavat ve benzerleri de

---

Bundan dolayı alimlerin cumhuru (çoğunluğu) böyle bir tevile iltifat etmeyip, hadisin delalet ettiği şekilde erkeğin baş tarafında, kadının da orta tarafının hizasında durulması sonucuna varmışlardır. Şafiî, Ahmed ve İshak -el-Mecmu (V, 225)'de belirtildiği üzere bunlardandır. Şevkâni (IV, 57): "Hak olan da budur" demiştir.

Derim ki: Kimi Hanefiler de bunu tercih etmişlerdir. Hatta bu bizatihi Ebu Hanife'nin de görüşüdür. el-Hidaye (I, 462)'de olduğu gibi. Yine Ebu Yusuf'dan, İmam Tahavi, Şerhu'l-Maani (I, 284)'de belirtildiği üzere Ebu Yusuf'da bu görüştedir. İmam Tahavi bu görüşü ikisinin şu şekildeki diğer görüşlerine tercih etmiştir: "Erkek ve kadının göğüsleri hizasında durur." Bu aynı zamanda İmam Muhammed'in de görüşüdür. Hanefiler de bunu kabul etmişlerdir. Hidaye'de bu görüşlerinin lehine şunu delil göstermektedir: "Çünkü göğüs kalbin bulunduğu yerdir. İmanın nuru oradadır. Onun hizasında durmak imanı sebebiyle ona şefaat edileceğine bir işarettir." Daha sonra Ebu Hanife'nin birinci görüşünü zikretmekte ve Enes'in: "O sünnettir" sözünü delil gösterdiğini belirtmektedir. Hidaye sahibi buna şu sözleriyle cevap vermektedir:

"Deriz ki bu şöyle açıklanır: O kadının cenazesinde naaş (tabut) yoktur. İşte o cenaze ile cemaat arasına bir engel teşkil etmiş oldu."

Derim ki: Biraz önceki açıklamalarımızdan bu yorumun ne kadar batıl olduğu öğrenilmiş olmaktadır. Diğer taraftan bu açıklama kabul edilecek olsa bile hadisin birinci bölümüne -ki o da erkeğin başının hizasında durmaktır- muhalefet etmekteki delilleri nelerdir? Çünkü onlar: Başının hizasında durur demişlerdir. Bu gibi batıl gerekçelendirmelerle ve: "Çünkü orası kalbin bulunduğu yerdir..." gibi sözlerle sünnete açıkça kendilerini muhalefete neyin ittiğini bir bilseydim. Halbuki onların imamları bir görüşlerinde sünnete uygun kanaat belirtmiş bulunuyorlar. Ne diye Merhum Tahavi'nin yaptığı gibi sünneti almadılar. Böylelikle hem sünneti isabet ettirmiş, hem de aynı zamanda imamlarının görüşlerini de kabul etmiş olurlardı. Bu sünnete ve ileride dikkat çekeceğimiz diğer sünnetlere açıkça muhalefet etmelerine rağmen. Kendilerini re'yi sünnete takdim etmekle itham edenleri kendilerine karşı mutaassıb davranmak ile nitelendiriyorlar.

böyledir. Eğer mutlaka bunlardan bir türüne bağlı kalmak istiyorsa o vakit dört tekbire bağlı kalır. Çünkü bu husustaki hadisler daha fazladır. Şimdi bunu açıklayalım:

A. Dört tekbir getirmek ile ilgili ashab-ı kiram'dan bir topluluktan gelmiş hadisler vardır:

Birinci hadis Ebu Hureyre'den rivayet edilmiştir. Onun rivayet ettiği bu hadis 59. meselede yedinci tür olarak Necaşi üzerine namaz kılmaya dair kaydedilen hadistir. Bu rivayete göre Peygamber (s.a) Necaşi üzerine dört tekbir alarak namaz kılmıştır.

İkinci hadis İbn Abbas'tan gelmiştir. Bu da sözü geçen meselede geceleyin defnedilen adam ile ilgili olarak kaydedilen altıncı türün birinci hadisi olarak zikredilmiştir.

Üçüncü hadis Yezid b. Sabit'in filan oğullarına ait bir azadlının üzerine kabrinde olduğu halde namaz kılması ile ilgilidir. Bu da belirtilen yerde İbn Abbas'ın rivayet ettiği hadisten bir sonraki hadis olarak zikredilmiştir.

Dördüncü hadis Peygamber (s.a)'ın ashabından birisinden rivayet edilen Peygamber efendimizin yoksul kadının cenaze namazını kabrinde olduğu halde kılması ile ilgilidir. Bunun ile ilgili hadis az önce işaret ettiğimiz Yezid b. Sabit'in rivayet ettiği hadisten hemen sonra zikredilmiştir.

Beşinci hadis Ebu Umame[20] (r.a)'dan rivayet edilen hadistir. O şöyle demektedir:

"Cenaze namazında sünnet olan birinci tekbirden sonra gizlice fatiha'yı okuması, sonra üç tekbir alması ve bunların sonuncusunun akabinde selam vermesidir."

Hadisi Nesai (1, 281), ondan İbn Hazm (V, 129), Hafız İbn Hacer'in el-Feth'te belirttiği gibi sahih bir isnadla rivayet etmişlerdir. Ondan önce de Nevevi el-Mecmu (V, 33)'de bunu belirtmiş ve ayrıca: "Buhari ve Müslim'in şartına göre" ilavesini de yapmıştır.

Hadisi ayrıca Tahavi (I, 288) buna yakın ifadelerle rivayet etmiş, hadisin sonunda da şunları eklemiştir:

"ez-Zühri dedi ki: Ebu Umame'nin bana haber verdiği bu rivayeti ben Muhammed b. Süveyd el-Fihri'ye zikrettim şöyle dedi: Ben de ed-Dahhak b. Kays'ı, Habib b. Mesleme[21] den cenaze

---

[20] Bu meşhur sahabi Ebu Umame el-Bahili değildir. Bir başkası olup, yine bu da künyesi ile tanınmıştır. Adı Es'attir. Sad b. Sad b. Hanif el-Ensari olduğu da söylenmiştir. Ashab-ı kiram arasında sayılmıştır. Peygamber efendimizi görmüş olmakla birlikte ondan herhangi bir şey işitmemiştir. Bu sebeble hadis ashabın mürsellerindendir, bu da hüccettir.

[21] Bu Habib b. Mesleme b. Malik el-Fihri el-Mekki'dir. Habib er-Rum diye adlandırılırdı ki buna sebeb Rum diyarına mücahid olarak çokça girmiş olmasıdır. Sahabeliğinde ihtilaf vardır. Hafız: "Tercih edilen görüş sahabiliğinin sabit olduğudur. Ancak o zaman küçüktü."

üzerine namaz hakkında Ebu Umame'nin sana anlattığı gibi naklederken dinledim."

Bu fazlalığın da senedi sahihtir. Nesai'de de vardır fakat o bu rivayeti ed-Dahhak b. Kays'dan daha ileriye götürmemektedir. Şafiî de bunu metninde bir ziyade ile rivayet etmiştir. İleride 79. meselede geleceği gibi.

Altıncı hadis: Abdullah b. Ebi Evfa'dan şöyle dediğine dair gelen rivayettir:

"Rasûlullah (s.a) (cenaze namazında) dört tekbir getirirdi."

Hadisi Beyhaki (IV, 35) sahih bir senedle ileride 82. meselede tamamıyla gelecek olan bir hadis içerisinde kaydetmiş bulunmaktadır.

B. Beş tekbir ile namaz kılmaya gelince, bu hususta Abdu'r-Rahman b. Ebi Leyla'nın rivayet ettiği hadis vardır. O şöyle demiştir: Zeyd b. Erkam bizim cenazelerimiz üzerine dört tekbir alırdı. Bir gün o bir cenaze üzerine beş tekbir getirdi. Ben ona sordum da şöyle dedi: Rasûlullah (s.a) bu şekilde tekbir getirirdi. [İşte bu sebebten dolayı] ondan sonra herhangi bir kimse için [ebediyyen bir daha terketmeyeceğim.]

Bunu Müslim (III, 56), Ebu Davud (II, 67-68), Nesai (I, 281), Tirmizi (II, 140), İbn Mace (I, 458), Tahavi (I, 285), Beyhaki (IV, 36), Tayalisi (674), Ahmed (IV, 367-368, 372) ondan (Zeyd b. Erkam'dan) rivayet etmiştir.

Ayrıca bunu Tahavi, Darakudni (191-192) ve Ahmed (IV, 370) yine ondan gelen başka yollarla hem bu lafızla, hem de ona yakın lafızlarla rivayet etmişlerdir. Fazlalık onlara ait olup, fazlalık arasındaki diğer fazlalık ise Darakudni'nindir. Tirmizi şöyle demektedir:

"Bu hasen, sahih bir hadistir. Peygamber (s.a)'ın ashabından ve başkalarından ilim ehli bazı kimseler bu kanaatte olup, cenaze üzerinde beş tekbir getirileceği görüşündedirler. Ahmed ve İshak şöyle demişlerdir: İmam eğer cenaze namazını kıldırırken beş tekbir getirecek olursa, imamın arkasındaki de imama uyar."

C. Altı ve yedi tekbir getirmeğe gelince, bu hususta mevkuf bazı eserler (rivayetler) vardır. Fakat bu rivayetler merfu hadisler hükmündedir. Çünkü ashabın büyüklerinden olan bazı kimseler yine ashabtan bir topluluğun huzurunda bu şekilde tekbir getirmişler ve onlardan kimse bu davranışlarına itiraz etmemiştir.

Birinci hadis Abdullah b. Muğaffel'den gelmektedir:

"Ali b. Ebi Talib, Sehl b. Huneyf'in cenaze namazını kıl(dır)dı. Üzerine altı tekbir getirdi. Sonra bize dönerek: O Bedir'e katılmış birisi idi dedi."

eş-Şabi dedi ki: Alkame Şam'dan geldi. İbn Mesud'a şöyle dedi: Şam'da bulunan kardeşlerin kıldırdıkları cenaze namazları üzerine beş tekbir getiriyorlar. Siz bize belli bir sayı tesbit etseniz de bu hususta biz de size uysak. Abdullah bir süre başını önüne eğdi, bir şey söylemedi. Sonra dedi ki: Sizler cenazelerinize bakınız. Onların namazlarını kıldıran imamlarınızın getirdikleri tekbir sayısınca siz de tekbir getiriniz. Bunun için ne sayı, ne de miktar tesbit edilir."

Bu hadisi İbn Hazm, el-Muhalla (V, 126) bu mükemmelliği ile rivayet etmiş ve şöyle demiştir:

"Bu sıhhat bakımından oldukça ileri derecede bir senettir."

Derim ki bu rivayetten Ali (r.a) ile ilgili bölümü Ebu Davud "el-Mesail" adlı eserinde İmam Ahmed'den diye (s. 152) rivayet etmektedir. Ayrıca Tahavi (I, 287), Hakim (III, 409), Beyhaki (IV, 36)'da zikretmişlerdir. Bunların zikrettikleri sened de Buhari ve Müslim'in şartına göre sahihtir. Bu rivayet ayrıca Buhari'de el-Meğazi bölümünde (VII, 273) fakat "tavtı" lafzını zikretmemektedir.

İbn Mesud ile ilgili bölümü de Tahavi ve Beyhaki (IV, 37) ona yakın ifadelerle nakletmişlerdir.

İkincisi Abdu Hayr'den gelen hadistir. O şöyle demiştir:

"Ali (r.a) Bedir'e katılanlar üzerine altı tekbir, Peygamber (s.a)'ın (sair) ashabı üzerine beş tekbir, diğer insanlar üzerine ise dört tekbir getirirdi."

Bunu Tahavi ve Darakudni (191) onun rivayet yolundan Beyhaki (IV, 37)'de rivayet etmişlerdir. Senedi sahih olup, ravilerinin hepsi sikadırlar.

Üçüncü hadis Musa b. Abdullah b. Yezid'den gelen rivayettir:

"Ali (r.a) Ebu Katade üzerine namaz kıldı ve yedi tekbir getirdi. Ebu Katade, Bedir'e katılmışlardandı."

Bu rivayeti Tahavi, Beyhaki (IV, 36) Müslim'in şartına göre sahih bir senedle rivaeyt etmişlerdir.

Fakat Beyhaki şu sözleriyle illetli olduğunu belirtmektedir:

"Bu bir yanlışlıktır. Çünkü Ebu Katade (r.a), Ali (r.a)'dan sonra uzun bir süre daha hayatta kaldı."

Ancak Hafız (İbn Hacer) et-Telhis'de (1665) şu sözleriyle onun bu görüşünü reddetmektedir:

"Derim ki: Bu sıhhati etkileyen bir illet değildir. Çünkü Ebu Katade'nin, Ali'nin halifeliği döneminde öldüğü de söylenmiştir. Tercih edilen görüş de budur."

Bu kanaati ondan önce İbnu't-Türkmani "el-Cevheru'n-Naki" adlı eserinde de belirtmiş bulunmaktadır. Ona başvurulabilir.

Derim ki işte bunlar Peygamber (s.a)'dan sonrasına kadar beş ve altı tekbir getirmenin devam ettiğine delalet eden ashab-ı kiram'dan gelen sahih rivayetlerdir ve bu rivayetler icmaın sadece dört tekbir üzerinde gerçekleştiğini iddia edenlerin kanaatine muhaliftir. Böyle bir iddianın batıl olduğunu İbn Hazm el-Muhalla (V, 124-125)'de tahkikli açıklamalarda bulunmuştur.

D. Dokuz tekbire gelince, bu hususta da iki hadis vardır.

Birinci hadis: Abdullah b. ez-Zübeyr'den gelmektedir:

"Peygamber (s.a) Hamza üzerine cenaze namazı kıldı ve üzerine dokuz tekbir aldı..."

Bu hadis tamamıyla ve kaynakları gösterilerek 59. meselede ikinci husus olarak geçmiş bulunmaktadır.

Cenaze üzerine getirilen tekbir sayısı hususunda bizim tesbit edebildiğimiz azami sayı bu kadardır. Bundan dolayı bu sınırda durulur ve buna daha fazla tekbir ilave edilmez. Dokuzdan dörde kadar da inebilir. En az varid olan sayı da bu kadardır. İbnu'l-Kayyim, Zadu'l-Mead adlı eserinde zikrettiğimiz bazı rivayet (eser) ve haberleri kaydettikten sonra şunları söylemektedir:

"Bunlar sahih birtakım rivayetlerdir. Bunları kabul etmemeyi gerektiren bir husus yoktur. Peygamber (s.a) da dört tekbirden fazlasını men etmiş değildir. Aksine kendisi de, ondan sonra ashabı da bunu yapmışlardır."

Derim ki: Dörtten fazla tekbir getirmeyi kabul etmeyenler şu iki hususu delil göstermişlerdir:

1. İcma: Bunun yanlış olduğu daha önceden gösterilmişti.

2. Bazı hadislerde zikredilen: "Rasûlullah (s.a)'ın cenaze üzerine getirdiği tekbir sayısı hususunda en son getirdiği sayı dörttür."

Buna şöylece cevab verilebilir: Evvela bu zayıf bir hadistir. Bunun biri diğerinden daha da zayıf olan rivayet yolları vardır. Dolayısıyla sahih ve müstefiz senedlerle Peygamber (s.a)'dan sabit olmuş rivayetleri reddedebilmek için bunlara delil diye yapışmaya elverişli değildirler. Hafız (İbn Hacer) et-Telhis (V, 167)'de ondan önce el-Hazimi, el-İtibar (s. 95)'de ve Beyhaki es-Sünen (IV, 37)'de şunları söylemektedir:

"Bu hepsi de zayıf olan birden çok yolla rivayet edilmiştir."

Mecmau'z-Zevaid (III, 35)'de kaydedilen şu ifadelere gelince:

"İbn Abbas (r.a)'dan gelen rivayete göre Rasûlullah (s.a) Uhud'da öldürülenler üzerine namaz kıldı. Dokuzar dokuzar tekbir getirdi. Sonra yedişer yedişer, sonra da -yüce Allah'a kavuşuncaya kadar- dörder dörder tekbir getirdi. Hadisi Taberani, el-Kebir ve el-Evsat'ta rivayet etmiş olup senedi hasendir." Bu iki bakımdan merdubtur:

Herşeyden önce bu Hafız İbn Hacer'in ve ondan önce hadisin bütün rivayet yollarının zayıf olduğunu açıkça ifade eden imamların söylediklerine muhaliftir.

İkinci olarak hadisi Taberani el-Mucemu'l-Kebir'de (III, 120/2) rivayet etmiştir. İsnadı şu şekildedir: Bize Ahmed b. el-Kasım et-Tai anlattı (haddesena). Bize Bişr b. el-Velid el-Kindi anlattı. Bize Ebu Yusuf el-Kadi anlattı. Bana Nafi b. Ömer anlattı (haddeseni). Dedi ki: Ben Ata b. Ebi Rebah'ı, İbn Abbas'tan anlatırken dinledim (deyip) hadisi zikretti.

Derim ki: Böyle bir isnad hasen olarak görülemez. Çünkü bu senedde üç illet vardır:

Birinci illet Kadı Ebu Yusuf'tur. O da Yakub b. İbrahim'dir. İbnu'l-Mübarek ve başkaları onu zayıf olarak nitelendirmiş, el-Fellas da çok hata eden birisi olarak nitelendirmiştir.

İkinci illet Bişr b. el-Velid el-Kindi'nin zayıf bir ravi oluşudur. Çünkü o bunamış idi.

Üçüncü illet senedindeki muhalefettir. Bu hadisi Taberani (III, 119/1) ve Hazimi el-İtibar (95)'de bir topluluktan rivayet etmiş olup, onlar şöyle demişlerdir: Nafi, Ebu Hürmüz'den, o Ata'dan, o İbn Abbas'tan bu şekilde rivayet etmiş olup nihayet "Uhud'da öldürülenler" ibaresi yerine Bedir ehli" demiştir. Heysemi de bunu böylece rivayet etmiş olup, şunları söylemiştir:

"Hadisin senedinde Nafi Ebu Hürmüz vardır, o da zayıf bir ravidir."

Derim ki: Hatta o oldukça zayıf bir ravidir. İbn Main yalancı olduğunu söylemiştir. Ebu Hatim: "Metruktur. Hadisi hiçbir şekilde alınmaz" demiştir.

Derim ki: İşte bu hadisin afeti (büsbütün zayıf olmasının sebebi) budur. Ata'dan bu hadisi rivayet eden de odur. Birinci rivayet yolunda zikredilen Nafi b. Ömer -ki o sika bir ravidir- hadisin ravilerinden birisinin yanılmasıdır. Tercih edilen onun -gösterdiğimiz üzere- bunamış olan (Nafi) olduğudur.

İkinci hadis Abdullah b. Abbas'tan şöyle dediğine dair gelen rivayettir:

"Rasûlullah (s.a) Hamza'nın cenazesi başında durunca... emir vermesi üzerine kıbleye doğru çevrildi, sonra üzerine dokuz tekbir getirdi..." Yine bu hadis 69. meselede ikinci hadis olarak geçmiş idi.

75. Birinci tekbirde ellerini kaldırması meşrudur. Bu hususta iki hadis vardır.

Birincisi Ebu Hureyre'den rivayet edilmiştir:

"Rasûlullah (s.a) bir cenaze üzerine (kıldığı namazda) tekbir getirdi ve ilk tekbirde ellerini kaldırdı. Sağ elini, sol elinin üzerine koydu."

Hadisi Tirmizi (II, 165), Darakudni (192), Beyhaki (284), Ebu'ş-Şeyh, Tabakatu'l-Asbahaniyyin (s. 262)'de zayıf bir senedle rivayet etmişlerdir fakat ona bundan sonra gelecek olan hadis şahidlik etmektedir.

İkinci hadis Abdullah b. Abbas'tan rivayet edilmiştir:

"Rasûlullah (s.a) cenaze üzerine (kıldığı namazda) ellerini ilk tekbirde kaldırır, sonra tekrar etmezdi."

Hadisi Darakudni ravileri sika olan bir senedle rivayet etmiştir. Ancak el-Fadl b. es-Seken adındaki ravi meçhuldür. İbnu't-Türkmani el-Cevheru'n-Naki (IV, 44)'de onun hakkında herhangi bir şey söylememiştir.

Diğer taraftan Tirmizi birinci hadisin akabinde şunları söylemektedir:

"Bu hadis garibtir. İlim ehli bu hususta ihtilaf etmişlerdir. Peygamber (s.a)'ın ashabından ve diğerlerinden ilim ehlinin çoğunluğu kişinin her tekbirde ellerini kaldıracağı görüşündedir. İbnu'l-Mübarek, Şafiî, Ahmed ve İshak'ın görüşü budur. Kimi ilim adamı da şöyle demiştir: Ellerini sadece ilk defa kaldırır. es-Sevri'nin ve Kufelilerin görüşü budur. İbnu'l-Mübarek'den nakledildiğine o cenaze namazı hakkında şöyle demiştir: Sağ eli ile sol elini tutmaz. Bazı ilim ehlinin görüşüne göre ise namazda yaptığı şekilde sol elini tutar.

Nevevi, el-Mecmu (V, 232)'de şunları söylemektedir:

"İbnu'l-Münzir, el-İşraf ve el-İcma adlı kitablarında şöyle diyor: İlk tekbirde ellerini kaldıracağı hususunda icma etmişlerdir fakat diğerlerinde ihtilaf etmişlerdir."

Derim ki birinci tekbirin dışında elleri kaldırmanın meşruiyetine delalet eden herhangi bir şey sünnette bulamadım. Bundan ötürü bunun meşru olmadığı görüşündeyiz. Hanefilerle başkalarının benimsediği görüş de budur. Şevkâni ve diğer muhakkikler de bunu tercih etmişlerdir. İbn Hazm da bunu benimseyerek (V, 128) şunları söylemektedir:

"Elleri kaldırmaya gelince yalnızca birinci tekbir dışında Peygamber (s.a)'ın cenaze namazı tekbirlerinin herhangi birisinde ellerini kaldırdığına dair hiçbir rivayet gelmemiştir. O halde bunu yapmak caiz olamaz. Çünkü bu hakkında nass gelmedik bir işi namazda yapmaktır. Peygamber (s.a)'dan gelen rivayet sadece onun her eğilip kalkmada tekbir getirip ellerini kaldırdığıdır. Cenaze namazında ise eğilip kalkmak yoktur. Ebu Hanife'nin cenaze namazındaki herbir tekbir hakkında ellerin kaldırılmasını kabul etmiş olmasına hayret edilir. Halbuki Peygamber (s.a)'dan sair namazlarda her eğilip kalkmada ellerin kaldırılmasını yasaklayan Peygamber (s.a)'dan herhangi bir rivayet gelmemiştir ve bu şekilde elleri kaldırmak Peygamber (s.a)'dan sahih olarak da rivayet edilmiştir."

Derim ki Ebu Hanife'ye nisbet ettiği görüş Hanefi şarihlerinin kitablarında rivayet edilmiştir. Bundan dolayı Nasbu'r-Ra'ye (II, 285)'in haşiyesinde kaydedilen böyle bir nisbette hayret edişe aldanmamak lazımdır. Aslında bu Belh imamlarının çoğunun tercih ettiği görüştür. Serahsi'nin mebsutunda (II, 64) dediği gibi fakat

Hanefilerdeki uygulama bunun aksinedir. Serahsi'nin kesin kanaat olarak belirttiği de budur fakat onların görüşüne göre bayram namazlarında zaid tekbirler için eller kaldırılır. Oysa bu durumda ellerin kaldırılmasının da Rasûlullah (s.a)'dan rivayet edilmiş asli bir dayanağı yoktur. Ayrıca bk. el-Muhalla (V, 83)

Evet Beyhaki (IV, 44) sahih bir sened ile İbn Ömer'den cenaze namazında getirilen tekbirlerin herbirisi için ellerini kaldırdığını rivayet etmiş bulunuyor. Kim İbn Ömer bu işi ancak Peygamber (s.a)'ın bu husustaki bir tevkifi (sözü ya da ameli) olmadan yapmadığı kanaatinde ise o ellerini kaldırabilir. Serahsi, İbn Ömer'den bunun aksini nakletmektedir. Oysa bu hadis kitablarında herhangi bir asli dayanağının bulunduğunu bildiğimiz bir husus değildir.

Fazilet sahibi kimi ilim adamlarının Fethu'l-Bari (III, 190) üzerindeki bir talikinde (düştüğü notunda) ellerin kaldırılması rivayetinin sahih olduğunu belirtmelerine gelince bu, bu ilim dalını bilen bir kimsenin açıkça gördüğü üzere besbelli bir hatadır.

76. Daha sonra sağ elini sol elinin dış tarafı, bileği ve kolun üzerine koyar ve bunları göğsü üzerinde bağlar. Bu hususta birtakım hadisler vardır ki bunların bazısını zikretmemiz gerekmektedir:

Birinci hadis Ebu Hureyre'den az önce kaydettiğimiz merfu rivayette zikredilen:

"...Ve sağ elini, sol elinin üzerine koydu" ifadesinin yer aldığı hadistir.

Bu hadis her ne kadar senedi itibariyle zayıf ise de bundan sonra gelecek hadislerin şahidliği ile manası itibariyle sahihtir. Çünkü bu hadislerdeki mutlak ifade istiska, küsuf ve bunun dışında farzın dışında kalan bütün namazları kapsadığı gibi cenaze namazını da kapsar.

İkinci hadis Sehr b. Sad'dan rivayet edilmiştir. O şöyle demiştir:

"İnsanlar namaz kıldıklarında erkeklerin sağ ellerini, sol kolu üzerine koymakla emrolunurlardı."

Bunu Malik, Muvatta (I, 174)'de rivayet etmiş olup, aynı rivayet yolundan Buhari (II, 178)'de rivayet etmiştir. Anlatım ona aittir. İmam Muhammed de, Muvatta (156)'de, Ahmed (V, 336) ve Beyhaki (II, 28)'de böylece rivayet etmişlerdir.

Üçüncü hadis İbn Abbas (r.a)'dan rivayet edilmektedir. O şöyle demiştir: Ben Allah'ın Peygamberini (s.a) şöyle buyururken dinledim:

"Biz peygamberler topluluğu oruç açmakta elimizi çabuk tutmak, sahuru geciktirmek ve namazda sağ ellerimizi, sol ellerimizin üzerine koymakla emrolunmuşuzdur."

Hadisi İbn Hibban Sahih'inde (885-Mevarid), Taberani, el-Kebir (10851)'de, el-Evsat (I, 10/1)'de her ikisinin rivayet yoluyla ed-Dıya el-Makdisi, el-Muhtare (63/10/2)'de rivayet etmişlerdir.

Derim ki senedi Müslim'in şartına göre sahihtir. Suyuti de Tenviru'l-Havalik (I, 174)'de sahih olduğunu belirtmektedir.

Bu hadisin İbn Abbas'tan gelen bir başka rivayet yolu daha vardır:

Bunu el-Kebir'de Taberani ve ed-Dıya el-Makdisi sahih bir senedle rivayet etmişlerdir. Bu hadisin başka şahidleri de vardır ki ben bunları "Sıfatu Salati'n-Nebi -s.a-" adlı eserimin hadislerinin tahrici arasında zikretmiş bulunuyorum.

Dördüncü hadis Tağus'tan gelen rivayettir. O şöyle demiştir:

"Rasûlullah (s.a) namazda iken sağ elini sol eli üzerine koyar, sonra onları göğsü üzerinde bağlardı."

Hadisi Ebu Davud (I, 121)'de Tağus'tan gelen ceyyid bir sened ile rivayet etmiştir. Bu rivayet her ne kadar mürsel ise de herkes tarafından hüccet olarak kabul edilmiştir. Çünkü mutlak olarak mürsel hadisi hüccet olarak kabul edenlerin görüşüne göre bunun delil olacağı açıktır. Bu görüşü kabul edenler ise ilim adamlarının çoğunluğu (cumhuru)dur. Mevsul olarak rivayet edilmedikçe yahut birtakım şahidleri bulunmadıkça mürsel hadisi hüccet kabul etmeyenlere -ki doğru olan da budur- gelince, bunun delil olma gereği onun iki tane şahidinin bulunmasından ötürüdür: Birinci şahid Vail b. Hucur'dan rivayet edilmektedir:

"Buna göre o Peygamber (s.a)'ı sağ elini, sol elinin üzerine koyduğunu sonra da her ikisini göğsü üzerine koyduğunu görmüştür."

Nasbu'r-Ra'ye (I, 314)'de belirtildiği üzere hadisi İbn Huzeyme Sahih'inde rivayet ettiği gibi, Beyhaki Sünen (II, 30)'da ondan (yani Vail b. Hucur'dan) gelen ve biri diğerini pekiştiren iki yolla rivayet etmiştir.

İkincisi Kabisa b. Ğulb'un babasından şöyle dediğine dair rivayettir:

"Ben Peygamber (s.a)'ı sağına ve soluna döndüğünü gördüğüm gibi onu bu elini göğsü üzerine koyduğunu da gördüm. Yahya (b. Said) ise sağ elini bileğin üzerinden sol elin üzerine koyması şeklinde gösterdi."

Hadisi Ahmed (V, 226)'de ravileri -burda anılan Kabisa dışında- hepsi de sika ve Müslim'in ravileri olan bir sened ile kaydetmiştir. Kabisa'yı da el-İcli ve İbn Hibban sika bir ravi olarak kabul etmişlerdir. Fakat Simak b. Harb'in dışında kimse ondan rivayette bulunmamıştır. İbnu'l-Medini ve Nesai: "Meçhuldür" demiştir. et-Takrib'de ise makbul bir ravi olduğu belirtilmektedir.

Derim ki böyle bir ravinin rivayet ettiği hadis şahidler sadedinde hasen kabul edilir. Bundan dolayı Tirmizi ondan bu hadisin sol elin sağ el ile tutulacağı bölümünü kaydettikten sonra: "Hasen bir hadistir" demiştir.

İşte böylelikle elin göğsün üzerinde bırakılacağı hususunun sünnette yer aldığına dair üç hadis zikretmiş oluyoruz.[22] Bu hadislerin geneline vakıf olan bir kimse bunların bu hususta delil olarak kullanılmaya elverişli olduğunda hiç şüphe etmez.

Ellerin göbeğin altında konulmasına gelince, bu Nevevi, Zeylai ve başkalarının da belirttikleri gibi ittifakla zayıftır. Ben bunu az önce işaret edilen eserimin hadislerinin tahricinde açıklamış bulunuyorum.

77. Daha sonra birinci tekbirin akabinde fatiha'yı ve bir sure okur.[23] Çünkü bu hususta Talha b. Abdullah b. Avf'ın şu rivayeti vardır:

"Ben İbn Abbas (r.a)'ın arkasında bir cenaze namazı kıldım. Fatiha'yı [ve bir sureyi okudu. Bize işittirecek sesini yükseltti. Namazını bitirince elini tuttum ve ona sordu.] O dedi ki: [Sesimi yükseltmemin sebebi] bunun bir sünnet [ve bir hak] olduğunu bilmeniz içindir."

Buhari (III, 158), Ebu Davud (II, 68), Nesai (I, 281), Tirmizi (II, 142), İbnu'l-Carut, el-Münteka (264), Darakudni (191), Hakim (I, 358-386)

Anlatım Buhari'ye ait olup, birinci fazlalık Nesai'ye aittir, senedi de sahihtir. Bu fazlalıkta zammi sureyi sözkonusu eden İbnu'l-Caruttur. Nesai ve İbnu'l-Carut aynı sahih senedle üçüncü fazlalığı zikretmişlerdir. İkinci fazlalığı ise Hakim, İbn Abbas'dan gelen bir başka rivayet yoluyla ve sahih bir senedle kaydetmiştir.

Bu hususta ashab-ı kiram'dan bir topluluktan gelmiş rivayetler de vardır. Onlardan bir tanesinin rivayet ettiği hadis bundan bir sonraki meselede zikredilecektir.

Tirmizi bu hadisi kaydettikten sonra şunları söylemektedir:

"Bu hasen, sahih bir hadistir. Peygamber (s.a)'ın ashabından ve başkalarından ilim ehli olanların bazıları buna göre uygulama yaparlar ve fatiha suresini birinci tekbirden sonra okumayı tercih ederler. Şafiî, Ahmed ve İshak'ın görüşü budur. Bazı ilim ehli ise şöyle demişlerdir: Namazda cenaze üzerine (Kur'ân) okunmaz. Bu

---

[22] Sıfat-u Salati'n-Nebi adlı eserimizin yeni baskısında (s. 12-17) bu sünnet hakkındaki eleştirileri dolayısıyla çağdaş Hanefilerden mutaassıb birisinin görüşleri de reddedilmektedir.

[23] Burada istiftah (subhaneke ve benzeri) duasını okumanın meşru olmadığına işaret vardır. Bu da Şafiîlerin ve başkalarının görüşüdür. Ebu Davud, el-Mesail (153)'de şunları söylemektedir:

"Ben Ahmed'e cenaze namazı üzerinde subhaneke ile duaya başlayan kişi hakkında soru sorulurken dinledim. O: Ben böyle bir şey duymadım diye cevap verdi."

namazda yüce Allah'a hamd-u senada bulunulur, O'nun peygamberine salât ve selam getirilir, ölüye dua edilir. Sevri'nin ve onun dışındaki diğer Kûfe alimlerinin görüşü de budur."

Derim ki: Bu hadis ve bu manadaki diğer hadisler bunlara karşı delildir. Bunun hakkında bu hadis Peygamber (s.a)'a açıkça nisbet edilmemiştir denilemez. Çünkü biz şöyle diyoruz: Sahabinin: "Şu husus sünnettendir" demesi hanefilere göre de dahil olmak üzere en sahih görüşe göre Peygamber (s.a)'a merfu, müsned bir hadis demektir. Hatta Nevevi el-Mecmu (V, 232)'de şunları söylemektedir:

"Usul ilminde bizim mezhebimize müntesib ve onların dışında kalan diğer usul alimleri ile hadis alimlerinin cumhurunun benimsediği sahih görüş budur."

Derim ki muhakkik İbnu'l-Humam et-Tahrir adlı eserinde de bunu böylece ifade etmiştir. Tahriri şerh eden İbn Emir el-Hac (II, 224)'de şunları söylemektedir:

"Bizim mezhebimizin mütekaddimun alimlerinin kabul ettiği görüş bu olduğu gibi el-Mizan müellifi ve Şafiîlerle muhaddislerin büyük çoğunluğu da bu görüşü benimsemişlerdir."

Derim ki buna göre Hanefilerin bu hadisin sıhhatine ve birden çok rivayet yoluyla gelmiş olmasına rağmen bu hadisi delil kabul etmeyişleri hayret edilecek hususlardandır. Üstelik bu hadis onların benimsedikleri yola ve usullerine göre de sünneti tesbit edebilecek özelliktedir. İmam Muhammed Muvatta (s. 175)'de şöyle demektedir:

"Cenaze üzerinde Kur'ân okunmaz. Ebu Hanife'nin görüşü de budur."

Bunun benzeri bir ifade Serahsi'nin el-Mebsut (II, 64) adlı eserinde de geçmektedir.

Hanefi mezhebine mensub müteahhir kimi alimler bu görüşün doğrudan uzak olduğunu ve hadise uzak düştüğünü görünce dua ve yüce Allah'a hamd-u sena niyetiyle olması şartıyla fatiha'nın okunmasının caiz olduğunu söylemişlerdir. Onlar bu şartı kendi kanaatlerine göre hadis ile imamların görüşünü birarada telif etmek için koşmuşlardır. Sanki onun benimsediği görüş sahih bir başka hadise dayanıyor da bir diğer sahih ile birlikte ele alınması, sonra da ikisinin bir arada telif edilmesi gerekiyormuş gibi. Böyle bir şart bu hususta rivayet varid olmadığından ötürü bizatihi batıl olmakla birlikte hadis-i şerifte zikredilen fatiha ile birlikte bir başka surenin okunduğunun sabit olması bunu çürütmektedir. Çünkü bu okunan sure mutlaktır. Bu surede aynı şekilde bu şartı öngörmeye imkan yoktur.

Hanefilerin bu hususta hayret edilecek bir görüşleri daha vardır. Bu da onların: "Birinci tekbirden sonra subhaneke duasını okumak cenaze namazının sünnetlerindendir" şeklindeki görüşleridir. Oysa daha önce geçen bir dipnotta dikkat çektiğimiz üzere bunun sünnette asli bir dayanağı yoktur. Onlar bu görüşleri ile sünnette aslı olmayan bir hususu sabit gibi değerlendirirken, sünnette meşruiyeti varid olmuş bir hususu da reddetmiş oluyorlar.

Eğer: Muhakkik İbnu'l-Huma Fethu'l-Kadir (I, 459)'de:

"Dediler ki: Fatiha ancak hamd-u sena niyeti ile okunur. Rasûlullah (s.a)'dan kıraat (Kur'ân okuma) sabit olmamıştır." diyor derseniz;

Ben de şu cevabı veririm:

Böyle muhakkik birisinden bu görüş bütün geçenlerden daha çok hayreti gerektirir. Çünkü Peygamber (s.a)'ın (cenaze namazında) Kur'ân okuduğu, onun gibi birisi için gizli saklı kalmaması gereken bir husustur. Üstelik bu Sahih-i Buhari'de ve daha önce açıkladığımız başka eserlerde de varid olmuştur. Bundan dolayı bizim kanaatimiz şudur: O bununla zikredilen bu hadis Kur'ân okunacağını tesbit edebilmeye elverişli değildir. Çünkü bu hadiste "sünnettir" ifadesi geçmiştir. Bu hususta daha önce kaydettiğimiz görüş ayrılığına dayanarak bu kanaati benimser.

Eğer durum bizim sandığımız gibi ise bu hayreti gerektiren bir başka husus olur. Çünkü onun mezhebine göre sahabinin görüşü Peygamber (s.a)'a merfu (ona nisbet edilen) müsned (senedinde kopukluk olmayan) rivayet hükmündedir. Daha önce onun "et-Tahrir" adlı eserinden nakledildiği üzere. Hanefiler fer'i meselelerde bu esasa göre hareket etmişlerdir. Buna örnek olarak aşağıdaki meseleyi gösterebiliriz. Hidaye'de şöyle diyor:

"Ölüyü tabutu üzerinde taşıdıkları vakit onun dört ayağından tutarlar. Sünnet böylece varid olmuştur. Şafiîyse şöyle demiştir: Sünnet cenazeyi iki kişinin taşımasıdır. Öndeki kişi boynu üzerine, ikincisi ise göğsü üzerine koyar."

İbnu'l-Ğumam, Şafiî'ye nisbet ettikleri bu görüşü reddetmek sadedinde şunları söylemektedir:

"Rasûlullah (s.a)'dan onların benimsedikleri bu görüşün aksi sahih olarak rivayet edilmiştir." Daha sonra Ebu Ubeyde'nin babası Abdullah b. Mesud yoluyla gelen şu rivayeti kaydetmektedir: (Abdullah b. Mesud) dedi ki: "Cenazenin arkasından giden tabutun bütün taraflarından taşısın. Çünkü böylesi sünnettendir." Bunu İbn Mace (I, 451), Beyhaki (194-20)'de rivayet etmişlerdir. İbn Ğumam dedi ki:

"O halde sünnetin bu olduğuna hükmetmek icab ediyor. Buna muhalif olan görüşler her ne kadar selefe mensub bazı kimselerden nakledilmiş ise bu arızi herhangi bir sebeb dolayısıyla böyle olmuştur."

Şimdi İbn Mesud'un "sünnettendir" ifadesini nasıl merfu hadis hükmünde değerlendirdiğini fakat buna karşılık İbn Abbas'ın bu şekildeki görüşünü böyle değerlendirmediğine bir bakalım. Acaba bu çelişkinin kaynağı yanılmak mıdır, yoksa mezheb taassubu mudur? Allah bizi ondan (mezheb taassubundan) yana esenliğe kavuştursun.

Bu rivayetin İbn Mesud'dan sahih olarak geldiğini farzettiğimiz takdirde böyle söylenebilir. Bu rivayet sahih olmadığına göre bunu nasıl söyleyebiliriz. Çünkü bu rivayet munkatıdır. Ebu Ubeyde Hanefi mezhebine mensub İbnu't-Türkmani'nin el-Cevheru'n-Naki adlı eserinde de belirtildiği üzere babasına yetişmemiştir. Bundan dolayı ben bu eserimizde sünnet olduğu ileri sürülen bu hususu kaydetmediğim gibi onun karşısında duran Şafiî'ye nisbet olunan görüşü de -böyle bir şey varid olmadığından ötürü- zikretmedim.

Diğer taraftan hadisteki birinci fazlalığı yine Ebu Ya'la, Nevevi, el-Mecmu (V, 234)'de belirttiği üzerine Müsned'inde rivayet etmiştir. Nevevi:

"Senedi sahihtir" demiş, Hafız İbn Hacer et-Telhis (V, 165)'de bunu benimsemiştir.

Nevevi bu fazlalığı kısa bir sure okumanın müstehab olduğuna delil göstermiştir. Halbuki hadiste bunun kısa olduğuna delalet edecek bir ifade yoktur. Muhtemelen daha önce geçen ve cenazenin kabrine ulaştırılması için acele edilmesini isteyen sünnetler buna delil kabul edilmiş olabilir. Doğrusunu en iyi bilen Allah'tır.

78. Okumayı gizli yapar. Çünkü Ebu Umame b. Sehb rivayet ettiği hadiste şöyle demiştir:

"Cenaze namazında sünnet olan birinci tekbirden sonra Ummu'l-Kur'ân'ı (Fatiha'yı) gizlice okuması, sonra üç tekbir getirmesi, sonuncusundan az sonra da selam vermesidir."

Hadisi Nesai ve başkaları sahih bir senedle daha önce 74. meselede (A şıkkı), 5. hadiste geçtiği üzere bu hadisi Nesai ve başkaları sahih bir senedle rivayet etmişlerdir.

79. Daha sonra ikinci tekbiri alır, Peygamber (s.a)'a salavat getirir. Çünkü Ebu Umeyye'nin rivayet ettiği ve az önce zikredilen hadise göre Peygamber (s.a)'ın ashabından bir adam kendisine şunu haber vermiştir:

"Cenaze üzerine namaz kılmakta sünnet imamın tekbir getirmesi, sonra birinci tekbirin akabinde kendi kendisine gizlice fatiha suresini okuması, sonra Peygamber (s.a)'a salavat getirmesi, sonra (3) tekbirde cenazeye ihlas ve samimiyetle dua etmesidir. Bunların hiçbirisinde (Kur'ân) okumaz. Sonra [bitirince [sağına] ve sünnete uygun olan arkasında bulunanların da imamlarının yaptığı gibi yapmasıdır.] Kendi kendisine gizlice selam verir."

Hadisi Şafiî el-Um (I, 239-240)'da onun rivayet yoluyla Beyhaki (IV, 39) ve İbnu'l-Carut (265)'de ez-Zühri'den, o Ebu Umame'den diye rivayet etmiştir. ez-Zühri hadisin sonunda şöyle demektedir:

"Bana Muhammed el-Firî, ed-Dahhak b. Kays'den anlattı. O da Ebu Umame'nin dediğinin bir benzerini söyledi."

Şafiî -Allah'ın rahmeti üzerine olsun- dedi ki:

"Peygamber (s.a)'ın ashabı yüce Allah'ın izniyle Rasûlullah (s.a)'ın sünneti dışında hiçbir şey için sünnet ve hak tabirini kullanmazlar."

Ayrıca bunu Hakim (I, 360)'da rivayet etmiştir. Ondan da Beyhaki nakletmiştir. Ancak o: "Bana Peygamber (s.a)'ın ashabından birtakım kimseler haber verdi ki..." diye rivayet etmiş, geri kalanı da bunun gibidir. Onun rivayetinde kaydettiğimiz iki fazlalık vardır. Zikrettiği ikinci senedinde "Habib b. Mesleme"yi ilave etmiştir. Daha önce az önce işaret ettiğimiz 74. meselede Tahavi'nin rivayetinde geçtiği gibi.

Daha sonra Hakim şunu eklemektedir:

"ez-Zühri dedi ki: Bana bunu Ebu Umame anlattı, o sırada İbnu'l-Müseyyeb de dinliyordu. Bu konuda onu reddetmedi." Hakim şunları da söylemektedir:

"Hadis Buhari ve Müslim'in şartına göre sahihtir." Zehebi de bu hususta ona muvafakat etmiştir. Hadis dedikleri gibidir.

Kıraati sözkonusu ettikten sonra söylediği: "Sonra Peygamber (s.a)'a salavat getirir ve üç tekbirde cenazeye ihlasla dua eder." hadisinin zahirinden anlaşıldığı kadarıyla Peygamber (s.a)'a salavat ikinci tekbirden sonra olur, önce olmaz. Çünkü ikinci tekbirden önce salavat getirilecek olsaydı diğer tekbirlerde sözkonusu olmazdı, onlardan önce zikredilmesi gerekirdi açıkça anlaşıldığı gibi. Nitekim Hanefiler, Şafiîler ve başkaları da İbn Hazme (V, 29) ile Şevkâni'ye (III, 53) hilafen böyle demişlerdir.

Cenaze namazında Peygamber (s.a)'a getirilecek salavat ifadelerine gelince, bu husustaki sahih hadisler arasında herhangi bir şey tesbit edemedim.[24]

Açıkça görüldüğü kadarıyla cenaze de salavat için özel bir şekil bulunmamaktadır. Bunun yerine farz namazdaki teşehhüd hakkında sabit olan şekillerden birisi okunur.[25]

80. Daha sonra diğer tekbirleri alır ve bunlardan sonra ölüye samimi olarak dua eder. Çünkü az önce geçen Ebu Umame hadisi

---

[24] İbn Mesud'dan Salat-ı İbrahimiyye'ye (Allahumme salli) yakın bir ifade rivayet edilmiştir. Ancak senedi oldukça zayıftır. Onunla uğraşmamak gerekir. Sehavi bu rivayeti el-Kavlu'l-Bedi (s. 153-154)'de, İbnu'l-Kayyim'de Cilau'l-Efham (s. 255)'de zikretmiş ve şöyle demiştir:

"Müstehab olan Peygamber (s.a)'a teşehhüdde salavat getirdiği gibi cenaze namazında da ona öylece salavat getirmektir. Çünkü Peygamber (s.a) kendisine nasıl salavat getirileceğini sorduklarında ashabına bunu öğretmiştir."

[25] Bunlar yedi ayrı şekildir. Ben bunları "Sifetu Salâti'n-Nebi" adlı eserimde kaydettim. Mektebetu'l-Maarif, Riyad baskısına bakabilirsiniz.

ile Peygamber efendimizin: "Ölü üzerine namaz kıldığınız vakit ona ihlasla (samimiyetle) dua ediniz."[26] buyruğu bunu ifade etmektedir.

Bu hadisi Ebu Davud (II, 68), İbn Mace (I, 456), İbn Hibban Sahih (754-Mevarid), Beyhaki (IV, 40)'da Ebu Hureyre'den gelen bir hadis olarak rivayet etmişlerdir. İbn Hibban'ın kaydettiği rivayette İbn İshak tahdis lafzını açıkça kullanmış bulunmaktadır.

81. Peygamber (s.a)'dan sabit olmuş dualar arasında okur. Ben bu dualardan dört tanesini tesbit edebildim.

Birincisi Avf b. Malik (r.a)'dan gelen rivayet olup, o şöyle demektedir:

"Rasûlullah (s.a) bir cenaze üzerine namaz kıldı. Onun okuduğu dualar arasında şu söylediklerini belledim:

"(

): Allah'ım ona mağfiret buyur, ona merhamet eyle, ona afiyet ver, onu affet, onun konaklayacağı yeri şerefli kıl, gireceği yeri genişlet, su, kar ve dolu ile onu yıka, onu günahlardan beyaz elbiseyi kirlisinden ayırdığın gibi (bir rivayette ayrıldığı gibi) ayır (ve arındır). Ona şimdiki yurdundan daha hayırlı bir yurt, ailesinden daha hayırlı bir aile, eşinden (bir rivayette zevcesinden) daha hayırlı bir eş ver. Onu cennete girdir ve onu kabir azabından, cehennem ateşinin azabından koru."

(Avf b. Malik) dedi ki: "O ölmüş kişi ben olsaydım diye temenni ettim."

Hadisi Müslim (III, 59-60), Nesai (I, 271), İbn Mace (I, 481), İbnu'l-Carut (264-265), Beyhaki (IV, 40), Tayalisi (999), Ahmed (VI, 23, 28)'da rivayet etmişlerdir. Anlatım Müslim'e aittir. İkinci rivayet Müslim'in kaydettiği rivayetlerden birisidir. Diğeri ise Ahmed dışında diğer muhaddislere aittir. Üçüncü rivayet ona ve Beyhaki'ye aittir.

İbn Mace ve Tayalisi'nin zikrettikleri rivayette ölü ensardan bir adam idi fakat bunun senedinde Farac b. Fedale -ki zayıf bir ravidir- İsmad b. Raşid'den -bu da meçhul bir ravidir- şeklindedir.

Hadisi Tirmizi (II, 141)'de muhtasar olarak zikretmiş ve şunları söylemiştir:

---

[26] es-Sindi: Yani yalnızca ona dua ediniz demektir diye açıklamıştır. el-Münavi de şöyle demiştir: "Ona ihlasla ve kalb huzuru ile dua ediniz. Çünkü bu namazdan maksat ölen kimseye mağfiret dilemek ve hakkında şefaatin kabul edilmesini istemektir. İhlas ve yalvarıp yakarma birarada olduğu takdirde bu duaların kabulü ümid edilir. Bundan dolayı hayatta olana dua ederken benzeri meşru kılınmamış ifadelerle cenaze namazında ölüye dua etmek için meşru kılınmıştır. İbnu'l-Kayyim der ki: İşte bu ölenin duadan yararlanmayacağını iddia eden kimselerin görüşünü çürütmektedir."
Derim ki Hakim'in daha önce geçen Ebu Umame'den gelen hadisi kaydettiği rivayette şöyle denilmektedir: "Üç tekbirde salâtı halis kılar." Burada "salât" dua anlamındadır. Çünkü birinci rivayetteki: "İhlasla dua eder" ifadesi buna delildir. Diğer taraftan "salât" lafzının sözlükteki asıl anlamı da duadır. Bundan dolayı el-Kavlu'l-Bedi (s. 152)'deki garib yorum şekillerinden birisi de şudur: "İhlasla dua eder" ifadesi yani cenaze namazında üç tekbir getirirken, sesini yükseltir demektir."

"Hasen, sahih bir hadistir. Muhammed b. İsmail -yani Buhari- dedi ki: Bu hususta en sahih rivayet bu hadistir."

İkinci hadis Ebu Hureyre (r.a)'dan rivayet edilmiştir.

Buna göre Rasûlullah (s.a) bir cenaze üzerine namaz kıldığında şöyle derdi:

"(
): Allah'ım yaşayanımıza da, ölmüşümüze de, hazır bulunanımıza da, bulunmayanımıza da, küçüğümüze de, büyüğümüze de, erkeğimize de, dişimize de mağfiret buyur. Allah'ım bizden kimi hayatta bırakırsan İslam üzere yaşat. Bizden kimin de canını alırsan iman üzere canını al. Allah'ım bunun ecrinden bizi mahrum bırakmak, ondan sonra da bizi saptırma."

Hadisi İbn Mace (I, 456) ve Beyhaki (IV, 41)'de Muhammed b. İbrahim et-Teymi'den, o Ebu Seleme'den ondan (yani Ebu Hureyre'den) gelen bir yolla rivayet etmişlerdir. Ebu Davud (II, 68), Tirmizi (II, 141), İbn Hibban, Sahih (757-Mevarid), Hakim (I, 358) ve yine Beyhaki, Ahmed (II, 368), Yahya b. Ebi Kesir'den, o Ebu Seleme'den bu senedle ona yakın ifadelerle ancak: "Allah'ım... bizi mahrum bırakma" bölümü müstesna rivayet etmişlerdir. Bu bölüm Ebu Davud ve İbn Hibban'da vardır. Ancak orada: "Bizi ondan sonra fitneye düşürme" demektedir. Yahya, Hakim'in rivayetinde tahdis lafzını açıkça kullanmış, sonra şunları söylemiştir:

"Hadis Buhari ve Müslim'in şartına göre sahihtir." Zehebi bu hususta ona muvafakat etmiştir. Hadis dedikleri gibidir. Bununla birlikte hadisde zarar vermeyecek türden illet bulunduğu da söylenmiştir.

Yahya'nın bu hadisi kaydettiği iki senedi daha vardır. Bunlar Ahmed (IV, 170 ve 308) ile Beyhaki'de geçmektedir.

Bu hadisin ayrıca İbn Abbas'ın buna yakın olarak rivayet ettiği bir şahidi daha vardır. Bunu Taberani el-Kebir'de rivayet etmektedir.

Üçüncü hadis Vasile b. el-Esaka'dan şöyle dediği rivayet edilmektedir:

"Rasûlullah (s.a) müslümanlardan bir adam üzerinde namaz kıldı. Onun şunları söylediğini duydum:

"( ): Allah'ım şüphesiz filan oğlu filan senin zimmetinde, senin himayende bulunuyor. Sen onu kabir azabından, ateş azabından koru, sen vefa ve hak ehli olansın. Ona mağfiret buyur, ona rahmet ihsan eyle. Şüphesiz ki sen çok mağfiret edensin, çok merhametlisin."

Hadisi Ebu Davud (II, 68), İbn Mace (I, 456), İbn Hibban, Sahih (758), Ahmed (III, 471) yüce Allah'ın izniyle sahih bir senedle rivayet etmişlerdir. İbnu'l-Kayyim bunu Peygamber (s.a)'ın dualarından bellenenler bahsinde zikretmiş, Nevevi el-Mecmu adlı eserinde hakkında bir şey söylememiştir.

Dördüncü hadis Yezid b. Rukane b. el-Muttalib'den rivayet edilmektedir. O dedi ki:

"Rasûlullah (s.a) bir cenaze namazını kılmak üzere cenazenin başında durduğunda şöyle derdi: "( ): Allah'ım[27] kulun kadın kulunun oğlu senin rahmetine muhtaçtır. Senin ise onu azablandırmaya ihtiyacın yok. Eğer iyilik yapan birisi ise sen onun hasenatını arttır ve eğer kötülük yapan birisi ise sen onu affet."

[Sonra yüce Allah'ın dua etmesini dilediği kadar dua eder.]"

Hadisi Taberani, el-Mucemu'l-Kebir (XXII, 249, 647)'de fazlalığı ile Hakim (I, 359)'da rivayet etmişlerdir. Hakim şunları da söylemektedir:

"Senedi sahihtir. Yezid b. Rukane ile Ebu Rukane'nin ikisi de sahabidirler." Zehebi de bu hususta ona muvafakat etmiştir. Ayrıca el-İsabe'de de belirtildiği üzere İbn Kani de rivayet etmiştir.

Hadisin Said el-Makburi yoluyla gelen bir şahidi de vardır. Buna göre Said Ebu Hureyre'ye şöyle sormuş: Sen cenaze namazını nasıl kılarsın? Ebu Hureyre şöyle demiş: Allah'a yemin ederim bunu sana söyleyeyim. Cenazeye ailesinin yanından katılırım. (Musalla taşına) konulduğu vakit tekbir alırım, Allah'a hamdederim, Peygamberine salât ve selam getiririm. Sonra şöyle derim: ( ): Allah'ım bu senin kulundur, senin kulunun ve senin kadın kulunun oğludur. O senden başka hiçbir ilah olmadığına, Muhammed'in senin kulun ve Rasûlün olduğuna şehadet ediyordu. Onu en iyi bilen sensin. Allah'ım eğer ihsan eden birisi ise sen onun hasenatını arttır ve eğer kötülük işlemiş birisi ise sen onun kötülüklerini bağışla. Allah'ım onun ecrinden bizi mahrum bırakma, ondan sonra bizi fitneye maruz kılma."

Hadisi Malik (I, 227)'de rivayet etmiştir. Ondan naklen Muhammed b. el-Hasen (164-165) ile İsmail el-Kadi, Fadlu's-Salati aleyhi sallallahu aleyhi ve sellem, no: 5 (93), 27'de rivayet etmiş olup, senedi mevkuftur ve oldukça sahihtir. el-Heysemi bu hadisten dua bölümünü merfu olarak Ebu Hureyre'nin rivayet ettiği bir hadis diye zikretmiş ve şöyle demiştir:

"Hadisi Ebu Ya'la rivayet etmiş olup, ravileri sahih hadisin ravileridirler."

Daha önce bir başka lafızda ve sadece bunun son cümlesi zikredilerek geçmiş bulunmaktadır ki bu da ikinci türde zikredilmişti.

---

[27] Rivayet bu şekildedir. Bu kitab ile ilgili olarak bana mülahazalarını yazan bir kimse -bunların bazısında isabet etmiş, çoğunda ise hata etmiş- bir kimse yanılarak burada "bu" (anlamındaki) lafzının düşmüş olduğunu sanmıştır.

83. Son tekbir ile selam vermek arasında dua meşrudur. Çünkü Ebu Ya'fur'un, Abdullah b. Ebi Evfa (r.a)'dan rivayetle dedi ki:

"Ben onun bir cenaze üzerine dört defa tekbir getirdiğini gördüm. Sonra bir süre durdu. Dua etti -demek istemektedir- sonra dedi ki: Benim beş defa tekbir getireceğimi mi zannettiniz. Onlar hayır dediler. Şöyle dedi: Rasûlullah (s.a) dört defa tekbir getiriyordu."

Hadisi Beyhaki (IV, 35) sahih bir senedle rivayet etmiştir.

Sonra yine Beyhaki (IV, 42-43)'de İbn Mace (I, 457), Hakim (I, 360), Ahmed (III, 383), İbrahim el-Heceri'nin İbn Ebi Evfa'dan rivayeti olarak böylece kaydetmiştir. Ancak o Peygamber (s.a)'a hadisi ref ederek (ona ulaştırarak):"Rasûlullah (s.a) dört defa tekbir alırdı." ifadesinden sonra şunları eklemektedir: Sonra bir süre durur ve Allah'ın söylemesini dilediği şeyleri söylerdi. Sonra da selam verirdi." Hakim dedi ki:

"Bu sahih bir hadistir. İbrahim hakkında ise bir delile dayanılarak herhangi bir tenkidde bulunulamaz."

Ben derim ki durum böyle değildir. Bundan dolayı onun akabinde Zehebi şunları söylemektedir:

"Derim ki: İbrahim'in zayıf olduğunu söylemişlerdir." Derim ki: Bunun sebebi ise hıfzıın iyi olmayışıdır. Buna Hafız (İbn Hacer) et-Takrib adlı eserinde şu sözleriyle işaret etmektedir:

"Hadisi leyyin olan birisidir. Mevkuf olan birtakım rivayetleri merfu olarak zikretmiştir."

1. Hafız et-Telhis (1825)'de şunları söylemektedir:

"Bazı alimler şöyle demiştir: Cenaze namazındaki dualar hakkında hadislerin farklı rivayetleri Peygamber efendimizin bir ölüye bir dua ile bir diğerine başka bir dua ile dua ettiği şeklinde yorumlanır. Onun bu hususta asıl emrolunduğu şey sadece dua etmektir."

2. Şevkâni, Neylu'l-Evtar (IV, 55)'de şunları söylemektedir:

"Şâyet cenaze namazı kılınan çocuk ise namaz kılanın şöyle demesi müstehab olur: ( ): Allah'ım sen bunu bize bir geçmiş, bizden önce gidip ecre vesile olan birisi kıl" demesi müstehabtır. Bunu Beyhaki, Ebu Hureyre'nin naklettiği bir hadis olarak rivayet ettiği gibi, Süfyan da bunun bir benzerini el-Hasen'den Cami'inde rivayet etmiştir."

Derim ki Ebu Hureyre'nin Beyhaki tarafından rivayet edilen hadisinin senedi hasendir. Böyle bir yerde bu hadisle amel etmekte bir sakınca yoktur, mevkuf dahi olsa. Şu şartla ki bu Peygamber (s.a)'dan nakledilen bir rivayettir zannına götürecek şekilde bir sünnet edinilmemelidir. Benim tercih ettiğim uygulama namazda çocuğa ikinci türdeki rivayet ile dua etmesidir. Çünkü orada: "Ve küçüğümüze de (mağfiret buyur). Allah'ım ecrinden bizi mahrum bırakma, ondan sonra bizi saptırma." denilmektedir.

İmam Ahmed böyle bir yerde dua etmeyi müstehab kabul etmiştir. Nitekim Ebu Davud, el-Mesail (153)'de ondan böylece rivayet etmiştir. Şafiî'lerin kabul ettiği görüş de budur. Nevevi, el-Mecmu' (V, 239)'da Şafiîlerin lehine daha önce zikrettiğimiz el-Heceri'nin hadisini delil göstermektedir. Ancak ondan önceki hadisi delil göstermek daha güçlüdür ve bu: "Dördüncü defa tekbir getirir ve selam ile tekbir arasında herhangi bir zikir yapmaksızın selam verir." diyen hanefilere karşı bir delildir.

3. Yine Şafiîler mutlak olarak ölüye dua etmenin vacib olduğu kanaatindedirler. Buna gerekçe de daha önce kaydedilen Ebu Hureyre hadisindeki: "...Ona ihlasla, samimiyetle dua ediniz." ifadesidir. Bu doğrudur fakat onlar bu duayı üçüncü tekbirden sonrasına tahsis etmişlerdir. Nevevi ise bunun mücerred bir iddiadan ibaret olduğunu kabul ederek (V, 236) şöyle demektedir:

"Bu duanın yapılacağı yer üçüncü tekbirden sonradır. Burada bu duanın yapılması vacibtir. Başka yerde yeterli olmayacağı hususunda görüş ayrılığı yoktur. Ancak bu duanın bu tekbire tahsis edilmesinin açık bir delili yoktur. İttifakla kabul ettiklerine göre okumak için muayyen bir dua sözkonusu değildir."

Derim ki fakat az önce kaydedilen Peygamber (s.a)'ın okuduğu duaları bazılarının güzel bulduğu dualara tercih etmek gerekir. Bu ise müslüman herhangi bir kimsenin tereddüt etmemesi gereken bir husustur. Çünkü şüphesiz ki en hayırlı hidayet Muhammed'in hidayetidir. Bundan ötürü Şevkâni (IV, 55)'de şunları söylemektedir:

Derim ki hatta ben Peygamber (s.a)'dan rivayet edilenleri bilen kimseler için bunun vacib olduğuna inanıyorum. İşte o vakit ondan nakledilen dualar bırakılacak olursa, o kimselerin hakkında yüce Allah'ın şu buyruğunun yerini bulacağından korkulur: *"Siz daha hayırlı olanı böyle aşağı olanla değiştirmek mi istiyorsunuz?"* (el-Bakara, 2/61)

83. Daha sonra farz namazda selam verdiği şekilde biri sağına, diğeri soluna olmak üzere iki selam verir. Çünkü Abdullah b. Mesud (r.a) rivayet ettiği hadiste şöyle demektedir:

"Rasûlullah (s.a)'ın yaptığı fakat insanların terkettiği üç haslet vardır. Birisi cenaze namazında tıpkı namazda selam gibi selam vermektir."

Bunu Beyhaki (IV, 43)'de hasen bir senedle rivayet etmiştir. Nevevi (V, 239)'de:

"Senedi ceyyiddir" demektedir.

Mecmau'z-Zevaid (III, 34)'de şöyle demektedir: "Hadisi Taberani el-Kebir'de rivayet etmiş olup, ravileri sikadırlar."

Müslim'in Sahih'inde ve başka eserlerde İbn Mesud'dan sabit olduğuna göre Peygamber (s.a) namazda iki defa selam verirdi.

İşte bu onun birinci hadiste söylediği: "Namazdaki selam vermek gibi" ifadesinden maksadın ne olduğunu açıklamaktadır ki bu da bilinen iki selamdır.

Bununla birlikte onun selamı namaza izafe etmesi ile yine tek bir defa selam veriyordu demek istemiş olma ihtimali de vardır. Çünkü bu da Peygamber (s.a)'ın namazdaki sünnetinden idi. Yani Peygamber (s.a) kimi zaman iki defa selam verir, kimi zaman bir defa selam verirdi. Fakat iki defa selam vermesi daha çok oluyordu. Şu kadar var ki böyle bir ihtimal uzak bir ihtimaldir. Çünkü tek bir selam vermek her ne kadar Peygamber (s.a)'dan sabit ise de bunu İbn Mesud rivayet etmemiştir. Dolayısıyla tek bir selam vermenin sözü geçen: "Namazdaki selam gibi" ifadesinin kapsamına girebilme ihtimali açık değildir. Doğrusunu en iyi bilen Allah'tır.

Hadisin bir şahidi daha vardır. Bunu Şerik b. İbrahim el-Heceri rivayet etmektedir. O dedi ki:

"Abdullah b. Ebi Evfa kızının cenaze namazını kılmak üzere bize imam oldu. Bir süre durdu. O kadar ki biz onun beş defa tekbir getireceğini zannettik. Daha sonra sağına ve soluna selam verdi. Namazı bitirince ona bu neydi diye sorduk o şöyle dedi: Ben size Rasûlullah (s.a)'ın yaptığını gördüğümden fazlasını göstermiyorum ya da Rasûlullah (s.a) böyle yaptı dedi.

Bunu Beyhaki (IV, 43) rivayet etmiş olup, senedi el-Heceri'den ötürü zayıftır. Bundan önceki meselede geçtiği üzere. Ancak ondan bir kısmı merfu olarak, bir kısmı da mevkuf olarak bir başka rivayet sahih olarak gelmiştir. Orada belirttiğimiz gibi. Ahmed -Mesailu Ebu Davud (153)'de belirtildiği üzere Ata b. es-Saib'den şöyle dediğini rivayet etmektedir:

"Ben İbn Ebi Evfa'yı bir cenaze üzerinde namaz kılarken gördüm. [Bir] selam verdi."

Fakat bunun senedi zayıftır çünkü senedinde Ebu Veki el-Cerrah b. Melih vardır. O da zayıf bir ravidir. Bazıları onu itham etmişlerdir.

el-Mabsut (II, 65)'de belirtildiği üzere Hanefiler ve el-İnsaf (II, 525)'de[28] belirtildiği gibi İmam Ahmed'den gelen bir rivayete göre ve Şerh-u İbn Kasim el-Gazzi (I, 431 Bacuri)'de belirtildiği üzere Şafiîler iki defa selam verileceği görüşündedirler. (Şerh-u İbn Kasım'da) der ki: "Fakat "ve rahmetullahi ve berekatuhu" lafzını eklemek müstehabtır."

---

[28] Mubalağalı ifadelerden birisi de İbnu'l-Mübarek'in: "Cenaze namazında iki defa selam veren kimse cahildir, cahildir" sözleridir. Bunu Ebu Davud el-Mesail (154)'de İbnu'l-Mübarek'den gelen sahih bir senedle rivayet etmiştir.

84. Sadece ilk selam ile yetinmek de caizdir. Çünkü Ebu Hureyre (r.a) şöyle bir hadis rivayet etmektedir:

"Rasûlullah (s.a) bir cenaze üzerine namaz kıl(dır)dı. Üzerine dört tekbir aldı ve bir tek selam verdi."

Hadisi Darakudni (191), Hakim (I, 360) ondan rivayetle Beyhaki (IV, 43), Ebu'l-Anbes'in babasından, onun Ebu Hureyre'den yoluyla rivayet etmişlerdir.

Derim ki: İsnadı "et-Talikatu'l-Ciyad"de açıkladığım üzere hasendir.

Buna Ata b. es-Saib'in mürsel olarak rivayet ettiği Rasûlullah (s.a) cenaze üzerine bir defa selam verdi şeklindeki mürsel rivayeti de şahitlik etmektedir.

Beyhaki bunu muallak bir rivayet olarak kaydetmiştir.

Ashab-ı kiram'dan bir topluluğun buna göre amel etmesi bunu pekiştirmektedir. Hakim bunun akabinde şöyle demektedir:

"Bu hususta Ali b. Ebi Talib, Abdullah b. Ömer, Abdullah b. Abbas, Cabir b. Abdullah, Abdullah b. Ebi Evfa ve Ebu Hureyre'den rivayet sahih olarak gelmiştir. Buna göre onlar cenaze namazında tek bir defa selam verirlerdi."

Derim ki bu hususta Zehebi de ona muvafakat etmiştir. Beyhaki de bu rivayetlerin çoğunun senedini kaydetmiş ve bunlara ek olarak "Vasile b. el-Eska Ebu Umame ve başkaları" ifadesini de ilave etmiştir.

İbn Ebi Evfa'nın zikrettiği rivayetin sahih olduğunu söylemek bana göre su götürür bir iddiadır. Çünkü onun senedinde el-Cerrah b. Melih vardır. O da az önce geçtiği üzere zayıf bir ravidir. Ancak Hakim'in bir başka yoldan bu rivayeti tesbit etmiş olması hali müstesnadır. Fakat böyle olduğunu pek zannetmiyorum.

İşte İmam Ahmed de ondan nakledilen meşhur bir rivayete göre bu rivayetler doğrultusunda görüş beyan etmiştir. Ebu Davud, Mesail (153)'inde şunları söylemektedir:

"Ben Ahmed'e cenaze namazında selam vermeye dair soru sorulduğunu dinledim. İşte şöyle dedi ve boynunu sağ tarafına çevirdi [ve es-selamu aleykum ve rahmetullah dedi.]"

Derim ki: Bu selam vermede "ve berekatuhu" lafzını ilave etmek bazılarının aksine meşrudur. Çünkü bu lafız daha önce geçen ve farz namazda iki defa selam verileceğine dair İbn Mesud'un rivayet ettiği hadisin kimi rivayet yollarında sabit olmuştur. Bu meselede önceden de geçtiği üzere cenaze namazı da farz namaz gibidir. İbn Kasım el-Ğazzi yazdığı şerhinde burada iki selam vermenin müstehab olduğunu sözkonusu etmiştir. Ancak el-Bacuri bu hususta haşiyesinde (I, 431) onun görüşünü reddetmiş ve burada olsun, farz namazda olsun meşru olmadığı kanaatini ifade etmiştir. Ancak doğrusu bizim belirttiğimizdir.

85. Sünnet olan cenaze namazında selamı gizlice vermektir. İmam ve onun arkasında ona uyanlar bu hususta eşittirler. Çünkü bu meselede Ebu Umame'nin rivayet ettiği hadisin lafzı şöyledir:

"Sonra namazdan ayrılacağı vakit kendi kendine gizlice selam verir. Sünnet olan da onun arkasında bulunanların imamının yaptığının benzerini yapmaktır."

Bu hadisin mevkuf bir şahidi vardır. Bunu Beyhaki (IV, 43)'de İbn Abbas'tan rivayet etmektedir:

"O cenaze namazında gizlice bir selam verirdi."

Senedi hasendir.

Daha sonra Abdullah b. Ömer'den şunu rivayet etmektedir:

"O bir cenaze namazını kıldı mı yanında bulunanlara sesini işittirecek şekilde selam verirdi."

Bunun da senedi sahihtir.[29]

86. Namaz kılmanın haram olduğu üç vakitte cenaze namazı kılmak caiz değildir. Bir zaruret dolayısıyla olması müstesna. Çünkü Ukbe b. Amir (r.a) şöyle demiştir:

"Üç vakit vardır ki Rasûlullah (s.a) bizlere o vakitlerde namaz kılmayı ya da o vakitlerde ölülerimizi gömmeyi nehyederdi: Güneş parlak olarak doğup yükselinceye kadar, öğle vakti dik duran güneş (batıya) meyledinceye kadar ve güneş batmaya yaklaşırken büsbütün batıncaya kadar."

Hadisi Müslim (II, 208), Ebu Avane, Sahih (I, 386), Ebu Davud (II, 66), Nesai (I, 277), Tirmizi (II, 144) sahih olduğunu belirterek, İbn Mace (I, 463), Beyhaki (IV, 32), Tayalisi (no: 1001), Ahmed (IV, 152), Uleyy b. Rebah'ın ondan rivayeti yoluyla rivayet etmişlerdir. Beyhaki şunu eklemektedir:

"(Uleyy) dedi ki: Ukbe'ye: Peki gece defin yapılır mı diye sordum. O evet dedi. Ebu Bekir geceleyin defnedildi."

Bu rivayetin senedi sahihtir.

Hadis umumu itibariyle cenaze namazını da kapsar. Ashab-ı kiram'ın anladığı da budur. Malik, Muvatta (I, 228)'de onun rivayet yoluyla Beyhaki, Muhammed b. Ebi Harmele'den rivayet ettiğine göre Ebu Seleme'nin kızı Zeynep vefat etti. O sırada Tarık Medine'nin emiri idi. Sabah namazından sonra cenazesi getirildi ve bakie bırakıldı. (Muhammed) dedi ki: Tarık sabah namazını aydınlanma vaktine kadar bırakırdı. İbn Ebi Harmele dedi ki: Ben

---

[29] Derim ki sanki bu husustaki iki rivayetin farklılığından ötürü Hambelilerin de bu meseledeki görüşleri farklı farklıdır. el-İnsaf (V, 523)'de şöyle denilmektedir:
"el-Furu'da (müellifi) diyor ki: Mezheb alimlerimizin ifadelerinden anlaşıldığına göre imam selamı açıkça verir. Fakat İbnu'l-Cevzi'nin ifadesinin zahirinden anlaşılan bunu gizlice vereceğidir. Daha sonra el-Müzhib ile Mesbukü'z-Zeheb adlı eserlerde İbnu'l-Cevzi'nin sözüne tanıklık eden ifadeleri nakletmektedir. Ebu Umame hadisi dolayısıyla daha çok tercih edilen budur.

Abdullah b. Ömer'i cenaze sahiblerine şöyle dediğini işittim: Ya şu anda cenazenizin namazını kılarsınız yahutta güneş yükselinceye kadar bırakırsınız. Bu rivayetin senedi Buhari ve Müslim'in şartına göre sahihtir.

Daha sonra Malik, İbn Ömer'den şöyle dediğini rivayet etmektedir: İkindiden sonra ve sabah namazından sonra -bu iki namaz vakitlerinde kılındığı takdirde- cenaze namazı kılınabilir. Bunun da senedi sahihtir.

Beyhaki ceyyid bir senedle şunu rivayet etmektedir: İbn Cüreyc'den (dedi ki) bana Ziyad'ın haber verdiğine göre Ali ona şunu haber vermiştir. Güneşin (ışığının) sarardığı bir zamanda Basralıların kabristanına bir cenaze konuldu. Güneş batana kadar üzerine namaz kılmadı. Ebu Berze, münadiye namaz kılınacağını ilan etmesini emretti. Sonra cenazeyi önüne yerleştirdi. Ebu Berze öne geçti. Onlara akşam namazını kıldırdı. Cemaat arasında Enes b. Malik de vardı. Ebu Berze, Peygamber (s.a)'ın ashabından ve ensardan birisi idi. Ondan sonra cenaze namazını kıldılar.

Hattabi Mealimu's-Sünen (IV, 327)'de özetle şunları söylemektedir:

"İnsanlar bu üç vakitte cenaze namazının kılınması ve defninin cevazı hususunda farklı görüşlere sahibtirler. İlim ehlinin çoğunluğu bu vakitlerde cenaze namazı kılmanın mekruh olduğu görüşündedir. Ata, Nehai, Evzai, Sevri, Re'y ashabı, Ahmed ve İshak bu görüştedir. Şafiî ise gece ya da gündüz hangi vakit olursa olsun namazın kılınabileceği, defnin yapılabileceği görüşündedir. Ancak hadise uygun olması dolayısıyla cemaatin kabul ettiği görüş daha uygundur."

Derim ki: İşte bu ifadeden Nevevi'nin böyle bir namazın icma ile caiz olduğu iddiasının bir yanılma olduğu anlaşılmaktadır. Yüce Allah'ın rahmeti üzerine olsun.

14. DEFİN VE DEFİN SONRASI YAPILACAK İŞLER:

87. Kâfir dahi olsa ölenin defnedilmesi icab eder. Bu hususta iki hadis-i şerif vardır:

Birinci hadis aralarında Ebu Talha el-Ensari -ki anlatım ona ait-'nin de bulunduğu Peygamber (s.a)'ın ashabından bir topluluktan rivayet edilmiştir:

"Rasûlullah (s.a) Bedir günü emir vererek Kureyş'in ileri gelen kâfirlerinden ondört kişi [ayaklarından sürüklendiler] ve Bedir'deki kuyulardan oldukça berbat ve kötü bir kuyuya [biri diğerinin üstüne] atıldılar. [Ancak Umeyye b. Halef atılmadı. Çünkü o zırhı içerisinde şişmiş ve zırhını büsbütün doldurmuştu. Onu yerinden oynatmak istediler. Birbirinden dağılacağı görülünce onu olduğu gibi bıraktılar ve üzerine cesedi görülmeyecek şekilde toprak ve taş yığdılar.] Peygamber (s.a) bir kavmin yakınlarına vardığı vakit oranın geniş düzlüğünde üç gece ikamet ederdi. Bedir'in üçüncü günü olunca bineğinin yüke hazırlanmasını emretti. Sonra yürüyerek yola koyuldu. Ashabı da peşinden gittiler ve: Herhalde bir ihtiyacını görmek için gidiyor dediler. Nihayet kuyunun ağzı başında durdu ve onların ve babalarının isimlerini söyleyerek [onlar leş haline gelmişken] yüksek sesle seslenmeye başladı: [Ey Ebu Cehil b. Hişam, ey Utbe b. Rebia, ey Şeybe b. Rabia, ey Velid b. Utbe] Allah'a ve Rasûlüne itaat etmiş olmak sizi sevindirir miydi? Şüphesiz bizler Rabbimizin bize vaadettiğinin hak olduğunu gördük. Sizler de Rabbinizin size vaadettiğinin hak olduğunu gördünüz mü? (Ebu Talha) dedi ki: [Ömer, Peygamber (s.a)'ın söylediklerini duydu] ve dedi ki: Ey Allah'ın Rasûlü sen ancak ruhları bulunmayan birtakım cesetlerle konuşuyorsun. [Acaba onlar duyuyorlar mı? Aziz ve celil olan Allah: Sen ölülere sesini işittiremezsin] (diye buyurmuyor mu?) Bunun üzerine Rasûlullah (s.a) şöyle buyurdu: Muhammed'in canı elinde olana yemin ederim ki sizler benim bu sözlerimi onlardan daha iyi duyuyor değilsiniz. [Allah'a yemin olsun] [şu anda onlar benim kendilerine söylediklerimin hakkın ta kendisi olduğunu artık biliyorlar], (bir rivayette: Şüphesiz onlar şu anda işitmektedirler.) [Şu kadar var ki onlar bana hiçbir şekilde cevap veremiyorlar.] Katade dedi ki: Allah onları [onun için] diriltti ve onlara söylediği sözlerini onları azarlamak, küçültmek, intikam almak, hasret ve pişmanlık duymalarını sağlamak için işittirdi."

Derim ki: Hadisi ashab-ı kiram'dan bir topluluk rivayet etmiştir. Bu onlardan birisinin rivayetidir. Bunu rivayet edenler:

Birincisi Ebu Talha el-Ensari'dir. Bunu ondan Katade şöylece rivayet etmektedir: Enes b. Malik bize Ebu Talha'dan zikretti deyip, hadisi kaydeder.

Bunu Buhari (VII, 240-241) -lafız ona ait-, Müslim (VIII, 164), Ahmed (IV, 129) -beşinci fazlalık ona ait ve bu Müslim'in şartına uygundur- Nesai de (I, 293)'de rivayet etmiş fakat o senedinde Ebu Talha'yı zikretmemiştir. Bu aynı zamanda Müslim'in (VIII, 163), Ahmed'in (III, 104, 145, 182, 219, 287)'deki rivayeti olup, birinci ve yedinci fazlalığı o zikretmektedir. Her ikisinin de senedi Müslim'in şartına göre sahihtir. Dördüncü ve beşinci fazlalık onlar [(Nesai, Müslim ve Ahmed'den ibaret olan) üçünü kastediyorum] tarafından kaydedilmiş ancak üçü de Velid b. Utbe yerine Umeyye b. Halef adını vermişlerdir. Ancak bu ravilerden birisinin bir hatasıdır. Çünkü Umeyye ikinci fazlalığın delalet ettiği gibi kuyuya atılanlardan değildir. Bu ileride hasen bir senedle geleceği üzere Aişe'nin rivayet ettiği bir hadistedir. Yine bu üçü altıncı ve onuncu fazlalığı kaydetmektedirler. Onbirinci fazlalığı da Ahmed zikretmektedir.

İkinci Ömer b. el-Hattab'dır. Bu hadisi ondan yine Enes buna yakın ifadelerle rivayet etmiştir. Bu rivayette ikinci fazlalık yer almaktadır.

Bunu Müslim, Nesai ve Ahmed (no: 182)'de rivayet etmiştir.

Üçüncü şahıs Abdullah b. Ömer'dir. İkinci rivayet ona aittir. Dokuzuncu fazlalık da onda mevcuttur.

Bunu Buhari (VII, 242-243), Ahmed (no: 4864, 4958, 6145)'de rivayet etmiştir. Onun kaydettiği bir rivayette de şöyle denilmektedir:

"Ben bunu Aişe'ye zikrettim de şöyle dedi: O yanılmıştır [İbn Ömer'i kastetmektedir]. Rasûlullah (s.a) onlar şu anda ...." demişti. Bu rivayetin senedi hasendir. Önceden geçtiği üzere ikinci fazlalık da bu rivayette bulunmaktadır.

Şunu belirtelim ki ilim adamları İbn Ömer (r.a)'ın rivayet ettiği Peygamber (s.a): "Şüphesiz onlar şu anda işitmektedirler." dediğine dair rivayetinin doğru olduğunu kabul etmişler ve Aişe (r.anha)'ın onun hakkında kullandığı: "Yanılmıştır" ifadesini reddetmişlerdir. Çünkü İbn Ömer bir olayı olumlu olarak isbat etmekte, o ise nefyetmektedir. Ayrıca bu hususta İbn Ömer tek başına bu olayı rivayet etmiş değildir. Az önce geçtiği gibi babası Ömer, Ebu Talha ve Fethu'l-Bari'de belirtildiği üzere başkaları da ona mutabaat etmişlerdir. Geniş açıklama isteyenler oraya başvurabilirler. Doğrusu cemaatin naklettiği rivayetin doğru olduğu Aişe'nin de naklettiği rivayetin doğru olduğudur. Çünkü hepsi sikadırlar ve iki rivayet arasında çelişki bulunmamaktadır. Hadisin anlatımında yaptığımız üzere bu rivayetlerin biri diğerine eklenebilir.

Diğer taraftan bu hadisi Ahmed (VI, 276), İbn Hişam, es-Siyre (II, 74)'de hasen bir senedle rivayet etmişlerdir. Üçüncü fazlalık bu rivayette yer almaktadır.

Ali (r.a)'dan şöyle dediği rivayet edilmiştir:

"Ebu Talib vefat edince Peygamber (s.a)'a gidip şöyle dedim: Senin o yaşlı [sapık] amcan ölmüş bulunuyor. [Onu kim gömsün] Peygamber: Git onu göm dedi. Yanıma gelinceye kadar da başka hiçbir şey yapma. [(Ali) dedi ki: O müşrik olarak öldü.[1] Git onu göm

---

[1] Bu ifadeler Ebu Talib'in kвfir bir mь□rik oldu□u hususunda aз□kt□r. Bu hususta pekзok hadis vard□r. Bunlardan birisi de Said b. Hazm'□n rivayet ettiği 60. meselede geзen hadistir. Hafız bu hadisin şerhinde şunları sцylemektedir:

"Rafizilere mensub birisinin derledi□i bir hadis cьzьne vak□f oldum. Bu cьzьnde Ebu Talib'in mьslьman oldu□una delalet eden gьvenilemeyecek kadar gev□ek зokза hadis kaydetmi□tir. Bunlar□n hiзbirisi de sabit de□ildir. Ba□ar□ Allah'tand□r. Ben bunu el-□sabe adl□ eserimde Ebu Talib'in biyografisini anlat□rken цzetledim."

diye buyurdu.][2] (Ali) dedi ki: Onu gömdüm, sonra ona gittim. Git guslet, sonra yanıma gelinceye kadar hiçbir şey yapma dedi. (Ali devamla) dedi ki: Guslettim sonra onun yanına gittim. (Ali) dedi ki: Bana bazı dualar yaptı ki onların karşılığında kırmızı ve siyah tüylü develere sahib olmak beni sevindirmez. (Hadisi Ali -r.a-'den rivayet eden) dedi ki: Ali ölüyü yıkadı mı kendisi de guslederdi."

Hadisi Ahmed (no: 807) ve oğlu Müsned'in zevaid'inde (1074)'de Ebu Abdu'r-Rahman es-Sülemi'den, o Ali'den diye rivayet etmiştir.

Derim ki senedi sahihtir.

Ayrıca Ebu Davud (II, 70), Nesai (I, 282-283), Beyhaki (III, 398) yine Ahmed (no: 759), Ebu İshak'ın rivayet yoluyla rivayet etmişlerdir. Ebu İshak dedi ki: Ben Naciye b. Kâb'ı, Ali'den hadis naklederken dinledim deyip, ona yakın ifadeleri zikretti. Fazlalıklar Ahmed'e aittir. Yalnız ikinci fazlalık Nesai'ye aittir.

Bunun da isnadı aynı şekilde sahihtir. Ravilerinin hepsi sika ravi olup, Buhari ve Müslim'in ravileridirler. Tek istisna Naciye b. Kâb'dır. el-İcli, es-Sikat adlı eserinde[3] şunları söylemektedir:

"Kufeli olup, tabiîndendir ve sikadır."

Hafız İbn Hacer, et-Takrib'de: "Sikadır" demiştir. Nevevi'nin el-Mecmu (V, 81)'de söyledikleri:

"Hadisi Ebu Davud ve başkaları rivayet etmiş olup, senedi zayıftır" sözüne gelince:

Bu söz reddolunur. Çünkü bunun neye dayanarak söylendiğini bilmiyoruz. Ancak o bununla Ebu İshak'ın rivayetini kastetmesi müstesnadır. Ebu İshak ise Ebu İshak es-Sebii diye bilinen kişidir. O yaşı ilerledikten sonra hafızası değişikliğe uğradı. Eğer kasıt bu ise buna iki bakımdan cevap verilebilir:

1. Evvela bu Süfyan es-Sevri'nin ondan naklettiği bir rivayettir. Süfyan ise bu hususta insanların işini en sağlam tutanlarıdır. Tehzib'de olduğu gibi.

---

2 Bu hadiste dikkat зeken hususlardan birisi de Peygamber (s.a)'□n mь□rik olan babas□n□n vefat□ dolay□s□yla Ali (r.a)'□ taziye etmedi□idir. Dolay□s□yla mьslьman bir kimsenin kвfir olan bir yak□n□n□n vefat□ dolay□s□yla taziye edilmesinin me□ru olmad□□□na delil olabilir. Kвfirlerin kendileri gibi kвfir olan цlьleri dolay□s□yla taziyesinin caiz olmayaca□□na ise цncelikli olarak delildir.

3 Bu kitab□ bьyьk ilim adam□ Ali b. Abdu'l-Kвfi es-Sьbki alfabetik s□raya gцre tertib etmi□tir. Haleb, el-Evkafu'l-□slamiyye kьtьphanesinde bulunan bir as□ldan istinsah edilmi□ bir nushas□ bizde mevcuttur. Daha sonra bendeki nьshay□ as□l ile kar□□la□t□rd□m, ilgili nakilleri de bendeki nьshadan yapt□m.

2. Ebu İshak tek başına (münferiden) bu hadisi rivayet etmiş değildir. Aksine az önce geçtiği gibi hadis birinci rivayet yoluyla da gelmiştir. Nevevi merhum bu rivayeti görmemiş ya da hadis hakkında sözünü söylerken hatırlamamış olabilir. Hadisin zayıf olduğunu söylerken Beyhaki'ye de dayanmış olabilir. Çünkü Hafız (İbn Hacer), et-Telhis (V, 149-150)'de bu hadisi Ahmed, Ebu Davud, Nesai, İbn Ebi Şeybe, Ebu Ya'la, el-Bezzar ve el-Beyhaki'ye, Ebu İshak yolu ile gelen bir rivayet olarak nisbet ettikten sonra şunları söylemektedir:

"Beyhaki'nin sözünün odaklaştığı nokta bu rivayetin zayıf olduğudur. Ancak ne bakımdan zayıf olduğu açıkça ortada değildir. Rafiî: Bu sabit ve meşhur bir hadistir demiştir. O bu ifadelerini el-Emali adlı eserinde kaydetmektedir."

Fethu'l-Bari (VII, 154)'de bu hadisin İbn Huzeyme ve İbnu'l-Carut tarafından da rivayet edildiğini zikreder.

Ek bir bilgi: Bu hadisi Beyhaki: "Müslüman akrabaları olan müşrikleri yıkayabilir, cenazesinin peşinden gidebilir, onu defnedebilir fakat üzerine namaz kılamaz." bahsinde zikretmektedir.

Görüldüğü gibi hadiste yıkamaktan başka başlıkta sözettiklerinden herhangi birisi bulunmamaktadır. Hafız (İbn Hacer) onun bu sözleri ile alakalı olarak şunları söylemektedir:

"Bir uyarı: Bu hadisin rivayet yollarının hiçbirisinde Ali (r.a)'ın onu yıkadığı açıkça ifade edilmemektedir. Ancak bu: "Bana emir vermesi üzerine ben de guslettim" ifadesinden çıkartılabilirse müstesna. Çünkü gusletmek ölünün yıkanmasından dolayı meşru kılınmıştır. Defnedilmesinden dolayı değil. Ancak Beyhaki de, başkası da ancak ölenin yıkanmasından dolayı gusletmeye dair delil göstermişlerdir. Bu hadisi Ebu Ya'la bir başka yoldan rivayet etmiş ve sonlarında şöyle denilmektedir: "Ali bir ölüyü yıkadı mı guslederdi."

Derim ki bu fazlalık aynı şekilde -az önce geçtiği üzere- Ahmed tarafından da, oğlu tarafından da kaydedilmiştir. Hafız'ın bunu nasıl görmediğine hayret edilir. Özellikle o görüldüğü üzere hadisi Ahmed'e de nisbet etmiştir.

Diğer taraftan: "(Müşrikin) defnedilmesinden ötürü gusletmek meşru kılınmamıştır." ifadesi su götürür. Çünkü birisi şöyle diyebilir: Hadisin zahiri bunun meşruiyetine delalet etmektedir. Hadisin sonlarında görülen fazlalık da buna aykırı değildir. Çünkü o yeni bir cümledir, ondan öncekilerle bir ilgisi yoktur. Yani hadiste Peygamber (s.a) kendisine gusletmeyi emrettiği için Ali (r.a)'ın yalnızca ölüyü yıkamaktan ötürü guslettiğine dair delil bulunmamaktadır. Aksine bu bir iş, öteki bir başka iştir. Evet şâyet bundan sonraki rivayet sabit ise Hafız'dan naklen az önce kaydettiklerimizi kabul etmekten başka yol yoktur. O az önce kaydedilen ifadelerinin arkasından şunları söylemektedir:

"Derim ki İbn Ebi Şeybe, Musannef'inde şu lafızlar geçmektedir: "Derim ki: Senin kâfir yaşlı amcan öldü. Hakkındaki görüşün nedir? (Peygamber) buyurdu ki: Onu yıkayıp, gömmen görüşündeyim. Bir başka rivayette onu yıkadığı da varid olmuştur. Bunu İbn Sad, Vakidi'den rivayet etmektedir."

Derim ki: Vakidi yalancılıkla itham edilmiş metruk (hadisi alınmayan) bir ravidir. Dolayısıyla onun eklediği fazlalığın değeri yoktur. Ancak İbn Ebi Şeybe'nin eklediği: "Onu yıkamanı" ifadesi de münker bir ifadedir. Çünkü o bunu (IV, 142)'de Eclah'den, o eş-Şabi'den diye mürsel bir yolla rivayet etmiştir. Bu mürsel bir rivayet olmakla birlikte Eclah nisbeten zayıf bir ravidir. Dolayısıyla onun da zikrettiği fazlalığın delil olacak bir tarafı yoktur.

88. Müslüman bir kimse kâfir birisiyle, kâfir bir kişi de müslüman birisiyle defnedilmez. Aksine müslüman müslümanların kabristanında, kâfir de müşriklerin kabristanında defnedilir. Peygamber (s.a) döneminde durum böyle idi ve bu günümüze kadar böylece devam edegelmiştir. Buna dair deliller arasında Beşir b. el-Hasasiye'nin rivayet ettiği hadis de vardır. O şöyle demiştir:

"Bir gün Rasûlullah (s.a) ile birlikte [onun elini tutmuşken] yürüdüğümüzde şöyle dedi: Ey el-Hasasiye'nin oğlu sen [artık] Allah'a karşı nasıl kızgın olabilirsin?[4] İşte Rasûlullah (s.a) ile birlikte

---

[4] Peygamber (s.a)'□n bu sцzleri ona sцylemesinin sebebi Be□ir (r.a)'□n kendi kavmi yurdundan uzakl□□□ sebebiyle bir parзa usanз gцstermesi idi. Taberani, el-Kebir ve el-Evsat'ta bizzat Be□ir'den □цyle dedi□ini rivayet etmektedir:

"Peygamber (s.a)'□n yan□na gittim. Ona baki'de yeti□tim. □цyle buyururken dinledim: Mь'minler diyar□n□n sakinlerine selam olsun. Bu s□rada ayakkab□ ba□□m koptu. Peygamber bana: Biraz зabuk ol dedi. Ben ey Allah'□n Rasыlь dedim. Bekarl□□□m uzad□, kavmimin yurdundan uzak kald□m. □цyle buyurdu: Ey Be□ir sen yьce Allah'□n seni Rabia'n□n aras□ndan al□p kurtarm□□ olmas□ dolay□s□yla ona hamdetmeyecek misin? Onlar e□er kendileri olmasa dьnya iзindekileriyle beraber harab olur gider gцrь□ьnde olan bir kavimdir.

Heysemi, Mecmau'z-Zevaid (III, 60)'da: "Ravileri sikad□rlar" demi□tir.

Derim ki: Daha sonra hadisi el-Mucemu'l-Kebir (II, 45-46), el-Evsat (116, Mecmau'l-Bahreyn)'de ve İbn Asakir, Tarih (X, 170)'de Ukbe b. el-Mu□ire e□-□eybani'nin rivayet etti□i yoldan duydum. e□-□eybani dedi ki: Bize □shak b. Ebi □shak anlatt□... O Be□ir'den bu laf□zlarla rivayet etti. Ancak o rivayette □цyle demektedir: "Kendileri olmasa..." Ukbe ve onun hocas□ İshak'ın biyografisini İbn Ebi Hatim (III, 1/316) ve (I, 1/323)'de

yürüyorsun. [Zannederim: Elinden tutarak da dedi.] Ben dedim ki: Ey Allah'ın Rasûlü anam-babam sana feda olsun]. Ben [artık] Allah'a karşı öfkelenmemi gerektiren hiçbir şey yok. Allah bana hayır olan ne varsa hepsini vermiş bulunuyor.

Sonra müşriklerin kabirlerinin yanından geçti, şöyle buyurdu: Gerçekten bunlar çok büyük bir hayrı ellerinden kaçırdılar. [Bir rivayette çokça hayır] dedi ve bunu üç defa tekrarladı.

Sonra müslümanların kabirlerinin yanından geçti, şöyle buyurdu:

"Andolsun bunlar da çokça hayır elde ettiler. Bu sözlerini üç defa tekrarladı.

O yürümekte iken gözü bir yere takıldı. Kabirler arasında ayağındaki terliklerle yürüyen bir adam gördü. Ey terlik giyen adam böyle olmuyor, terliklerini çıkart diye buyurdu. Adam baktı, Rasûlullah (s.a)'ı tanıyınca, ayakkabılarını çıkartıp onları bir kenara attı."

Hadisi Ebu Davud (II, 72), Nesai (I, 288), İbn Mace (I, 474), İbn Ebi Şeybe (IV, 170), Hakim (I, 373) -anlatım ona ait- onun rivayet yolundan Beyhaki (IV, 80), Tayalisi (1123), Ahmed (V, 83-84, 224)'de rivayet etmiştir. Fazlalıklar ona ve Taberani'ye (II, 42/123). İkincisi sadece Beyhaki'ye ait olup Müstedrek'te yoktur. Tahavi (I, 293) bu rivayetten sadece terlikli adam olayını rivayet etmiştir. Hakim şöyle demektedir:

"İsnadı sahihtir." Zehebi de bu hususta ona muvafakat etmiş, Hafız da Fethu'l-Bari (III, 160)'da bunu kabul etmiştir. İbn Mace, Abdullah b. Osman'dan -bu da Şu'be'nin arkadaşı el-Basri diye bilinendir- şöyle dediğini rivayet eder: Bu ceyyid bir hadistir.

İbnu'l-Kayyim, Tehzibu's-Sünen (IV, 343)'da İmam Ahmed'den: Senedi ceyyiddir dediğini nakletmektedir.

Nevevi, el-Mecmu (V, 412)'de: Senedi hasendir demektedir.

İbn Hazm (V, 142-143)'de bunu müslümanın müşrik bir kimseyle birlikte defnedilmeyeceğine delil göstermiştir. Bir başka yerde de bunu kabirler arasında ayakkabı ile yürümenin haram olduğuna delil göstermiştir. İleride 126. mesele ile ilgili açıklamalarda geleceği üzere.

89. Sünnet olan ölünün kabristanda defnedilmesidir. Çünkü Peygamber (s.a) ölüleri Baki kabristanında defnederdi. Bu hususta gelen haberler mütevatirdir. Bunların bir bölümü de çeşitli vesilelerle daha önceden geçmiş bulunmaktadır. Bunlar arasında bu

---

zikretmi□ ve haklar□nda herhangi bir cerh ve tadil ifadesi kullanmam□□t□r. Gцrьndь□ь kadar□yla her ikisini de □bn Hibban sika kabul etmi□tir. es-Sikat adl□ kitab□na bak□labilir.

Sonra bu hadisi ed-Daife (6035)'de tahricini yaptı.

açıklamalara en yakın rivayet ise bir önceki meselede kaydettiğimiz İbnu'l-Hasasiye'nin rivayet ettiği hadistir. Seleften hiçbir kimsenin kabristan dışında defnedildiği nakledilmiş değildir. Bundan tek istisna Peygamber (s.a) efendimizin vefat ettiği hücresinde defnedildiğine dair gelen mütevatir rivayettir. Bu da Peygamber (s.a)'ın özelliklerindendir. Nitekim Aişe (r.anha)'ın rivayet ettiği hadis buna delildir. O şöyle demiştir:

"Rasûlullah (s.a) vefat ettiğinde onun defni hususunda ihtilaf ettiler. Ebu Bekir dedi ki: Ben Rasûlullah (s.a)'dan bir şey duymuştum hala onu unutmadım. O buyurdu ki: "Allah hiçbir peygamberin canını onun defnedilmesini sevdiği yerden bir başkasında almış değildir." Bunun üzerine onu yatağının bulunduğu yerde defnettiler."

Hadisi Tirmizi (II, 129) rivayet etmiş olup şöyle demiştir:

"Garib bir hadistir. Abdu'r-Rahman b. Ebi Bekir el-Müleyki hıfzı cihetiyle zayıf bir ravi kabul edilir."

Derim ki lakin bu çeşitli rivayet yolları ve şahitlerinin bulunması itibariyle sabit bir hadistir.

a. Bu hadisi İbn Mace (I, 498-499), İbn Sad (II, 71), İbn Ady, el-Kamil (k. 94/2)'de İbn Abbas'tan, o Ebu Bekir'den yoluyla rivayet etmişlerdir.

b. İbn Sad ve Ahmed (no: 27)'de Ebu Bekir'den munkatı iki rivayet yoluyla zikretmişlerdir.

c. Malik (I, 230)'da rivayet etmiş, ondan da İbn Sad -belağ yoluyla (bana ulaştı) anlamında belağani sigası kullanılarak- rivayet etmişlerdir.

d. Hadisi İbn Sad sahih bir senedle Ebu Bekir'den muhtasar ve mevkuf olarak rivayet etmiştir. Bu da merfu hükmündedir. Aynı şekilde bu hadisi Tirmizi Şemail (II, 272)'de Peygamber (s.a)'ın vefatı olayını anlatırken rivayet etmektedir.

Hafız İbn Hacer (I, 420) diyor ki:

"Bunun senedi sahihtir fakat mevkuf bir rivayettir. Ondan önceki rivayet ise maksad noktasında daha açık ifadeler taşımaktadır. Peygamber (s.a)'ın odasında defnedilmesi onun özelliklerinden birisi olarak kabul edilirse başkası için bu uygulamanın nehyedilmiş olması uzak bir ihtimal olmaz. Hatta böyle bir nehy sözkonusu olur. Çünkü evlerde defnin devam etmesi o evleri kabristana çevirir ve bu durumda evlerde namaz kılmak da mekruh olur."

Buhari bu hususun mekruh oluşunu Peygamber (s.a)'ın şu buyruğundan çıkartmaktadır:

"Evlerinizde namazınızın bir kısmını kılınız. Evleri kabir edinmeyiniz." O bu hadisi "kabristanda namaz kılmanın mekruhiyeti babı" başlığı altında İbn Ömer'in rivayet ettiği bir hadis olarak zikretmektedir. Hafız (İbn Hacer) diyor ki:

"Müslim'deki Ebu Hureyre'nin rivayet ettiği hadisin lafzı bu başlığın hadisinden daha açıktır. O da şöyledir: "Evlerinizi kabirlere çevirmeyiniz." Bunun zahiri evlerde kayıtsız ve şartsız olarak defnetmenin yasak olmasını gerektirmektedir."

90. Sözü edilenlerden savaşta şehid düşenler istisna edilir. Çünkü şehidler şehid düştükleri yerde defnedilirler, kabristana taşınmazlar. Cabir (r.a)'ın rivayet ettiği hadis bunu gerektirmektedir:

"Rasûlullah (s.a) Medine'den müşriklerle savaşmak üzere çıktı. Babam Abdullah dedi ki: Ey Abdullah'ın oğlu Cabir (oğlum) sen işimizin sonunun nereye varacağını öğreninceye kadar Medine'lilerin bekliyenleri arasında kalmanda senin için bir sakınca yoktur. Çünkü Allah'a yemin ederim ki eğer benden sonra geriye kız çocuklarımı bırakmayacak olsaydım, önümde öldürülmeni arzu ederdim. (Cabir) dedi ki: Ben bekleyenler arasında bulunuyor iken halamın babamı ve dayımı su taşımak üzere kullanılan bir deve üzerinde herbirisini bir tarafa bağlamış olarak geldiğini gördüm. Onlarla birlikte Medine'ye onları kabristanımıza defnetmek üzere girdi. Bu sırada şöylece nida eden bir adam gelip yetişti: Haberiniz olsun Rasûlullah (s.a) sizlere öldürülenleri geri götürmenizi ve onları ölüp yıkıldıkları yerde defnetmenizi emrediyor. Bunun üzerine biz de o ikisini (babamı ve dayımı) geri götürdük, öldürüldükleri yerde onları defnettik."

Hadisi Ahmed (III, 397-398)'de sahih bir senedle rivayet etmiştir. Bunun bir bölümünü Ebu Davud ve başkaları muhtasar olarak rivayet etmişlerdir ki daha önce 17. meselede f fıkrasında geçmiş bulunmaktadır.

91. Aşağıdaki hallerde zaruret olmaksızın defin caiz değildir:

A. (Namaz kılmanın nehyolunduğu) üç vakitte defin: Ukbe b. Amir'in daha önce kaydedilen şu lafızla naklettiği hadis:

"Üç vakit vardır ki Rasûlullah (s.a) bize o vakitlerde namaz kılmamızı ya da ölülerimizi gömmemizi yasaklıyordu. Güneş doğduğu vakitten itibaren yükselinceye kadar, öğle vakti tam tepede olduğu zamandan (batıya doğru) meyledinceye kadar ve güneş batmaya yüz tuttuğu vakitten, batıncaya kadar."

Hadisin sözünü ettiğimiz hususa delaleti açıktır. İbn Hazm, el-Muhalla (V, 114-115) adlı eserinde ve onun dışında başka ilim adamları bu kanaattedir.

Uzak hatta batıl tevillerden birisi de şu açıklamadır: "Sahabenin: "Gömmemiz" namaz kılmamız anlamındadır şeklindeki açıklamadır. Ebu'l-Hasen es-Sindi dedi ki: Bunun uzak bir mana olduğu gayet açıktır. Bu mana hadisin lafzından hatıra gelen bir mana değildir. Birileri şöyle demektedir: "Gömmek defnetmek için kullanılır fakat birisinin üzerine namaz kılındığı zaman gömmek ifadesi kullanılmaz." Daha yakın ihtimal hadis Ahmed'in ve başkalarının belirttiği gibi ölü defnetmek bu vakitlerde mekruhtur şeklindeki görüştür." Derim ki bu tevili İmam Nevevi de reddetmiştir fakat o bunu reddedeyim derken buna benzer bir başka tevile başvurmuş ve sabit olmayan bir iddiada bulunmuştur. Müslim'in şerhinde şunları söylemektedir:

"Kimisi şöyle demiştir: Burada gömmekten kasıt cenaze namazıdır. Ancak bu zayıf bir açıklamadır. Çünkü cenaze namazı icma ile bu vakitte mekruh değildir. Dolayısıyla hadisin icmaa muhalif bir şekilde tefsiri caiz değildir. Aksine doğrusu şudur. Hadisin manası ölüyü defnetme işini bu vakitlere kadar kasten geciktirmektir. Nitekim ikindi namazını özürsüz olarak güneş ışıklarının sarardığı vakte kadar kasten geciktirilmesi de mekruhtur... Eğer kasti olmayarak bu vakitlerde defin sözkonusu olursa mekruh olmaz."

Derim ki: Bu delili olmayan bir tevildir. Hadis mutlaktır, kasti olanı da olmayanı da kapsar. Doğrusu kasti olmasa dahi defnin caiz olmadığıdır. O halde kim bu vakitlerde defnetmek durumunda olursa, kerahet vakti çıkıncaya kadar beklemelidir.

Cenaze namazının icma ile bu vakitlerde mekruh olmadığı iddiasına gelince, bu da -Allah'ın rahmeti üzerine olsun- onun bir yanılmasıdır. Mesele ihtilaflıdır. Doğru olan ise varolduğu iddia edilen icmaa hilafen mekruh olduğudur, buna dair açıklama daha önce 89. meselede ilgili notta geçmiş bulunmaktadır.

B. Geceleyin defnetmek. Çünkü Cabir (r.a)'ın rivayet ettiği şu hadis vardır:

"Peygamber (s.a) ashabından vefat eden ve pek uzun olmayan bir kefen ile kefenlenip, geceleyin defnedilen bir kimseden sözetti. Bunun üzerine Peygamber (s.a) bir kimsenin geceleyin üzerine namaz kılınmadan defnedilmesini yasakladı. İnsanın bunu yapmaya mecbur kalması hali müstesna." Hadisi Müslim rivayet etmiş olup, daha önce 35. meselede geçmiş bulunmaktadır.

Hadis sözünü ettiğimiz hususa açıkça delalet etmektedir. Bu kendisinden nakledilen bir rivayete göre İmam Ahmed'in görüşüdür. Bu rivayeti el-İnsaf (II, 547)'de zikretmekte ve şöyle demektedir:

"Bir zaruret olmadan bu işi yapmaz. Ondan gelen bir rivayete göre ise bu mekruhtur."

Derim ki birincisi hadisteki "yasakladı" ifadesinin zahirine daha yakındır. Çünkü bu lafız (zecera) nehyetmek lafzından daha beliğdir. Çünkü bu lafzı onda aslolan haramlık olmakla birlikte mekruhluğa yorumlamak mümkündür. Burada ise bu lafzı mekruhluğa yorumlamayı gerektiren bir sebeb yoktur.

Fakat sözünü ettiğimiz husus açısından hadisteki: "Üzerine namaz kılınmadıkça" ifadesinin açıklanması zordur. Çünkü bu ifade yine zahiri itibariyle namazı kılındıktan sonra geceleyin defnetmenin caiz oluşuna delalet etmektedir. Çünkü yasaklamaktan gaye budur. Eğer bu husule gelirse (yani namaz kılınırsa) yasak da kalkar. Fakat bunu da hadisteki: "Bir insanın buna mecbur kalma hali müstesna" sözü reddetmektedir. Buradaki işaret ismi (buna) yasak kılınan şeye aittir ki o da geceleyin defnetmektir. Bunun da ileride İbn Hazm'dan geleceği üzere pekçok sebebleri vardır. Fakat bizler kişi üzerine namaz kılınmadan onu defnetmeye mecbur kılacak herhangi bir şekil düşünemiyoruz. Bu ihtimalin uzaklığını daha da arttıran husus şudur. Böyle bir şey "gece" kaydını faydasız hale getirmektedir. Çünkü namazdan önce defin geceleyin caiz olmadığı gibi gündüzün de caiz değildir. Şâyet mecburiyet (zaruret) dolayısıyla geceleyin caiz olursa yine aynı sebebten ötürü gündüzün de caiz olur ve bu hususta bir fark yoktur. O halde "gece" kaydının faydası nedir? Şüphesiz bu fayda geceleyin defnetmenin caiz olmadığı şeklinde başta güçlü kabul ettiğimiz hususu tercih etmedikçe güçlü bir şekilde ortaya çıkmaz. Bunu şöylece açıklayabiliriz:

Geceleyin defnetmek cenaze namazına katılacakların sayısının azalma ihtimalini doğurabilir. İşte gündüzün namazı kılınmadıkça geceleyin defnetmeyi de yasaklamaktadır. Çünkü gündüzün insanlar cenaze namazı kılmaya daha çok imkan ve vakit bulabilirler. Böylelikle üzerinde namaz kılacakların sayısı da çoğalmış olur. Bu çokluk da şeriatin bu hustaki maksatlarındandır ve onların ölen hakkındaki şefaatlerinin kabul edilme ihtimalini daha da yükseltir. Daha önce 63. meselede açıklandığı gibi.

Nevevi, Müslim şerhinde şunları söylemektedir:

"Cenaze namazı kılınıncaya kadar geceleyin gömmenin yasaklanması ile ilgili olarak sebebinin şu olduğu söylenmiştir: Gündüzün gömme işinde çok kimse hazır bulunabilir ve namazını kılarlar. Geceleyin ise ancak sayılı kişiler bulunabilir. Bir diğer görüşe göre onların bu şekilde hareket etmelerinin sebebi kefenin adiliği idi. Geceleyin bu görünmezdi. Bunu hadisin başı ve sonu desteklemektedir. Kadı (Iyad) her iki illet de sahihtir demiştir. Fakat göründüğü kadarıyla Peygamber (s.a) her ikisini de kastetmiş olmalıdır. (Kadı devamla) dedi ki: Bunun dışında başka açıklamalar da yapılmıştır."

Derim ki namaz kılanların azlığı ve kefenin adiliğinden utanmanın illeti teşkil ettiğini öğrendiğimize göre bundan şu sonuç çıkar. Eğer cenaze namazı gündüzün kılınır, sonra da bir mazeret dolayısıyla defni geceye kadar gecikecek olursa, gece vakti onu defnetmeye bir mani yoktur. Çünkü illet ortadan kalkmış ve namaz kılanların çokluğu olan gaye de tahakkuk etmiş olur.

Buna göre sözü geçen amacı elde etmek için gündüzün ölüyü defnetmeyi geciktirmek caiz olur mu? San'ani, Subulu's-Selam (II, 166)'de bunu hasen (güzel bir iş) olarak görmüştür. Fakat ben bu görüşte değilim. Çünkü sözü geçen illet gece ile kayıtlıdır. Bunu gündüze kadar taşımak caiz değildir. Zira her iki zaman arasında büyük bir fark vardır. Geceleyin namaz kılanların az olması tabii bir durumdur. Gündüz ise böyle değildir. Orada tabii olan çokluktur. Diğer taraftan bu çokluğun sınırı yoktur. Dolayısıyla ölü geciktirildikçe çokluk da artar. Bundan dolayı riyakarlığı ve başkalarının işitmesini seven müreffeh bazı kimselerin -ölünün aleyhine dahi olsa- onu defnetmeyi bir ya da iki gün geciktirdiklerini ve bunu da cenazeyi uğurlayacakların mümkün olan azami fazla sayıyı bulmak için yaptıklarını görüyoruz. Eğer bunun caiz olduğunu söyleyecek olursak, bu şariin daha önce 17. meselede açıklandığı üzere cenazenin çabuklaştırılması emrine karşı belli bir ölçüsü bulunmayan çokluk illeti ile çıkılmış olur.

İşte bu açıklamadan sonra hadis-i şerifteki: "Namazı kılınıncaya kadar" ifadesi ile ilgili olarak açıklanması zor olarak gördüğümüz hususa verilecek cevab da açıklık kazanmış olmaktadır. Çünkü maksadın cemaatin çokluğu için namazının gündüzün kılınması olduğu ortaya çıkmıştır. Çünkü "insanın buna mecbur kalması hali müstesna" ifadesindeki işaret ismi geceleyin defne aittir. İsterse o vakit namaz kılacaklar az olsun. Mutlak olarak namazın terkedilmesiyle birlikte defne işaret değildir. Bu husus iyice düşünülmelidir çünkü düşünülmeye değerdir.

Diğer taraftan Nevevi Müslim şerhinde şunları söylemektedir:

"İlim adamları geceleyin defn etmekte farklı görüşlere sahibtirler. Hasan-ı Basri zaruret hali dışında mekruh görmüştür. Bu hadis bu hususta lehine gösterilen delillerdendir. Selef ve halefin alimlerinin cumhuru ise mekruh değildir demişler ve Ebu Bekir es-Sıddiyk (r.a) ile seleften bir topluluğun geceleyin defnolunmasını ve buna tepki gösterilmemesini ve ayrıca siyah kadının defni ile ilgili hadisi mescidi süpüren ve geceleyin vefat edip, geceleyin gömülen adamın hadisini delil göstermişlerdir. Bu hadise göre Peygamber (s.a) ashabına adam hakkında soru sormuş, onlar: Geceleyin vefat etti, biz de onu geceleyin defnettik demişlerdi. Peygamber: Niye bana haber vermediniz diye sorunca, onlar: Karanlık idi demişler, Peygamber onlara karşı bir şey söylememişti. Bu hadis ile ilgili olarak da sözü geçen yasak namazın terkedilmesinden ötürü idi diye cevap vermişlerdir. Yoksa mücerred olarak geceleyin defnetmeyi yasaklamamıştır. O ancak ya namazın büsbütün terkedilmesi ya namaz kılanların azlığı, ya kefenin kötülüğü yahutta -önceden de geçtiği üzere- hepsi dolayısıyla bunu yasaklamıştı."

Derim ki: Birinci cevap -o da bu yasağın namazın terki dolayısıyla olduğu şeklinde idi- doğru olamaz. Çünkü durum böyle olsaydı, daha önce açıklandığı üzere geceleyin defnetmek ile gündüzün defnetmek arasında bir fark olmazdı. Aksine doğru olan bu yasağın daha önce kadının da açıklamasında geçen iki sebebten ötürü olduğudur. Bundan dolayı İbn Hazm zaruret dışında geceleyin herhangi bir kimsenin defnedilmesinin caiz olmadığı görüşünü tercih etmiş ve buna bu hadisi delil göstermiştir. Sonra da geceleyin defnetmeye dair varid olmuş olan hadisler ile bu anlamdaki ashab-ı kirama dair rivayetleri el-Muhalla (V, 114-115)'de şöylece cevablandırmaktadır:

"İster kendisi, ister bazı hanımları, isterse de ashabından geceleyin defnedilen herkes ancak bunu gerektiren bir zaruret dolayısıyla defnedilmiştir. Ya cenazeye gelecek olanların adına sıcaktan korkmak -ki bu Medine'de ileri derecededir-, ya cenazenin bozulması korkusu yahutta bunun dışında geceleyin defnetmeyi mübah kılan sebeblerden ötürüdür. Herhangi bir kimsenin onlar hakkında bunun dışında bir zan beslemesi helal değildir."

Daha sonra geceleyin defnetmenin mekruh olduğunu Said b. el-Müseyyeb'den rivayet etmektedir.

Derim ki: Geceleyin defnedilenlerin bazıları üzerinde gündüzün cenaze namazı kılınmış olması mümkündür. O vakit az önce geçen açıklamalar ile çatışan bir taraf kalmaz. O da Peygamber (s.a) için tahakkuk eden durumdur. Peygamber (s.a)'ın namazını salı günü kıldılar, daha sonra çarşamba gecesi onu defnettiler. İbn Hişam'ın, Siyret'inde (IV, 314)'de İbn İshak'dan naklen zikrettiği gibi. Doğrusunu en iyi bilen Allah'tır.

92. Cenazeyi geceleyin defnetmeye mecbur olurlarsa, kandil kullanmak ve defin işlemini kolaylaştırmak için kabre kandili indirmek sözkonusu olsa dahi caizdir. Buna delil İbn Abbas'ın rivayet ettiği şu hadistir:

"Rasûlullah (s.a) bir adamı geceleyin kabrine yerleştirdi ve kabri içerisinde kandil yak(tır)dı."

Bunu İbn Mace (I, 464), Tirmizi (II, 157)'de bundan daha geniş olarak rivayet etmiş ve şöyle demiştir:

"Hasen bir hadistir." Derim ki: Hasen bi gayrihi demek istemektedir. Bu da Tirmizi'ye has bir ıstılahtır. O "hasen bir hadistir" dedi mi bizzat kendisinin kitabının sonlarında yer alan "el-ilel"inde açıkça ifade ettiği gibi hasen li gayrihi hükmünü kasteder. İleride geleceği üzere bu hadisin bir şahidi de gelmiştir. Buna göre İbnu'l-Kattan'ın Tuhfetu'l-Ahvezi'nin müellifi tarafından nakledilen Tirmizi'nin bu hadise hasen demesi reddolunamaz.

Şahid olan hadise gelince bu Cabir b. Abdullah'ın naklettiği bir hadistir.

Bunu Ebu Davud (II, 63), Hakim (I, 368) ve Beyhaki (IV, 53)'de rivayet etmişlerdir. Hakim:

"Müslim'in şartına göre sahihtir" demiş ve Zehebi de bu hususta ona muvafakat etmiştir.

Nevevi onlara ek olarak el-Mecmu'da (V, 302) şunları söylemektedir:

"Hadisi Ebu Davud da Buhari ve Müslim'in şartına uygun olan bir senedle rivayet etmiştir."

Derim ki: Bütün bunlar yanlışlıktır. Çünkü hadisin senedi Muhammed b. Müslim et-Taifi etrafında dönüp dolaşmaktadır. Kendisi her ne kadar bizzat sika birisi ise hıfzı itibariyle zayıf bir ravi idi. Bundan dolayı Buhari ve Müslim onun rivayetini delil göstermemişlerdir. Buhari ondan ancak talik yoluyla Müslim'de şahit göstermek için ondan rivayet kaydetmiştir. Hayret edilecek hususlardan birisi de Hakim ve Zehebi'nin bunu kısmen dahi olsa bilmekle birlikte el-Mizzi buradaki et-Taifi diye bilinen zatın Müslim'de sadece bir tek hadisinin bulunduğunu sözkonusu etmektedir. Hafız İbn Hacer şöyle demektedir: "Bu da Hakim'in açıkça ifade ettiği gibi Müslim'deki bir mutabaattır." Zehebi de ona dair mizandaki tercemesinde Müslim'in ondan mutabaat yoluyla rivayet naklettiğini açıkça ifade etmektedir.

Bu hadisin Ebu Zerr'den ona yakın gelen rivayeti de bunun bir başka şahididir.

Bu şahidi de Hakim ismi verilmeyen bir adamın yer aldığı bir sened ile rivayet etmiştir. Diğer ravileri ise sikadırlar.

93. Kabrin derin kazılması, geniş tutulması ve güzel yapılması icab eder. Bu hususta iki hadis-i şerif vardır: Birincisi Hişam b. Amir'den gelmektedir. O dedi ki:

"Uhud gününde müslümanlardan isabet alıp, şehid düşenler düştü. Bu arada insanlar(dan kimisi) birtakım yaralar da aldı. [Biz ey Allah'ın Rasûlü dedik. Herbir kişi için bir mezar kazmak bize ağır gelir], [bize neyi emredersin?] Şöyle buyurdu: Kazınız, geniş tutunuz, [derin açınız] [ve güzel yapınız]. İki üç kişiyi de bir kabre defnediniz, Kur'ân'ı daha çok bilenlerini öne koyunuz. [(Hişam) dedi ki: Babam üçün üçüncüsü idi ve aralarında Kur'ân'ı en iyi bilenleri idi. O bakımdan öne geçirildi.]"

Hadisi Ebu Davud (II, 70), Nesai (I, 283-284), Tirmizi (III, 36), Beyhaki (IV, 34), Ahmed (IV,19-20) ve İbn Mace muhtasar olarak rivayet etmişlerdir.

Anlatım Nesai'ye ait olup, fazlalıkların tümü onun zikrettiği bir başka rivayetinde yer almaktadır. Bu fazlalıklar aynı şekilde birincisi dışında Ahmed'de de mevcuttur. Ebu Davud ve Beyhaki üçüncüsünü, Tirmizi, İbn Mace ve Beyhaki dördüncüsünü, yine Tirmizi sadece beşincisini de rivayet etmişlerdir. Tirmizi:

"Hadis hasen, sahihtir" demiştir.

Derim ki senedi Humeyd b. Hilal çevresinde döner dolaşır. Ondan Eyyub es-Sahtıyani üç yolla rivayet etmiştir:

Birincisi ondan yani Humeyd'den (o Hişam b. Amir'den),

İkincisi ondan, o Ebu'd-Dehma'dan, o Hişam'dan,

Üçüncüsü ondan, o Sad b. Hişam'dan, o babası Hişam'dan diye rivayet etmişlerdir. Birinci rivayet yolunda Süleyman b. el-Muğire de Humeyd'den bu senedle ona mutabaatta bulunmuştur.

Bunu Nesai, Beyhaki (III, 413) ile Ahmed rivayet etmişlerdir.

Üçüncü rivayet yolunda ona Cerir b. Hazim, bize Humeyd b. Hilal anlattı (haddesena), o Sad b. Hişam b. Amir'den diye mutabaat etmiştir.

Bu rivayet yoluyla anılan üç muhaddis ile yine Ebu Davud ve ondan da Beyhaki (III, 414) rivayet etmişlerdir.

Bu mutabaat dolayısıyla bu rivayet yolu bence daha tercihe değerdir. Ayrıca bu mutabaat birinci mutabaattan şu iki sebeb dolayısıyla daha tercih edilir:

Birincisi Süleyman b. el-Muğire'nin rivayetini Müslim delil olarak almış, Buhari almamıştır. Buhari onun rivayetini başkası ile birlikte nakletmiştir. Halbuki Cerir b. Hazim böyle değildir. Hem Müslim, hem Buhari onun rivayetini delil almışlardır.

İkincisi bu yolla gelen rivayette sikadan bir fazlalık vardır ki bu da muteberdir. İşte bu hususta bu yolu tercih etmenin sebebleri arasındadır.

Buna göre hadisin isnadı Tirmizi'nin dediği üzere sahihtir ve Buhari ile Müslim'in şartına uygundur.

Bu husustaki ikinci hadis ensardan bir adamdan şöyle dediğine dair gelen rivayettir:

"Rasûlullah (s.a) ile birlikte ensardan bir adamın cenazesine katıldık. O sırada ben babamla birlikte gitmiş küçük bir çocuktum. Rasûlullah (s.a) kabrin kenarında oturdu. Mezar kazıcısına tavsiyede bulunarak [bir rivayette ona işaret ederek] şöyle diyordu: Baş tarafından geniş tut, ayaklar tarafından da geniş tut. Bunun cennette nice salkımları vardır."

Hadisi Buhari (II, 83), Beyhaki (III, 414) -diğer rivayet ona ait-, Ahmed (V, 408) -anlatım ona ait- rivayet etmişlerdir. Senedi Nevevi'nin el-Mecmu (V, 286), Hafız'ın et-Telhis (V, 201)'de belirttikleri gibi sahihtir.

Derim ki her iki hadiste de emrin zahiri her iki hadiste sözkonusu edilen derin kazmak, geniş tutmak ve güzel yapmanın vücubunu ifade eder. Şafiîlerle diğerlerinin bilinen görüşleri ise derin kazmanın müstehab olduğudur. İbn Hazm ise el-Muhalla (V, 116) bunun farz olduğunu açıkça ifade etmiştir.

Derinliğin sınırı hususunda el-Mecmu ya da başka bir eserde görüleceği üzere fukahanın farklı görüşleri vardır.

94. Kabrin laht şeklinde de şakk (yarmak)[5] şeklinde de kazılması caizdir. Çünkü Peygamber (s.a) döneminde her ikisi de uygulanmıştır. Fakat birincisi daha faziletlidir. Bu hususta bazı hadisler vardır:

Birinci hadis Enes b. Malik'ten şöyle dediğine dair gelen rivayettir:

"Peygamber (s.a) vefat ettiğinde Medine'de laht şeklinde mezar kazan birisi ile yararak mezar kazan birisi vardı. Ashab Rabbimizden hayırlısını dileyerek biz her ikisine haber gönderelim, hangisi daha erken gelirse bu işi ona verelim. Her ikisine de haber gönderildi, laht şeklinde kabir kazan kişi geldi, bunun için Peygamber (s.a)'ın kabrini laht şeklinde kazıdılar."

Hadisi İbn Mace (I, 472), Tahavi (IV, 45), Ahmed (III, 99) rivayet etmişlerdir.

Derim ki senedi Hafız'ın et-Telhis (V, 204)'de belirttiği üzere hasendir.

Hadisin iki tane de şahidi vardır:

Birincisi İbn Abbas'tan rivayet edilmiştir.

Bunu İbn Mace (I, 298), Ahmed (39 ve 3358), İbn Sad (II, 2/72), Beyhaki (III, 407)'de rivayet etmişlerdir.

Diğer şahit Aişe (r.anha)'dan gelmektedir.

Bunu İbn Mace ve İbn Sad rivayet etmişlerdir. Herbirisinin de senedi Hafız'ın belirttiği üzere zayıftır. Fakat bunların birincisini şu lafızla bir başka rivayet yolu daha vardır:

"Peygamber (s.a)'ın kabrine Abbas, Ali ve el-Fadl girdi. Ensardan bir adam onun lahtini düzeltti. Bedir günü şehidlerin kabirlerinin lahitlerini düzelten kişi de o idi."

Bunu Tahavi, Muşkilu'l-Asar (IV, 47)'de, İbnu'l-Carut (268), İbn Hibban (2161) -ve senedi sahihtir- rivayet etmişlerdir. İbn Abbas'ın Peygamber (s.a)'ın ifadesi olarak bir hadis sonra gelecek olan lahde dair bir başka rivayeti de vardır. Ayrıca Ali (r.a)'ın rivayet ettiği ve 97. meselede gelecek bir şahid daha vardır.

İkinci hadis Amir b. Sad b. Ebi Vakkas'ın babasından şöyle dediğine dair rivayeti:

"Rasûlullah (s.a)'a yapıldığı gibi benim için de laht açınız ve üzerime kerpiçleri dikey olarak yerleştiriniz."

Hadisi Müslim (II, 61), Nesai (I, 283), İbn Mace (I, 471), Tahavi, Müşkilu'l-Asar (IV, 46), Beyhaki, Ahmed (1489, 1601-1602)'de rivayet etmişlerdir.

---

[5] Bu kelime laht veya luht diye telaffuz edilir. K□ble taraf□ndan kabrin enine do□ru a3□lmas□ demektir. Yarmak (□akk) ise kabirin nehir yata□□ gibi a□a□□ do□ru kaz□lmas□ demektir.

Üçüncü hadis İbn Abbas'tan gelen rivayet olup, buna göre Rasûlullah (s.a) şöyle buyurmuştur:

"Laht bizim için, yarmak ise bizden başkaları içindir."

Hadisi Ebu Davud (II, 69), Nesai (I, 283), Tirmizi (II, 152), İbn Mace (4711), Tahavi (IV, 48), Beyhaki (III, 408), Hafız (V, 203)'de belirttiği üzere zayıf bir senedle rivayet etmişler, ancak İbnu's-Seken sahih olduğunu belirtmiştir.

Derim ki belkide hadisin şahidleri ve rivayet yolları dolayısıyla bu hükmü vermiş olabilir. Bu şahid ve rivayet yollarının bazıları: Cerir'den (Peygamber efendimize) merfu olarak bunun gibi bir rivayet gelmiştir.

Bunu İbn Mace, Tahavi, Beyhaki, Tayalisi (669), Ahmed (IV, 357, 359, 362)'de Ebu'l-Yakzan, Osman b. Umeyr'den, o Zazan'dan, o Cerir'den diye rivayet etmişlerdir.

Burada sözü edilen Osman, Hafız'ın belirttiği üzere zayıf bir ravidir. Fakat Tahavi bunu ikinci bir yoldan, Ahmed ise bunların dışında iki ayrı yoldan daha rivayet etmiştir. Böylelikle Cerir'in rivayet ettiği hadisin biri diğerini güçlendiren dört rivayet yolu vardır. Bunlar İbn Abbas'ın rivayet ettiği hadise katıldıkları takdirde onu pekiştirirler ve hadis hasen derecesine hatta sahih derecesine dahi yükselir.

Nevevi, el-Mecmu (V, 287)'de şunları söylemektedir: "İlim adamları laht ve yarmak şeklinde kazılmış kabirlerde defnetmenin caiz olduğunu icma ile kabul etmişlerdir. Fakat eğer arazi toprağı çökmeyen cinsten sert ise daha önce kaydedilen deliller dolayısıyla laht daha faziletlidir. Şâyet toprağı çöken gevşek bir arazi ise yarmak daha faziletlidir."

95. Bir kabirde zaruret halinde iki ya da daha fazla kişinin defnedilmesinde bir sakınca yoktur, onların daha faziletlileri öne alınır. Bu hususta da birkaç hadis vardır.

Birinci hadis Cabir b. Abdullah'tan dedi ki:

"Peygamber (s.a), Uhud'da öldürülenlerden iki [ve üç] kişiyi bir tek kefen ile (kefeni aralarında bölüştürerek) kefenler[6] sonra: Bunların hangisi Kur'ân'ı daha çok biliyordu diye sorardı. Onlardan birisine işaret edilecek olursa, onu lahtde [kardeşinden önce] öne geçirir ve şöyle derdi: Ben kıyamet gününde bunlara şahit olacağım dedi ve onların kanlarıyla defnedilmelerini emretti. Yıkanmadılar ve üzerlerine namaz da kılınmadı. [Cabir dedi ki: Babam ve amcam[7] o gün aynı kabirde gömüldüler.]"

---

6 Kefen bezinin bir parзas□na demek istiyor. □sterse bu parзa bedeninin tamam□n□ цrtmesin.

7 □fadeden anla□□ld□□□ kadar□yla o babas□n□n karde□ini kastetmektedir. Fakat durum bцyle de□ildir. O bundan sonraki hadiste geзecek olan Amr

Hadisi Buhari (III, 163-165, 169, VII, 300), Nesai (I, 277), Tirmizi (II, 147) -sahih olduğunu belirterek-, İbn Mace (I, 461), İbnu'l-Carut (270), Beyhaki (IV, 14), Ahmed (V, 431) -üçüncü fazlalık ona ait Buhari de o anlamda bir fazlalık zikretmektedir.- İkinci fazlalık ona ve Beyhaki'ye, üçüncü fazlalık İbn Mace'ye aittir. Bu fazlalığı Şevkani (IV, 25)'de Tirmizi'ye nisbet etmekle birlikte yanılmıştır.

Hadisin ikinci bölümünde bir fazlalık daha vardır ki bu daha önceden 32. meselede geçmiş bulunmaktadır.

İkinci hadis Ebu Katade'den bu olayda hazır bulunduğunu belirterek dedi ki:

"Amr b. el-Cemuh, Rasûlullah (s.a)'a gelip şöyle dedi: Ey Allah'ın Rasûlü ne dersin? Eğer ben öldürülünceye kadar Allah yolunda çarpışacak olursam, şu ayağımla sağlıklı olarak cennette yürüyebilecek miyim? Onun ayağı topal idi. Rasûlullah (s.a): Evet diye buyurdu. Uhud günü o kardeşinin oğlu ve onlara ait bir azadlı ile birlikte öldürüldüler. Rasûlullah (s.a) onun yanından geçerken şöyle buyurdu: Sanki ben şu ayağımla sağlıklı olarak cennette yürürken seni görür gibiyim. Rasûlullah (s.a)'ın verdiği emir üzere o kardeşinin oğlu ve azadlıları tek bir kabre gömüldüler."

Hadisi Ahmed (V, 299), Hafız (III, 168)'de belirttiği gibi hasen bir senedle rivayet etmiştir.

Üçüncü hadis Cabir (r.a)'dan gelen ve daha önce kaydettiğimiz babasının şehid düşmesiyle ilgili kıssadır. Bu kıssanın sonlarında şu ifadeler yer almaktadır: "...İlk öldürülen kişi o oldu. Aynı kabirde onunla bir başka kişi daha defnedildi..."

Bu hususta Hişam b. Amir'den gelen bir rivayette vardır. Onun naklettiği bu hadis 93. meselenin birinci hadisi olarak geçti. Enes b. Malik'ten gelen hadis de 37. meselede kaydedilmiş bulunmaktadır. Derim ki: Bu hadislerde Kur'ân'ı bilen kimsenin açıkça bir fazilet sahibi olduğu görülmektedir.

Hafız, Fethu'l-Bari (III, 166)'de şöyle demektedir: "Fıkıhı bilenler, zahidler ve diğer fazilet türlerine sahib olanlar da buna katılır." Şafiî, el-Umm (I, 245)'de şunları söylemektedir:

"Darlık ve acele etmek gereği gibi zaruret hallerinde iki ya da üç ölü aynı kabre defnedilebilir. Onlardan kıble cihetinde olan kişi daha faziletlileri ve yaşlılarının olmasına bakılır. Hiçbir şekilde kadının erkekle birlikte defnedilmesini hoş görmüyorum. Eğer bu bir zaruret olur ve başka bir çare bulunamazsa o takdirde erkek kadının

---

b. el-Cemuh'u kastetmektedir. Cabir'in babas□n□n arkada□□ ve k□zkarde□i Amr k□z□ Hind'in kocas□ idi. Cabir'in ona amcam demesi, ona sayg□ duydu□undan dolay□ olabilir. Nitekim Haf□z □bn Hacer, Fethu'l-Bari'de bцyle demiş ve bunu destekleyen birtakım rivayetler kaydetmiştir. (Bk. III, 168)

önünde, kadın da onun arkasında yerleştirilir. Kabirde erkek ile kadın arasında topraktan bir engel oluşturulur."

96. Ölüyü kabre indirme işini -ölü dişi dahi olsa- sadece erkekler üstlenir. Bu hususta kadınlar işe katılmazlar. Bunun bazı sebebleri vardır:

1. Peygamber (s.a) döneminden bu yana görülegelen budur. Bu güne kadar müslümanlar hep böylece uygulayagelmişlerdir. Bu hususta 99. meselede Enes'in rivayet ettiği hadis gelecektir.

2. Erkeklerin bu işi yapabilme güçleri daha fazladır.

3. Eğer kadınlar bu işi üstlenecek olurlarsa, bunun sonucunda kendilerine yabancı olan erkekler önünde bedenlerin bir kısmının açılması sözkonusu olur. Bu da caiz değildir.

97. Ölenin velileri onu kabre indirmekte daha bir hak sahibidirler. Çünkü yüce Allah'ın: *"Akrabalar*[8] *Allah'ın kitabınca birbirlerine daha yakındırlar."* (el-Enfal, 8/75) buyruğunun genel kapsamı bunu gerektirmektedir. Ayrıca Ali (r.a) rivayet ettiği hadisinde şöyle demektedir:

"Ben Rasûlullah (s.a)'ı yıkadım. Ölüde görülen halleri görmek istedim de hiçbirisini göremedim. O hayatta iken de çok hoş ve temizdi, ölümünde de çok hoş ve temizdi. Onu defnedip, insanlara karşı onu örtme işini dört kişi yüklenmişti: Ali, Abbas, el-Fadl ve Rasûlullah (s.a)'ın azadlısı Salih[9] Rasûlullah (s.a)'ın kabri laht şeklinde kazıldı ve kerpiçler dikey olarak üzerine yerleştirdi."

Bu hadisi Hakim (I, 396) ondan Beyhaki (IV, 53) sahih bir senedle rivayet etmişlerdir. Hakim de Buhari ve Müslim'in şartına göre sahih olduğunu belirtmiş, bu hususta Zehebi de ona muvafakat etmiştir.

Bu hadisin İbn Abbas tarafından nakledilen bir şahidi de vardır. Bu daha önce 94. meselede sözkonusu edilmişti.

Bir diğer şahidi de Şabi'den mürsel olarak gelen bir rivayettir. Orada Rasûlullah (s.a)'ın azadlısı Salih'i sözkonusu etmemiştir.

Bunu Ebu Davud (II, 69)'da ondan (Şabi'den) sahih bir senedle rivayet etmiştir.

Yine Ebu Davud'un, Merhab'dan -yahutta İbn Ebi Merhab'tan- kaydettiği bir rivayet vardır: "Onlar (yani Ali, el-Fadl ve kardeşi)

---

[8] Akrabalar (ulu'l-erham) baba, baban□n babalar□, o□ul, onun o□ullar□, sonra anne baba bir karde□ler, sonra baba bir karde□ler, sonra onlar□n o□ullar□, sonra baba anne bir amcalar, sonra baba bir amcalar, sonra onlar□n o□ullar□, sonra kendisiyle evlenilmesi yasak olan herbir akraba gelir. el-Muhalla (V, 143)'da ve ona yakın ifadeler el-Mecmu (V, 290)'da buyledir.

[9] Lakab□ □ukran'd□r. Bk. □bn Hacer, Nuzhetu'l-Elbab (1674)

beraberlerinde Abdu'r-Rahman b. Avf'ı da aldılar. Ali işini bitirince: Kişini işini onun yakınları üstlenir." dedi.

Merhab ya da İbn Ebi Merhab'ın sahabi olup olmadığı hususunda ihtilaf vardır.[10]

Abdu'r-Rahman b. Ebza'dan şöyle dediği rivayet edilmiştir:

"Ben Ömer b. el-Hattab ile birlikte Medine'de Zeynep bt. Cahş'ın cenaze namazını kıldım. O önce dört tekbir getirdi. Sonra Peygamber (s.a)'ın hanımlarına haber göndererek: Onu kabre koyma işini kime emretmek isterler. (Abdu'r-Rahman) dedi ki: O bu işi bizzat kendisinin yapmasını daha çok arzu ederdi. Peygamberin hanımları ona şu haberi gönderdi: Bir bak hayatta iken onu kim görebiliyordu. Onu kabre yerleştirecek olan da o olsun. Ömer bunun üzerine: Doğru söylediniz dedi."

Bunu Tahavi (III, 304-305), İbn Sad (VIII, 111-112), Beyhaki (III, 53) sahih bir senedle rivayet etmiştir.

98. Kocanın hanımının defn işini bizzat üstlenmesi caizdir. Çünkü Aişe (r.anha) şöyle demiştir:

"Rasûlullah (s.a)'ın hastalığının başladığı günde yanıma girdi. Ben vah başım dedim. O şöyle dedi: Ben hayatta iken bunun olmasını çok arzu ederdim. O zaman seni hazırlar ve seni defnederdim. (Aişe) dedi ki: Ben kıskanç birisiyim dedi. Sanki seni hanımlarından birisi ile yeni damat olacaksın gibi bana geliyor. (Peygamber) şöyle buyurdu: Benim de başım çok ağrıyor bana babanı, kardeşini çağır da Ebu Bekir'in lehine bir yazı yazayım. Çünkü ben söyleyecek birisinin ya da temenni edecek bir kimsenin bu işe ben daha bir layıkım diyeceğinden çekiniyorum. Oysa Allah da, mü'minler de Ebu Bekir'den başkasını kabul etmez."

Hadisi Ahmed (VI, 144)'de Buhari ve Müslim'in şartına göre sahih bir senedle rivayet etmişlerdir. Hadis buna yakın ifadelerle Sahih-i Buhari'de (X, 101-102)'de, Müslim (VII, 110)'da muhtasar olarak geçmektedir. Daha önce kaydettiğimiz Aişe'den gelen bir diğer rivayet yolu daha vardır.

Erkeğin hanımını defnetmesinin caiz olduğunu Şafiîler kabul etmişler, hatta: O sözünü ettiğimiz kadının yakınlarından daha çok buna hak sahibidir. İbn Hazm bunun aksini söyleyerek kocayı bu husustaki hak sahibi olmak bakımından onlardan sonra kaydetmiştir. Az önce kaydettiğimiz âyetin genel ifadesi dolayısıyla bunun doğruya daha yakın olma ihtimali vardır.

99. Fakat bunun için o gece hanımı ile ilişki kurmamış olması şarttır. Aksi takdirde kocanın hanımını defnetmesi meşru olmaz. Ondan başkası onu defnetmeye daha layık olur. İsterse yabancı

---

[10] Derim ki bu ve bundan цnceki rivayet □abi'nin mьrsel rivayeti olup, Ali (r.a)'□n rivayet etti□i hadise gьзlь bir □ahittir.

birisi olsun. Ancak onun için de belirtilen şart aranır. Çünkü Enes b. Malik (r.a) rivayet ettiği hadiste şöyle demektedir:

"Rasûlullah (s.a)'ın bir kızının cenazesinde bulunduk. Rasûlullah (s.a) kabrin başında oturuyordu. Gözlerinden yaş akmakta olduğunu gördüm. Sonra şöyle buyurdu: Aranızda bu gece [hanımına] yaklaşmamış[11] bir adam var mı? Ebu Talha: [Evet] ben ey Allah'ın Rasûlü dedi. (Enes) dedi ki: Ebu Talha indi. (Peygamber) buyurdu ki: Sen onun kabrine in. [O da onu kabrine yerleştirdi]."

Yine Enes'den gelen bir başka rivayette şöyle demektedir:

"Rukayye (r.anha) vefat ettiğinde Rasûlullah (s.a) şöyle buyurdu: [Bu gece] ailesine yaklaşan herhangi bir erkek kabre girmesin. Bunun üzerine Osman b. Affan (r.a) kabre girmedi."

Birinci rivayeti Buhari Sahih'inde (III, 122, 162), Tahavi, Müşkilu'l-Asar (III, 304), Hakim (IV, 47), Beyhaki (IV, 53), Ahmed (III, 126, 228) -anlatım ona ait- ikinci fazlalık kaydettiği rivayetlerden birisinde ona ait, birinci fazlalık ise Tahavi ve Hakim'e ait, son fazlalık da Buhari'ye aittir.

İkinci rivayeti Ahmed (III, 269-270), Tahavi (III, 202), Hakim (IV, 47), İbn Hazm (V, 145), Enes'den bir başka rivayet yoluyla kaydetmiştir. Anlatım Ahmed'e aittir, fazlalık da Hakim'e aittir. Hakim şunları da söylemektedir:

"Hadis Müslim'in şartına göre sahihtir" ve dediği gibidir. Zehebi de bunu böylece kabul etmiştir. Şu kadar var ki bazı hadis imamları onun Peygamber efendimizin kızının adını "Rukayye" olarak vermesini kabul etmemiştir. Buhari, et-Tarihu'l-Evsat'ta şunları söylemektedir:

"Ben bunun ne olduğunu bilemiyorum. Çünkü Rukayye, Peygamber (s.a) Bedir'de iken ölmüştü ve onun defninde hazır bulunmamıştı."

Hafız, Fethu'l-Bari'de bu hususta Hammad b. Seleme'nin yanıldığının vefat edenin Osman'ın hanımı Um Külsum olduğunu tercih etmiştir. Ona başvurulabilir. Tahavi, Müşkilu'l-Asar'da bunu kesin olarak ifade eder ve şöyle der:

"O (Um Külsum) hicretin dokuzuncu yılında vefat etmiştir."

Nevevi, el-Mecmu (V, 289)'da şöyle demektedir:

"Bu hadis ölen kadın dahi olsa onu defnetme işini üstlenecek olanların erkek olmasını ön görenlerin delil gösterdiği hadislerdendir. Bilindiği gibi Ebu Talha (r.a), Peygamber (s.a)'ın kızlarına yabancı bir kimsedir. Fakat o hazır bulunanların salihlerinden idi. Orada Peygamber (s.a)'ın dışında ona mahrem bir erkek yoktu. Peygamber

---

[11] en-Nihaye'de belirtildi□i ьzere cima□ kastetmektedir. Tahavi ise herhangi bir delil gцstermeden bu az□klamay□ uzak bir ihtimal olarak gцrmь□tьr. Ona itibar edilemez.

efendimizin kabrine inmekte belki bir mazereti bulunabilir. Kocasının durumu da öyle. Bilindiği gibi onun kızkardeşi Fatıma ve diğer mahremleri ile başka kadınlar da orada bulunuyordu. İşte bu kabre yerleştirmek ve defnetmek hususunda kadınların herhangi bir müdahalelerinin olmayacağına bir delildir."

Hafız (İbn Hacer), Fethu'l-Bari'de şunları söylemektedir:

"Hadisten anlaşıldığına göre zevk ve lezzetlerden nisbeten uzak kalmış olan kimsenin ölüyü gömmek hususunda baba ve kocadan önce geldiğini göstermektedir. Bir diğer açıklamaya göre bundan dolayı onu tercih etmesine sebeb onun bu işi kendi iradesiyle yapmamış olmasıdır. Ancak bu su götürür bir açıklamadır. Çünkü ifadenin zahirinden anlaşıldığına göre onu bu sebebten ötürü tercih etmesi o gece cimada bulunmamış olmasıdır."

Derim ki: Hadis bizim başta kaydettiğimiz hususlara açıkça delalet etmektedir. Merhum İbn Hazm (V, 144-145)'de böyle demektedir:

Garib kaçan hususlardan birisi de benim vaktiyle gördüğüm yahutta bu sebeb dolayısıyla başvurduğum genel olarak bütün fıkıh kitabları ne olumlu, ne olumsuz bu meseleye değinmemiştir. Bu ise fakihin sünnet kitablarından müstağni kalamayacağına dair pek çok delil arasından sadece bir delildir. Mezheb taassubuna sahib birtakım kimselerin fıkıh kitabları, hadis kitablarına hatta Allah'ın kitabına dahi ihtiyaç bırakmadığını zannetseler dahi bu böyledir. Yüce Allah zalimlerin söylediklerinden alabildiğine yüce ve münezzehtir. Bk. Silsiletu'l-Ahadiysi's-Sahiha, I, 128-129

100. Sünnet olan ölenin kabrin arka tarafından yerleştirilmesidir. Çünkü Ebu İshak yoluyla gelen hadiste şöyle demektedir:

"el-Haris cenaze namazını Abdullah b. Yezid'in kıldırmasını vasiyet etti. Abdullah onun cenaze namazını kıldırdı. Sonra onu kabre, kabrin ayak tarafından yerleştirdi ve: Bu sünnettendir dedi."

Hadisi İbn Ebi Şeybe, el-Musannef (IV, 130), Ebu Davud (II, 69), onun rivayet yoluyla Beyhaki (IV, 54)'de rivayet etmiş olup şunları söylemektedir:

"Bu sahih bir sünnettir. (Abdullah b. Yezid): "Bu sünnettendir" dediğinden ötürü hadis müsned hadisler arasında sayılır."

Derim ki daha sonra buna İbn Abbas ve başkaları yoluyla gelen birtakım şahidler de rivayet etmekte ve şöyle demektedir:

"Hicazlılar arasında meşhur olan işte budur."

Daha sonra Peygamber (s.a)'ın kabre kıble tarafından yerleştirildiğine dair iki hadis nakletmekte ve bunların zayıf olduğunu belirtmektedir. Durum onun dediği gibidir. Şafiî -yüce Allah'ın rahmeti üzerine olsun- bu hadislerin ikincisini yine metni itibariyle illetli kabul etmiş ve bunun ameli (pratik ve uygulama) bakımından mümkün olmadığını gerekçe göstermiştir. el-Umm (I, 241)'de şunları söylemektedir:

"Bizim arkadaşlarımızdan güvenilir kimselerin haber verdiğine göre Peygamber (s.a)'ın kabri eve girenin sağ tarafında ve duvara bitişik bir vaziyettedir. Lahdin kendi tarafından açıldığı duvar da odanın kıble cihetindedir. Onun lahdi de duvarın altına gelmektedir. Lahit duvara bitişik, üzerinde hiçbir şey durmayacak durumda iken kabrine enine nasıl yerleştirilebilir? Peygamberin ancak çekilmesi yahut kıble karşısından yerleştirilmesine imkan vardır. Ölüler ile ilgili durumlar ve onların kabirlerine yerleştirilmesi ölümün çokça görülen bir durum olması ve imamların mevcudiyeti, sika olan kimselerin hazır bulunmaları sebebiyle bize göre meşhur olan hadiseler arasındadır ve ölüm haklarında hadise gerek duyulmayacak genel işlerdendir. Bu gibi haller ile ilgili hadis bütün insanların bunları bilmekle yükümlü tutulması gibi bir şeydir. Rasûlullah (s.a), muhacirler ve ensar ise herkesin herkesten nakli dolayısıyla adeta bizim aramızda bulunuyorlar. Bunlar ölünün bir şekilde çekilerek yerleştirileceği hususunda ihtilaf etmemişlerdir. Daha sonra bizim beldemizden başka bir yerden birisi[12] bize geliyor ve ölüyü kabre nasıl yerleştireceğimizi öğretmek istiyor.[13] Sonra da bilmiyor.

---

12 Bu Ebu Hanife'nin hocalar□ndan Hammad b. Ebi Sьleyman'd□r. Fethu'l-Kadir ve ba□ka eserlerde belirtildi□i gibi. Derim ki: Fakat zahir olan bu bizatihi Ebu Hanife'dir. Buna delil de □afio'nin bundan sonra gelecek olan: "Hatta Hammad'dan □u rivayet edilmi□tir" □eklindeki ifadeleridir. Bu da аз□kза bu ki□inin Hammad'dan ba□ka birisi oldu□unu ve Ebu Hanife oldu□unu gцstermektedir.

13 Bu mevkuf hadis ile di□er taraftan bundan цnceki merfu hadisin delalet etti□i husus Ahmed'in kabul etti□i gцrь□tьr. Ashab-□ kiram'□n зo□unlu□u da bu kanaattedir. el-İnsaf (II, 544)'da belirtildiği gibi. Bu gцrьş Hanefilerin gцrь□ьne -az цnce □afio'nin ifadelerinde de geзti□i ьzere- muhaliftir. □bnu'l-□umam, Hanefilerin lehine □bn Abbas'□n □u hadisini delil gцsterir: Peygamber (s.a) bir kabre girdi... Onu k□ble taraf□ndan ald□... Bu hadisi Tirmizi rivayet etmi□ ve: "Hasen bir hadistir" demi□tir. □bnu'l-Numan (I, 470)'de şцyle demektedir:

"Bu hadiste her ne kadar el-Haccac b. Ertae ve Minhal b. Halife bulunuyorsa da ve bu iki ravi hakk□nda (gьvenilir olup olmad□klar□ konusunda) ihtilaf etmi□lerse de bu hadisi sahih mertebesinden a□a□□ya dь□ьrьr, hasen mertebesinden de□il."

Derim ki: Aksine bu durum hadisi hasen mertebesinden de a□a□□ya dь□ьrьr. Зьnkь Haccac mьdellistir ve hadisi anвne ile rivayet etmi□tir. Anвne yapan mьdellisin hadisi ise ilim adamlar□nca makbul de□ildir ve bu Beyhaki'nin daha цnce meselenin ba□□nda i□aret edildi□i ьzere zay□f kabul

(Asılda böyle, el-Mecmu'da ise el-Um'den naklen (razı olmuyor) şeklinde olup doğru olması muhtemel olan da bu ifadedir). Nihayet Hammad, İbrahim'den, Peygamber (s.a)'ın (kabre) enine yerleştirildiğini rivayet ediyor."

Daha sonra Şafiî, İbn Abbas'ın ve diğerlerinin rivayet ettiği Rasûlullah (s.a)'ın başı tarafından alınarak (çekilerek) yerleştirildiğine dair hadisi zikretmektedir.

Derim ki: Bu hadisin ravileri sika raviler olup, Buhari ve Müslim'in kendilerinden hadis aldığı ravilerdirler. Bundan tek istisna Şafiî'nin hocasıdır, burada da meçhul olup adı verilmemiştir. Çünkü Şafiî: Sika bir kimse bize Amr'dan, o Ata'dan, o ondan (İbn Abbas'tan) haber verdi." demektedir.

İbn Siyrin'den de şöyle dediği rivayet edilmiştir:

"Ben Enes ile birlikte bir cenazede bulunuyordum. Ölünün kabrin ayak tarafından çekilerek yerleştirilmesini emretti."

Hadisi Ahmed (4081), İbn Ebi Şeybe (IV, 130)'de rivayet etmiş olup, senedi sahihtir.

101. Ölü kabrinde sağ tarafına yüzü kıbleye doğru, başı ve ayakları kıblenin sağında ve solunda gelecek şekilde yerleştirilir. Müslümanların Rasûlullah (s.a)'ın döneminden günümüze kadar uygulamaları hep bu şekilde devam edegelmiştir. Yeryüzündeki bütün kabristanlar da böyledir. el-Muhalla (V, 173) ve başka eserlerde bu şekildedir.

102. Ölüyü lahdine yerleştirecek olan kişi:

"Bismillahi ve ala sünneti Rasûlullahi (Allah'ın adı ile ve Rasûlullah'ın sünneti üzere)" ya da: "... Milleti Rasûlullahi (Rasûlullah'ın dini üzere) (s.a)" der.

Buna delil İbn Ömer'in rivayet ettiği şu hadis-i şeriftir:

"Peygamber (s.a) ölüyü kabre koyduğunda şöyle derdi. (Bir lafızda: Peygamber (s.a) buyurdu ki: Ölülerinizi kabirlere koyduğunuzda deyiniz ki): Bismillahi ve ala sünneti (bir rivayette

---

ettiği iki hadisten birisidir. Bundan dolayı Nevevi (V, 295)'de, Tirmizi'nin bu hadisi hasen olarak değerlendirmesini kabul etmeyerek şöyle demektedir:

"Bu hadis hakkında Tirmizi'nin hasen bir hadistir şeklindeki sözü kabul edilemez. Çünkü Haccac b. Artae muhaddislerin ittifakıyla zayıf bir ravidir."

Zeylai (II, 300)'de Tirmizi'nin sözünü naklettikten sonra şunları söylemektedir:

"Onun bu sözü kabul edilmemiştir. Çünkü hadis Haccac b. Artae etrafında dönüp durmaktadır. O ise tedlis yapan bir ravidir ve bu rivayetinde sema (bizzat dinlediğini ifade eden tabirler) kullanmamıştır. Minhalin de zayıf olduğunu İbn Main söylemiştir..."

Derim ki: İşte hak olan budur. İnsaf sahibi olan kimseler bu hadisin zayıf olduğunu kabul etmişlerdir. Abdullah b. Yezid'in hadisi ise sahihtir. Garib hususlardan birisi şu ki İbnu'l-Ğumam bu hadisin sıhhatini kabul etmiş, fakat sahabinin sünnetin böyle olduğunu zannettiği bir fiil olduğunu gerekçe göstererek reddetmeye kalkışmıştır. O sahabinin: "Sünnet böyledir" şeklindeki sözünün -ondan daha önce 77. meselede naklettiğimiz üzere- müsned hadis anlamında olduğu görüşünde olmakla birlikte bunu söylüyor. Ayrıca 73. meseleye de bakılabilir. Orada taassubun bir başka türüne ashab-ı kiram'ın delilsiz olarak hataya düştükleri iddiası reddedilmektedir.

milleti) Rasûlullahi." Hadisi Ebu Davud (II, 70), Tirmizi (II, 152-153), İbn Mace (I, 470), İbn Hibban, Sahih (773), Hakim (I, 366), Beyhaki (IV, 55), Ahmed (no: 4990, 5233, 5370, 6111) İbn Ömer'den gelen iki rivayet yoluyla rivayet etmişlerdir.

Birinci lafız Ebu Davud, İbn Mace ve İbnu's-Sünni'ye ait, ikinci lafız diğerlerine aittir.

İkinci rivayet Tirmizi, İbn Mace ve Hakim'in kaydettiği bir rivayet olup, Ahmed'in de rivayetlerinden birisidir. Her ikisinin de manası birdir. Tirmizi şöyle demektedir:

"Hadis hasendir." Hakim ve Zehebi de ona muvafakat ederek:

"Buhari ile Müslim'in şartına göre sahihtir" demiştir.

Derim ki: Hadis dedikleri gibidir. Bazılarının bu rivayeti mevkuf olarak nakletmelerinin buna zararı yoktur. Bunun da iki sebebi vardır:

Birincisi bu hadisi merfu olarak rivayet eden sikadır ve bu da sikanın bir ziyadesidir, kabul edilmesi gerekir. Bunu şu husus desteklemektedir: İkincisi bu hadis bir başka yolla merfu olarak da rivayet edilmiştir.

Ya da (cenazeyi kabre koyan) şöyle der:

"Bismillahi ve billahi ve ala milleti Rasûlullahi (s.a): Allah'ın adıyla, Allah ile ve Rasûlullah (s.a)'ın dini üzere" der.

Çünkü el-Beyadi (r.a)'ın Rasûlullah (s.a)'dan rivayetine göre şöyle buyurmuştur:

"Ölü kabrine konulduğunda onu kabre koyanlar lahde bırakılacağı vakit: Bismillahi ve billahi ve ala milleti Rasûlullahi (s.a) desinler."

Hadisi Hakim bundan önceki hadise şahid olarak rivayet etmiş olup, senedi hasendir.

103. Kabrin yakınında bulunan kimselerin lahdin üzerinin kapatılmasından sonra her iki eliyle üç avuç toprak alıp, atması müstehabtır. Çünkü Ebu Hureyre rivayet ettiği hadiste şöyle demektedir:

"Rasûlullah (s.a) bir cenaze namazını kıldı. Sonra ölünün yanına vardı ve başı tarafından üzerine üç avuç (toprak) attı."

Hadisi İbn Mace (I, 474), Nevevi'nin (V, 292) hakkında: "Ceyyid" dediği bir isnad ile rivayet etmiştir fakat Hafız: "Zahirine göre sahihtir" demektedir. Daha sonra bu hadisin benim et-Talikatu'l-Ciyad adlı eserimde açıkladığım üzere ravilerinden birisinin anâne yapması ile illetli olduğunu zikretmektedir fakat hadis şahidleri sebebiyle kaviy (güçlü)dir. Hafız bu şahidleri et-Telhisu'l-Habir (V, 222)'de zikretmiş bulunmaktadır, dileyen oraya bakabilir.

Daha sonra değindiğimiz bu illetli kabul etmenin bir zararının olmadığını anladım. Nitekim bunu el-İrva (751)'de tahkik ederek gösterdim.

Fukahanın müteahhirlerinden bazılarını birinci avuç toprağı atarken: "Minha halaknakum: sizi ondan yarattık", ikincisinde: "ve fi ha nuiydukum: sizi oraya iade ederiz", üçüncüsünde de: "ve minha nuhricukum tareten uhra: ikinci bir defa yine sizi oradan çıkartacağız." demenin müstehab olduğunu belirtmelerinin daha önce işaret ettiğimiz hadislerden herhangi birisinde aslı, dayanağı bulunmamaktadır.

Nevevi'nin (V, 293-294)'de söylediği şu sözlere gelince:

"Buna Ebu Umame (r.a)'ın rivayet ettiği hadis delil gösterilebilir. O dedi ki: "Rasûlullah (s.a)'ın kızı Um Kulsum kabre yerleştirildiğinde Rasûlullah (s.a): *"Sizi ondan yarattık, ona iade ederiz, bir kere daha yine ondan çıkarırız."* (Taha, 20/55) diye buyurdu. Bu hadisi İmam Ahmed, Ubeydullah b. Zahr'ın, Ali b. Zeyd b. Cüd'am'dan, o el-Kasım'dan diye rivayet etmiştir. Üçü de zayıf rivayetlerdir fakat fezaile dair hadislere sened zayıf dahi olsa bu gibi hallerde başvurulabilir, terğib ve terhib de o hadisler gereğince amel edilir. Bu da onlardan birisidir. Doğrusunu en iyi bilen Allah'tır.

Burada söylenenlere birkaç türlü cevap vermek mümkündür:

Öncelikle hadiste müstehab olduğu ileri sürülen herhangi bir fazilete delalet eden bir taraf yoktur. Dolayısıyla senedi sahih dahi olsa kesinlikle delil olacak bir taraf bulunmamaktadır.

İkinci olarak sözü edilen fazilet şeriatte bu işin faziletli amellerden olduğu sabit olmadığından bu hadisle amel edilebilir çünkü bu amellerin faziletlerine dair bir hadistir denilemez. Aksine bu hadisle amel etmeyi caiz kabul etmek zayıf bir hadisle amelin meşruiyetini kabul etmektir. Çünkü bir şeyin meşru oluşunun asgari derecesi müstehab oluşudur. Bu da sahih bir delil ile olmadıkça sabit olmayan (mükelleflerin hükümlerini ifade eden) beş hükümden bir hükümdür. İlim adamlarının ittifakı ile zayıf hadisin bu hususta bir faydası yoktur.

Üçüncüsü hadis oldukça zayıftır. Hatta İbn Hibban'ın tenkidine göre uydurmadır. Çünkü Ahmed'in Müsned'inde (V, 254) Ubeydullah b. Zahr, Ali b. Yezid'den yoluyla rivayet edilmiştir ki bu da el-Elhani diye nisbet edilir. Nevevi'nin: "Ali b. Zeyd b. Cüd'a" demesi bir hatadır. Çünkü Müsned'deki ifadeye muhaliftir. İbn Hibban şöyle demektedir:

"Ubeydullah b. Zahr uydurma hadisleri sağlam ravilerden nakleder. O Ali b. Yezid'den rivayet kaydetti mi musibetler getirir. Bir de Ubeydullah, Ali b. Yezid ile el-Kasım Ebu Abdi'r-Rahman bir haberin senedinde bir araya gelecek olursa, artık bu haber onların elleriyle uydurdukları bir rivayetten başka bir şey olamaz."

Bu hadisin en iyi hali oldukça zayıf kabul edilirse yine de onunla amel etmek caiz olmaz ve bu hususta İbn Hacer'in Tebyinu'l-

Aceb fi ma Verade fi Fadli Receb adlı eserinde açıkladığı gibi ikinci bir görüş sözkonusu olmayan tek bir görüş olarak kabul edilmiştir.

104. Cenazenin defin işi bittikten sonra bazı hususları yerine getirmek sünnettir:

Birincisi kabir az bir miktar bir karış kadar yerden yükseltilir, yerle dümdüz edilmez. Bu kabrin ayırdedilmesi, korunması ve tahkir edilmemesi içindir. Çünkü Cabir (r.a) rivayet ettiği hadiste şöyle demektedir:

"Peygamber (s.a) için bir lahit açıldı ve onun üzerine kerpiçler dikey olarak yerleştirildi, kabri yerden yaklaşık bir karış kadar yüksek tutuldu."

Hadisi İbn Hibban, Sahih'inde (2160), Beyhaki (III, 410)'de rivayet etmiş olup senedi hasendir.

Bu hadisin Salih b. Ebi'l-Ahdar'dan gelen mürsel bir şahidi de vardır. O şöyle demektedir:

"Ben Rasûlullah (s.a)'ın kabrini bir karış ya da bir karışa yakın (yükseltilmiş olarak) gördüm.

Bunu Ebu Davud, el-Merasil (421)'de rivayet etmiş olup, burada adı geçen Salih'in zayıf olduğunu Yahya el-Kattan ve başkaları ifade etmiştir.

Bununla birlikte bu rivayeti ileride gelecek olan kabrin dışından getirilen toprağın fazladan kabrin üzerine konulmasını yasaklayan ifadeler desteklemektedir. Çünkü bilindiği üzere definden sonra kabrin üzerinde bir miktar toprak kalır. Bu da ölünün bedeninin kapsadığı lahdden çıkartılan topraktır, kalan toprak da yaklaşık olarak hadiste sözü geçen toprağa eşittir.

Şafiî, el-Umm (I, 245-256)'de özetle şöyle demektedir:

"Ben kabre dışarıdan başka bir toprak ilave edilmesini hoş görmüyorum. Çünkü ona ayrıca toprak ilave edilecek olursa, oldukça yükselir. Ben kabrin yeryüzünden bir karış ya da ona yakın bir seviyede yükseltilmesini güzel görürüm."

Nevevi, el-Mecmu (V, 296)'da Şafiî mezhebine mensub olanların kabri belirtilen kadarıyla yükseltmenin müstehab olduğu hususunda ittifak ettiklerini nakletmektedir.

İkincisi kabrin deve hörgücü gibi tümsekleştirilmesidir. Çünkü Süfyan et-Temmar rivayet ettiği hadiste şöyle demektedir: "Ben Peygamber (s.a)'ın kabrini [Ebu Bekir ve Ömer'in de kabirlerini] deve hörgücü gibi tümsekleştirilmiş gördüm."

Hadisi Buhari (III, 198-199) ile Beyhaki (IV, 3)'de rivayet etmişlerdir. et-Telhis'de belirtildiği üzere bu hadisi İbn Ebi Şeybe ile Ebu Nuaym, el-Mustahrac eserinde de rivayet etmiş fazlalık da onlara aittir.

el-Kasım'dan gelen şu rivayet ile bu hadise karşı çıkılamaz. (Muaraza olunamaz.) el-Kasım dedi ki: Aişe (r.anha)'ın yanına girdim, ona anacağım dedim. Bana Peygamber (s.a)'ın ve iki arkadaşının -r.anhuma- kabirlerinin üzerini aç. Bana yüksek de olmayan, alçak da olmayan, üzerleri kırmızı arazinin çakıl taşları ile örtülmüş üç kabrin üzerini aç(ıp göster)di. Hadisi Ebu Davud (II, 70), Hakim (I, 369), ondan Beyhaki (IV, 3) ile İbn Hazm (V, 134), Amr b. Osman b. Hani'in, el-Kasım'dan yoluyla böylece naklettiği bir rivayet olarak tesbit etmişlerdir.

Hakim:

"Senedi sahihtir" demiş. Bu hususta Zehebi de ona muvafakat etmiştir. Ancak Beyhaki şöyle demektedir:

"Bu Süfyan et-Temmar'ın rivayet ettiği hadisten daha sahihtir." Ancak İbnu't-Türkmani onun bu açıklamasını reddederek şöyle demektedir:

"Fakat bu, bu ilmin alimlerinin kabul ettikleri ıstılaha muhaliftir. Aksine et-Temmar'ın rivayet ettiği hadis daha sahihtir. Çünkü bu hadis Sahih-i Buhari'de rivayet edilmiştir. el-Kasım'ın rivayet ettiği hadis ise hiçbir şekilde Sahih'de rivayet edilmemiştir."

Derim ki: Böyle bir red yeterli değildir. Çünkü Buhari'nin hadisine muhalif başka bir hadisin senedi Buhari'nin senedinden daha sahih ve daha kuvvetli olabilir. Dolayısıyla et-Temmar'ın hadisinin tercih edilmesinin tam yerinde olabilmesi için el-Kasım'ın rivayet ettiği hadisin illetinin açıklanması ya da en azından sıhhat itibariyle ondan daha alt mertebede olduğunun beyan edilmesi gerekir. Burada da vakıa budur. Bu hadisin illeti Amr b. Osman b. Hani' ile alakalıdır. Hafız'ın et-Takrib'de belirttiği üzere mestur bir ravidir. Hiçbir şekilde kimse onun sika olduğunu belirtmiş değildir. Hakim'in onun hadisini sahih olarak değerlendirmesi malum müsamahakarlığından dolayıdır. Zehebi'nin ona uyması ise Zehebi'nin Telhisu'l-Müstedrek adlı eserdeki sözlerini tetkik eden herkesin açıkça görebileceği pek çok yanılmaları arasındadır.

Diğer taraftan bu hadis sahih olsa bile et-Temmar'ın hadisi ile tearuz halinde değildir. Çünkü onun "çakıltaşları ile örtülmüş" ifadesi "düz bir satıh haline getirilmiş" demek değildir. Aksine üzerine çakıl taşı (el-batha) atılmış, bırakılmış demektir. Nitekim en-Nihaye'de de bu kelimenin anlamı küçük çakıltaşları diye verilmiştir. Bizatihi bu haberin kendisinden de anlaşılmaktadır:

"Kırmızı arazinin çakıltaşları ile örtülmüş" ifadesi hiçbir zaman deve hörgücü gibi tümsekleştirmeye aykırı değildir. İşte İbnu'l-Kayyim'de bu iki hadisi bu şekilde birarada yorumlamış ve Zadu'l-Mead adlı eserinde şöyle demiştir:

"Onun kabri deve hörgücü gibi tümsek yapılmış, kırmızı arazinin çakıltaşları ile üzeri örtülmüştür. Ne bina edilmiştir, ne de çamur ile sıvanmıştır. Onun iki arkadaşının kabri de böyle idi."

Sünnet olan hususların üçüncüsü kabrin başına bir taş ya da benzeri bir alamet koymak. Böylece akrabalarından ölecek kimseler onun yakınında defnedilmiş olur. Buna delil de Abdullah b. el-Muttalib b. Hantab[14] 'in oğlu olan Abdu'l-Muttalib'in rivayet ettiği hadistir. O şöyle demektedir:

"Osman b. Maz'un ölünce cenazesi çıkartıldı ve defnedildi. Peygamber (s.a) bir adama kendisine bir taş getirmesini istedi. O adam o taşı taşıyamadı. Rasûlullah (s.a) kalktı kollarını sıvadı. el-Muttalib dedi ki: Rasûlullah (s.a)'dan diye bana haber veren kişi dedi ki: Sanki ben kollarını sıvadığı vakit Rasûlullah (s.a)'ın kollarının beyazlığını görüyor gibiyim. Sonra o taşı kaldırıp, başı tarafına koydu ve şöyle buyurdu: Bununla kardeşimin kabrine bir alamet koymuş oluyorum ve yakınlarımdan ölen kimseleri ona yakın defnedeceğim."

Hadisi Ebu Davud (II, 69), ondan Beyhaki (III, 412), Hafız'ın (V, 229)'de belirttiği üzere hasen bir senedle rivayet etmişlerdir. Ebu Davud bu hadisin yer aldığı bölüme şu başlığı vermektedir: "Ölüleri bir kabirde birarada gömen ve kabre alamet konulması" Beyhaki de: "Kabrin bir kaya parçası yahut herhangi bir işaret ile alametlendirilmesi" ifadesini kullanmıştır.

Bu hadisin kuvvetini arttıran iki şahidi daha bulunmaktadır ki ben bunları et-Talikatu'l-Ciyad adlı eserde zikrettim.

Sünnet olan dördüncü husus ölüye bugün bilinen şekilde telkin vermemektir. Çünkü bu hususta varid olduğu söylenen hadis sahih değildir.[15] Aksine kabrin başında durarak ona sebat verilmesi için dua eder, onun için mağfiret diler ve hazır bulunanlardan da böyle yapmalarını ister. Çünkü Osman b. Affan (r.a)'ın şöyle dediği rivayet edilmiştir:

---

[14] Baskıya göndereceğimiz nüshada "el-Muttalib b. Ebi Vedaa" idi. Fakat gördüğünüz gibi tashih ettik. Bu hususta dikkatimizi çeken Dr. Abdu'l-Alim Abdu'l-Azim'e teşekkür ederiz. Allah ona hayırlı mükafatlarını versin.

[15] İbnu'l-Kayyim, Zadu'l-Mead (I, 206)'de de böyle demiştir. et-Talikatu'l-Ciyad'da belirttiğim üzere Nevevi ve başkaları zayıf olduğunu belirtmektedir. Sonra bu hususta Silsiletu'l-Ahadiysu'd-Daife (559)'de bu husustaki görüşü tahkik ettim. es-San'ani, Subulu's-Selam (II, 161)'de şunları söylemektedir: "Tahkik imamlarının ifadelerinden çıkan netice hadisin zayıf olduğu, gereğince amel etmenin bid'at olduğudur. Bu işi yapanların çokluğuna aldanmamak gerekir."
Onun bu ifadelerinden: "Gereğince amel etmek bid'attir" sözü gerçekten hoşuma gidiyor. Bu çoğu ilim adamlarının gözden kaçırdığı bir husus olmakla birlikte bir hakikattir. Onlar bu gibi hadislere çoğu hususlarda güveniyorlar ve bunları benimsiyorlar. Bunu yaparken de "Fezail-i A'mal'de zayıf hadis ile amel edilir" kaidesine dayanıyorlar. Halbuki bu kaidenin uygulanacağı yer kitab ve sünnet ile meşruiyeti sabit olan hususlardır. Yoksa mücerred zayıf hadis ile bu kaideyle amel edilmez. Buna daha önceki bir dipnotta bir örnek daha verilmiş, sonra bu önemli meselede Sahihu't-Terğib adlı çalışmamın mukaddimesinde ileri gelen ilim adamlarından bir kesimin sözlerini naklederek etraflı açıklamalarda bulunmuştum. Bk. I, 21-34

"Peygamber (s.a) ölüyü defnetme işini bitirdi mi onun (mezarı) üzerinde durur ve şöyle derdi: Kardeşiniz için mağfiret dileyin, ona sebat isteyin. Çünkü o şu anda sorgulanmaktadır."

Hadisi Ebu Davud (II, 70), Hakim (I, 370), Beyhaki (IV, 56), Abdullah b. Ahmed, Zevaidu'z-Zühd (s. 129)'da rivayet etmişlerdir. Hakim:

"Senedi sahihtir" demiş, Zehebi de bu hususta ona muvafakat etmiştir. Hadis dedikleri gibidir. Nevevi (V, 292)'de: "Senedi ceyyiddir" demiştir.

105. Hazır bulunanlara ölümü ve ölümden sonrasını hatırlatmak maksadıyla defin sırasında cenazenin yanında oturmak caizdir. Çünkü el-Bera b. Azib şöyle demektedir:

Ensardan bir adamın cenazesini götürürken Peygamber (s.a) ile birlikte çıktık. Kabre kadar vardık. Henüz daha lahdi açılmamıştı. Rasûlullah (s.a) [kıbleye yönelik olarak] oturdu, biz de onun etrafında oturduk. Adeta başlarımız üzerinde kuş varmış gibi idik. Elinde kendisiyle yere vurduğu bir değnek de vardı. Bir göğe, bir yere bakmaya koyuldu. Gözlerini -üç defa- kaldırıp indirdi.] İki ya da üç defa: Kabir azabından Allah'a sığınınız diye buyurdu. [Sonra şöyle buyurdu: Allah'ım şüphesiz ki ben sana kabir azabından sığınırım], [ve bu sözlerini üç defa tekrarladı.] Sonra şöyle buyurdu:

- Mü'min kulun dünya ile alakası kesilip, ahirete yönelmeye başladı mı semadan yüzleri güneşi andıran beyaz yüzlü melekler iner. Beraberlerinde cennet kefenlerinden bir kefen ve cennet hanutundan (kokularından) bir hanut[16] bulunur. Nihayet ondan gözün görebildiği kadar uzak bir mesafede otururlar. Sonra ölüm meleği –selam ona–[17] gelir ve başının yanında oturup, şöyle der: Ey hoş (bir rivayette mutmain) olan nefis! Allah'tan bir mağfirete ve bir hoşnutluğa (gitmek üzere) çık. (Peygamber) buyurdu ki: Onun canı su kabından damlanın akması gibi akarak çıkar, o da o canı alır. (Bir rivayette: Nihayet canı çıktı mı sema ile yer arasındaki bütün melekler ile semadaki bütün melekler ona dua eder. Semanın kapıları ona açılır. Bütün kapılarda bulunanlar yüce Allah'a ruhuyla kendi bulundukları yerden yükselmesi için dua ederler.) Ölüm meleği onun canını aldı mı bir göz açıp kırpacak bir süre kadar dahi onu elinde bırakmazlar. Hemen kendileri onu alır ve canını o kefene ve o hanuta koyarlar. [İşte yüce Allah'ın:*"Nihayet birinize ölüm gelse elçilerimiz onun ruhunu alırlar. Onlar eksik de yapmazlar."* (el-En'am, 6/61) buyruğu bunu anlatmaktadır ve o oradan (yerden)

---

[16] Ölülerin kefenlerine özellikle de bedenlerine konulan hoş kokuların bir karışımıdır.

[17] Derim ki kitab ve sünnette adı budur. Meleku'l-Mevt: Ölüm meleği. Ona Azrail adı verilmesinin ise -insanlar arasında meşhur olan ismin aksine- asılsız bir israiliyattan olma ihtimali vardır.

yeryüzünde bulunan en güzel misk kokusundan daha hoş olarak çıkar. (Peygamber devamla) buyurdu ki: Onun ruhunu alıp yükselirler. Meleklerden bir topluluğun yanından onunla geçtiler mi mutlaka melekler: Bu hoş ve temiz ruh ne oluyor derler. Onlara bu filan oğlu filandır diyerek dünya hayatında iken ona verilen isimlerin en güzelini söylerler. Nihayet bu ruh ile dünya semasına ulaşırlar. Onun için kapının açılmasını isterler. Onlara kapı açılır. Herbir semadan o semanın mukarreb olan melekleri bir sonraki semaya uğurlarlar. Nihayet onu yedinci semaya ulaştırırlar. Yüce Allah şöyle buyurur: Kulumun kitabını illiyyinde yazınız.*"İlliyyinin ne olduğunu sana ne bildirdi? O yazılmış bir kitabtır. Mukarreb olanlar onu müşahede ederler."* (el-Mutaffifin, 83/19-21) Onun kitabı illiyyin arasında yazılır, sonra şöyle buyurulur.[: Onu tekrar yere geri götürünüz. Çünkü ben] onlara şunu vadettim. Ben [onları ordan yarattım, onları oraya iade ederim. İkinci bir defa daha onları oradan çıkartacağım. (Peygamber devamla) buyurdu ki: Bunun üzerine [yere geri döndürülür ve] tekrar ruhu onun cesedine geri verilir. [Peygamber] buyurdu ki: O arkadaşlarının onu bırakıp gittikleri vakit ayak seslerini duyar. [Onlar geri dönmekte iken] Bu sefer ona [şiddetle bağırıp çağıran] iki melek gelir ve [ona şiddetle bağırırlar ve] onu oturtarak ona şöyle derler: Rabbin kim? O Rabbim Allah'tır der. Melekler ona dinin ne? diye sorarlar. O dinim İslamdır der. Melekler ona: Aranızdan gönderilen bu adam nedir? diye sorarlar. O: O, Allah'ın Rasûlüdür der. Melekler ona: Amelin ne? diye sorarlar. O: Allah'ın kitabını okudum, ona iman ettim, tasdik ettim der. Melek ona şiddetlice: Rabbin kim, dinin ne, peygamberin kim? diye sorar. İşte bu mü'minin karşı karşıya kalacağı son fitne olacaktır. Yüce Allah'ın: *"Allah iman edenlere dünya hayatında da, ahirette de sağlam söz üzere sebat verir."* (İbrahim, 14/27) buyruğunda anlatılan budur. Kişi: Rabbim Allah'tır, dinim İslamdır, peygamberim Muhammed (s.a)'dır der. Bunun üzerine semadan bir münadi şöyle seslenir. Kulum doğru söyledi. Ona cennetten yaygılar yayınız, cennetten elbiseler giydiriniz, ona cennete açılan bir kapı açınız. (Peygamber) buyurdu ki: Ona cennetin esintisi ve hoş kokusu gelir. Kabri göz görebildiği kadar onun için genişletilir. (Peygamber) buyurdu ki: Yüzü güzel, elbiseleri güzel, kokusu hoş bir adam ona gelir. [Bir rivayette: ona görünür] ve der ki: Seni sevindirecek şeyleri sana müjdeliyorum. [Allah'tan bir rıza ve içinde ebedi nimetlerin bulunduğu cennetlerin müjdesini getirdim.] İşte bu sana vaadolunan günündür. Mü'min ona şöyle der: [Allah sana da hayırlı müjdeler versin] sen kimsin? Senin yüzün hayırlı şeylerle gelen kimsenin yüzüne benziyor. O kişi ona: Ben senin salih amelinim der. [Allah'a yemin ederim ki ben seni şöyle bildim. Allah'a itaat hususunda elin çabuk bir kimse idin. Allah'a masiyet hususunda ağırdan alırdın. Bundan ötürü Allah seni hayırla mükafatlandırdı.] Sonra ona cennette bir kapı ve cehenneme açılan bir kapı açılır ve denir ki: Eğer Allah'a isyan etmiş olsaydın, gideceğin yer bu olacaktı. Allah onun yerine sana bunu verdi. O cennette olanları görünce şöyle der: Rabbim kıyametin kopmasını çabuklaştır ki ben aileme, malıma kavuşayım. [Ona: Sen (burada) kal denilir.] (Peygamber devamla) buyurdu ki:

Kâfir kul (bir rivayette facir) dünya ile alakası kesilip, ahirete yöneldi mi ona semadan [kaba ve güçlü kuvvetli] yüzleri siyah melekler semadan iner. Beraberlerinde [cehennem ateşinden] kaba elbiseler[18], gözün görebildiği kadar uzak bir yerde otururlar. Sonra ölüm meleği gelerek başının ucunda oturur ve ey murdar nefis der. Allah'tan bir gazab ve öfkeye doğru çık. Peygamber (s.a) şöyle buyurdu: Ruhu cesedinde dağılır. [Dalları, budakları çok] demir çubuğun ıslak yünden çekilmesi gibi onu çekip alır. [Bu hal ile birlikte damarları, sinirleri paramparça olur], [gök ile yer arasındaki herbir melek ve semadaki bütün melekler ona lanet eder. Semanın kapıları kapanır. Allah'a ruhu kendi taraflarından çıkmaması için dua etmeyen hiçbir kapı ehli olmaz.] Ölüm meleği o ruhu alır, onu aldı mı diğer melekler göz açıp kırpacak kadar bir zaman kadar dahi olsa onu elinde bırakmazlar ve hemen o getirdikleri kaba elbiselere sararlar. Ondan yeryüzünde görülmüş en kötü kokan leşin kokusu gibi bir koku çıkar. Onu alıp yükselirler. Meleklerden bir topluluğun yanından geçtikleri her seferinde mutlaka melekler: Bu murdar ruh ne oluyor derler. Onu götürenler bu filan oğlu filandır diyerek -dünya hayatında ona verilen en kötü ismiyle onu anarlar.- Nihayet dünya semasına getirilir. Ona kapının açılması istenir. Ona kapı açılmaz. Daha sonra Rasûlullah (s.a): *"Ayetlerimizi yalanlayıp da onlara karşı büyüklenenlere -hiç şüphesiz- gök kapıları açılmayacaktır. Onlar deve*[19] *iğne deliğinden geçmedikçe cennete giremezler."* (el-Araf, 7/40) Bunun üzerine aziz ve celil olan Allah şöyle buyurur: "Onun kitabını siccinde yerin en alt tabakasında yazınız. [Sonra şöyle denilir: Kulumu tekrar yere geri iade ediniz. Çünkü ben onlara şunu vadetmiştim: Ben onları oradan yarattım, oraya iade edeceğim ve ikinci bir defa daha onları oradan çıkartacağım.] Bu sefer ruhu [semadan] atılıverir] nihayet gelip cesedine düşer. Sonra şu buyrukları okudu: *"Kim Allah'a ortak koşarsa o sanki gökyüzünden düşüp, kuşların kaptığı yahut rüzgarın kendisini uzak bir yere attığı kimseye benzer."* (el-Hac, 22/31) Nihayet ruhu cesedine iade edilir.

---

[18] Bu bedeni ezmek maksadıyla nimetlerden yararlanmamak amacıyla, bedenin üzerine giyilen kıldan dokunmuş elbiselere denilir.

[19] İğne deliği kastedilmektedir. Deve (cemel) ise bilinen hayvan olup, dokuz yaşında ise bu ismi alır.

[(Peygamber devamla) buyurdu ki: O arkadaşlarının kendisini bırakıp gittikleri vakit ayak seslerini duyar.]

Bu halde iken [şiddetle azarlayan ve onu şiddetle azarlayıcı] iki melek gelir ve onu oturtur. Ona şöyle derler: Rabbin kim? [O: hı, hı[20] bilmiyorum der. Melekler ona: Dinin ne? diye sorarlar. O: hı, hı bilmiyorum der.] Melekler: Bu aranızda (Peygamber olarak) gönderilen bu adam hakkında ne dersin? diye sorarlar. Onun ismini hatırlayamaz. Bu sefer Muhammed denilir. O: hı, hı bilemiyorum der. [İnsanların o sözü söylediklerini duydum. Bu sefer ona: Hay bilmez olasın], [ve hiçbir şey söyleyemez olasın]. Semadan bir münadi: O yalan söylemiştir diye nida eder. Ona cehennem ateşinden yaygılar yayınız, ona cehennem ateşine giden bir kapı açınız. Cehennemin sıcağından ve deri gözeneklerinden işleyen sıcak havasından ona ulaşır. Kabri üzerine o kadar daraltılır ki kaburgaları birbirine geçer ve ona yüzü çirkin, elbiseleri çirkin, kötü kokan bir adam gelir (bir rivayette: ona gösterilir) ona şöyle der: Ben sana hoşuna gitmeyecek şeyleri bildiriyorum. İşte bu sana daha önce vaadolunan günündür. Şöyle der: [Sana da Allah hayır sözü işittirmesin.] Sen kimsin yüzün kötü şeylerle gelen kimsenin yüzüne benziyor. O şu cevabı verir: Ben senin kötü amelinim. [Allah'a yemin ederim. Ben seni Allah'a itaatte işi ağırdan alan, Allah'a isyana hızlıca koşan bir kişi olarak bildim sadece], [Allah sana kötülüğünün karşılığını versin. Sonra ona gözleri görmeyen, kulakları duymayan, konuşmayan, elinde bir balyoz bulunan bir kişi görünür. Bu balyozu bir dağın üzerine indirecek olsa toprak olur. Ona bu balyozla öyle bir darbe indirir ki bu darbe ile toprağa döner. Daha sonra Allah onu tekrar olduğu gibi iade eder, yine ona bir darbe daha indirir. Öyle bir feryadı basar ki insanlar ve cinler dışında herşey onun feryadını duyar. Sonra ona cehennem ateşine giden bir kapı açılır, cehennemden ona yaygılar yayılır.] Rabbim kıyamet kopmasın der."

Hadisi Ebu Davud (II, 281), Hakim (I, 37-40), Tayalisi (no: 753), Ahmed (IV, 287-288, 295-296)'da rivayet etmiş olup, anlatım Ahmed'e ve el-Acurri'nin eş-Şeria (367-370) adlı eserindeki şekildedir.

Nesai (I, 282), İbn Mace (I, 469-470) (el-Bera b. Azib'in): "Başlarımızın üzerinde kuş varmış gibi..." ifadesine kadar olan birinci kısmını rivayet etmişlerdir. Bu aynı zamanda bundan daha da kısa olmak üzere Ebu Davud'un (II, 70) da rivayetidir. Ahmed de aynı şekilde (IV, 297) rivayet etmiştir. Hakim şöyle demektedir:

---

[20] Bu kelime gülmek ve tehdit halinde söylenir. Bazen acı ve ıstırab dolayısıyla da söylenir. Hadisin manasına daha uygun olan anlamı budur. Doğrusunu en iyi bilen Allah'tır. et-Terğib'de de böyle denilmektedir.

"Hadis Buhari ve Müslim'in şartına göre sahihtir." Zehebi de bunu böylece kabul etmiştir. Hadisin durumu dedikleri gibidir. İbnu'l-Kayyim de İ'lamu'l-Muvakkıin (I, 214)'de ve Tehzibu's-Sünen (IV, 337)'de sahih olduğunu belirtmiş ve ayrıca orada hadisin Ebu Nuaym ve başkaları tarafından sahih kabul edildiğini de zikretmiştir.[21]

106. Ölüyü sağlıklı bir maksat için kabirden çıkarmak caizdir. Yıkanmadan, kefenlenmeden defnedilmesi vb. bir durum gibi. Çünkü Cabir b. Abdullah rivayet ettiği hadiste şöyle demektedir: "Rasûlullah (s.a) mezarına konulduktan sonra Abdullah b. Ubey [kabrin]e geldi. Verdiği emir üzerine kabrinden çıkarıldı. Onu dizleri üzerine koydu ve nefesinden üzerine üfledi. Ona gömleğini giydirdi. [Cabir dedi ki: Ve üzerine namaz kıldı.] Doğrusunu en iyi bilen Allah'tır.[22] [(Abdullah b. Ubey) Abbas'a (vaktiyle) bir gömlek vermişti.]"[23]

Hadisi Buhari (III, 167)'de rivayet etmiş olup, son fazlalıkla birlikte anlatım da ona aittir. Müslim (VIII, 120), Nesai (I, 284)'de rivayet etmiş olup birinci fazlalık da ona aittir. İbnu'l-Caruz (260), Beyhaki (III, 402), Ahmed (III, 381), Amr b. Dinar, Cabir'den işitti diye rivayet etmişlerdir.

---

[21] Birinci fazlalık Ebu Davud, İbn Mace ve Hakim'in, ikincisi Ahmed ve Tayalisi'nin, üçüncüsü Tayalisi ile Hakim'in, dördüncüsü Ahmed'in, beşincisi Tayalisi'nin, altıncısı ve sekizincisi yine Tayalisi'nin, yedincisi Hakim'in, sekizincisi Tayalisi'nin, dokuzuncusu Ahmed'in, onuncusu Ebu Davud'un, onbir ve onikincisi Tayalisi'nin, onüçüncüsü Ahmed'in, ondördüncüsü Tayalisi'nin, onbeşincisi Tayalisi'nin ve aynı zamanda Ahmed'in, onaltıncısı yine Tayalisi'nin, Ahmed de ona yakın ifadelerle, onyedi, onsekiz, ondokuz, yirmi, yirmibirinci fazlalıklar da aynı şekilde Tayalisi'nin, yirmi ve yirmibirincisi Ahmed'in, yirmiikincisi Ahmed'in, yirmiüçüncü ve yirmibeşincisi Hakim'in, yirmidördüncüsü Tayalisi'nin, yirmialtıncısı Ahmed'in, yirmiyedincisi Tayalisi'nin, yirmisekizincisi Ebu Davud'un, yirmidokuzuncu ve otuzuncusu Tayalisi'nin geri kalan fazlalıklar Ahmed'in, otuzüçüncüleri ise Tayalisi'ye ait olup, lafzı da ona aittir.
İkinci rivayet Hakim'e, üçüncü rivayet Ahmed'e, dördüncü, beşinci ve altıncı rivayet Tayalisi'ye aittir.

[22] Kastettiği Peygamber (s.a)'ın münafık olmakla birlikte İbn Ubey'e bu uygulamayı yapmasındaki hikmettir. Daha önce 60. meselede geçtiği gibi. Göründüğü kadarıyla bu uygulama yüce Allah'ın: *"Onlardan ölen hiçbir kimsenin namazını asla kılma. Kabrinin başında da durma."* (et-Tevbe, 9/84) buyruğunun nüzulünden önce indi. İşte o vakit oradaki notumuzdan hikmetin ne olduğu anlaşılabilir.

[23] Bununla Peygamber (s.a)'ın amcası el-Abbas b. Abdu'l-Muttalib'i kastetmektedir. Bu da Bedir günü olmuştu. Esirler arasında Abbas (r.a) getirildiğinde üzerinde bir elbisesi yoktu. Abdullah b. Ubey'in gömleğini buldular. Peygamber (s.a) ona o gömleği giydirdi. İşte bundan ötürü Peygamber (s.a) ona (Abdullah b. Ubey'e) kendi gömleğini giydirmiştir. Buhari, Cihad bahsinde bunu böylece nakletmektedir. Buna göre Peygamber efendimizin gömleğini ona giydirmiş olmasının sebebi bu olabilir.
Sebeb yine Buhari'nin Cenaiz bahsinde kaydettiği şu rivayette olabilir. Abdullah b. Ubey'in sözü geçen bu oğlu ey Allah'ın Rasûlü dedi. Babama senin tenine değen gömleğini giydir. Bir rivayette de o: Bana gömleğini ver, onunla babamı kefenleyeyim demiştir.
Hem oğlunun istemesi, hem de mükafatta bulunmak birarada buna sebeb olabilir. Bunda da bir mani yoktur. Neylu'l-Evtar (IV, 97)'de olduğu gibi.

Hadisin bir başka yolu daha vardır: O da Ebu'z-Zübeyr'in, Cabir'den yaptığı rivayettir. Cabir dedi ki:

"Abdullah b. Ubey ölünce oğlu Peygamber (s.a)'a gelerek ey Allah'ın Rasûlü dedi. Eğer sen onun cenazesine gelmeyecek olursan, bundan sonra sürekli ayıplanacağız. Bunun üzerine Peygamber (s.a) ona gitti. Kabrine konulmuş olduğunu gördü. Şöyle buyurdu: Niçin kabrine koymadan önce bana söylemediniz. Bunun üzerine kabrinden çıkarıldı. Peygamber başından tırnağına kadar onun üzerine üfledi ve ona gömleğini giydirdi."

Hadisi Ahmed (III, 371)'de Tuhfetu'l-Eşraf (II, 311)'de belirtildiği üzere, Nesai es-Sünenu'l-Kübra'da, Tahavi, Müşkilu'l-Asar (I, 14-15)'de Müslim'in şartına uygun bir senedle rivayet etmişlerdir. Fakat Ebu'z-Zübeyr müdellis bir ravi olup, bunu anâne (an lafzını kullanarak) rivayet etmiştir.

107. Kişinin ölmeden önce kabrini hazırlaması müstehab değildir. Çünkü ne Peygamber (s.a) bunu yapmıştır, ne de ashabı. Ayrıca kişi nerede öleceğini bilemez. Adamın maksadı ölüme hazırlanmak ise bu salih amel kabilinden sayılır.

Şeyhu'l-İslam İbn Teymiye -yüce Allah'ın rahmeti üzerine olsun-'nin el-İhtiyaratu'l-İlmiye adlı eserinde böyle denilmektedir.

---

15. TAZİYE

108. Ölenin akrabalarına taziyede bulunmak meşrudur.[1] Bu hususta iki hadis-i şerif vardır:

Birinci hadis Kurra el-Müzeni (r.a)'dan dedi ki:

"Allah'ın Peygamberi oturdu mu yanına ashabından da bir kaç kişi otururdu. Aralarında küçük oğlu olan bir adam da bulunurdu. O çocuk babasına sırtının arkasından gelir, o da alıp onu önüne oturutrdu. [Peygamber (s.a) ona: Onu seviyor musun diye sordu, adam şöyle dedi: Ey Allah'ın Rasûlü: Allah onu sevdirdiği gibi seni de sevdirsin.] Derken çocuk öldü. Adam da sohbete -oğlunun hatırası dolayısıyla- gelmez oldu. Oğlu için üzüldü. Peygamber (s.a) onu göremeyince: Ben ne diye filan kişiyi göremiyorum diye sordu. Ey Allah'ın Rasûlü dediler. Senin o gördüğün oğulcağızı var ya o öldü. Peygamber (s.a) onunla karşılaşınca oğlunu sordu, o da oğlunun öldüğünü Peygambere haber verdi. Peygamber oğlu dolayısıyla ona taziyetlerini bildirdi, sonra şöyle buyurdu: Ey filan kişi sen şunlardan hangisini daha çok seversin. Ömrün boyunca onunla hoş vakit geçirmeyi mi yoksa yarın cennet kapılarından hangisine gidersen mutlaka onun senden önce oraya varmış olduğunu ve o

---

[1] Taziyede bulunmak alacağı ecri hatırlatmak suretiyle sabra teşvik etmek, ölüye ve musibetzedeye duada bulunmak demektir.

kapıyı sana açmakta olduğunu görmeni mi? Adam ey Allah'ın Peygamberi elbetteki benden önce cennetin kapısına gidip, bana o kapıyı açmasını ben daha çok severim. Peygamber: İşte bu sana verilmiştir diye buyurdu. [Bir adam [ensardan bir adam] ey Allah'ın Rasûlü [Allah beni sana feda kılsın]. Bu sadece ona mı has yoksa hepimize mi, Peygamber aksine hepinize diye buyurdu.]"

Hadisi Nesai (I, 296) -anlatım ona ait-, İbn Hibban, Sahih'inde, Hakim (I, 384), Ahmed (V, 35)'de rivayet etmişlerdir. Hakim:

"Senedi sahihtir" demiş, bu hususta Zehebi de ona muvafakat etmiştir, hadis dedikleri gibidir. Hadisi yine Nesai (I, 264)'de ona yakın ifadelerle rivayet etmiştir. Beyhaki de Sünen (IV, 59-60)'de ve Adab'da (s. 438-439 fotokopi) rivayet etmiş ancak baştarafını tamamıyla nakletmemiştir. Birincisi dışında bütün fazlalıklar da onda mevcuttur.

Hadisin Mecmau'z-Zevaid (III, 10)'da bir şahidi bulunmaktadır.

İkinci hadis Enes b. Malik (r.a)'dan Peygamber (s.a) buyurdu ki:

"Kim herhangi bir musibet dolayısıyla mü'min kardeşine taziyette bulunursa Allah ona kıyamet gününde onun sebebiyle kendisine habr olunacak bir elbiseyi ona giydirecektir. Ey Allah'ın Rasûlü habr olunması ne demek diye soruldu. Peygamber: (Ona) gıbta edilecek (demektir) diye buyurdu."

Hadisi Hatib, Tarih-u Bağdad (VII, 397), İbn Asakir, Tarih-u Dimaşk (XV, 91/1), İbn Ady, el-Kamil (IV, 1572)'de rivayet etmişlerdir. Hadisin Talha b. Ubeydullah b. Kureyz'den maktu bir şahidi de vardır.

Bunu İbn Ebi Şeybe, el-Musannef (IV, 164)'de rivayet etmiştir. Buna göre hadis her iki yol ile birlikte hasen olmaktadır. Bunu İrvau'l-Ğalil..., no: 764'de açıkladığım gibi.

Şunu bilelim ki bu iki hadisi -özellikle birincilerini- taziye hakkında delil getirmek, taziyeye dair: "Her kim musibete uğramış bir kimseye taziyette bulunursa onun için onun ecrinin bir misli vardır." hadisinden daha uygundur. İsterse musannıfların çoğunluğu bunu böylece yapmış olsun. Çünkü bu hadis bütün yolları ile Nevevi'nin el-Mecmu (V, 305), Askalani'nin et-Telhis (V, 251)'de ve İrvau'l-Ğalil (no: 765)'de açıklandığı üzere bütün yollarıyla zayıf bir hadistir.

109. Onlara kendilerini teselli edeceğini, kederlerini önleyeceğini ve kadere rıza ve sabra iteceğini sandığı ifadelerle onlara taziyetlerini bildirir. Bunu da Peygamber (s.a)'dan sabit olmuş ifadelerle -eğer onları biliyor ve hatırlıyor ise- yapar. Aksi takdirde kolayına gelen ve maksadı gerçekleştirir, şeriate de muhalif olmayan güzel sözlerle taziyetlerini bildirir. Bu hususta varid olmuş bazı hadisler vardır:

Birinci hadis Üsame b. Zeyd'den dedi ki:

"Peygamber (s.a) kızlarından birisi Rasûlullah (s.a)'a bir küçük çocuğunun, oğlunun ya da kızının (bir rivayette Zeynep kızı Umeyme'nin)[2] ölmek üzere olduğuna dair haber gönderdi. Binaen aleyh bizim yanımıza gel (dedi). (Üsame) dedi ki: Peygamber ona selam söylemek ve şunları bildirmek üzere haber gönderdi:

"Aldığı şey Allah'ındır. Verdiği de [Allah'ındır] herşey onun yanında belli bir ecele kadardır. Binaen aleyh sabretsin ve ecrini (Allah'tan) beklesin."

Kızı ona [mutlaka kendisine gelmesi için] yemin vererek haber gönderdi. Bunun üzerine o da kalktı, biz de kalktık. Küçük çocuk Rasûlullah (s.a)'ın kucağına verildi. Nefesi [sanki bir su tulumunda imiş gibi] hırıldayıp duruyordu. Gelenler arasında Sad b. Ubade [Muaz b. Cebel], Ubeyy [b. Kâb] zannederim [Zeyd b. Sabit ve birtakım kimseler vardı.] Rasûlullah (s.a)'ın gözleri yaşla doldu. Sad ona: Bu ne oluyor ey Allah'ın Rasûlü [sen ağlamayı yasaklamadın mı?] (Peygamber) şöyle buyurdu: Bu [ancak] Allah'ın kullarından dilediği kimselerin kalblerine koyduğu bir rahmettir. Allah kulları arasından merhametlilere merhamet buyurur."

Hadisi Buhari (III, 120-122), Müslim (III, 39), Ebu Davud (II, 58), Nesai (I, 263), İbn Mace (481), Beyhaki (IV, 65-68-69), Ahmed (V, 204-206-207)'de rivayet etmişlerdir. Anlatım Ahmed'e aittir, ikinci rivayet de ona aittir. Birinci, yedinci ve sekizinci fazlalık hepsi Beyhaki'de bulunmaktadır. İkinci fazlalık Buhari, Müslim, Nesai ve Beyhaki'ye aittir. Üçüncü fazlalığı da onlar kaydetmişlerdir. Aynı şekilde dört ve beşinci fazlalık da -Müslim müstesna- hepsi tarafından zikredilmiştir. Altıncısı Buhari ve Nesai'ye aittir.

Derim ki: Bu taziye ifadesi her ne kadar ölmek üzere olan birisi hakkında varid olmuş ise de nassın delaleti ile ölmüş bulunan kimse hakkında bu ifadelerle taziyette bulunmak öncelikle sözkonusudur. Bundan dolayı Nevevi, el-Ezkar'da ve başka yerde şöyle demektedir:

"Bu hadisteki ifadeler taziye için kullanılacak ifadelerin en güzelidir."

İkinci hadis Bureyde b. el-Hasib'den rivayet edilmiştir. O dedi ki:

"Rasûlullah (s.a) ensarı arar araştırır, onların hastalarının ziyaretine gider, onları soruştururdu. Bir gün ensardan bir kadının oğlunun öldüğü haberini aldı. Başka bir çocuğu da yoktu. Bundan dolayı onun için çok üzülmüş, çok kederlenmişti. Peygamber (s.a) ona gitti. [Beraberinde ashabı da vardı. Kadının (evinin) kapısına ulaşınca kadına: Allah'ın Peygamberi ona taziyede bulunmak üzere

---

[2] Derim ki: Burada sözü edilen Umeyme (Umame'de denilir) yaşadı ve Ali Fatıma'nın vefatından sonra onunla evlendi. Allah hepsinden razı olsun.

girmek istiyor denildi. Rasûlullah (s.a) girip şöyle dedi: Bana ulaştığına göre sen oğlun için çok üzülmüş, kederlenmişsin. Ona Allah'a karşı takvalı olmasını, sabırlı olmasını emretti. Kadın ey Allah'ın Rasûlü [nasıl üzülmeyeyim] ben artık doğum yapamayan rakub bir kadınım. Benim ondan başka bir çocuğum da yok dedi. Bu sefer Rasûlullah (s.a) şöyle buyurdu: Rakub çocuğu hayatta kalan demektir. Sonra şöyle buyurdu: Bir erkeğin yahut müslüman bir kadının üç evladı ölür de [onların mükafatını ümit ederse] mutlaka Allah onu, o çocukları vasıtasıyla cennete girdirir. Bunun üzerine Ömer [Peygamber (s.a)'ın sağında bulunuyordu]. Anam babam sana feda olsun ya iki kişi (olurlarsa) diye sordu. Peygamber: İki kişi dahi diye buyurdu."

Hadisi Bezzar (857) rivayet etmiştir. Fazlalıklar da ona aittir. Hakim (I, 384)'de şöyle demektedir:

"Hadisin senedi sahihtir." Zehebi de bu hususta ona muvafakat etmiştir.

Derim ki hatta hadis Müslim'in şartına uygundur. Çünkü onun bütün ravileri Müslim'in Sahih'indeki ravilerdir. Fakat onlardan birisi hıfzı cihetiyle bir parça zayıftır. Fakat onun bu hadisi hasen mertebesinden aşağı değildir.

Hadisi Heysemi Mecma (III, 8)'de kaydetmiş ve:

"Ravileri Sahih'in ravileridir" demiştir.

Üçüncü hadis Peygamber (s.a)'ın Um Seleme (r.a)'ın yanına kocası Ebu Seleme'nin vefatı akabinde girdiği vakit söylediği şu sözlerdir:

"Allah'ım Ebu Seleme'ye mağfiret buyur. Onun derecesini hidayete erdirilmişler arasında yükselt. Geriyle bıraktıkları arasında ona hayırlı halefler ver. Ey alemlerin Rabbi bize de, ona da mağfiret buyur. Onun kabrini ona genişlet ve orayı ona nurlandır."

Hadisi Müslim ve başkaları rivayet etmiş olup, tamamıyla 17. meselede geçmiş bulunmaktadır.

Dördüncü hadis Peygamber (s.a)'ın Abdullah b. Cafer'e babasını taziyet maksadı ile söylediği şu sözlerdir:

"Allah'ım Cafer'in ailesi hakkında Cafer'e halef olacak kimseleri ver. Abdullah'a sağ elinin yapacağı alışverişlerde bereketler ihsan eyle. O bu sözlerini üç defa söylemişti." Hadisi Ahmed bir sonraki meselede tamamen gelecek bir hadis içerisinde ifade edilmiştir.

Taziyeye dair daha başka hadisler de vardır. Zayıflıkları itibariyle onları sözkonusu etmedim. Ben bunları et-Talikatu'l-Ciyad'da açıklamış bulunuyorum. Onlardan birisi Peygamber (s.a)'ın Muaz b. Cebel'e bir oğlunun vefatı dolayısıyla yazdığı mektubudur.

Bu da Zehebi, Askalani ve başkalarının söylediği gibi mevzudur. eş-Şevkani bu hususta yanılmış ve Sıddiyk Hasen Han da bu konuda Şevkani'ye uyarak, her ikisi de Hakim'e uyarak hadisin hasen olduğunu söylemişlerdir. Buna aldanmamak gerekir. Şüphesiz herbir asil atın bir tökezlemesi hatta tökezlemeleri de olabilir.

110. Taziyede bulunma süresi aşmayacak şekilde üç gün ile sınırlı değildir.[3] Aksine ne zaman taziyede bulunmakta fayda görürse taziyesini yapar. Çünkü Peygamber (s.a)'dan üç gün sonra taziyede bulunduğu Abdullah b. Cafer (r.a)'ın rivayet ettiği hadiste sabittir. O şöyle demiştir:

"Rasûlullah (s.a) bir ordu gönderdi. Onlara Zeyd b. Harise'yi kumandan tayin ederek şöyle buyurdu: Eğer Zeyd öldürülür yahut şehit düşerse, kumandanınız Cafer olsun. Şâyet o da öldürülür ya da şehit düşerse kumandanınız Abdullah b. Revaha olsun. Düşmanla karşılaştılar. Zeyd sancağı aldı ve öldürülünceye kadar savaştı. Sonra sancağı Cafer aldı, o da öldürülünceye kadar savaştı. Sonra sancağı Abdullah aldı, o da öldürülünceye kadar savaştı. Sonra sancağı Halid b. el-Velid aldı, Allah ona zafer nasib etti. Onlara dair haber Peygamber (s.a)'a ulaştı. O da müslümanlara (hutbe okumak üzere) çıktı. Allah'a hamd-u senada bulunup şöyle dedi: Kardeşleriniz düşmanla karşılaştılar. Zeyd sancağı aldı, savaştı ve nihayet öldürüldü ve şehid düştü. Sonra... sonra... sonra sancağı Allah'ın kılıçlarından bir kılıç olan Halid b. el-Velid aldı. Allah ona zafer nasib etti ve ona mühlet verildi. Sonra Cafer'in ailesine onlara gitmek üzere üç gün mühlet verdi. Sonra onlara gidip şöyle dedi: Artık bugünden sonra kardeşim için ağlamayınız. Bana kardeşimin çocuklarını getiriniz. (Abdullah) dedi ki: Sanki kuş yavruları imişiz gibi bizi getirdiler. Bana berberi çağırın diye buyurdu. Berber çağırıldı, başlarımızı traş ettik. Sonra şöyle buyurdu: Muhammed bizim amcamız Ebu Talib'e benziyor. Abdullah ise hem yaratılışı, hem ahlakı itibariyle bana benziyor. Sonra elimi tutup kaldırarak şöyle buyurdu: Allah'ım Cafer'in ailesine sen halef ol. Abdullah'a yapacağı alışverişlerde bereket ihsan eyle. Bu sözlerini üç defa tekrarladı. (Abdullah) dedi ki: Annemiz gelerek ona yetimliğimizden sözetti ve bundan ötürü onun üzüleceği şeyler söyledi. Sonunda şöyle buyurdu: Dünyada da, ahirette de ben onların velisi iken sen bunların fakir düşeceğinden mi korkuyorsun?

Hadisi Ahmed (no: 1750)'de Müslim'in şartına göre sahih bir senedle rivayet etmiştir. Onun rivayet yoluyla Hakim (III, 298) onun bir parçasını rivayet etmişti. Ebu Davud ve Nesai de ondan üç gün süre vermek ile traş olayını rivayet etmiştir. Yine bunun bir bölümü daha önce 18. meselede geçmişti. Hakim:

"Senedi sahihtir" demiş ve bu hususta Zehebi de ona muvafakat etmiştir.

---

[3] "Üç günden sonra taziye yoktur" diye avamın dilinde hadis olarak dolaşan sözün bir aslı olduğu bilinmemektedir.

Hadisin Ahmed tarafından Müsned (III, 467)'de rivayet edilen bir şahidi vardır. Fakat senedi nisbeten zayıftır.

el-İnsaf (II, 564)'de belirtildiği üzere bizim sözünü ettiğimiz gibi taziyede bulunmanın herhangi bir sınırının olmadığını, İmam Ahmed'in mezhebine mensub bir grub ilim adamı da ifade etmiştir. Bu aynı zamanda Şafiî mezhebindeki bir görüştür. Bu görüş sahibleri şöyle derler: Çünkü maksat dua etmek, sabrı teşvik etmek, sabırsızlık göstermekten alıkoymaya çalışmaktır. Bu da zaman uzadıkça gerçekleşebilecek bir husustur. Bunu İmamu'l-Harameyn nakletmiş, onların imamlarından Ebu'l-Abbas İbnu'l-Kâs kat'i bir hüküm olarak ifade etmiştir. Bazıları onun bu kanaatini reddetse dahi aslında bu delil yolu ile değil de mezhebin bilinen hüküm çıkarma yoluyla bilinen bir husustur. Bk. el-Mecmu (V, 306)

111. İnsanlar ardı arkasına bu işleri yapmaya devam etseler dahi taziye halinde iki husustan uzak durmak gerekir:

a- Ev, kabristan ya da mescid gibi taziye için özel bir yerde toplanmak,

b- Ölenin akrabaları tarafından taziye için gelen kimselere ziyafet maksadıyla yemek hazırlamak.

Çünkü Cerir b. Abdullah el-Beceli (r.a) rivayet ettiği hadiste şöyle demektedir:

"Bizler ölenin akrabaları yanında toplanmayı ve defnedilmesinden sonra yemek yapmayı bir çeşit ağıt yakmak olarak sayıyorduk (bir rivayette görüyorduk)."

Hadisi Ahmed (6905), İbn Mace (I, 490)'de rivayet etmiş olup, ikinci rivayet ona aittir. Senedi Buhari ve Müslim'in şartına göre sahihtir. Nevevi (V, 320) ile el-Busiri, ez-Zevaid'de sahih olduğunu belirtmişlerdir.

Yine bu hadisi Eslem el-Vasıti, Tarih-u Vasıt (s. 107)'de Ömer b. el-Hattab (r.a)'ın söylediği bir söz olarak rivayet etmiştir.

Nevevi, el-Mecmu (V, 306)'da şunları söylemektedir:

"Taziye kabul etmek için oturmaya gelince, Şafiî ve Musannif (Hirazi) ve diğer mezheb alimlerimiz mekruh olduğunu açıkça ifade etmiş ve şöyle demişlerdir: Taziye için oturmak ölünün akrabalarının bir evde toplanarak taziyede bulunmak isteyen kimselerin onların yanına gelmeleri demektir. (Mezheb alimlerimiz) dediler ki: Bunun yerine onların kendi ihtiyaçlarını görmeye gitmeleri gerekir. Onlara rastgelen onlara taziyede bulunur. Taziye maksadıyla oturmanın keraheti hususunda erkeklerle kadınlar arasında bir fark yoktur."

Nevevi'nin işarette bulunduğu kişi İmam Şafiî'nin el-Um adlı eserinde (I, 248) söylediği ifadelerdir:

"Ben matemleri mekruh görüyorum. Bu da ağlamasalar dahi toplanmaları demektir. Çünkü böylesi kederi tazeler ve birtakım külfetlere sebeb olur. Ayrıca bu hususta varid olmuş rivayeti de bununla birlikte düşünmek gerekir."

Sanki bu ifadeleriyle Cerir'in naklettiğimiz hadisine işaret ediyor gibidir. Nevevi dedi ki:

"Musannıf ve başkaları bu hususta bir başka delil göstermişlerdir ki bu da bu işin sonradan ortaya çıkartılmış (ihdas edilmiş) olduğudur."

İbnu'l-Ğumam da aynı şekilde Hidaye şerhinde (I, 473) ölenlerin akrabalarının ziyafet maksadıyla yemek yapmalarının mekruh olduğunu açıkça ifade etmiş ve şöyle demiştir: "Bu çirkin bir bid'attir." el-İnsaf (II, 565)'de belirtildiği üzere Hambelilerin mezhebi de budur.

112. Sünnet yetimin akrabalarının ve komşularının ölenin ailesine onları doyuracak kadar yemek yapmalarıdır. Çünkü Abdullah b. Cafer (r.a) rivayet ettiği hadiste şöyle demektedir:

"Cafer'in ölüm haberi ulaşınca, Peygamber (s.a) şöyle buyurdu: "Cafer'in ailesine bir yemek yapınız, onlara kendilerini yeteri kadar uğraştıracak bir iş gelip çatmış bulunuyor ya da onlara kendilerini meşgul edecek bir şey gelmiş bulunuyor diye buyurdu."

Hadisi Ebu Davud (II, 59), Tirmizi (II, 134)'de rivayet etmiş ve hasen olduğunu belirtmiştir. Ayrıca İbn Mace (I, 490), Şafiî, el-Umm (I, 247), Darakudni (194, 197), Hakim (I, 372), Beyhaki (IV, 61), Ahmed (I, 175)'de rivayet etmişler. Hakim de:

"İsnadı sahihtir" demiştir. Zehebi de bu hususta ona muvafakat etmiş olup, et-Telhis (V, 253)'de belirtildiği üzere İbnu's-Seken de bunun sahih olduğunu belirtmiştir.

Ancak hadis bana göre Tirmizi'nin de dediği gibi hasendir. Bu hadisin Esma bt. Umeys tarafından rivayet edilmiş bir şahidi de vardır. Ben bunu et-Talikatu'l-Ciyad adlı eserde açıkladım. Bunu Eslem el-Vasıti'de Tarih-u Vasıt (s. 187)'de rivayet etmiştir. Ancak onun kaydettiği senedde meçhul ravi(ler) vardır.

"Aişe hasta ve ölmüş kimseler dolayısıyla kederli olanlara bulamaç yapılmasını emreder ve şöyle derdi: Ben Rasûlullah (s.a)'ı şöyle buyururken dinledim: Şüphesiz ki bulamaç hastanın kalbini rahatlatır ve kısmen kederi alıp götürür."

Bu hadisi Buhari (X, 119-120) -lafız ona ait- Müslim (VII, 26), Beyhaki (IV, 61) ve Ahmed (VI, 155)'de rivayet etmişlerdir.

İmam Şafiî, el-Umm (I, 247)'de şunları söylemektedir:

"Ben ölenin komşularının ya da akrabalarının öldüğü gün ve gece ölenin ailesine onları doyuracak kadar bir yemek yapmalarını severim. Çünkü bu bir sünnettir ve güzel bir hatırlamadır. Ayrıca bizden önce de, bizden sonra da hayır sahiblerinin yaptıkları işlerdendir."

Daha sonra Abdullah b. Cafer'den kaydedilen hadisi zikretmektedir.

113. Yetimin başının sıvazlanması, okşanması ve ona ikramda bulunulması da müstehabtır. Çünkü Abdullah b. Cafer rivayet ettiği hadiste şunları söylemektedir:

"Biz küçük çocuk olarak oynarken Kusem ve Abbas'ın oğlu Ubeydullah ile birlikte bizi bir görseydiniz. Peygamber (s.a) bineği üzerinde yanımızdan geçince şöyle buyurdu: Bana bunu kaldırıp veriniz. (Abdullah) dedi ki: Beni aldı, önüne oturttu. Kusem için de bunu da bana kaldırınız dedi, onu alıp arkasına oturttu. Ubeydullah'ı, Abbas, Kusem'den daha fazla severdi. (Peygamber) Kusem'i bindirip de, Ubeydullah'ı bıraktığı için amcasından çekinmedi. (Abdullah devamla) dedi ki: Sonra üç defa başımı okşadı, başımı okşadığı her seferinde: Allah'ım Cafer'in çocuklarına sen halef ol diye buyurdu. (Hadisi Abdullah'tan rivayet eden ravi) dedi ki: Ben Abdullah'a peki Kusem ne yaptı diye sordum. O şehid düştü dedi. Ben: Allah ve Rasûlü hayırlı olanı daha iyi bilir dedim. (Abdullah): Evet dedi."

Hadisi Ahmed (1760)'de -anlatım ona ait-, Hakim (I, 372), Beyhaki (IV, 60)'de rivayet etmiş olup, senedi hasendir. Hakim:

"Sahihtir" demiş, Zehebi de ona muvafakat etmiştir.

---

16. ÖLENE FAYDASI DOKUNAN ŞEYLER:

114. Ölüye başkasının birtakım amellerinin faydası olur:

A. Kabul şartlarını taşıması halinde müslümanın ölüye dua etmesi. Çünkü şanı yüce Allah şöyle buyurmaktadır: *"Onlardan sonra gelenler derler ki: 'Rabbimiz bizi ve bizden önce iman etmiş kardeşlerimizi mağfiret eyle. Kalblerimizde iman edenlere karşı hiçbir kin bırakma. Rabbimiz şüphesiz ki sen çok esirgeyicisin, çok merhametlisin.'"* (el-Haşr, 59/10)

Hadislere gelince, bu hususta gerçekten pekçok hadis vardır. Bunların bazıları daha önceden geçmiş bulunmaktadır. Bir kısmı da kabir ziyareti bahsinde Peygamber (s.a)'ın ölülere duası ve bunu emretmesi konuları ele alınırken gelecektir. Bunlardan birisi de Peygamber (s.a) efendimizin şu buyruğudur:

"Müslüman kişinin gıyabında kardeşine yaptığı dua kabul olunur. Onun başı ucunda görevli bir melek vardır. Kardeşine hayırla dua ettiği her seferinde onunla görevli olan melek: Amin ve sana da o kadarı (verilsin) der."

Hadisi Müslim (VIII, 86-87) -anlatım ona ait-, Ebu Davud (I, 240), Ahmed (VI, 452), Ebu'd-Derda'nın rivayet ettiği bir hadis olarak zikretmişlerdir.

Hatta cenaze namazının tamamı bunun delilidir. Çünkü o namaz çoğunlukla ölüye bir duadır, onun için Allah'tan mağfiret dilemektir. Daha önce açıklandığı gibi.

B. Ölenin velisinin ölü adına adadığı orucun kazasını yapması. Bu hususta bazı hadisler vardır:

1. Aişe (r.anha)'dan rivayete göre Rasûlullah (s.a) şöyle buyurmuştur:

"Her kim üzerinde oruç borcu olduğu halde ölürse, velisi onun yerine oruç tutar."

Hadisi Buhari (IV, 156), Müslim (III, 155), Ebu Davud (I, 376)'da rivayet etmişlerdir. Ebu Davud'un rivayet yoluyla Beyhaki (VI, 279)'da, Tahavi, Müşkilu'l-Asar (III, 140-141) ve Ahmed (VI, 69)'da rivayet etmişlerdir.

2. İbn Abbas (r.a)'dan:

"Bir kadın denizde yolculuğa çıktı ve: Eğer şanı yüce ve mübarek Allah onu kurtaracak olursa bir ay oruç tutmayı adadı. Yüce Allah onu kurtardı. Ölünceye kadar o orucu tutmadı. Onun bir akrabası [kızkardeşi ya da kızı] Peygamber (s.a)'a gelerek durumu ona anlattı. Peygamber şöyle buyurdu:

[Eğer onun üzerinde bir borç bulunsaydı, sen o borcu öder miydin ne dersin? Akrabası evet deyince, (Peygamber) şöyle buyurdu: Allah'ın borcunun ödenmesi daha bir uygundur], [o halde] sen [annenin adına] adağı yerine getir."

Hadisi Ebu Davud (II, 81), Nesai (II, 143), Tahavi (III, 140), Beyhaki (IV, 255-256, X, 85), Tayalisi (2630), Ahmed (1861, 1970, 3137, 3224, 3420)'de rivayet etmiş olup, ikinci fazlalık ile birlikte anlatım ona ait. İsnadı Buhari ve Müslim'in şartına göre sahihtir. Birinci fazlalık da Ebu Davud ve Beyhaki'ye aittir.

Hadisi ayrıca Buhari (IV, 158-159), Müslim (III, 156), Tirmizi (II, 42-43) -sahih olduğunu belirterek-, İbn Mace (I, 535) buna yakın ifadelerle rivayet etmişlerdir. Hepsinde ikinci fazlalık da vardır. Müslim'de sonuncu fazlalık da vardır.

3. Yine ondan (İbn Abbas'tan):

"Sad b. Ubade (r.a) Rasûlullah (s.a)'dan fetva sordu: Annem öldü. Üzerinde adak borcu vardı (ne yapayım). Peygamber: Adağını onun adına sen yerine getir diye buyurdu."

Hadisi Buhari (V, 440, 494), Müslim (VI, 76), Ebu Davud (II, 81), Nesai (II, 130, 144), Tirmizi (II, 375) -sahih olduğunu belirterek-, Beyhaki (IV, 256, VI, 278, X, 85), Tayalisi (2717), Ahmed (1893, 3049, VI, 47)'de rivayet etmişlerdir.

Derim ki bu hadisler velinin ölen adına adak oruç borcunu tutmanın meşru olduğu hususunda delaletleri açıktır. Ancak birinci hadis taşıdığı mutlak ifadesiyle bunun dışında bir hususa daha delalet etmektedir. O da ölenin adına farz olan orucu da tutabileceğidir. Şafiîler de böyle demiştir. İbn Hazm'ın (VII, 2, 8) ve başkalarının kabul ettiği görüş de budur. Birinci görüşü Hambeliler benimsemişlerdir. Hatta İmam Ahmed'in bu hususta açık ifadesi vardır. Ebu Davud, el-Mesail (96)'da şöyle demektedir:

"Ahmed b. Hambel'i: Adak dışında ölü adına oruç tutulmaz derken dinledim."

Onun mezhebine uyanlar birinci hadisi adak orucu ile ilgili olarak yorumlamışlardır. Buna delil olarak da Amran'ın rivayet ettiği şu hadisi gösterirler: Annesi ramazan orucundan borcu olduğu halde öldü. Aişe'ye: Onun adına kazasını yapayım mı diye sordu. Aişe (r.anha) şöyle dedi: Hayır, aksine onun adına herbir gün için bir yoksula yarım sa' tasaddukta bulun." Hadisi Tahavi (III, 142) ve İbn Hazm (VII, 4) rivayet etmişlerdir. Lafız da ona aittir. Rivayet ettikleri sened ile ilgili olarak İbnu't-Türkmani "sahihtir" derken, Beyhaki zayıf olduğunu belirtmektedir. Daha sonra el-Askalani de böyle demiştir. Eğer her ikisi de bununla bu bakımdan zayıf olduğunu söylemek istemişlerse bunun açıklanabilir bir tarafı yoktur. Şâyet başka bir cihetten söylemişlerse bu zayıflığın ona zararı olmaz. Buna delil ise Said b. Cübeyr'in, İbn Abbas'tan şöyle dediğine dair naklettiği rivayettir: "Kişi ramazan ayında hastalanır da sonra oruç tutamadan ölürse, onun adına (oruç tutamadığı günler için) yemek yedirir ve üzerinde kaza borcu kalmamış olur. Şâyet üzerinde adak oruç varsa velisi onun adına kazasını yapar." Hadisi Ebu Davud, Buhari ve Müslim'in şartına göre sahih bir senedle rivayet etmiştir. Buna yakın bir hadisi bir başka yoldan İbn Hazm (VII, 7) rivayet etmiş ve senedinin sahih olduğunu belirtmiştir. Yine bunun Tahavi tarafından (III, 142)'de zikredilen üçüncü bir rivayet yolu vardır fakat göründüğü kadarıyla hadisin metninden müstensihin ya da baskının hatası ile bir şeyler düşmüş, bunun sonucunda mana bozulmuş görünüyor.

Derim ki mü'minlerin annesi ile ümmetin büyük bilgini İbn Abbas (r.anhuma)'nın benimsediği ve sünnet imamı Ahmed b. Hambel'in kendilerini izlediği bu farklı değerlendirme insanın gönül huzuruyla kabul ettiği, rahatlıkla benimsediği bir görüştür. Bu meseledeki en mutedil ve en orta yol görüş odur. Bu şekilde bütün hadisler sağlıklı bir şekilde anlaşılmış olmakla birlikte herhangi birilerini reddetmeksizin uygulamaya konulabilmektedir. Özellikle birinci hadis için bu böyledir. Mü'minlerin annesi ramazan orucunu da kapsayacak şekilde o mutlak anlamı çıkarmamıştır. Hadisi rivayet eden de odur. Kabul edilen husus şu ki hadisi rivayet eden kişi naklettiği rivayetin anlamını daha iyi bilir. Özellikle onun anladığı şeriatin kaidelerine ve usulüne uygun düşüyorsa, burada olduğu gibi. Nitekim bu hususu muhakkik İbnu'l-Kayyim -yüce Allah'ın rahmeti üzerine olsun- açıklamış ve İ'lamu'l-Muvakkıin (III, 554)'de hadisi zikredip, sahih olduğunu kaydettikten sonra şunları söylemektedir:

"Bir kesim bu rivayeti genelliği ve mutlaklığına göre yorumlayarak şöyle demiştir: Ölü adına adak orucu da, farz oruç da tutulur. Bir kesim bunu kabul etmeyerek: Ölü adına ne adak, ne farz orucu tutulur demiştir. Bir kesim de ayırım gözeterek şöyle demiştir: Ölü adına aslî farz oruç müstesna adak orucu tutulabilir. Bu İbn Abbas ve onun kanaatini paylaşanların görüşüdür. Sahih olan budur. Çünkü farz oruç namaz hükmündedir. Bir kimse bir başkası adına namaz kılamadığı gibi, kimse bir diğerinin adına müslüman olamayacağı gibi oruç da böyledir. Adak ise borç seviyesinde kişinin kendi zimmetinde olmak üzere kabullendiği bir yükümlülüktür. Bundan ötürü borcunu ödediği gibi velinin onun kazasını yapması kabul edilir. İşte katıksız fıkıh buna derler. Bu anlayışı benzeri hükümlere genelleştirecek olursak: Geciktirmekte mazur görülecek durumda olması hali dışında ölü adına hac yapılmaz, onun adına zekat verilmez. Nitekim Veli bir mazeret dolayısıyla ramazan ayında oruç açan kimse adına yemek yedirebilir. Fakat hiçbir özrü bulunmadan bu hususta kusurlu hareket edene gelince, işlemiyerek kusurlu hareket ettiği Allah'ın farzlarını başkasının onun yerine eda etmesinin kendisine bir faydası olmaz. Çünkü sınanmak ve denenmek üzere onları yerine getirmekle emrolunmuş olan kendisi idi. Onun velisi değil. Kimsenin başkası adına tevbe etmesinin ya da başkası yerine müslüman olmasının, başkası yerine namaz kılmasının ve namazın dışında -ölene kadar yerine getirmediği- yüce Allah'ın diğer farzlarını yerine getirmesinin (başkasına) faydası olmaz."

İbnu'l-Kayyim, Tehzibu's-Sünen (III, 279, 282)'de bu bahsi daha da geniş açıklamış ve tahkik etmiştir. Oraya başvurulmasını tavsiye ederiz, çünkü gerçekten önemlidir.

C. İster veli olsun, ister bir başkası olsun herhangi bir kimsenin ölenin adına borcunu ödemesi(nin ölene faydası vardır.) Bu hususta pek çok hadis-i şerif vardır. Bunların çoğu daha önceden 17. meselede zikredilmiş bulunmaktadır.

D. Salih evladın işlediği salih ameller: Anne ve babası da onun aldığı ecir gibi alırlar ve çocuğun ecrinden de herhangi bir şey eksilmez. Çünkü evlat da anne babanın çalışıp çabalamalarını ve kazançlarının bir parçasıdır. Yüce Allah da:*"İnsan için kendi çalıştığından başkası yoktur."* (en-Necm, 53/39) diye buyurmaktadır. Rasûlullah (s.a) şöyle buyurmaktadır:

"Kişinin yediği en hoş ve helal şey kazancından olandır ve şüphesiz onun çocuğu da kendi kazancındandır."

Hadisi Ebu Davud (II, 108), Nesai (II, 211), Tirmizi (II, 287) -hasen olduğunu belirterek-, Darimi (II, 247), İbn Mace (II, 430), Hakim (II, 46), Tayalisi (1580), Ahmed (VI, 41, 126, 162, 173, 193, 201-202, 220)'de rivayet etmişlerdir. Hakim:

"Buhari ve Müslim'in şartına göre sahihtir" demiş, bu hususta Zehebi de ona muvafakat etmiştir.

Ancak burada açıklamaya yerin müsait olmadığı çeşitli bakımlardan bu hatadır.

Hadisin Abdullah b. Amr yoluyla gelen bir şahidi daha vardır:

Bunu Ebu Davud, İbn Mace, Ahmed (II, 179, 204, 214)'de hasen bir senedle rivayet etmişlerdir.

Babanın salih evladının sadaka vermek, oruç tutmak, köle azad etmek ve buna benzer amellerinden yararlandığına dair varid olmuş özel hadisler âyetin ve hadisin delalet ettiği manayı da desteklemektedir. Sözkonusu bu hadisler şunlardır:

1. Aişe (r.anha)'dan:

"Bir adam dedi ki: Benim annem ansızın öldü. [Bir vasiyette de bulunmadı. Zannederim konuşabilseydi tasadduklarda bulunacaktı. Eğer ben onun adına tasaddukta bulunacak olursam, onun ecri [olduğu gibi benim de ecrim] var mı? Peygamber (s.a): Evet [onun adına tasadduktan bulun] diye buyurdu."

Hadisi Buhari (III, 198, V, 399-400), Müslim (III- 81, V, 73), Malik, Muvatta (II, 228), Ebu Davud (II, 15), Nesai (II, 129), İbn Mace (II, 160), Beyhaki (IV, 62, VI, 277-278), Ahmed (VI, 51)'de rivayet etmişlerdir.

Anlatım Buhari'nin kaydettiği iki rivayetten birisidir. Son fazlalık Buhari'nin kaydettiği diğer rivayet ile İbn Mace'nin rivayetinde yer almaktadır. İbn Mace ikinci fazlalığı da, Müslim birinci fazlalığı rivayet etmiştir.

2. İbn Abbas (r.a)'dan:

"Saide oğullarından olan Sad b. Ubade'nin annesi vefat etti. O annesinin yanında değildi. Ey Allah'ın Rasûlü dedi. Benim annem yanında değilken vefat etti. Eğer onun adına bir şeyler tasadduk edersem bunun ona faydası olur mu? Peygamber: Evet buyurdu. Sad dedi ki: Seni (oldukça verimli olan) el-Mihrab adını taşıyan bahçemin onun adına sadaka olduğuna seni şahid tutuyorum dedi."

Hadisi Buhari (V, 297, 301-307), Ebu Davud (II, 15), Nesai (II, 130), Tirmizi (II, 25), Beyhaki (VI, 278), Ahmed (3080, 3504, 3508)'de rivayet etmişlerdir. Anlatım Ahmed'e aittir.

3. Ebu Hureyre (r.a)'dan:

"Bir adam Peygamber (s.a)'a dedi ki: Benim babam öldü. Bir miktar mal geriye bıraktı ve vasiyette yapmadı. Benim onun adına tasaddukta bulunmam, onun için (bazı günahları için) kefaret olur mu? Peygamber: Evet diye buyurdu."

Hadisi Müslim (V, 73), Nesai (II, 129), İbn Mace (II, 160), Beyhaki (VI, 278), Ahmed (II, 371)'de rivayet etmişlerdir.

4. Abdullah b. Amr'dan:

"As b. Vail es-Sehmi kendi adına yüz kölenin azad edilmesini emretti. Oğlu Hişam elli köle azad etti. Oğlu Amr da geri kalan diğer elli köleyi onun adına azad etmek istedi. Rasûlullah (s.a)'a sormadan yapmayayım dedi. Peygamber (s.a)'a gidip sordu: Ey Allah'ın Rasûlü! Babam kendi adına yüz kölenin azad edilmesini vasiyet etti. Hişam onun adına ellisini azad etti. Geriye üzerinde elli köle kaldı. Onun adına ben azad edeyim mi? Bunun üzerine Rasûlullah (s.a) şöyle buyurdu:

"Eğer o müslüman birisi olsaydı, siz de onun adına köle azad etseydiniz yahut tasaddukta bulunsaydınız ya da onun adına haccetseydiniz bu ona ulaşırdı. (Bir rivayette): Eğer tevhidi kabul ettiğini ifade etseydi, sen de onun adına oruç tutup, tasaddukta bulunsaydın bunun ona faydası olurdu."

Hadisi Ebu Davud, Vasaya bölümünün sonunda (II, 15), Beyhaki (VI, 179) -anlatım ona ait- ve Ahmed (no: 6704)'da rivayet etmişlerdir. Diğer rivayet Ahmed'e aittir. Senedleri hasendir.

Şevkâni, Neylu'l-Evtar (IV, 79)'da şunları söylemektedir:

"Bu bahsin hadisleri evladın verdiği sadakanın onların vasiyeti olmadan da ölümlerinden sonra anne babaya ulaşacağına delildir. Sadakanın sevabı onlara ulaşır. İşte bu hadisler ile yüce Allah'ın:*"İnsan için çalıştığından başkası yoktur."* (en-Necm, 53/39) buyruğunun genel çerçevesi tahsis edilir (anlamı özelleştirilir, daraltılır). Fakat bu bahsin hadisleri arasında yalnızca çocuğun verdiği sadakanın onlara erişeceği sözkonusu edilmektedir. İnsanın çocuğunun kendi çalıştığından bir parça olduğu da sabittir. O halde buradaki tahsis iddiasında bulunmaya gerek yoktur. Çocuğun başkasından bunlar yapılacak olursa, Kur'ân-ı Kerim'in umumi ifadelerinden açıkça anlaşıldığı kadarı ile bunları sevabı ölüye ulaşmaz. Bundan dolayı bu genel hükümleri tahsis etmeyi gerektiren bir başka delil ortaya konulmadıkça bundan daha ileriye gidilemez."

Derim ki ilmi kuralların gerektirdiği hak budur. Ayet-i kerime genel çerçevesi ile sadaka ve başka şeylerin sevabı çocuktan babaya ulaşır. Çünkü çocuk, çocuğun dışındakilerden farklı olarak babanın çalışmasının semeresidir. Fakat Nevevi ve başkaları onun adına sadaka verilebileceğine ve sevabının ölüye ulaşacağına dair icma bulunduğunu nakletmiştir. Onlar bu şekilde "ölü" tabirini mutlak olarak kullanmışlar ve baba olmak kaydı ile zikretmemişlerdir. Şâyet bu icmaın varlığı sahih ise o takdirde Şevkâni'nin işaret ettiği genel hükümleri sadaka ile alakalı olan bölümüyle tahsis etmiş olur. Bunun dışında kalanlar ise genel hükmün çerçevesi içerisinde kalmaya devam eder. Oruç, Kur'ân okumak ve benzerleri diğer ibadetler gibi. Ancak sözkonusu edilen icmanın sıhhati hususunda benim büyük bir kuşkum vardır. Bunun da iki sebebi bulunmaktadır:

Birincisi icma usul-u fıkıhdaki manasıyla dinden oldukları zaruri (kesin) olarak bilinen meseleler dışında tahakkuku imkansızdır. Nitekim bunun böyle olduğunu ileri gelen yetkin ilim adamları tesbit etmişlerdir. İbn Hazm'ın, Usulu'l-Ahkam, Şevkâni'nin, İrşadu'l-Fuhul, üstaz Abdu'l-Vehhab Hallaf'ın Usulu'l-Fıkh adlı eserlerinde ve başkalarının tahkik ettikleri gibi. Buna İmam Ahmed de icma iddiasında bulunan kimseleri reddetmek sadedinde söylediği meşhur sözünde buna işaret etmektedir. Onun bu sözünü ondan oğlu Abdullah b. Ahmed el-Mesail adlı eserinde rivayet etmiştir.

İkincisi ben fukahanın hakkında icma olduğunu naklettikleri birçok meseleyi tetkik ettim. O meselede görüş ayrılığının bilinen bir husus olduğunu gördüm. Hatta cumhurun kanaatinin icma olduğu iddia edilen hükme muhalif olduğunu da gördüm. Eğer buna dair örnekler vermeye kalkışacak olursam, konu oldukça uzar ve biz konumuzdan uzaklaşmış oluruz. O halde şu anda tek bir örnek zikretmemiz yeterlidir. O da Nevevi'nin cenaze namazını kerahet vakitlerinde mekruh olmadığının icma ile kabul edildiğine dair yaptığı nakildir. Oysa bu husustaki görüş ayrılığı eskidir ve bilinmektedir. İlim ehlinin çoğunluğu da ileri sürülen icmaa muhalif kanaattedir. Daha önce 87. meselede tahkik ettiğimiz gibi. İnşallah biraz sonra buna dair bir başka misal daha gelecektir.

Bazıları babanın dışındakileri de babalara kıyas etmeye kalkışmışlardır. Bu ise çeşitli bakımlardan batıl bir kıyastır:

1. Evvela böyle bir kıyas Kur'ân-ı Kerim'in genel hükümlerine muhaliftir. Yüce Allah'ın:*"Kim temizlenirse ancak kendisi için temizlenmiş olur."* (Fatır, 35/18) buyruğu ve buna benzer kurtuluşu ve cennete girmeyi salih amellere bağlı kılan diğer âyetler. Şüphesiz baba çocuğunu eğitmek, onun eğitimini, yetiştirilmesini sağlamak suretiyle kendisini de arındırmış olur. Bundan dolayı başkalarının aksine kendisinin bir ecri vardır.

2. Bu kıyas "Kıyasu'n-Maa'l-Farik" diye bilinen kıyas türündendir. Çünkü bizler şeriatin çocuğu daha önce Aişe (r.anha) hadisinde geçtiği üzere babasının kazancı cümlesinden kabul ettiğini hatırlayacak olursak, elbetteki çocuk başkasının bir kazancı olmaz. Yüce Allah da şöyle buyurmaktadır:*"Herbir nefis kazandıkları karşılığında rehin alınmıştır."* (el-Müddessir, 74/38);*"(Herkesin) kazandığı (iyilik) kendisine yaptığı (kötülük) de onun aleyhinedir."* (el-Bakara, 2/286) Hafız İbn Kesir yüce Allah'ın:*"İnsan için kazandığından başkası yoktur."* (en-Necm, 53/39) buyruğunu açıklarken şunları söylemektedir:

"Yani nasıl ki ona başkasının yükü yükletilmiyor ise kişinin kendisi de bizzat kendisi için kazandıkları dışında hiçbir şeyden ecir elde edemez. Bu âyet-i kerimeden Şafiî -Allah'ın rahmeti üzerine olsun- ve ona uyanlar Kur'ân okumanın sevabının ölülere bağışlanması halinde ulaşmayacağı hükmünü çıkarmışlardır. Çünkü böyle bir iş onların amellerinden ya da kazançları türünden değildir. Bundan dolayı Rasûlullah (s.a) ümmetini bu işe teşvik etmediği gibi onların bu işi yapmalarını da söylememiş ve bu hususta açık bir nass ya da bir işaret yoluyla onlara yol göstermemiştir. Ashab-ı kiram (r.anhum)'dan da herhangi bir kimseden böyle bir şey nakledilmiş değildir. Eğer bu bir hayır olsaydı, elbette onlar bizden önce bu işi yaparlardı. Yüce Allah'a yakınlaştırıcı ibadetler bahsinde sadece nasslara bakılır ve çeşitli kıyaslar ve görüşler ile bu hususlarda tasarruflarda bulunmaz."

el-Iz b. Abdu's-Selam, el-Fetava (XXIV, 2, 1692 yılı) şunları söylemektedir:

"Her kim yüce Allah'a bir itaatte bulunur, sonra bunun sevabını hayatta olan ya da ölmüş birisine hediye ederse onun sevabı o kimseye intikal etmez. Çünkü: "İnsan için çalıştığından başkası yoktur." İtaati yaparken ölü adına niyet ederek yapacak olursa - Şariîn bizzat istisna ettiği sadaka oruç ve hac gibileri müstesna- onun adına yapılmış olmaz."

İbn Kesir'in, Şafiî -Allah'ın rahmeti üzerine olsun-'den diye naklettiği görüş aslında ilim adamlarının çoğunluğunun ve hanefilerden de bir kesimin görüşüdür. ez-Zebidi'nin, Şerhu'l-İhya (X, 369)'da naklettiği gibi.[1]

3. Bu kıyas doğru olsaydı bunun gereği olarak sevabı ölülere hediye edip bağışlamak müstehab olmalıydı ve bu böyle olsaydı selef mutlaka bunu yapardı. Çünkü onlar hiç şüphesiz bizden daha çok sevaba düşkün kimselerdi. İbn Kesir'in ifadelerinden az önce geçtiği üzere onlar böyle bir şey yapmadı. İşte bu sözü geçen kıyasın sahih olmadığının delilidir. Anlatılmak istenen de budur. Şeyhu'l-İslam İbn Teymiye -Allah'ın rahmeti üzerine olsun- el-İhtiyaratu'l-İlmiyye (s. 54)'de şunları söylemektedir:

"Selef nafile namaz kıldığı yahut oruç tuttuğu ya da hac ettiği yahut Kur'ân okuduğu vakit bunun sevabını müslümanların ölülerine hediye etmek adetinde değildi. Dolayısıyla selefin izlediği yoldan sapmamak gerekir. Çünkü o yol daha faziletli ve daha mükemmeldir."

Merhum Şeyhu'l-İslam'ın bu mesele hakkında bir başka görüşü de vardır. Bu görüşüyle az önce seleften naklettiği kanaatine muhalefet etmiş ve ölünün başkası tarafından yapılan bütün

---

[1] Derim ki geçen açıklamalardan İbn Kudame'nin el-Muğni (II, 569)'da sözkonusu ettiği okunan Kur'ân'ın sevabının ölülere ulaştığı hususndaki icmaın sözkonusu olmadığı anlaşılmaktadır. Hem nasıl sözkonusu olabilsin ki buna muhalif olanların önünde İmam Şafiî -yüce Allah'ın rahmeti üzerine olsun- gelmektedir. İşte bu hakkında icma bulunduğu iddia edilmekle birlikte bunun doğru olmadığının örneklerine dair bir başka örnektir. Az önce de buna dikkat çekilmiş idi.

ibadetlerden yararlanacağı kanaatini benimsemiştir. İbnu'l-Kayyim de -yüce Allah'ın rahmeti üzerine olsun- "er-Ruh" adlı eserinde bu görüşü benimsemiş ve bunu desteklemiştir. Ancak onun bütün yaptıkları az önce batıl olduğu açıklanan kıyas kabilinden daha ileriye gidemez. Bu tutum ise bizim kendisinde görmeye alışageldiğimiz katıksız taabbudi hususlarda kıyas alanını genişletmeyi terketmek tutumuna aykırıdır. Özellikle selef-i salih'in uygulamalarına muhalif olan hususlarda bu tutumunu sürdürürdü. Onun bu husustaki görüşlerinin hulasasını büyük alim Seyyid Muhammed Reşid Rıza, Tefsiru'l-Menar (VIII, 254, 270)'de kaydetmiş sonra bunu gerçekten güçlü ve ilmi bir şekilde reddetmiştir. Bu mesele hakkında geniş bilgi edinmek isteyenler oraya başvurabilir.

Bid'atçilerin bir çoğu bu görüşü istismar etmiş, sünnete karşı savaşmakta bunu bir vasıta edinmiş, Şeyhu'l-İslam'ı ve öğrencisini (İbnu'l-Kayyim'i) sünnetin yardımcılarına ve sünnete uyanlara karşı delil diye göstermek istemişlerdir fakat bu bid'atçiler şu hususu bilmiyor ya da bilmezlikten geliyorlar: Sünnetin yardımcıları yüce Allah'ın dini hususunda -onların yaptıkları gibi- muayyen olarak hiçbir kimseyi taklid etmezler. Açıkça gördükleri hakka ilim adamlarından hiçbir kimseyi tercih etmezler. O kişi hakkındaki ilmi ve salih bir kimse olduğu hakkındaki kanaatleri ne kadar güzel olursa olsun. Onlar ancak söylenen söze bakarlar, söyleyene değil, delile bakarlar, taklide değil. Onlar her zaman hicret yurdunun imamı (İmam Malik)'in şu sözlerini gözlerinin önünden ayırmazlar: Başkasının görüşünü reddetmeyen ya da görüşü reddolunmayan bizden hiç kimse yoktur. Şu kabrin sahibi müstesna." Yine o şöyle demiştir: "Herkesin sözünün bir kısmı alınır, bir kısmı reddedilir. Şu kabrin sahibi müstesna."

Bu dünya hayatında kişinin benimsediği herbir inancın ya da görüşün yaşayışında bir etkisi olduğu, bu inanç ve görüş iyiyse hayra, kötü ise şerre götüreceği ilim ehli tarafından kabul edilen bir kanaat olduğuna göre yine şu kanaatin de kabul edildiği bir gerçektir: Etki, etkileyiciye delalet eder. Bunlardan her biri diğeri ile irtibatlıdır. Belirttiğimiz üzere iyi ise iyi, kötü ise kötü olur. Buna göre bizler bu görüşün kabul edenler yahut benimseyenler üzerinde kötü bir etkisinin bulunduğu hususunda şüphe etmiyoruz. Mesela bu görüşün sahibi sevabı ve yüksek dereceleri elde etmek için başkasına bel bağlar. Çünkü o da biliyor ki insanlar tek bir günde yüzlerce defa pek çok hasenatı hayatta olanlarıyla, ölmüşleriyle bütün müslümanlara bağışlıyorlar. O da onlardan birisidir. O halde ne diye başkasının ameline bel bağlayarak kendisi çalışıp çabalamaktan vazgeçmesin. Mesela birtakım öğrencilerinin kazançları ile geçinen bazı şeyhlerin, hocaların, alınların terleriyle ve bileklerinin zoruyla günlük ihtiyaçlarını elde etmek için bizzat çalışmadıklarını görmüyormuyuz. Bunun tek sebebi onların başkalarının kazançlarına bel bağlayarak bizzat çalışmaya ihtiyaç duymamalarıdır. Onların çalışmalarına güvendiler ve bizzat çalışmayı bir kenara ittiler. Bu maddi hayatta görülen bir husustur. Maneviyatta da akıl ile kavranılan bir husustur. Bu meselede olduğu gibi. Keşke iş burada dursa da bundan daha tehlikeli noktalara kadar ulaşmasa. Ortada farzları terkeden çoğu zenginlerin yaptığı gibi mazeretsiz dahi olsa başkasının adına haccın caiz olduğunu ileri süren görüşler vardır. Böyle bir görüş onları hac hususunda işi gevşek tutmaya, ondan geri kalmaya iter. Çünkü bunu kendisine gerekçe kabul eder ve içten içe şöyle der: Ben öldükten sonra benim adıma haccederler. Hatta ortada bundan daha zararlı olanı da vardır. Bu da namazı terkeden ölünün üzerinden namazı ıskat etmenin vacib olduğunu (iskat-ı salât) söylemektedir. Şüphesiz ki bu bazı müslümanların namazı terketmelerine sebep olan pek büyük amillerden birisidir. Çünkü böyle bir kimse yine insanlar ölümden sonra bu namazı kendi üzerinden ıskat edecekler (düşürecekler) diye kendisini teselli eder ve buna benzer kötü etkisi toplumda açıkça görülen daha başka görüşler de vardır. O halde ıslahı arzu eden ilim adamına düşen görev şeriatın nasslarına ve güzel maksatlarına muhalif olduğu için bu görüşleri bir kenara bırakmaktır.

Şimdi bu görüşlerin etkisini nassların sınırında duran sınırların dışına herhangi bir tevil ya da bir kıyas ile çıkmayan kimselerin görüşlerinin etkisi ile kıyaslarsak aradaki farkı güneş gibi görürüz. Değinilen görüşlere ve benzerlerine iltifat etmeyenlerin amel ve sevap hususunda başkasına güvenip bel bağlamasını akıl kabul etmez. Çünkü onun görüşüne göre amelinden başka hiçbir şey kendisini kurtaramaz ve o bizzat kendisinin yapıp ettiğinin dışında bir şeyin sevabını alamaz. Hatta böyle bir kimse eğer imkan bulursa kendisinden sonra kabrinde yapayalnız iken ecri kendisine ulaşacak güzel bir eser bırakmaya çalışır ve bunu o vehmedilen hasenatın yerine koymaya gayret eder. İşte bu selefimizin ilerlemesinde, bizim de geri kalışımızda Allah'ın onlara yardım edip, bizi yardımsız bırakmasına etkili olan pekçok sebeblerden birisidir. Yüce Allah'tan onlara hidayet verdiği gibi, bizi de hidayete iletmesini, onlara yardım ve zafer verdiği gibi bizi de muzaffer kılmasını niyaz ederiz.

E. Ölenin kendisinden sonra bıraktığı salih etkiler ve sadak-i cariyeler. Çünkü yüce Allah: *"Onların ileri gönderdiklerini de, geri bıraktıklarını (izlerini) de yazarız."* (Yasin, 36/12) diye buyurmaktadır. Bu hususta bazı hadis-i şerifler de vardır:

1. Ebu Hureyre (r.a)'dan rivayete göre Rasûlullah (s.a) şöyle buyurmuştur:

"İnsan öldü mü ameli kesilir.[2] Üç [şey]den müstesna. Sadaka-i cariye'den yahut kendisi ile yararlanılan bir ilimden yahut kendisine dua edecek salih bir evlattan[3] (dolayı kesilmez).

Hadisi Müslim (V, 73) -anlatım ona ait-, Buhari, el-Edebu'l-Müfred (s. 8), Ebu Davud (II, 15), Nesai (II, 129), Tahavi, Müşkilu'l-Asar (I, 85), Beyhaki (VI, 278), Ahmed (II, 372)'de rivayet etmişlerdir. Fazlalık Ebu Davud ve Beyhaki'ye aittir.

2. Ebu Katade'den şöyle dediği rivayet edilmiştir: Rasûlullah (s.a) buyurdu ki:

"Kişinin kendisinden sonra geriye bırakacağı en hayırlı şey: Kendisine dua edecek salih bir evlat, ecri kendisine ulaşacak cari bir sadaka ve kendisinden sonra gereğince amel olunacak bir ilimdir."

Hadisi İbn Mace (I, 106), İbn Hibban, Sahih (no: 84-85), Taberani, el-Mucemu's-Sağir (s. 79), İbn Abdi'l-Berr, Camiu Beyani'l-İlm (I, 15)'de rivayet etmişlerdir. Senedi el-Münziri'nin et-Terğib (I, 58)'de belirttiği gibi sahihtir.

3. Yine Ebu Hureyre'den dedi ki: Rasûlullah (s.a) buyurdu ki: "Şüphesiz mü'mine ölümünden sonra amelinden ve hasenatından ulaşanlar arasında şunlar da vardır: Öğrettiği ve yaydığı bir ilim, geriye bıraktığı salih bir evlat, miras bıraktığı bir mushaf yahutta bina ettiği bir mescid, ya da yolcular için bir ev yahut akıttığı bir ırmak yahut sağlığında ve hayatında kendi malından çıkarıp verdiği bir sadaka ölümünden sonra ona erişir."

Hadisi İbn Mace (I, 106)'da hasen bir isnadla rivayet etmiştir. İbn Huzeyme Sahih'inde (2490)'de rivayet ettiği gibi Beyhaki de Şuabu'l-İman (3448)'de rivayet etmiştir.

4. Cerir b. Abdullah (r.a)'dan dedi ki:

"Günün ilk saatlerinde Rasûlullah (s.a)'ın yanında idik. Ayakları çıplak, elbiseleri bulunmayan, çizgili elbiseleri ya da abayı (kafasını sokacak şekilde) delerek giyinmiş, kılıçlarını kuşanmış [üzerlerinde

---

[2] Amelinin faydası ve sevabının yenilenmesini kastetmektedir. Hattabi, Mealimu's-Sünen adlı eserinde şunları söylemektedir:
"Bu buyrukta oruç, namaz ve onlara benzer bedeni olan amellerde vekaletin sözkonusu olmadığına delil vardır. Bu hadis aynı zamanda ölmüş bir kimse adına hacca giden kimsenin haccının gerçekte haccedene ait olduğuna, adına hac yapılanın bunda bir payının olmadığına delil de gösterilebilir. Ölüye bundan sadece dua erişir ve eğer onun adına bir mal karşılığında haccetmiş ise verdiği malda ecri sözkonusu olabilir."

[3] Burada amelin "salih" olmakla kayıtlandırılması ecrin öyle olmayan amel için sözkonusu olmadığından dolayıdır. Çocuğun günahından ötürü babaya günah erişmez. Şu şartla ki babanın niyeti hayır elde etmeye yönelik olmalıdır. Hadiste duanın sözkonusu edilmesi çocuğun babasına dua etmeye teşvik edilmesi içindir. Kayıt olduğundan dolayı değildir. Çünkü baba salih evladından dolayı ecir elde eder. Evladı salih amel işledikçe ister babasına dua etsin, ister etmesin fark etmez. Bir kimsenin bir ağaç dikmesi gibi. Onun meyvesinden yenilmesi sebebiyle o sevap elde eder. O meyveyi yiyen kimseler ister onu dikene dua etsinler, ister etmesinler farketmez. Annenin durumu da aynen böyledir.
İbn Melek, Mebaliku'l-Ezhar fi Şerhi Meşariki'l-Envar adlı eserde de böyle denilmektedir.

izarları (belden aşağılarını örten özel peştamelleri) ve başka hiçbir şeyleri bulunmayan] kimseler geldiler. Genellikle Mudar'dan, hatta hepsi Mudar'dan idiler. Rasûlullah (s.a)'ın yüzü onların bu fakir hallerini gördüğü için değişti. (Bir başka rivayette yine aynı anlamda değişikliğe uğradı.) İçeri girdi, sonra çıktı. Bilal'e emredince o da ezan okudu ve namaz kıldı. [Öğle namazını kıldı, sonra küçükçe bir minberin üstüne çıktı.] Sonra hutbe verdi. [Allah'a hamd ve senada bulundu] ve buyurdu ki: [İmdi şüphesiz yüce Allah kitabında şu buyrukları indirmiştir]: *"Ey insanlar! Sizi tek bir candan yaratan ve ondan da zevcesini var eden, her ikisinden de birçok erkek ve kadın türeten Rabbinizden korkun. Kendisi adına birbirinizden dileklerde bulunduğunuz Allah'dan ve akrabalık (bağın)ı kesmekten de sakının. Şüphesiz Allah üzerinizde tam bir gözetleyicidir."* (en-Nisa, 4/1) Bir de Haşr suresindeki şu âyeti okudu: *"[Ey iman edenler] Allah'tan korkun. Herkes yarın için ne hazırladığına bir baksın. Allah'dan korkun, şüphesiz ki Allah yaptıklarınızdan haberdardır. [Allah'ı unuttukları için, Allah'ın da kendilerini, kendilerine unutturduğu kimseler gibi de olmayın. İşte onlar fasıkların ta kendileridir. Cehennemlikler ile cennetlikler bir olmaz. Cennetlikler muradlarına erenlerin ta kendileridir."* (el-Haşr, 59/18-20) Sizin ile sadaka vermeniz arasına engel olunmadan sadaka veriniz.] Kimisi dinarından, kimisi dirheminden, kimisi elbisesinden, kimisi bir sa' buğdayından, [kimisi arpasından], kimisi bir sa' hurmasından tasadduk etsin. Nihayet şöyle buyurdu: [Sizden hiçbir kimse, hiçbir sadakayı küçük görmesin.] İsterse yarım bir hurma olsun. [Yüzünde kızgınlık etkileri açıkça belli oluncaya kadar geciktiler.] (Cerir) dedi ki: Ensardan bir adam [gümüş (bir rivayette altın)dan] eli nerdeyse onu alamayacak kadar büyük bir bağ getirdi. Hatta eli onu kuşatamıyordu. [Rasûlullah (s.a) minberi üzerinde olduğu halde onu aldı], [adam: ey Allah'ın Rasûlü bu Allah yolunda (bir sadaka)dır dedi.] [Rasûlullah (s.a) onu kabzetti], [sonra Ebu Bekir kalktı (bir şeyler) verdi, sonra Ömer kalktı (birşeyler) verdi, sonra muhacirlerle ensar kalkıp (bir şeyler) verdiler. Sonra insanlar [sadaka vermekte] birbirinin ardından hareket ettiler. [Kimisi dinardan, kimisi dirhemden, kimisi şundan, kimisi bundan] verdi. Öyle ki iki yığın yiyecek ve giyecek gördüm. Hatta Rasûlullah (s.a)'ın yüzünü sanki bir altın parçası imiş gibi parıldar gördüm. Bunun üzerine Rasûlullah (s.a) şöyle buyurdu:

"Her kim İslamda güzel bir yol açarsa, ona onun ecri ile ondan sonra onunla amel edenlerin ecri [gibisi] vardır. Onların ecirlerinden hiçbir şey eksiltilmeksizin (ona da verilir). Her kim de İslamda kötü bir yol açarsa, onun günahı ona ait olur. Bir de ondan sonra onunla amel edenlerin günahları [gibi] ona verilir ve onların günahlarından hiçbir şey eksiltilmez. [Daha sonra şu: *"Onların ileri gönderdiklerini de, geride bıraktıklarını (izlerini) de yazarız."* (Yasin, 36/12) âyetini okudu. [(Cerir) dedi ki: O malları aralarında paylaştırdı.]"

Hadisi Müslim (III, 88-89, VIII, 61-62), Nesai (I, 355-356), Darimi (I, 126-127), Tahavi, Müşkilu'l-Asar (I, 93, 97), Beyhaki (IV, 175-176), Tayalisi (670), Ahmed (IV, 357-358-359-360-361-362), İbn Kesir (III, 565)'de belirtildiği üzere İbn Ebi Hatim de bunu tefsirinde rivayet etmiştir. Sondan bir önceki fazlalık ona aittir, senedi sahihtir. Tirmizi (III, 375) -sahih olduğunu belirterek-, İbn Mace (I, 90) işaret ettiğimiz ziyadeden önceki iki cümleyi yine içlerindeki iki fazlalık ile birlikte (Tirmizi ve İbn Mace) rivayet etmişlerdir.

Birinci fazlalık Beyhaki'ye, ondan sonraki fazlalık dördüncüye kadar Beyhaki ve Müslim'e, beşincisinden sekizinciye kadar Beyhaki'ye ayrıca beşincisi Tayalisi'ye, dokuzuncusu Darimi ile Ahmed'e aittir. Müslim de ona yakın bir fazlalık zikrettiği gibi Tayalisi ve Ahmed de aynı şekilde böyle bir fazlalık zikretmişlerdir. Onuncusu ile onikincisi, onbeşincisi ve ondokuzuncusu Beyhaki'ye, onbirinci ve onikincileri Tahavi ile Ahmed'e, ondördüncüleri Tayalisi'ye, onaltıncı ve onyedincileri Müslim, Tirmizi, Ahmed'e ve başkalarına aittir. İkinci rivayet Nesai ile Beyhaki'ye, üçüncü rivayet Tahavi ile Ahmed'e aittir.[4]

---

[4] Bir uyarı: Bazı bid'at ehli kimseler Peygamber (s.a)'ın bu hadisteki: "Kim İslamda güzel bir yol açarsa..." bid'atleri uydurma taksimlerine delil gösterebilirler ve buna dayanarak bid'atin bir bölümünün güzel, bir bölümünün kötü olduğunu söyleyebilirler.

Oysa bu batıl bir taksime fasid bir delillendirmedir. Hadisin vürud münasebetine bakan bir kimse bunu rahatlıkla görebilir. Çünkü bunlar bu sebebi gizli tutarlar ve zikretmezler. Zira hadis sünnetleri ihya etmeye teşvik sadedindedir. Bid'atler uydurmaya teşvik amacında değildir.

Bu gibilerine bir başka cevap: Faraza bizler hadiste sözü edilen sünnet ile bid'atin kastedildiğini kabul etsek dahi. Birincisi güzellikle nitelendirilmiş, diğeri çirkin olmakla nitelendirilmiştir. Ehl-i sünnetin bildiği bir husus var ki güzellik de, çirkinlik de esas itibariyle Allah'ın kitabı ve Rasûlünün sünnetinden öğrenilebilir. Bu hususta Mutezile'ye ve onların izinden gidenlere ehl-i sünnet muhalefet ederler. Çünkü Mutezile ve izlerinden gidenler bir şeyi güzel ve çirkin kabul etmenin aklî olduğu kanaatindedirler.

Şer'î bir fiil "bid'at-i hasene" olmakla nitelendirilecek olup da bu hususta Kitab ve sünnetten tafsili delil de ortaya konulursa, o işin meşruiyeti hususunda herhangi bir görüş ayrılığı olmaz. Böyle bir işin "bid'at" olmakla nitelendirilmesi ise sadece sözlük anlamı itibariyle bir adlandırma olur. Başka bir şey olmaz. Ömer (r.a)'ın Peygamber (s.a) fiili ve sözü ile ramazan kıyamını (teravihi) sünnet olarak ortaya koyduktan sonra Ömer (r.a)'□n bu namaz□n cemaatle k□l□nmas□n□ tekrar hayata geзirmesi s□ras□nda sцyledi□i: "Bu ne gьzel bid'attir." kabilinden olur.

Ayn□ □ekilde e□er bid'at ile yorumlanacak olursa, seyyie sьnnet hakk□nda da bunlar sцylenebilir. Bu durumda buna dair □er'o bir delil ortaya konulabilecek olursa, o kцtь bir sьnnet (yol) olur.

□□te bid'atзilerin bu hadisi sцzь geзen iki hususa delil gцstermelerinin tutars□zl□□□ -Allah'a hamdolsun ki- aз□kзa gцrьlmektedir. Ba□ar□y□ veren Allah't□r.

17. KABİR ZİYARETİ

115. Öğüt almak ve ahireti hatırlamak için kabir ziyareti meşrudur. Ancak kabir ziyareti yapılırken şanı yüce Allah'ı gazablandıracak bir söz söylememelidir. Kabirde bulunana dua edip, yalvarmak yüce Allah'ı bırakarak, ondan yardım dilemek yahut onu temize çıkarıp, kesinlikle cennete gireceğini söylemek ve benzeri hususlar buna örnektir. Bu hususta birkaç hadis-i şerif vardır:

Birinci hadis Bureyde b. el-Husayn (r.a)'dan dedi ki: Rasûlullah (s.a) buyurdu ki:

"Ben size daha önce kabirleri ziyaret etmeyi yasaklamıştım. Artık onları ziyaret edebilirsiniz. [Çünkü o size ahireti hatırlatır], [o kabirleri ziyaret sizin hayrınızı arttırsın], [artık kim (kabirleri) ziyaret etmek istiyor ise ziyaret etsin fakat batıl söz (hucr) söylemeyin.]"

Hadisi Müslim (III, 65, 6/82), Ebu Davud (II, 72, 131), onun rivayet yoluyla Beyhaki (IV, 77), Nesai (I, 285-286, II, 329-330), Ahmed (V, 350, 355-356, 361)'da rivayet etmişlerdir. Birinci ve ikinci fazlalık Ahmed'e aittir. Ebu Davud da birinci fazlalığa yakın ifadelerle ilavede bulunmuştur. İkinci ve üçüncüleri de Nesai'ye aittir.

Nevevi -Allah'ın rahmeti üzerine olsun- el-Mecmu (V, 310)'da şunları söylemektedir:

"Hucr, (batıl söz) batıl söz demektir. İlkin kabir ziyaretinin yasaklanışı onların henüz cahiliye döneminden yeni çıkmış olmalarıydı. Cahiliyenin batıl sözlerini söyleyebilirlerdi. İslamın temelleri iyice yerleşip, hükümleri yerini alıp, onun belirgin özellikleri gerektiği gibi yayılınca onlara kabir ziyareti mübah oldu. Peygamber (s.a): "Batıl bir söz söylemeyin" buyruğu ile gereken ihtiyatı göstermiş oldu."

Derim ki: Avamın ve başkalarının ziyaret esnasında yaptıkları ölüye dua, ondan yardım istemek, onun hakkı için Allah'tan dileklerde bulunmanın hucr ve batıl söz söylemekten daha büyük bir iş olduğu açıkça ortadadır. O halde ilim adamlarının onlara bu hususta Allah'ın hükmünü açıklamaları ve onlara meşru olan ziyareti ve bu ziyaretten maksadı iyice anlatmaları gerekmektedir.

San'anî, Subulu's-Selam (II, 126)'da ziyarete ve ziyaretin hikmetine dair hadisleri zikrettikten sonra şunları söylemektedir:

"Bütün bunlar kabirleri ziyaret etmenin meşruiyetine delalet etmekte ve bu ziyaretin hikmetini ve ibret almak için yapılacağını açıklamaktadır... Bunlar bulunmayacak olursa kabir ziyareti şer'an istenen bir şey olmaz.

İkinci hadis Ebu Said el-Hudri'den dedi ki: Rasûlullah (s.a) buyurdu ki:

"Ben sizlere kabirleri ziyareti yasaklamıştım. Artık onları ziyaret edebilirsiniz. Şüphesiz onda bir ibret vardır. [Bununla birlikte Rabbi gazablandıran bir söz söylemeyiniz.]"

Hadisi Ahmed (III, 38, 63, 66), Hakim (I, 374-375)'de, ondan Beyhaki (IV, 77)'de nakletmiş bulunmakta, sonra şunları söylemektedir:

"Hadis Müslim'in şartına göre sahihtir." Bu hususta Zehebi ona muvafakat etmiştir. Hadis dedikleri gibidir.

Bu hadisi ayrıca el-Bezzar (861)'da rivayet etmiştir. el-Heysemi, Mecma (III, 58)'de şunları söylemektedir:

"Senedindeki raviler sahih hadisin ravileridirler."

Bu rivayet buna yakın ifadelerle bir başka yoldan Ahmed'de de vardır. Senedinde mutabaat hususunda bir sakınca yoktur. Ayrıca bunun Abdullah b. Amr'ın rivayet ettiği Bezzar'ın lafzı ile bir başka şahidi de vardır. Bunu Taberani, el-Mucemu's-Sağir (s. 183)'de rivayet etmiştir. Ravileri sika kabul edilmiş kimselerdir.

Üçüncüsü Enes b. Malik'ten dedi ki: Rasûlullah (s.a) buyurdu ki:

"Ben size kabirleri ziyareti yasaklamış idim. Artık onları ziyaret edebilirsiniz. Çünkü o kalbi inceltir, gözden yaş akıtır, ahireti hatırlatır. Bununla birlikte batıl bir söz söylemeyin."

Hadisi Hakim (I, 376)'de hasen bir senedle rivayet etmiştir. Daha sonra yine (I, 375 ve 376)'da rivayet etmiştir. Ahmed (III, 237, 250)'de ondan bir başka yolla ve yakın ifadelerle rivayet etmiştir. Senedinde bir parça zayıflık vardır. Fakat ondan önceki hadislerle bu zayıflığı telafi edilir.

Yine bu hususta Ebu Hureyre (r.a)'dan da gelmiş bir hadis vardır, ileride gelecektir.

116. Kabir ziyareti hususunda müstehablık bakımından kadınlar da erkekler gibidir. Bunun birkaç sebebi vardır:

Birincisi Peygamber (s.a)'ın: "Artık kabirleri ziyaret edebilirsiniz" buyruğunun genel ifadesinin kapsamına kadınlar da girer. Bunu şöylece açıklayabiliriz: Peygamber (s.a) işin başında kabirleri ziyaret etmeyi yasakladığında şüphesiz bu yasak erkekleri de, kadınları da birlikte kapsıyordu. Buna göre: "Ben sizlere kabirleri ziyaret etmeyi yasaklamıştım." buyruğundan onun her iki cinsi kastettiği anlaşılmakta idi. Bu zorunlu olarak böyle anlaşıldığına göre o onlara işin başında her iki cinse neyi yasakladığını bildirmektedir. Durum böyle olduğuna göre hadisin ikinci cümlesinde yer alan hitab ki o "artık ziyaret edebilirsiniz" buyruğudur ile zorunlu olarak yine her iki cinsi (hem kadınları, hem erkekleri) kastetmiş olmaktadır. Bunu az önce kaydettiğimiz Bureyde yoluyla rivayet edilen hadisin Müslim'deki rivayetinde yer alan fazlalıkta sözü edilen diğer fiillerdeki hitab da pekiştirmektedir: "Ve size kurban etlerini üç günden fazla saklamanızı da yasaklamıştım. Artık uygun gördüğünüz kadarını alıkoyabilirsiniz. Yine size kabta olanı dışında nebizi içmeyi de yasaklamıştım. Artık bütün kablarda içebilirsiniz fakat sarhoşluk veren bir şey içmeyiniz." Derim ki bütün bu fiillerde hitab kesinlikle her iki cinse (erkeğe ve dişiye) yöneliktir. Tıpkı birinci hitab olan: "Size ... yasaklamıştım" hitabında olduğu gibi. Eğer Peygamber efendimizin "artık onları ziyaret edebilirsiniz" buyruğunda yer alan hitab sadece erkeklere mahsustur denilecek olursa o vakit ifadenin düzeni bozulur, güzelliği kaybolur gider. Bu durum ise kendisine özlü sözler söyleme imkanı verilmiş ve dat lugatı[1] diye bilinen arabçayı konuşanların en fasihi olan kimseye yakışan bir durum değildir. Aşağıdaki hususlar bunu daha da pekiştirmektedir:

İkinci husus kadınların da kabir ziyaretinin meşru kılınmasına sebeb teşkil eden illette erkeklerle ortak özellikleri paylaşmalarıdır. O özellik de şudur:

"Çünkü o (kabirleri ziyaret etmek) kalbi inceltir, gözü yaşartır ve ahireti hatırlatır."

Üçüncü husus Peygamber (s.a) mü'minlerin annesi Aişe (r.anha)'ın bize belleyip aktardığı iki hadis-i şerifte kadınlara kabir ziyaretinde bulunmaları için ruhsat vermiştir:

1. Abdullah b. Ebi Müleyke'den:

"Aişe bir gün kabristandan geldi. Ben ona: Ey mü'minlerin annesi nereden geliyorsun? O kardeşim Abdu'r-Rahman b. Ebi Bekr'in kabrinden dedi. Ben ona: Rasûlullah (s.a) kabirleri ziyaret etmeyi yasaklamamış mıydı dedim. O evet dedi. Sonra onları ziyaret etmeyi de emretti." Ondan gelen bir başka rivayette: "Rasûlullah (s.a) kabirleri ziyaret etme ruhsatı verdi."

Hadisi Hakim (I, 376) rivayet etmiştir. Ondan Beyhaki (IV, 78), İbn Abdi'l-Berr, et-Temhid (III, 233), Bistam b. Müslim'in, Ebu't-Teyyah Yezid b. Humeyd'den, o Abdullah b. Ebi Müleyke'den yoluyla rivayet etmiştir. Diğer rivayet ise İbn Mace (I, 475)'e aittir.

Derim ki: Hakim hadis hakkında bir değerlendirme yapmamıştır. Zehebi: "Sahihtir" demiştir. el-Busiri, ez-Zevaid (I, 988)'de: "İsnadı sahihtir, ravileri sikadırlar" demiştir. Hadis dedikleri gibidir.

Hafız el-Iraki, Tahricu'l-İhya (IV, 418)'de şunları söylemektedir:

"İbn Ebi'd-Dünya, el-Kubur'da ve Hakim ceyyid bir isnadla rivayet etmişlerdir."[2]

---

[1] Bu Peygamber efendimizin niteliklerindendir. "Ben dat diliyle konuşanların en fasihiyim" rivayetine gelince Şevkâni, el-Fevaidu'l-Mecmua (321)'de belirttiği gibi hadis olarak aslı yoktur.

[2] Derim ki İbnu'l-Kayyim hayret edilecek bir hususu illet diye göstermiştir. Daha doğrusu illet diye bir şey gösterememiştir. Tehzibu's-Sünen (IV, 350)'de şunları söylemektedir:

2. Muhammed b. Kays b. Mahreme b. el-Muttalib'den rivayete göre bir gün şöyle demiş: Size kendimden ve annemden sözedeyim mi? Biz onun kendisini dünyaya getiren annesini kastettiğini sandık. Dedi ki: Aişe (r.anha) dedi ki: Size kendimden ve Rasûlullah (s.a)'dan sözedeyim mi diye sordu. Biz evet dedik, şöyle dedi:

"Peygamber (s.a)'ın yanımda kaldığı gece olan benim gecemde geldi ve ridasını çıkardı, ayakkabılarını çıkardı ve onları ayak tarafında bıraktı. İzarının bir ucunu yatağına açtı ve yanı üzere

---

"Beyhaki'nin rivayeti ise Bistan b. Müslim'in rivayeti ile gelmiştir. Eğer sahih olsa bile Aişe (r.anha) bu hadisi kadınların da bu kapsama girdiği hususunda başkalarının yaptığı tevili yapmış bulunmaktadır."

Derim ki Bistan bildiğim kadarıyla ihtilafsız olarak sika bir ravidir. Dolayısıyla İbnu'l-Kayyim'in üstü kapalı bir şekilde onu tenkid etmesinin anlamı yoktur. İbn Abdi'l-Berr, et-Temhid (III, 234)'de rivayet ettiğine göre Ahmed bile onu delil olarak göstermiştir. Temhid'deki rivayet Ebu Bekir el-Eslem'den gelmekte olup, o şöyle demiştir: Ben Ahmed b. Hambel'e kabirleri ziyaret eden kadına dair soru sorulurken ve şu cevabı verirken dinledim: Ümid ederim inşaallah kadının kabir ziyaretinde bir sakınca yoktur. Çünkü Aişe kardeşinin kabrini ziyaret etmiştir."

Abdu'l-Cebbar b. el-Vebb'de ona mutabaat ederek şöyle demiştir: İbn Ebi Muleyke'yi şöyle derken dinledim. Aişe bineğine bindi. Onun kölesi yanımıza geldi. Ben: Mü'minlerin annesi nereye gitti diye sordum, o kardeşi Abdu'r-Rahman'ın kabrine ona selam vermek üzere gitti.

Bunu İbn Abdi'l-Berr rivayet etmiş olup, senedi de hasendir.

Tirmizi'nin (II, 157)'de zikrettiği şu rivayet bunun için bir illet teşkil edemez. İbn Cureyc, Abdullah b. Ebi Muleyke'den şöyle dediğini rivayet etmektedir: Abdu'r-Rahman b. Ebi Bekr (Mekke'ye oniki mil uzaklıkta bulunan) el-Hubşa denilen yerde vefat etti. Mekke'ye getirildi ve orada defnedildi. Aişe, Mekke'ye gelince Abdu'r-Rahman b. Ebi Bekr'in kabrine giderek şu beyitleri okudu:

"Bizler Cüzeyme'nin iki yakın arkadaşı gibiydik bir süre
O kadar ki bizim için bunlar asla ayrılmazlar dediler
Ayrıldığımız vakit sanki ben ve Malik
O uzun birlikteliğe rağmen tek bir gece birlikte geçirmemiş gibi olduk."

Sonra şöyle dedi: Allah'a yemin ederim eğer ben senin vefatında hazır bulunsaydım, mutlaka vefat ettiğin yerde defnolunurdun ve eğer senin vefatında yanında olsaydım, seni ziyaret etmezdim." Aynı şekilde bunu İbn Ebi Şeybe, el-Musannef (IV, 140)'de rivayet etmiş, el-Heysemi de bu hadisi Mecmau'z-Zevaid (III, 60)'de naklettikten sonra şunları söylemektedir: "Bunu Taberani el-Kebir'de rivayet etmiş olup, ravileri sahih hadisin ravileridir." Bu hadisi Tirmizi rivayet ettiğinden ötürü ve ravileri Buhari ile Müslim'in ravileri olduğundan dolayı Heysemi bu hadisi bu şekilde zikretmekte yanılmıştır. Ancak hadiste İbn Cüreyc vardır ki o da tedlis yapan bir ravidir ve bunu anâne ile rivayet etmiştir. İşte hadisin illeti budur. Bununla beraber İbnu'l-Kayyim (IV, 349) "mevcut hallerine rağmen mahfuz" olduğunu iddia etmiştir. Evet o böyle demektedir fakat hadis belirttiğimiz husus dolayısıyla münkerdir. Ayrıca bu hadis Yezid b. Humeyd'in rivayetine de muhaliftir. Yezid ise İbn Ebi Müleyke'den yaptığı rivayetlerde sika ve sağlam bir ravidir. Hadisin sağlam rivayete muhalefeti "eğer vefatında yanında bulunsaydım seni ziyaret etmezdim" ifadesinde açıkça görülmektedir. Bu onun kabrini ziyaret etme sebebinin vefatı esnasında yanında bulunmaması olduğu hususunda açık ifade taşımaktadır. Eğer vefatında hazır bulunsaymış onu ziyaret etmeyecekmiş. Halbuki diğer taraftan İbn Humeyd'in rivayet ettiği hadis ise onun Peygamber (s.a) kabirleri ziyaret etmeyi emrettiğinden dolayı ziyaret ettiği hususunda açık ifadeler taşımaktadır. İbnu'l-Kayyim -yüce Allah'ın rahmeti üzerine olsun-'in kabul ettiğinin aksine mahfuz olan İbn Humeyd'in hadisidir. Sözünü ettiği Aişe (r.anha)'nın yaptığı tevile gelince, bu da ihtimal dahilindedir fakat diğer bir ihtimal onun Peygamber (s.a)'ın bu husustaki emri dolayısıyla ziyaret ettiğidir. Böyle olması bundan sonra gelen ve onun rivayet ettiği ikinci hadisin şahidliği ile daha kuvvetli bir ihtimaldir.

yattı. Fazla zaman geçmeden o benim uyuduğumu sandı, yavaşça ridasını aldı, yavaşça ayakkabılarını giydi, [yavaşça] kapıyı açtı ve çıktı. Sonra kapıyı yavaşça kapattı. Ben de carımı başımın üzerine saldım, başımı da örttüm. Sonra izarım ile de kapandım. Sonra onun izinden yola koyuldum. Nihayet Baki'e geldi. Uzunca ayakta durdu. Sonra üç defa ellerini kaldırdı, sonra yana saptı, ben de yana saptım. O hızlandı, ben de hızlandım. Koşmaya başladı, ben de koştum. Daha da hızlı koşmaya başladı, ben de daha da hızlandım. Onu geçtim, içeri girdim. Daha henüz uzanmıştım ki o da içeri girdi. Ne oluyor ey Aişe, göğsün inip kalkıyor, karnın da şişmiş bulunuyor. (Aişe) dedi ki: Anam-babam sana feda olsun ey Allah'ın Rasûlü dedim ve ben de ona [durumu] ona bildirdim. O benim önümde gördüğüm karartı sen miydin dedi. Ben evet dedim. Göğsüme bir yumruk vurdu, beni acıttı. Sonra şöyle dedi: Allah'ın ve Rasûlünün sana haksızlık edeceğini mi zannettin? Aişe dedi ki: İnsanlar her neyi gizlese Allah onu bilir. O evet [diye buyurdu]. (Devamla) buyurdu ki: O gördüğün vakit Cibril bana geldi, bana seslendi. Sesini senden gizledi. Ben de ona karşılık verdim. Ona verdiğim karşılığı da senden gizledim. Sen burdayken yanına girmezdi. Çünkü elbiselerini çıkarmıştın. Ben senin uyuduğunu sanmıştım. Seni uyandırmak hoşuma gitmedi ve yalnızlıktan korkacağından çekindim. Cebrail bana dedi ki: Rabbin sana Baki'dekilere gitmeni onlar için mağfiret dilemeni emrediyor. (Aişe) dedi ki: Peki ey Allah'ın Rasûlü nasıl söyleyeyim diye sordum. Şöyle buyurdu: Deki:

"(

): Selam size ey mü'minlerin ve müslümanların diyarında bulunanlar. Allah bizden önden gidenlere de, geriye kalanlara da rahmet buyursun. Bizler de -inşaallah- size elbette yetişeceğiz."

Hadisi Müslim (III, 14) -anlatım ona ait-, Nesai (I, 286, II, 160-161), Abdu'r-Rezzak (III, 570-571), Ahmed (VI, 221)'de rivayet etmişlerdir. Ziyadeler -birincisi dışında- Ahmed'e aittir, üçüncüsü Nesai'ye aittir. Abdu'r-Rezzak'ın (III, 576/6722)'de kaydettiği bir rivayette: Peygamber (s.a)'a: Kabirlere selam vermek halinde nasıl diyelim diye sormuştum. O da şöyle buyurdu deyip selam şeklini zikretti.

Hafız et-Telhis (V, 248)'de bu hadisi kadınların kabirleri ziyaret etmelerinin caiz olduğuna delil göstermiştir. Hadisin buna delaleti de açıktır. Ayrıca bu hadis ruhsatın erkeklerle birlikte kadınları da kapsadığını desteklemektedir. Çünkü olay Medine'de olmuştu. Zira bilindiği gibi Peygamber (s.a), Aişe (r.anha) ile Medine'de gerdeğe girmiştir. Yasak ise işin başında Mekke'de olmuştu. Her ne kadar bu hususta bunu destekleyecek bir tarihi bilgi bilmiyor isek dahi biz bunu kesinlikle söylüyoruz. Çünkü sağlıklı bir şekilde çıkarttığımız sonuçlar buna tanıklık etmektedir. O da Peygamber (s.a)'ın: "Size...

yasaklamış idim" buyruğundan çıkmaktadır. Zira böyle bir yasağın Mekke dönemi bir tarafa Medine döneminde teşri kılınmış olmasını aklım kabul etmemektedir. Çünkü Mekke döneminde teşri edilen hükümlerin büyük çoğunluğu tevhid ve akide ile alakalı idi. Kabir ziyaretinin yasaklanması da bu kabildendir. Çünkü böyle bir yasak seddu'z-zerai türünden bir yasaktır. Bunun teşri edilmesi de Mekke dönemine uygun düşen bir iştir. Zira insanlar o dönemde henüz İslama yeni girmişler ve şirkten yeni kurtulmuşlardı. Bunun için Peygamber (s.a) onlara şirke götüren bir yol olmaması için kabir ziyaretini yasaklamıştı. Nihayet tevhid onların kalblerinde iyice yer edip, ona aykırı olan şirk çeşitlerini öğrendiklerinde kabir ziyareti için onlara izin verdi. Mekke dönemi boyunca onları (cahiliye dönemdeki gibi) ziyareti sürdürme adetleri üzere terketmesi, sonra da Medine'de onlara bu işi yasaklaması teşriin hikmetinden oldukça uzak bir iştir. Bundan dolayı biz kesinlikle bu yasağın Mekke döneminde teşri edildiğini söyleyebiliyoruz. Durum böyle olduğuna göre Peygamber efendimizin Aişe'ye Medine'de kabir ziyaretine izin vermesi dediğimiz hususa dair açık bir delildir. Bu hususu iyice düşünelim. Çünkü bu birden hatırımıza gelen bir husus oldu. Daha önce bu olayı bu şekilde açıklayanı da görmedim. Eğer isabet ettim ise bu Allah'tandır, hata ettim ise kendi nefsimdendir.[3]

---

[3] Vasiyyetu'l-Şer'iyye adlı risalenin sahibinin (s. 26)'de buna şu sözleriyle delil göstermesine gelince:

"Rasûlullah (s.a) kızı Fatıma (r.anha)'ın amcası Hamza (r.a)'ın kabrini ziyaret etmesine itiraz etmemiştir."

Bu batıl bir istidlaldir. Çünkü sözü geçen itiraz etmeyişin sünnete dair kitabların hiçbirisinde bir aslı astarı yoktur. Ben bunun müellifin bir yanılmasından başka bir şey olduğunu zannetmiyorum. Çünkü Fatıma (r.anha)'dan gelen rivayet onun sadece kabrini ziyaret ettiğinden ibarettir. Bu rivayette ileri sürülen ikrar (itiraz etmeyiş)den hiçbir şekilde sözedilmemektedir. Bununla birlikte bu da ondan sabit görülmemektedir. Çünkü sözkonusu bu rivayet Süleyman b. Davud, Cafer b. Muhammed'den, o babası Ali b. el-Huseyn'den, o babasından rivayet ettiğine göre Peygamber (s.a)'ın kızı Fatıma (r.anha) amcası Hamza'nın kabrini her cuma ziyaret eder, ona dua eder ve yanında ağlardı.

Bunu Hakim (I, 377) böylece rivayet etmiştir. Onun rivayet ettiği yoldan Beyhaki (IV, 78)'de rivayet etmiş olup, şunları söylemiştir:

"O böyle demiştir. Süleyman b. Davud'dan, o babası Cafer b. Muhammed'den, o babasından diye rivayet edilmiş ve Ali b. el-Huseyn'den, o babasından diye zikredilmemiştir. O halde bu munkatı bir rivayettir."

Hakim de şöyle demektedir: "Bütün ravileri sikadırlar. ez-Zehebi ise şu sözleriyle onun bu görüşünü reddetmektedir:

"Bu oldukça münker bir rivayettir. Süleyman da zayıf bir ravidir."

Derim ki ben de Süleyman b. Davud b. Kays el-Ferra el-Medeni olduğunu zannediyorum. Ebu Hatim hakkında şöyle demiştir: "Bu gerektiği gibi bilemediğim bir ravidir." el-Ezdi de: "Hakkında tenkidlerde bulunulmuştur" demiştir. Bundan dolayı Zehebi onu "ed-Duafa"de sözkonusu etmiş ve el-Ezdi'nin naklettiğimiz sözünü aktarmıştır. Dolayısıyla Hafız İbn Hacer'in bu rivayet hakkında et-Telhis (s. 167)'de herhangi bir şey söylememiş olmasına aldanmamak lazımdır. Bu hususta Şevkâni'nin adeti üzere Neylu'l-Evtar (IV, 95)'de ona tabi olmuş olsa bile durum böyledir. Çünkü birinci rivayette "Ali b. el-Huseyn, Ali'den" diye zikredilmiş ve böylelikle bu rivayet Ali (r.a)'ın Müsned olarak kaydettiği bir rivayet diye

Dördüncü husus Enes (r.a)'ın rivayet ettiği hadiste Peygamber (s.a)'ın kabrin yanında gördüğü kadının ziyaretine itiraz etmemesidir: "Rasûlullah (s.a) bir kabrin yanıbaşında ağlayan bir kadının yanından geçti. Ona: Allah'tan kork ve sabret... diye buyurdu."

Hadisi Buhari ve başkaları rivayet etmiş olup, daha önce tamamıyla 19. meselede geçmiş bulunmaktadır. Buhari bu hadisin yer aldığı bölüme: "Kabir ziyareti babı" başlığını vermektedir. Hafız (İbn Hacer), Fethu'l-Bari'de şunları söylemektedir:

"Bu hadisin delalet teşkil eden tarafı Peygamber (s.a)'ın kadının kabrin yanıbaşında durmasına karşı çıkmayışı ve buna itiraz etmeyişinin huccet olduğudur."

Aynî, Umdetu'l-Kari (III, 76)'da şunları söylemektedir:

"Hadiste kabir ziyaretinin mutlak olarak caiz olduğu ifade edilmektedir. Ziyaret eden ister erkek, ister kadın olsun, ziyaret edilen de ister müslüman, ister kâfir olsun. Çünkü bu hususta tafsilat (ve ona göre hüküm) bulunmamaktadır."

Buna benzer bir ifadeyi Hafız (İbn Hacer)'de hadise dair yaptığı açıklamaların sonlarında zikretmiş ve: "Bu hususta tafsilat bulunmadığından ötürü" sözlerinden sonra şunları söylemektedir:

"Nevevi dedi ki: Cumhur kat'î olarak caiz olduğunu söylemişlerdir. el-Havî sahibi[4] ise: Kâfirin kabrini ziyaret etmek caiz değildir demektedir. Bu ise yanlıştır. -(el-Havi'den nakil) burada sona ermektedir.-"

Hadisin delalet ettiği kadının kabir ziyaretinin caiz oluşu hadisten ilk olarak anlaşılan hükümlerdendir fakat bu istidlalin tamam olması anlatılan bu olayın nehyden önce meydana gelmemiş olması halinde söz konusudur. Açıkça anlaşılan da budur. Çünkü bizler az önce açıkladığımız şekilde yasak Mekke'de konulmuştu. Bu olayı ise Enes rivayet etmektedir ve o Medine'li bir sahabidir. Çünkü annesi Um Suleym onu Peygamber (s.a) Medine'ye geldiğinde getirmiş ve o sırada Enes on yaşında idi. O halde bu olay da Medine'de olmuş demektir. Böylelikle bu olayın yasaktan sonra meydana geldiği sabit olmaktadır. Bu yolla bu olayın (kadınların

---

göstermiştir. Halbuki bu onun oğlu el-Huseyn (r.a)'ın bir rivayetidir. Hakim'de olduğu gibi yahutta Cafer b. Muhammed'in babasından kaydettiği bir rivayettir, Beyhaki'nin muallak rivayetinde olduğu gibi. Belki de et-Telhis'de bulunan "Ali'den" ifadesi "babasından" ifadesinden tahrif de edilmiş olabilir. Bütün bunlar ise es-San'ani, Subulu's-Selam (II, 151)'de görülmemektedir. O hadisi Hakim'e, Ali b. el-Huseyn'in rivayeti olarak kaydetmektedir. Buna göre Fatıma... sonra dedi ki: "Derim ki bu mürsel bir hadistir. Çünkü Ali b. el-Huseyn, Muhammed (s.a)'ın kızı Fatıma (r.anha)'a yetişmemiştir."
O halde hadis ancak daha önce açıklandığı üzere Ali b. el-Huseyn'in, babası Ali'den rivayeti olarak varid olmuş olabilir.

[4] Derim ki buna dair delil bir sonraki meselede gelecektir. el-Havi adlı eserin sahibi Ebu'l-Hasen el-Maverdi'dir. (Vefatı 450 Hicri)

kabir ziyaretinin) caiz oluşuna delil gösterilmesi eksiksiz bir delillendirmedir.

İbnu'l-Kayyim'in, Tehzibu's-Sünen (IV, 350)'deki şu ifadelerine gelince:

"Allah'tan korkmak (takvalı olmak) Allah'ın emrettiklerini yapmak, onun yasakladıklarını terketmektir. Ziyaretin yasaklanması da bunlar arasındadır."

Eğer o kadın, kadınlara kabir ziyaretinin yasaklandığını biliyor ve bu yasağın devam ettiğini nesholmadığını biliyor ise bu doğrudur. O vakit İbnu'l-Kayyim'in söylediği: "Kabir ziyaretinin yasaklanışı da bunlar arasındadır" sözü sabit olur. Bu durum bizce bilinen bir husus olmadığına göre o halde bu doğru olmayan bir delillendirmedir. Bunu da şu desteklemektedir: Eğer yasak hala devam etmiş olsaydı, Rasûlullah (s.a) kadına açıkça ziyaret etmenin yasak olduğunu söyler ve bunu açıklardı. Ona genel olarak Allah'tan korkmak (takvalı olmak) emrini vermekle yetinmezdi. Bu husus yüce Allah'ın izniyle gayet açıktır.

117. Fakat kadınların kabirleri çokça ziyaret etmeleri, çokça gidip gelmeleri caiz değildir. Çünkü bu onların feryad etmek, açılmak, kabirleri gezinti için oturulacak yerler edinmek, boş sözlerle vakit kaybetmek gibi şeriate uymayan birtakım işleri yapmaya onları götürebilir. Nitekim bazı İslam ülkelerinde günümüzde görülen de budur. Meşhur olan şu hadiste -inşaallah- kastedilen de bu olmalıdır:

"Kabirleri çokça ziyaret eden kadınlara Rasûlullah (s.a) lanet etti. (Bir lafızda: Allah lanet etti.)"

Bu hadis Ebu Hureyre, Hassan b. Sabit ve Abdullah b. Abbas gibi bir grub sahabeden rivayet edilmiştir:

Ebu Hureyre'nin rivayet ettiği hadis Ömer b. Ebi Seleme, o babasından, o Ebu Hureyre'den yoluyla rivayet edilmiştir.

Bunu Tirmizi (II, 156-Tuhfe), İbn Mace (I, 478), İbn Hibban (790), Beyhaki (IV, 78), Tayalisi (I, 171 -tertib edilmişinden-), Ahmed (II, 337), İbn Abdi'l-Berr (III, 234-235)'de rivayet edilmiş olup, diğer lafız Tayalisi ve Beyhaki'ye aittir. Tirmizi de şöyle demektedir:

"Hadis hasen, sahihtir. Bazı ilim ehlinin görüşüne göre bu Peygamber (s.a)'ın kabir ziyaretine izin vermesinden önce idi. Kabir ziyaretine izin verince bu izne erkekler de, kadınlar da girmiş oldu. Bazıları da şöyle demiştir: Kadınlar hakkında kabir ziyaretinin mekruh görülmesinin sebebi sabırlarının azlığı ve tahammülsüzlükleridir."

Derim ki hadisin senedindeki ravilerin hepsi de sikadırlar. Bundan tek istisna Ömer b. Ebi Seleme ile ilgili söylenen sözlerdir. Muhtemeldir ki onun rivayet ettiği hadis onun sebebiyle hasen mertebesinden daha aşağıya inmez. Fakat onun bu hadisi bundan sonra gelecek olan şahidleri dolayısıyla sahihtir.

2. Hassan b. Sabit'in rivayet ettiği hadise gelince, o da Abdu'r-Rahman b. Bahman'ın, Abdu'r-Rahman b. Sabit'ten, onun babasından yoluyla gelmiştir.

Hadisi İbn Ebi Şeybe (IV, 141), İbn Mace (I, 478), Hakim (I, 374), Beyhaki ve Ahmed (III, 242)'de rivayet etmişlerdir.

el-Busiri, ez-Zevaid (k. 98/2)'de: "Senedi sahihtir, ravileri sikadırlar" demektedir.

el-Busiri böyle demektedir. Burada sözü geçen (Abdu'r-Rahman) b. Bahban'ı ise İbn Hibban ile el-İcli'den başka kimse sika olarak kabul etmemiştir. Her ikisi de sika olarak değerlendirmekte, müsamahakârlıkla bilinen kimselerdir. İbnu'l-Medini ise onun hakkında: "Onu tanımıyoruz" demektedir. Bundan dolayı Hafız (İbn Hacer) et-Takrib'de: "Makbuldür" demektedir ki bu da mutabaat halinde böyle olduğunu kastetmektedir. Ben ona mutabaat edeni bulmadım fakat bundan önceki şahid ile ondan sonraki şahid mutabaat hükmündedir. O halde hadis makbuldür.

3. İbn Abbas'ın hadisine gelince, o da Ebu Salih'in ondan birinci lafızla yaptığı rivayettir. Şu kadar var ki o: "Ziyaret eden kadınlar" demiş, bir rivayette ise: "Çokça ziyaret eden kadınlar" demiştir.

Bunu İbn Ebi Şeybe (IV, 140)'da ve dört sünen sahibi ile İbn Hibban (788), Hakim, Beyhaki ve Tayalisi rivayet etmişlerdir ki diğer rivayet Beyhaki ve Tayalisi'ye aittir. Ahmed de (no: 2030, 2603, 2986 ve 31187'de rivayet etmiştir. Tirmizi şöyle demektedir:

"Hasen bir hadistir. Burda adı geçen Ebu Salih, Ebu Talib'in kızı Um Hani'nin azadlısıdır. Adı Bazân'dır. Bazâm da denilir."

Derim ki o zayıf bir ravidir. Hatta kimisi onu itham bile etmiştir. Ben onun rivayet ettiği hadisi Silsiletu'l-Ahadiysi'd-Daife (223)'de kendisinin tek başına münferid olarak rivayet ettiği bir fazlalık için zikretmiş bulunuyorum. Ayrıca orada onun durumu ile ilgili bazı imamların sözlerini de aktardım. Oraya başvurulabilir.

Hadisin tahricinden açıkça anlaşıldığına göre bu hadisin mahfuz (hafızlarca bilinen) lafzı "zevvarat: çokça ziyaret eden kadınlar" şeklidir. Çünkü Ebu Hureyre ile Hassan'ın rivayet ettikleri hadiste bu lafız ittifakla bu şekildedir. İbn Abbas'tan gelen rivayette -zayıflığına rağmen- çoğunlukla böyledir. Bu rivayet eğer şahid olmaya elverişli değilse de zararı yoktur. Tıpkı sözü geçen ittifakta İbn Abbas'tan gelen diğer rivayetteki ittifak da -açıkça anlaşıldığı gibi- zarar vermez. Durum böyle olduğuna göre bu lafız "zevvarat: çokça ziyaret eden kadınlar" ancak çokça ziyaret yapan kadınların lanetlendiğine delalet eder. Böyle olmayanlar ise lanetin kapsamına girmezler. İşte o vakit bu hadisin daha önce geçen kadınlar için kabir ziyaretinin müstehab oluşuna delalet eden diğer hadisler ile tearuz etmez (çatışmaz). Çünkü bu hadis hastır, öbürleri ise umumidir.

Herbir hadis ile kendisine uygun olan yerde amel edilir. Bu ayrı rivayetleri bu şekilde birarada değerlendirmek nesih iddiasından daha uygundur. İlim adamlarından bir topluluk da bizim kabul ettiğimiz bu görüşün benzerini kabul etmişlerdir. Kurtubi şöyle demektedir:

"Hadis-i şerifte sözü edilen lanet ancak kabir ziyaretini çokça yapan kadınlar hakkındadır. Çünkü kullanılan mübalağa kipi bunu gerektirmektedir. Bunun da sebebi çokça ziyaret etmenin belki kocanın hakkını zayi etmek ve açılıp saçılmayı beraberinde getirebilme ihtimali ile yüksek sesle bağırmak ve benzeri ortaya çıkacak hallerdir. Şöyle de denilebilir: Bütün bunlardan emin olunması halinde kadınlara (kabir ziyareti için) izin vermekte bir mani yoktur. Çünkü ölümü hatırlamaya erkeklerin de, kadınların da ihtiyacı vardır."

Şevkâni, Neylu'l-Evtar (IV, 95)'de şunları söylemektedir:

"İşte zahiren birbiriyle çatışan (tearuz halinde görülen) bu babın hadislerini birlikte anlamak ve değerlendirmek hususunda kabul edilmesi ve itimad edilmesi gereken görüş budur."[5]

118. İslam dışında bir din üzere ölen kimsenin kabrini yalnızca ibret maksadıyla ziyaret etmek caizdir.

Bu hususta iki hadis vardır:

Birincisi: Ebu Hureyre'den dedi ki:

"Peygamber (s.a) annesinin kabrini ziyaret etti. O da ağladı, etrafında bulunanları da ağlattı. Sonra şöyle buyurdu: Rabbimden

---

[5] es-San'ani de Subulu's-Selam'de bu şekilde hadisleri birarada anlamaya çalışmıştır fakat o cevaz hususunda tartışılabilir birtakım delilleri ileri sürmüştür. Ben bunlara dikkat çekmeyi uygun görüyorum. Evvela el-Huseyn b. Ali (r.a)'ın rivayet ettiği hadis olan: "Peygamber (s.a)'ın kızı Fatıma (r.anha) amcası Hamza'nın kabrini her cuma ziyaret eder, ona dua okur ve ağlardı." Bu hadisi Hakim (I, 377)'de zikretmiştir. Ondan naklen Beyhaki (IV, 78)'de zikretmiş ve şöyle demiştir: "Hadis munkatıdır." Hafız İbn Hacer, et-Telhis (V, 248)'de hakkında bir şey söylememiş, San'ani'de bu hususta ona tabi olmuştur. Her ikisinin de bu hususta bir şey söylememiş olmaları, Beyhaki'nin de illeti ile ilgili olarak sadece munkatı olduğundan sözetmesi hadisin başka bir illetinin olmadığı vehmini uyandırabilir. Oysa durum az önce de açıklandığı üzere böyle değildir.
İkinci olarak Beyhaki'nin Şuabu'l-İman (7901)'de kaydettiği mürsel hadisi şu şekildedir: "Her kim anne-babasının yahut onlardan birisinin kabrini her cuma ziyaret edecek olursa ona mağfiret olunur ve o anne-babasına iyi davranmış birisi olarak yazılır."
San'ani bu hadis hakkında da bir şey söylememiştir. Oysa bu hadis oldukça zayıftır hatta uydurmadır. Bu sadece San'ani'nin belirttiği gibi mürsel değildir. Aksine bu hadis mu'dal'dır çünkü onu merfu olarak rivayet eden Muhammed b. en-Numan'dır. Muhammed b. en-Numan ise tabiî değildir. el-Irakî, Tahricu'l-İhya (IV, 418)'de şunları söylemektedir: "Hadisi İbn Ebi'd-Dünya rivayet etmiştir, mudal bir hadistir. Muhammed b. en-Numan da meçhul bir ravidir."
Derim ki o (İbn Ebi'd-Dünya) bu hadisi Yahya b. el-Ala el-Beceli'den kaydettiği senediyle Ebu Hureyre'den diye almıştır. Bunu da Taberani, es-Sağir (199)'da rivayet etmiştir. Vekî ile Ahmed, Yahya'nın yalancı olduğunu söylemişlerdir. İbn Ebi Hatim, el-İlel (II, 209)'da babasından şöyle dediğini nakletmektedir:
"Hadis oldukça münkerdir, mevzu gibi görünüyor."
Hadisin etraflı bir şekilde tahrici için bk. Silsiletu'l-Ahadiysi'd-Daife (no: 49)

ona mağfiret dilemek için izin istedim. Bana izin verilmedi. Kabrini ziyaret etmek için ondan izin istedim, bana izin verdi. Binaenaleyh kabirleri ziyaret ediniz çünkü kabirler ölümü hatırlatır."

Hadisi Müslim (III, 65), Ebu Davud (II, 72), Nesai (I, 286), İbn Mace (I, 476), Tahavi (III, 189), İbn Hibban (3159-el-ihsan), Hakim (I, 375-376), ondan Beyhaki (IV, 76), Ahmed (II, 441)'da rivayet etmişlerdir.

İkincisi Bureyde (r.a)'dan dedi ki:

"Peygamber (s.a) ile birlikte [bir seferde, bir rivayette: Fetih gazvesinde] idik. Bizimle birlikte konakladı. Biz de onunla beraber bulunanlar yaklaşık bin kişi idik. İki rekat namaz kıldı. Sonra bize yüzünü çevirdi, gözlerinden yaş akıyordu. Ömer b. el-Hattab onun önünde ayağa dikildi, ona anam-babam sana feda olsun diyerek ey Allah'ın Rasûlü sana ne oluyor diye sordu. Peygamber şöyle buyurdu: Aziz ve celil olan Rabbimden anneme mağfiret istemek için dilekte bulundum. Bana izin vermedi. Ateşten ötürü ona merhametimden gözlerim yaşardı. [Rabbimden onu (kabrini) ziyaret etmek için izin istedim. O izni bana verdi.] Ben de sizlere kabirleri ziyaret etmeyi yasaklamıştım. Artık onları ziyaret edebilirsiniz. Onları ziyaret etmek sizin hayrınızı arttırsın."

Hadisi Ahmed (V, 355, 357, 359), İbn Ebi Şeybe (IV, 139), diğer rivayeti her ikisi zikretmiş olup, İbn Ebi Şeybe'nin senedi sahihtir; Hakim (I, 376), aynı şekilde İbn Hibban (791), Beyhaki (IV, 76)'da rivayet etmişlerdir. Birinci fazlalık diğer rivayete aittir. Diğer rivayette de sözü geçenlerin fazlalıkları vardır. Son fazlalık Hakim'e ait olup "Buhari ve Müslim'in şartına göre sahihtir" demiştir. Zehebi de bu hususta ona muvafakat etmiştir. Hadis ikisinin dediği gibidir.

Tirmizi ise hadisi muhtasar olarak rivayet etmiş, sahih olduğunu belirtmiştir. Müslim ve başkaları bu hadisin sadece kabir ziyareti ile ilgili bölümünü rivayet etmişlerdir. 118. mesele birinci hadiste geçtiği gibi.

Nevevi, Ebu Hureyre'nin rivayet ettiği ilk hadisi açıklarken şunları söylemektedir:

"Bu hadisten hayatta iken müşriklerin, ölümden sonra da kabirlerin ziyaretinin caiz olduğu anlaşılmaktadır. Çünkü ölümden sonra ziyaretleri caiz olduğuna göre, hayattayken ziyaretleri öncelikle caiz olur. Hadis kâfirlere mağfiret dilemeyi yasaklamaktadır. Kadı Iyad şöyle demiştir: Peygamber (s.a)'ın annesinin kabrini ziyaret etmesinin sebebi onun kabrini görmek suretiyle öğüt ve ibretin daha güçlü bir halde olmasını kastetmiş olmasıydı. Bunu söylediği: "Binaenaleyh kabirleri ziyaret ediniz. Çünkü kabirleri ziyaret etmek size ölümü hatırlatır" buyrukları desteklemektedir.

Kabirleri ziyaretin iki maksadı vardır:

"Ziyaret edenin ölümü ve ölüleri hatırlaması neticede ölenlerin ya cennete, yahutta cehenneme gideceklerini hatırlaması ile yarar sağlamasıdır. Kabir ziyaretinin birinci maksadı -daha önce geçen hadislerin de delalet ettiği gibi- budur.

2. Ölüye selam vermekle, ona dua edip onun için mağfiret dilemekle, yapılan iyilikle ölünün fayda sağlaması. Bu ise müslümana hastır. Bu hususta bazı hadisler vardır:

Birinci hadis Aişe (r.anha)'dan rivayete göre:

"Peygamber (s.a) Bakie gider onlara (oradaki müslümanlara) dua ederdi. Aişe bu durum hakkında ona sorunca onlara dua etmekle emrolundu diye cevap verdi."

Hadisi Ahmed (VI, 252)'de Buhari ve Müslim'in şartına göre sahih bir senedle rivayet etmiştir. Bu manadaki bir hadis Müslim ve başkaları tarafından başka bir yolla ve uzunca kaydedilmiştir. Bu hadis tamamıyla 119. meselede geçmiş bulunmaktadır.

İkincisi yine ondan şöyle dediği rivayet edilmiştir:

"Rasûlullah (s.a) Aişe'nin yanında gecelemesi gereken her gecede gecenin son bölümünde çıkar ve şöyle derdi:

( ): es-Selamu aleykum ey mü'minler topluluğunun yurdu [da bulunanlar]. Şüphesiz bizler de, sizler de ve yarın vaadolunduklarınız da belli bir ecele kadar ertelenmişizdir. Muhakkak bizler -inşaallah- size yetişeceğiz. Allah'ım Bakiu'l-Garkat'de bulunanlara mağfiret buyur."

Hadisi Müslim (III, 63), Nesai (I, 287), İbnu's-Sünni (585), Beyhaki (IV, 79), Ahmed (VI, 180)'de rivayet etmişlerdir. Ancak Ahmed'in rivayetinde mağfiret için dua ifadesi yoktur. Fazlalık ona ve İbn es-Sünni'ye aittir.

Üçüncü hadis yine ondan gelen ve az önce değindiğimiz uzunca hadisindeki ifadelerdir. Dedi ki:

"Ey Allah'ın Rasûlü nasıl diyeyim. Peygamber şöyle buyurdu: Deki: ( ): Mü'minlerden ve müslümanlardan olan bu diyarın ehline selam olsun. Allah bizden önden gidenlere de, sonradan geleceklere de rahmet buyursun. Şüphesiz bizler de -inşaallah- sizlere kavuşacağız."

Hadisi Müslim ve başkaları rivayet etmiştir.

Dördüncüsü Bureyde'den rivayet edilmiştir. O dedi ki:

"Rasûlullah (s.a) kabristana çıktıklarında onlara (neler söyleyeceklerini) öğretiyordu. O bakımdan onlardan birisi (kabir ziyaretine gittiğinde) şöyle derdi:

( ): Ey mü'minler ve müslümanlardan olan bu diyarın ahalisi selam sizlere! Muhakkak bizler inşaallah [size] kavuşacağız. [Siz bizden önce gittiniz, biz de arkanızdan geliyoruz.] Allah'tan bize de, size de esenlik vermesini dileriz."

Hadisi Müslim (III, 65), Nesai, İbn Mace (I, 469)'da rivayet etmişlerdir. Aynı şekilde İbn Ebi Şeybe (IV, 138), İbnu's-Sünni (582), Beyhaki ve Ahmed (V, 353, 359-360)'de rivayet etmişlerdir. Her iki fazlalığı İbn Mace ve Müslim dışında hepsi zikretmişlerdir.

İkinci fazlalığı İbn Ebi Şeybe, Ali'den gelen bir hadiste zikretmekte olup, senedi sahihtir. Selman'dan gelen bir hadiste de bu fazlalığı kaydetmiş olup, onun da senedi hasendir. Her iki hadis de bu sahabilere mevkuftur.

Beşincisi Ebu Hureyre (r.a)'dan gelen rivayettir. Buna göre:

"Rasûlullah (s.a) kabristana gitti ve şöyle dedi:

Ey mü'minler topluluğunun diyarı selam sizlere! Şüphesiz bizler de -inşaallah- size kavuşacağız. Keşke biz kardeşlerimizi görseydik diye arzu ettim. Ashab biz senin kardeşlerin değil miyiz ey Allah'ın Rasûlü dedi. O şöyle buyurdu: [Hayır] siz benim ashabımsınız. Kardeşlerimiz ise daha sonra gelecek olanlardır. [Onlardan önce ben havza varmış olacağım.] Ashab: Henüz senin ümmetinden gelmemiş olanları nasıl tanıyacaksın ey Allah'ın Rasûlü diye sordular. Şöyle buyurdu: Sizden herhangi bir adamın alnında beyazlıkları, ayaklarında beyazlıkları bulunan atları olup, bu atları ise siyah ve kara atlar arasında bulunsa kendi atlarını tanımaz mı? Ashab elbette tanır ey Allah'ın Rasûlü dedi. Peygamber şöyle buyurdu: Onlar [kıyamet gününde] abdestten dolayı alınları parlak, kolları ayakları parlak geleceklerdir. [Bu sözlerini üç defa tekrarladı] ve ben onlardan önce havzın başına varmış olacağım. Dikkat edin [aranızdan] birtakım kimseler havzından kaçkın devenin uzaklaştırılışı gibi uzaklaştırılacaklardır. Ben onlara sesleneceğim. Buraya geliniz [buraya geliniz] (diye). Şöyle denilecek: Onlar senden sonra değişiklikler yaptılar [ve hep ökçeleri üzerine gerisin geri dönüp durdular]. Bunun üzerine ben de: [O halde] benden uzak dursunlar, benden uzak dursunlar diyeceğim."

Hadisi Müslim (I, 150-151), Malik (I, 49-50), Nesai (I, 35), İbn Mace (II, 580), Beyhaki (IV, 78), Ahmed (II, 300, 408)'de rivayet etmişlerdir. Bütün fazlalıklar da son iki tanesi dışında Ahmed'e aittir. Son iki fazlalık ise İbn Mace tarafından kaydedilmiştir. İlk üç fazlalık ile altıncısını Malik zikretmiştir. Nesai ise birinci ve üçüncü fazlalığı zikretmiştir.

Bu hususta Beşir b. el-Hasasiye'den gelen hadis de vardır. Ben bu hadisin lafzını 88. mesele ile ilgili notta kaydettim. İbn Abbas'tan gelen bir rivayet de vardır. İleride bundan sonraki meselede gelecek meselenin sonunda dikkat çekileceği üzere bu hadiste bir parça zayıflık vardır. Yine Ömer ve başkasından gelen bir rivayet daha vardır. Fakat bunu da Hafız el-Heysemi, Mecmau'z-Zevaid (III, 60)'de belirttiği üzere bunda da zayıflık vardır.

119. Kabir ziyareti esnasında Kur'ân okumaya gelince, bu sünnette aslı olmayan hususlardandır. Hatta bundan önceki meselede zikredilen hadisler Kur'ân okumanın meşru olmadığı intibaını vermektedir. Çünkü bu meşru olsaydı, Rasûlullah (s.a) bunu yapar ve bunu ashabına öğretirdi. Özellikle Aişe (r.anha) -ki o insanlar arasında en çok sevdiği kimselerdendir- kabirleri ziyaret ettiğinde neler söyleyeceğini sormuş, ona kabirlere nasıl selam verip, nasıl dua edeceğini öğretmiş, fatiha'yı ya da Kur'ân-ı Kerim'den başka herhangi bir bölümü okumasını öğretmemiştir. Eğer Kur'ân okumak meşru bir iş olsaydı, bunu ondan gizlemezdi. Üstelik ihtiyaç duyulan zamanda Peygamberin gerekli beyanı yapmayıp, ertelemesi usûl ilminde tesbit edildiği üzere caiz değildir. Bu bile caiz değilken gizlemek nasıl sözkonusu olabilir. Eğer Peygamber (s.a) onlara bu kabilden bir şeyler öğretmiş olsaydı, bize elbetteki nakledilecekti. Bu hususun sabit bir senedle bize nakledilmemiş olması böyle bir işin meydana gelmemiş olduğunun delilidir.

(Kabir ziyareti sırasında) Kur'ân okumanın meşru olmadığını güçlendiren delillerden birisi de Peygamber (s.a)'ın şu buyruğudur:

"Evlerinizi kabirlere çevirmeyiniz. Şüphesiz şeytan içinde Bakara suresinin okunduğu evden kaçar."

Hadisi Müslim (II, 188), Tirmizi (IV, 42) -sahih olduğunu belirterek-, Nesai, Fedailu'l-Kur'ân (76), Beyhaki, Şuabu'l-İman (II, 2381), Ahmed (II, 284, 337, 378, 388)'de Ebu Hureyre'den gelen bir hadis olarak rivayet etmişlerdir.

Peygamber (s.a) kabirlerin şer'an Kur'ân okunacak yer olmadıklarına işaret etmektedir. Bundan dolayı evlerde Kur'ân okunmasını teşvik etmiş ve Kur'ân'ın okunmadığı kabirlere dönüştürülmelerini yasaklamıştır. Nitekim diğer hadis-i şerif kabirlerin aynı şekilde namaz kılınacak yer olmadığına da işaret etmiş bulunmaktadır. Bu hadis de şöyledir:

"Evlerinizde namaz kılınız, evlerinizi kabirlere çevirmeyiniz."

Hadisi Müslim (II, 187) ve başkaları İbn Ömer'den rivayet etmişlerdir. Buhari'de de buna yakın ifadelerle yer almış olup, Buhari bu hadisin yer aldığı bölüme şu başlığı vermiştir: "Kabirler arasında namaz kılmanın mekruh oluşuna dair bir bab." Bununla İbn Ömer hadisinin kabirlerde namaz kılmanın mekruh olduğunu ifade ettiğine işaret etmiş olmaktadır. Aynı şekilde Ebu Hureyre'nin hadisi de kabirler arasında Kur'ân-ı Kerim okumanın mekruh olduğunu ifade etmektedir. Arada herhangi bir fark yoktur.[6]

İşte bundan dolayı Ebu Hanife, Malik ve benzeri selefin cumhurunun benimsediği görüş kabirlerin yanında Kur'ân'ın okunmasının mekruh olduğu şeklindedir. Aynı zamanda bu İmam Ahmed'in de görüşüdür. Ebu Davud, Mesail (s. 158)'de şunları söylemektedir:

"Ahmed'e kabir yanında Kur'ân okunmasına dair soru sorulduğunu ve buna hayır diye cevap verdiğini dinledim."

Şeyhu'l-İslam İbn Teymiye, İktidau's-Sırati'l-Mustakim Muhalefete Ashabi'l-Cahiym (s. 182)'de şunları söylemektedir: Bizatihi Şafiî'den bu meselede herhangi bir söz söylediği bilinmemektedir. Çünkü bu ona göre bir bid'atti. Malik ise şöyle demiştir: "Ben bu işi bir kimsenin yaptığını bilmiyorum. Böylelikle ashabın ve tabiînin bu işi yapmadıkları öğrenilmiş olmaktadır."

el-İhtiyaratu'l-İlmiyye (s. 53)'de şunları söylemektedir:

"Ölüye ölümünden sonra Kur'ân okumak ölümü yakın kimse için Kur'ân okumanın aksine bir bid'attir. Ölmek üzere olan kimse için Yasin suresini okumak müstehabtır."

Derim ki ancak Yasin'in okunmasına dair hadis-i şerif daha önceden geçtiği üzere zayıftır. Müstehablık şer'î bir hükümdür. Şer'î bir hüküm ise bizatihi İbn Teymiye'nin bazı eserlerinde ve başka yerlerdeki ifadelerinden öğrenildiği üzere zayıf hadisle şer'î hüküm tesbit edilemez.

İbnu'l-Kayyim'in Kitabu'r-Ruh (s. 13)'de geçen şu ifadelerine gelince: "el-Hallal dedi ki: Bir de bana el-Hasen b. Ahmed el-Verrak haber verdi: Bize Ali b. Musa el-Haddad -çok doğru sözlü birisi idi- anlattı dedi ki: Ahmed b. Hambel ile Muhammed b. Kudame el-Cevheri ile birlikte bir cenazede idim. Ölü defnedilince gözleri görmeyen bir adam kabrin yanı başında oturup Kur'ân okumaya başladı. Ahmed ona: Ey adam kabrin yanında böyle okumak bir bid'attir dedi. Kabristandan çıkınca Muhammed b. Kudame, Ahmed b. Hambel'e sordu: Ey Ebu Abdullah sen Mübeşşir el-Halebi hakkında ne dersin? Ahmed b. Hambel o sikadır dedi. Peki ondan bir şey yazdın mı diye sordu. Ahmed evet dedi. Muhammed bu sefer dedi ki: Bana Mübeşşir Abdu'r-Rahman b. Alâ b. el-Leclac'dan (aslında el-Hallac'dır fakat yanlıştır) o babasından rivayet ettiğine göre babası şunu vasiyet etmiş. Defnedileceği vakit başı ucunda Bakara suresinin baştarafı ile sonunun okunmasını vasiyet etmiş ve

---

[6] Bir grub ilim adamı bu hadisi Buhari'nin delil gösterdiği hususa delil kabul etmiş, Hafız da bu hadisi şerhinde bunu desteklemiştir. Onun sözlerini bundan sonra gelecek olan meselede (no: 128, 7. fıkra) kaydetmiş bulunuyorum.

şöyle demiş: Ben İbn Ömer'i bunu vasiyet ederken dinledim. Bu sefer Ahmed ona: O halde geri dön ve adama oku de."

Bu ifadelere birkaç türlü cevap verilebilir:

1. Bu olayın Ahmed'in başından geçtiği hususu tartışılır. Çünkü el-Hallal'ın hocası olan el-Hasen b. Ahmed el-Verrak'ın şu anda bende bulunan rical kitablarında biyografisini tesbit edemedim. Aynı şekilde onun hocası Ali b. Musa el-Haddad'ı da tanımıyorum. Her ne kadar bu senedde onun çok doğru sözlü olduğundan bahsediliyor ise de bu böyledir. Çünkü göründüğü kadarıyla bu sözü söyleyen burada sözünü ettiğimiz el-Verrak'dır. Onun da durumunun ne olduğunu görmüş bulunuyoruz.

2. Eğer bu İmam Ahmed'den sabit ise Ebu Davud'un ondan rivayet ettiği husustan daha da özel bir durum ifade eder. Ondan gelen bu iki rivayeti birarada ele alıp değerlendirdiğimiz takdirde şu sonuca ulaşırız. Onun görüşüne göre defin hali dışında kabrin yanında Kur'ân okumak mekruhtur.

3. Bu rivayetin bu senedi İbn Ömer'e kadar sahih bir sened değildir. Bunun Ahmed'den sabit olduğunu farzetsek bile bu böyledir. Çünkü Abdu'r-Rahman b. el-Alâ b. el-Leclac meşhur raviler arasında sayılmaktadır. Nitekim ez-Zehebi'nin onun biyografisine dair el-Mizan'da verdiği bilgiler bunu hissettirmektedir: "Ondan sadece burda anılan mübeşşir rivayette bulunmuştur." Onun rivayet ettiği yoldan İbn Asakir (XIII, 399/2) rivayet etmiş bulunmaktadır. İbn Hibban'ın bunun sika olduğunu söylemesine gelince, bu da itibar edilmeyen hususlardandır. Çünkü İbn Hibban'ın sika olarak değerlendirmekteki müsamahakârlığı meşhurdur. Bundan dolayı Hafız İbn Hacer, et-Takrib'de biyografisini verdiği sırada bunun hakkında: "Makbuldür" demiş ve sika olarak nitelendirilmesine değinmemiştir. Makbul oluşundan kastı da mutabaat halinde böyledir. Yoksa mukaddimede ifade ettiği üzere bu hadisi gevşek olan birisidir. Sözünü ettiğimiz hususu destekleyen noktalardan birisi de şudur. Tirmizi bir hadisi hasen olarak değerlendirmekte müsamahakâr davranmakla birlikte onun bir başka hadisini rivayet ettiğinde (II, 128) ve Tirmizi ondan başka bir hadis daha zikretmemektedir. Hakkında susmuş ve hasen olduğunu belirtmemiştir.

4. Bu rivayetin İbn Ömer'den gelen senedi sabit olsa bile bu mevkuf bir hadistir. O Peygamber (s.a)'a nisbet ederek ref etmemiştir. Dolayısıyla hiçbir şekilde bunda delil yoktur.

Yine bu eserin (bu rivayetin) bir benzeri yine İbnu'l-Kayyim'in (s. 14) zikrettiği şu rivayettir:

"el-Hallal, eş-Şabi'den şöyle dediğini nakletmektedir: Ensarın bir ölüsü olduğu vakit onun kabrine gider gelir ve Kur'ân okurlardı."

Biz bu rivayetin özellikle bu lafızla eş-Şabi'den sabit olduğundan yana şüphe etmekteyiz. Ben Suyuti'nin bunu Şerhu's-Sudur (s. 15)'de şu lafızla zikrettiğini gördüm:

"Ensar ölenin yanında Bakara suresini okurlardı." Daha sonra şunları söylemektedir:

"Bu hadisi İbn Ebi Şeybe ve el-Mervezi rivayet etmiştir." Suyutî bunu "ölüm hastalığında insanın ne söyleyeceği ve yanında ne okunacağına dair bir bab" başlığı altında kaydetmektedir.

Daha sonra bu rivayeti İbn Ebi Şeybe'nin, el-Musannef (IV, 74)'inde gördüm. O da bu hadisin yer aldığı bölüme şu şekilde başlık açmıştır:

"Hastanın ölüme yaklaşması halinde neler söyleneceğine dair bir bab" Böylelikle onun senedinde Mücalid İbn Said olduğu ortaya çıkmaktadır. Hafız et-Takrib adlı eserinde şöyle demektedir:

"Pek kuvvetli bir ravi değildir. Ömrünün sonlarında da hali değişmiştir."

Böylelikle şu ortaya çıkmaktadır. Bu rivayet kabrin yanında daha doğrusu ölümün yaklaştığı sırada Kur'ân okumak hakkında değildir. Ayrıca üstelik senedi itibariyle de zayıftır.

"Kabristanın yanından geçen ve kulhuvallahu ahad suresine onbir defa okuyup, sonra da bunun ecrini ölülere bağışlayan kimseye ölüler sayısınca mükafat verilir." şeklinde rivayet edilen hadise gelince:

Bu batıl ve uydurma bir hadistir. Bunu Ebu Muhammed el-Hallal, el-Kıraati ale'l-Kubur (k. 201/2)'de Deylemi "Abdullah b. Ahmed b. Amir'in babasından, onun Ali er-Rıza'dan, onun babalarından rivayete dair bir nusha"da zikretmiştir. Bu ise batıl ve uydurma bir nüshadır. Burada sözü geçen Abdullah'ın uydurması ya da onun babasının uydurmasıdır. Nitekim ez-Zehebi el-Mizan'da böyle demiş, Hafız İbn Hacer'de el-Lisan adlı eserinde ona uymuştur. Daha sonra Suyutî, Zeylu'l-Ahadiysi'l-Mevdua adlı eserinde aynı şeyleri tekrarlamış ve onun bu hadisini zikretmiş, arkasından İbn Arrak Tenzihu'ş-Şeria el-Merfua fi'l-Ahadiysi'ş-Şeria ve'l-Mevdua adlı eserinde de aynı şeyleri söylemiştir.

Daha sonra Suyuti bunu unutarak aynı hadisi Şerhu's-Sudur (s. 130)'da Ebu Muhammed es-Semerkandi'nin rivayetiyle "Fedailu kulhuvallahu ahad" bahsinde zikretmiş ve hakkında bir şey söylememiştir. Evet daha önceden bunun zayıf olduğuna işaret etmiştir fakat bu yeterli değildir. Hadis onun da itirafıyla uydurmadır. O halde sadece onun zayıf olduğunu belirtmekle yetinmek yeterli olmaz. Onun hakkında susmanın caiz olmadığı gibi. Nitekim Şeyh İsmail el-Acluni Keşfu'l-Hafa (II, 382)'de de böyle yapmıştır. O hadisi Rafii, Tarih'inde diye nisbet etmiş ve hakkında söz söylememiştir. Halbuki o bu anılan kitabını "insanların dilinde hadis diye meşhur olan" sözlerin gerçek durumunu açıklamak için ortaya koymuştur. Diğer taraftan mütehassıs kimselerin hadis hakkında susmaları bunu bilmeyen kimselere hadisin delil olmaya elverişli olduğu ya da - dedikleri gibi- fezail-i a'mal'de onunla amel edilebileceği vehmini verebilir. İşte bu hadis dolayısıyla meydana gelen de budur. Ben Hanefilerden birisinin bu hadisi kabirlerin yanında Kur'ân okumanın lehine delil olarak gösterdiğini gördüm. Sözü geçen bu zat Şeyh et-Tahtavi'dir. O bunu Meraki'l-Felah üzerine yazdığı Haşiye'sinde (s. 117) belirtmektedir. Hadisi ayrıca Darakudni'ye de nisbet etmiştir. Bir yanılma olduğunu zannediyorum. Çünkü ondan başka birisinin hadisi ona nisbet ettiğini görmedim. Diğer taraftan bu ilimle meşgul olanların da bildiği üzere mutlak olarak bir hadis Darakudni'ye nisbet edildiği takdirde onun es-Sünen kitabı kastedilir. Ben bu hadisi orada göremedim. Doğrusunu en iyi bilen Allah'tır.

120. Cenazeye dua ederken elleri kaldırmak caizdir. Çünkü Aişe (r.anha) rivayet ettiği hadiste şöyle demektedir:

"Bir gece Rasûlullah (s.a) dışarı çıktı. Ben de nereye gittiğini görsün diye arkasından Berire'yi gönderdim. Dedi ki: Bakiu'l-Garkat tarafına doğru gitti. Baki'in en yakın yerinde durdu, sonra ellerini kaldırdı. Sonra döndü. Berire de bana geldi. Bana olanları haber verdi. Sabah olunca ona sordum. Ey Allah'ın Rasûlü gece nereye çıktın? Onlara dua etmek üzere Baki'dekilerin yanına gitmem söylendi."

Hadisi Ahmed (VI, 92)'de rivayet etmiştir. Ayrıca Muvatta'da (I, 239-240)'da bulunmaktadır. Nesai de ondan (I, 287) ona yakın ifadelerle zikretmiştir fakat onun rivayetinde elleri kaldırmaktan sözedilmemektedir. Senedi hasendir. Elleri kaldırmak yine Aişe (r.anha)'ın başından geçen bir olayda sabit olmuştur, sözkonusu bu olay 119. meselede geçmiş bulunmaktadır. (Doğrusu 116. meselede ikinci hadistir.)

121. Fakat kabirdeki ölüye dua ettiği vakit kabirlere yüzünü çevirmez. Kabeye yönelir. Çünkü Peygamber (s.a) ileride geleceği üzere kabirlere doğru namaz kılmayı yasaklamıştır. Dua da bilindiği üzere namazın dimağı, namazın özüdür. Dolayısıyla duanın hükmü de namazın hükmü gibidir. Peygamber (s.a) da şöyle buyurmuştur:

"Dua ibadetin kendisidir." Sonra: *"Rabbiniz buyurdu ki bana dua edin, ben de duanızı kabul edeyim."* (el-Mu'min, 40/60) buyruğunu okudu.

Hadisi İbnu'l-Mubarek ez-Zühd (I, 151), Buhari, el-Edebu'l-Müfred (no: 714), Ebu Davud (I, 551) -Avnu'l-Ma'bud şerhi ile-, Tirmizi (IV, 178, 223), İbn Mace (II, 428-429), İbn Hibban (2396), Hakim (I, 491), İbn Mende, et-Tevhid (k. 69/1), Ahmed (IV, 267, 271, 276-277)'de rivayet etmişlerdir. Hakim de:

"Senedi sahihtir" demiş, bu hususta Zehebi de ona muvafakat etmiştir. Hadis dedikleri gibidir.

Tirmizi de:

"Hadis hasen, sahihtir" demiştir.

Hafız, Fethu'l-Bari (I, 49)'da: "Senedi hasendir" demektedir. Ayrıca el-Camiu's-Sağir'de belirtildiği üzere hadisi Ebu Ya'la, el-Bera b. Azib yoluyla da rivayet etmiştir.

Derim ki: Bu hadis Ebu Ya'la'nın basılı Müsned'inde bulunmamaktadır. Asbahani'lerin rivayetinde bulunabilir.

Yine el-Bera yoluyla Hatib, Tarih (XII, 279)'da rivayet etmektedir.

Bu hususta Enes b. Malik'den gelmiş ve şu lafızla Peygambere merfu bir hadis de vardır:

"Dua ibadetin beynidir."

Hadisi Tirmizi (2234) rivayet etmiş ve şöyle demiştir:

"Bu, bu yolla garib bir hadistir. Biz bunu ancak İbn Lehia yoluyla gelen bir rivayet olarak bilmekteyiz."

Derim ki İbn Lehia hıfzı kötü olduğundan dolayı hadis zayıftır. Onun rivayeti şahid gösterilebilir. Ancak Abdullah'lardan birisinin ondan yaptığı rivayet müstesnadır. O takdirde onun rivayeti delil gösterilebilir fakat bu hadis o kabilden değildir. Şu kadar var ki en-Numan'ın rivayet ettiği hadisin delaleti ile manası itibariyle sahihtir.

et-Tıybi hadisin şerhinde şöyle demektedir:

"(Duanın ibadetin kendisi olduğunu belirten hadiste) araya fasıl zamiri getirmiş, haber ise [ki o da ibadet lafzıdır] elif lamlı gelmiştir. Böylelikle ifade hasra delalet etsin ve ibadetin duadan başka bir şey olmadığı anlaşılsın istenmiştir. Başkası da şöyle demektedir: Yani dua ibadetin en büyükleri arasındadır. Bu tıpkı "hac Arafe'dir" ifadesine benzer. Onun en büyük rüknü Arafe'de vakfedir demektir. Bunun böyle olması dua ederken kıbleye dönen kimsenin yüzüyle Allah'a döndüğüne, onun dışındaki herşeyden yüz çevirdiğine delalet etmesi içindir. Çünkü o bununla emrolunmuştur. Emrolunan bir işi yapmak da ibadettir. Duaya ibadet adını vermesi dua edenin Allah'ın önünde itaatle boyun eğmesi, zilletini, miskinliğini ve ihtiyacını ortaya koyması içindir. Çünkü ibadet, zillettir, boyun eğmektir, miskinliğini arzetmektir."

Bu açıklamayı el-Münavi, Feydu'l-Kadir'de zikretmiştir.

Derim ki: Dua ibadetlerin en büyüklerinden olduğuna göre kişi dua ettiği vakit nasıl olur da namazda dönmemiz emrolunan cihetten başka bir tarafa dönebiliriz. İşte bundan dolayı muhakkik ilim adamlarının kabul ettikleri şu olmuştur: "Dua edileceği vakit namazda dönülen taraftan başkasına dönülemez." Şeyhu'l-İslam İbn Teymiye (Allah'ın rahmeti üzerine olsun) İktidau's-Sırati'l-Mustakim Muhalefete Ashabi'l-Cahiym (s. 175)'de şunları söylemektedir:

"Bu her zaman geçerli bir esas ilkedir. Dua eden kimsenin dönmesi müstehab olan cihet namaz kıldığı vakit dönmesi istenen cihettir. Çünkü kişiye doğu ya da başka bir tarafa namaz kılması yasaklandığına göre dua ettiği vakit de bu gibi yerlere dönmeye kalkışması yasaktır. Bazı insanlar dua edeceği vakit salih bir zatın bulunduğu bir tarafa yönelmeye çalışırlar. Bu kimse doğu tarafında ya da bir başka yerde olsun onlar için farketmez. Ancak bu apaçık bir sapıklık ve apaçık bir şerdir. Nitekim bazı kimseler de salih birtakım kimselerin bulunduğu taraflara arkalarını dönmek istemezler. Halbuki o aynı zamanda Allah'ın evinin bulunduğu tarafa Rasûlullah (s.a)'ın kabrinin bulunduğu cihete arkasını dönebilmektedir. Bütün bu hususlar hristiyanların dini ile yarışmaya kalkışan birtakım bid'atlerdendir."

Bundan birkaç satır önce de İmam Ahmed'den ve İmam Malik'in mezhebine mensub ilim adamlarından şunu nakletmektedir. Meşru olan dua edileceği zaman kıbleye yönelmektir. Hatta Peygamber (s.a)'a selam verdikten sonra kabrinin yakınında dua edileceği zaman bile bu böyledir.

Bu aynı zamanda Şafiîlerin de görüşüdür. Nevevi, el-Mecmu (V, 311)'de şunları söylemektedir:

"İmam Ebu'l-Hasen Muhammed b. Merzuk ez-Zaferani -ki bu muhakkık fukahalardan idi[7] -el-Cenaiz adlı eserinde şunları söylemektedir: "Elini kabre sürerek ona istilam etmez ve kabri öpmez." Şunları da eklemektedir: "Sünnet bu şekilde günümüze kadar gelmiştir." Yine ez-Zaferani diyor ki: "Şu anda avamın yaptığı kabirlere el sürerek istilam etmek ve onları öpmek şer'an oldukça çirkin bid'atlerdendir. Bunlardan uzak durmak ve yapanları da alıkoymak gerekir." Devamla diyor ki: "Bir kimse herhangi bir ölüye selam vermek isterse, ona yüzü cihetinden selam verir. Dua etmek istediği vakit yerini değiştirir ve kıbleye yönelir."

Bu aynı zamanda Ebu Hanife'nin de görüşüdür. Şeyhu'l-İslam, el-Kaidetu'l-Celile fi't-Tevessüli ve'l-Vesile (s. 125)'de şunları söylemektedir:

"Malik, Ebu Hanife, Şafiî ve Ahmed gibi dört mezheb imamının da onların dışında İslam dinindeki diğer imamların görüşü şudur. Kişi Peygamber (s.a)'a selam verip de kendisine dua etmeyi dileyecek olursa, kıbleye yönelir. Peygamber efendimize selam verme zamanında görüş ayrılıkları vardır. Malik, Şafiî ve Ahmed, Peygamber efendimizin hücresine döner ve yüzünün bulunduğu cihetten ona selam verir derler. Ebu Hanife selam verdiği vakitte de hücreye dönmez. Tıpkı dua ettiği zaman hepsinin ittifakıyla hücreye

---

[7] 517 hicri yılında vefat etmiş olup, biyografisi Zehebi, Tezkiretu'l-Huffaz (IV, 1265)'de yer almaktadır.

dönmeyeceği gibi. Diğer taraftan Ebu Hanife'nin mezhebinde iki görüş vardır. Bir görüşe göre hücreye arkasını döner, bir görüşe göre hücreyi soluna alır. Bu onların selam verme zamanı ile ilgili görüş ayrılıklarıdır. Dua zamanında ise ancak kıbleye döneceği, Peygamberin hücresine dönmeyeceği hususunda görüş ayrılıkları yoktur."

Sözü geçen görüş ayrılığı da şuradan kaynaklanmaktadır. Peygamber efendimizin mükerrem hücresi mescidin dışında kaldığı sıralarda ashab-ı kiram gelip ona selam verdiklerinde herhangi bir kimsenin Peygamber (s.a)'ın yüzünün bulunduğu tarafa yönelip, arkasını kıbleye vermesine imkan yoktu.[8] Ancak bu hücrenin ashab-ı kiram'dan sonra mescide katılmasından sonra mümkün olabilmiştir. Selam veren bir kimse eğer kıbleye yönelecek olursa, Peygamber efendimizin hücre-i saadeti solunda kalır. Hücreye yöneldikleri takdirde ise kıble batıya doğru sağlarında ve arka taraflarında kalır.

Şeyhu'l-İslam, el-Cevabu'l-Bahir (s. 14)'da bu anlamdaki ifadeleri zikrettikten sonra şunları söylemektedir:

"İşte bundan dolayı onlar Peygamber (s.a)'a doğru döner ve batı arka taraflarında kalırdı. Buna göre çoğunluğun görüşü tercihe değer olur. Şâyet bu durumda kıbleye döndüklerinde hücreyi sol taraflarına alıyor idiyseler, o durumda da Ebu Hanife'nin görüşü daha tercihe değer olur."

Derim ki: Şeyhu'l-İslam -Allah'ın rahmeti üzerine olsun- meseleyi muallakta bırakmıştır. Onların kıbleye mi yoksa Peygamber efendimizin kabrine doğru mu döndükleri hususunda kesin bir şey söylememiştir. Sanki bunu dememesinin sebebi bu hususta onlardan gelmiş sabit bir rivayetin olmadığından dolayı gibi görülüyor fakat onların Peygamber efendimizin bulunduğu tarafa döndüklerini farzetsek bile onların bu durumda kıbleyi değil, batıyı arkalarına aldıklarını görmüş bulunuyoruz. Çünkü onların zamanlarında buna imkan yoktu. Daha önceden belirtildiği üzere çoğunluk Peygamber (s.a)'a selam verileceği vakit onun yüzüne doğru dönüleceğini belirtmişlerdir. Bu da kıbleyi arkaya almayı gerektirmez. Kesin olarak söylenebilecek husus şu ki ashab-ı kiram döneminde bu durum ortaya çıkmamıştı. Bu hücreye yönelmenin dışında bir durumdur, onu tesbit etmek için bir delilin olması da kaçınılmazdır. Acaba böyle bir delil var mıdır? Bu benim bildiğim bir husus değildir. İlim adamlarından herhangi bir kimsenin de bu konuya el attığını görmedim. İster Allah Rasûlünün kabri hususunda olsun, ister genel olarak bütün kabirler hakkında olsun.

---

[8] İsmail el-Kadi'nin, Fadlu's-Salâti ale'n-Nebi (no: 101 bizim tahkikimiz)'de İbn Ömer'den diye rivayet ettiği: Peygamber (s.a)'ın kabrine gelir, elini kabrinin üzerine koyar, sırtını kıbleye döner, sonra ona selam verirdi." şeklindeki rivayete gelince, bu hadisle ilgili olarak düştüğüm notta açıkladığım gibi zayıf ve münker bir rivayettir.

Evet bazıları bu hususta İbn Abbas'ın rivayet ettiği şu hadisi delil göstermişlerdir:

"Rasûlullah (s.a) Medine'deki kabirlerin yanından geçti. Yüzünü onlara doğru çevirdi ve ey kabirde bulunanlar selam sizlere, Allah bize de, size de mağfiret buyursun. Sizler bizden öncekilersiniz, biz de arkanızdan gelmekteyiz."

Hadisi Tirmizi (II, 156), Dıya el-Makdisi, el-Muhtare (58/192/1), Taberani'nin rivayet yolundan rivayet etmiştir. Taberani de bu rivayeti el-Mu'cemu'l-Kebir (12.613)'de kaydetmiştir. Tirmizi: "Hasen, garibtir" demiştir.

Derim ki senedinde Kabûs b. Ebi Zabyan denilen ravi vardır. Nesai: "Pek kuvvetli değildir" demiştir.

İbn Hibban ise: "Hıfzı oldukça düşüktür. Babasından kendisi tek başına (münferiden) aslı olmayan rivayetleri zikreder."

Derim ki bu da onun babasından naklettiği rivayetlerdendir. O halde onun bu rivayeti delil gösterilemez. Tirmizi'nin onun rivayet ettiği bu hadisi hasen olarak değerlendirmesi şahidleri itibariyle olabilir. Çünkü bu mana sahih hadislerde sabittir. Az önce bunların azımsanmayacak bir bölümü geçmiş bulunmaktadır. Şu kadar var ki "onlara yüzünü çevirdi" ifadesi bu zayıf ravinin münferiden rivayeti olmasından ötürü münkerdir.

Bu durumu öğrendiğimize göre Şeyh Ali el-Kari'nin, Mirkatu'l-Mefatih (II, 407)'de şu söylediklerine bakalım:

"Bu hadiste ölüye selam vermek halinde müstehab olanın yüzünü ölünün yüzüne doğru çevirmesi ve dua esnasında da böylece devam etmesidir. İbn Hacer'in söylediği bize göre sünnet dua halinde kıbleye yönelir. Nitekim bu husus mutlak olarak dua hakkındaki başka hadislerden de bilinmektedir şeklinde İbn Hacer'in söylediklerine hilafen müslümanların genel olarak uygulaması da böyledir."

Derim ki: Böyle bir delillendirme açıkça görüleceği üzere tartışılabilir bir iştir. Çünkü hadisde ancak Peygamber efendimizin yüzünü kabirlere doğru çevirmesinden sözedilmektedir. Ölülerin yüzüne yönelmek ise başka bir husustur ve onun bunun dışında bir başka nass ile tesbit edilmesi gerekir. Böyle bir nass bilmiyorum.

Gerçek şu ki eğer hadisin senedi sabit olsaydı, kabirlerin yanından geçen kimsenin kabirlere selam vereceği ve onlara dua edeceği vakit yüzünü kabirlere doğru çevireceğine dair açık bir delil olacağı idi. Bu durumda yüzünü hangi tarafa çevirmiş olursa olsun ve nasıl denk gelirse gelsin. Elverir ki ölülerin yüzlerine yönelmeyi kastetmesin. Ancak az önce açıklandığı üzere hadisin senedi zayıf olduğuna göre hiçbir şekilde delil alınmaya elverişli değildir.

İmam Malik'in az önce kaydettiğimiz dua esnasında Peygamber efendimizin hücret-i saadetine yönelmenin meşru olmadığına dair görüşüne anlatılan şu hikaye karşı delil olamaz. Buna göre İmam Malik'e, Abbasi halifesi el-Mansur, Peygamber efendimizin hücresine yönelme hakkında soru sorunca, ona hücreye yönelmesini emretmiş ve: O senin de vesilendir, baban Adem'in de vesilesidir demiş. Bu hikaye batıl olduğundan ötürü karşı delil olarak görülemez. İmam Malik'e uydurulmuş bir hikayedir. Bunun bilinen bir senedi yoktur. Ayrıca bu hikaye güvenilir kimselerin senediyle ondan nakledilip, sabit olan ve mezhebine mensub alimlerin kitablarında bulunan görüşüne muhaliftir. Nitekim İsmail b. İshak el-Kadi ve başkaları onun bu görüşünü böylece zikretmişlerdir.

Bunun bir benzeri de yine İmam Malik hakkındaki şu rivayettir: Ona bazı kimselerin Peygamber efendimizin hücresine dönerek uzunca ayakta durdukları ve kendilerine böylece dua ettiklerine dair anlatılanlar da bunun gibidir. İmam Malik böyle bir şeyi kabul etmemiş ve bunun ashabın da, onlara güzel bir şekilde uyan tabiunun da işlemediği bid'atlerden olduğunu belirterek: "Bu ümmetin ilkleri ne ile ıslah olmuşlarsa, sonu da onunla ıslah olabilir." demiştir.[9]

122. Kâfir kimsenin kabrini ziyaret edecek olursa ona selam vermez, ona dua etmez. Bilakis ona cehennem ateşini haber verir. Rasûlullah (s.a) Sad b. Ebi Vakkas'ın rivayet ettiği hadiste böylece emretmiştir. Sad dedi ki:

"Bir bedevi Peygamber (s.a)'ın yanına gelerek dedi ki: Benim babam akrabalık bağını gözetirdi. Şunu yapar, şunu ederdi. O nerdedir? diye sormuş, Peygamber ateştedir diye cevap vermişti. Bedevi arab bundan rahatsız olur gibi oldu. Ey Allah'ın Rasûlü peki ya senin baban nerede diye sordu, Peygamber:

"Her nerede bir kâfirin yanından geçersen sen ona cehennem ateşinde olacağını bildir."

(Sad b. Ebi Vakkas) dedi ki: "Daha sonra bu bedevi arab müslüman oldu ve şöyle dedi: Rasûlullah (s.a) beni yorucu bir işle yükümlü kıldı. Ne kadar kâfir kimsenin yanından geçiyorsam mutlaka ona cehennemlik olduğunu bildiriyorum."

Hadisi Taberani, el-Mucemu'l-Kebir (I, 191/1), İbnu's-Sünni, Ameli'l-Yevmi ve'l-Leyle (no: 588), ed-Dıya el-Makdisi, el-Ahadiysu'l-Muhtare (I, 333), Bezzar (93-Zevaid'inde-) sahih bir senedle rivayet etmişlerdir. el-Heysemi (I, 117-118)'de şunları söylemektedir:

"Ravileri sahih hadis ravileridirler."

Bunu İbn Mace (I, 476-477)'de bu yolla rivayet etmiş, ancak onu Abdullah b. Ömer'in rivayeti olarak zikretmiştir. el-Busiri, ez-Zevaid (k. 98/2)'de şunları söylemektedir:

"Senedi sahihtir, ravileri sikadırlar."

---

[9] Bk. İbn Teymiye, Kaide Celile (s. 53-62)

Derim ki fakat bu şaz bir rivayettir. Mahfuz olan (bilinen ve bellenen) bu hadisin Sad'in rivayet ettiği bir hadis olduğudur. Nitekim ben bu hususu Silsiletu'l-Ahadiysi's-Sahiha (18)'de açıklamış bulunuyorum.

Hadisin Ebu Hureyre'nin merfu olarak şu lafızla naklettiği bir şahidi de vardır:

"Cahiliye dönemi insanlarından bizim akrabalarımıza yahut sizin akrabalarınıza ait kabirlerin yanından geçecek olursanız, onlara cehennem ehlinden olduklarını bildiriniz."

Hadisi İbnu's-Sünni, Ameli'l-Yevmi ve'l-Leyle (no: 587)'de aralarında Yahya b. Yeman'ın bulunduğu bir sened ile rivayet etmiştir. Yahya hıfzı kötü bir kimsedir. Bunu Muhammed b. Ömer'den rivayet etmektedir -ravi olarak onu bilmiyorum- o da Ebu Seleme'den, o Ebu Hureyre'den diye rivayet etmiştir fakat göründüğü kadarıyla bu (Muhammed b. Ömer değil de) Muhammed b. Amr olmalıdır. Baskıda vav harfi düşmüş olmalıdır. Bu ise hadisi hasen bir ravidir.

Bu meselede belirttiğimiz görüş Keşşafu'l-Kina (II, 134) ve Hambelilere ait diğer kitablarında belirtildiği üzere Hambelilerin görüşüdür.

123. Müslümanların kabirleri arasında ayakkabılarıyla yürümez. Çünkü Beşir b. el-Hasasiye rivayet ettiği hadiste şunları söylemektedir:

"Rasûlullah (s.a) ile birlikte yürüyorken... müslümanların kabirlerine geldi. O yürümekte iken gözüne kabirler arasında ayakkabılarıyla yürümekte olan bir adamı gördü. Ey terlikleri olan adam terliklerini çıkar dedi. Adam baktı, Rasûlullah (s.a)'ı tanıyınca, ayakkabılarını çıkaptıp attı."

Hadisi Sünen sahibleri ve başkaları rivayet etmiş olup, tamamıyla daha önce 88. meselede geçmiş bulunmaktadır.

Hafız, Fethu'l-Bari (III, 160)'da şunları söylemektedir:

"Hadis kabirler arasında ayakkabı ile yürümenin mekruh olduğuna delildir. İbn Hazm oldukça garib bir iddiada bulunarak: Kabirler arasında sadece tabaklanmış deriden yapılmış (es-Sebtiye denilen) ayakkabılarla yürümenin haram olduğunu, başkalarıyla yürümenin olmadığını söylemiştir. Bu ise ileri derecede bir donukluktur. Hattabi'nin: Bu tür ayakkabıların yasaklanış sebebi onlarda bir parça kibirlilik hissedildiğinden dolayı olabilir şeklindeki sözüne şöyle cevap verilir. İbn Ömer bu şekilde Sebtiye (tabaklanmış deriden yapılmış) ayakkabıları giyerdi ve Peygamber (s.a) bunları giyerdi demiştir. Bu da sahih bir hadistir. Tahavi şöyle demiştir: Adı geçen adama bu işin yasaklanması ayakkabılarında pislik olmasına hamledilebilir. Çünkü Peygamber (s.a) onlarda herhangi bir necaset görmedikçe ayakkabılarıyla namaz kılardı."

Derim ki: Bu uzak bir ihtimaldir. Hatta İbn Hazm (V, 137) bunun büsbütün batıl olduğunu kesin olarak söylemiş ve Allah'a karşı olmadık bir söz söylemek olduğunu iddia etmiştir. Daha yakın bir ihtimal burdaki yasağın ölülere saygı göstermek kabilinden olduğudur. Dolayısıyla bu ileride (128. mesele, 6. fıkrada) geleceği üzere kabir üzerine oturmanın yasaklanışına benzemektedir. Buna göre ayakkabıların Sebtiye (tabaklanmış deri) olması ile başka türlü üzerlerinde tüy bulunan kabilden olması arasında bir fark yoktur. Çünkü bunların hepsi de kabirler arasında yürümek bakımından ve kabre saygıya aykırılık bakımından aynı seviyededir. Bu hususu İbnu'l-Kayyim, Tehzibu's-Sünen (IV, 343-345)'de açıklamış ve İmam Ahmed'den şöyle dediğini nakletmiştir:

"Beşir'in rivayet ettiği hadisin senedi ceyyiddir. Bir illet olması hali dışında ben o doğrultuda kanaat belirtirim."

İmam Ahmed'in bu hadis ile amel ettiği de sabit olmuştur. Ebu Davud, Mesail (s. 158)'de şunları söylemektedir:

"Ben Ahmed'in bir cenaze arkasından gitti mi kabirlere yaklaşınca ayakkabılarını çıkarttığını gördüm."

İlel (3091-Beyrut baskısı)'de de bu şekildedir.

Allah ona rahmet eylesin, sünnete ne kadar da uyan birisi idi.

İbn Abbas'ın naklettiği hadiste sözkonusu ettiği Peygamber (s.a)'ın bir hurma fidanının birer yarısını iki kabir üzerine koyup "belki bu -bu fidan parçaları kurumadıkça- onların (azablarını) hafifletir." -Buhari ve Müslim- diye rivayet ettiği hadis söylediğimiz ile herhangi bir şekilde çatışmamaktadır. Bu hadisin tahricini (yer aldığı kaynakları) Sahih-u Ebu Davud (15)'de göstermiş bulunuyorum. Bu hadis gerek selefin buna göre uygulamayı sürdürmemesi ve gerekse ileride açıklaması gelecek başka hususların delaleti ile Peygamber (s.a)'a has bir özelliktir. Hattabi -yüce Allah'ın rahmeti üzerine olsun- Mealimu's-Sünen (I, 27) hadis ile ilgili olarak şunları söylemektedir:

"Bu Peygamber (s.a)'ın eseri ve azablarının hafifletilmesine dair duası ile teberrük kabilindendir. Sanki o bu dalların canlı kalmasını, azablarının hafifletilmesi ile ilgili ortaya çıkan durumun bir sınırı olarak tesbit etmiş gibidir. Bu kurumamış hurma dalında bulunup da kurumuş dalda olmayan bir özellikten ötürü değildir. Avam birçok yerlerde ölülerin kabirlerine hurma ağacı yaprağı diktikleri görülmektedir. Onların (bu rivayet dolayısıyla) bu kanaate sahib olduklarını zannediyorum. Fakat onların yaptıkları bu uygulamanın bu açıdan izah edilir bir tarafı yoktur."

Şeyh Ahmed Şakir de Tirmizi (I, 103)'de bundan sonra bu hususla ilgili olarak şunları eklemektedir:

"Hattabi doğru söylemiştir. Avam aslı olmayan bu uygulamaya daha çok ısrar etmeye ve aşırı gitmeye başlamış bulunmaktadır. Özellikle Mısır'da hristiyanları taklid ederek bunu yapmaktadırlar.

Artık kabirlere çiçek bırakmaya, kendi aralarında çiçek hediye etmeye başladılar. İnsanlar çiçekleri yakınlarının ve bildiklerinin kabirlerine onları selamlamak, hayatta olanlara da güzel bir davranış gösterisinde bulunmak için koyuyorlar. Hatta bu adeta devletler arası güzel ilişkilerde bir çeşit resmi gelenek haline geldi. Müslümanların ileri gelenlerinin avrupa ülkelerinden birisine gittikleri takdirde onların büyüklerinin yahutta meçhul asker adını verdikleri kimsenin kabrine giderler, oraya çiçek bırakırlar. Bazıları ise yine batılıları taklid ederek cansız yapay çiçekler koymakta ve bu yolda kendilerinden öncekilerin izlerinden gitmektedirler. Avama benzer ilim adamları ise onların bu yaptıklarını reddetmemektedir. Hatta bizzat kendilerinin bu çiçekleri ölmüşlerinin kabirlerine koyduklarını görüyoruz. Ben hayır vakıfları diye adlandırılan pekçok vakfın gelirlerinin kabirlere bırakılan reyhan ve yapraklara vakfedildiğini öğrenmiş bulunuyorum. Bütün bunlar dinde aslı astarı olmayan bid'atler ve münkerlerdir. Kitab ve sünnetten dayanakları yoktur. İlim ehlinin bunları reddetmeleri ve ellerinden geldiği kadarıyla bu adetleri işlemez hale getirmeleri gerekir."

Derim ki: Kabrin üzerine hurma fidanını koymanın Peygamber efendimize ait bir özellik olduğunu ve azablarının hafifletilmesinin onların kurumamış olmalarına bağlı olmadığını destekleyen birtakım hususlar da vardır:

a- Cabir (r.a)'ın rivayet ettiği ve Sahih-i Müslim'de (VIII, 231-236)'de yer alan uzunca hadiste Peygamber (s.a)'ın şöyle buyurduğu zikredilmektedir:

"Ben azab gören iki kabrin yanından geçtim. Şefaatim sayesinde o iki dalın yaş kaldıkları sürece azablarının üzerlerinden kaldırılmasını arzu ettim."

Bu ifade üzerlerinden azabın kaldırılmasının Peygamber (s.a)'ın şefaati ve duası sebebiyle olduğu, dalların canlılığı dolayısıyla olmadığı hususunda gayet açıktır. Cabir'in naklettiği bu olayın az önce geçen İbn Abbas'ın naklettiği olay ile aynı olup olmaması arasında fark yoktur. Nitekim aynî ve başkaları bunların aynı olay oldukları kanaatindedir. Hafız İbn Hacer, Fethu'l-Bari'de ise farklı olduğu kanaatini tercih etmiştir. Birinci ihtimali kabul edersek durum gayet açıktır, ikinci ihtimale gelince sahih düşünme her iki olayda da illetin (azabın kaldırılış sebebinin) aynı olmasını gerektirmektedir. Çünkü bu iki olay arasında bir benzerlik bulunmaktadır. Diğer taraftan kurumayışın ölünün azabının hafifletilmesine sebeb olması şer'an de, aklen de bilinmeyen hususlardandır. Eğer durum böyle olsaydı, insanlar arasında azabları en hafif olanların çevrelerinde ekilen bitkiler ve yaz kış yeşil kalan ağaçlar sebebiyle adeta bahçeye dönmüş kabirlere gömülen kâfirlerin azablarının bütün insanlar arasında en hafif azab olması gerekirdi.

Bu açıklamalara şunu da ekleyebiliriz. Suyutî gibi kimi ilim adamı kurumayışın azabın hafifletilmesine etkili oluş sebebi bu haliyle fidanın yüce Allah'ı tesbih etmesidir. Bunlar şöyle derler: Dolayısıyla o fidanın canlılığı gider ve kurursa tesbihi de kesilir. Böyle bir gerekçelendirme şanı yüce Allah'ın: *"Onu hamd ile tesbih etmeyen hiçbir şey yoktur. Fakat siz onların tesbihini anlamazsınız."* (el-İsra, 17/44) buyruğunun genel ifadesine muhaliftir.

b- Bizatihi İbn Abbas'ın hadisinde bunun sınırının fidanın yaşlığı olmadığı, daha uygun ifade ile azabın hafifletilmesinde sebebin fidan olmadığına işaret eden bir husus vardır. O da hadisteki şu ifadedir: "Sonra bir hurma ağacı çubuğunun getirilmesini istedi ve bunu ikiye ayırdı." Boylamasına ayırdı demektir. Bilindiği gibi bunun ortadan bölünmesi herbir parçasındaki canlılığın gidip çabucak kurumasına sebebtir. O takdirde azabın hafifletilme süresi ortadan bölünmeden önceki haline nisbetle daha az olur. Şâyet azabın hafifletilmesinin illeti bu olsaydı, Peygamber (s.a)'ın bu hurma çubuğunu bölmeden bırakması ve her bir kabrin üzerine bir çubuk ya da en azından onun yarısını koyması gerekirdi. Onun böyle yapmamış olması yaşlılığın sebeb olmadığının delilidir. Bunun yüce Allah'ın Peygamber (s.a)'ın şefaatini kabul ederek izin verdiği azablarının hafifletilme müddetine bir alamet olduğu anlaşılmaktadır. Nitekim Cabir'in rivayet ettiği hadiste bu husus açıkça görülmektedir. Böylelikle her iki hadis sebebin tayini bakımından birbiriyle uyum arzetmektedir. Vakıa olarak farklı olmaları ve olayın birden fazla gerçekleşmiş olma ihtimali olsa dahi bu böyledir.

Bu hususu iyice düşünmemiz gerekir. Çünkü bu hatırıma birden gelen bir açıklamadır. Bunu ifade eden ya da işaret eden ilim adamlarından bir kimseyi ben görmedim. Eğer bu doğru ise yüce Allah'tandır. Şâyet hata ise bendendir ve O'nun razı olmadığı herbir husustan dolayı O'ndan mağfiret dilerim.

c- Eğer yaş olmak bizatihi maksad olsaydı, selef-i salihin bunu anlaması ve gereğince amel etmesi gerekirdi. Bunun için hurma dallarını, mevsim ağaçlarını ve benzerlerini kabirleri ziyaret ettikleri vakit bırakmaları gerekirdi. Bu işi yapmış olsalardı, onların bu işi yaptıkları meşhur olur, sonra sika raviler bize bunu nakledederdi. Çünkü bu dikkat çekici hususlardandır ve sebebler bu işin nakledilmesini gerektirir. Böyle bir nakil bulunmadığına göre bu işin meydana gelmediğinin delilidir. Bu yolla yüce Allah'a yakınlaşmaya kalkışmanın bid'at olduğu ortaya çıkar, böylelikle bizim anlatmak istediğimiz maksad da sabit olur.

Bu husus açıklık kazandığına göre o vakit Suyutî'nin, Şerhu's-Sudur'da adını vermediği birisinden naklettiği gülünç kıyasın batıl oluşu da anlaşılmış olur:

"Hurma dalının tesbih etmesi dolayısıyla onların azabları hafifletildiğine göre mü'min bir kimsenin Kur'ân okuması dolayısıyla nasıl hafifletilmez. Ayrıca şöyle demektedir: Bu hadis kabirlerin yakınında ağaç dikmek hususunda aslî bir dayanaktır."

Derim ki böyle bir kimseye: "Sen önce arşı kabul et de ondan sonra yapacağın nakışları yap yahutta: "Sopa eğri iken gölgesi düz olur mu" denilir. Eğer bu kıyas doğru olsaydı selef-i salihin bu işe hızlıca koşmaları gerekirdi. Çünkü onlar hayra bizden daha çok düşkün idiler.

Geçen bu açıklamalar kabir üzerine hurma dalını koymanın Peygamber (s.a)'a ait bir özellik olduğunun delilidir. İki kabrin azabının hafifletilmesindeki sır da çubukların yaş oluşunda değil, Peygamber (s.a)'ın şefaatinde ve onlara dua etmesindedir. Bu ise Peygamber (s.a)'ın Refik-i Ala'ya intikalinden sonra ikinci bir defa daha gerçekleşmesine imkan olmayan hususlardandır. Ondan sonra hiçbir kimse için böyle bir şey sözkonusu olamaz. Zira kabir azabından haberdar olmak Peygamber (s.a)'ın özelliklerindendir ve o Rasûlullah (s.a) dışında kimsenin muttali olamayacağı gaybın kapsamı içerisindedir. Kur'ân nassı bunu göstermektedir:*"O gaybı bilendir, o kendi gaybına hiçbir kimseyi muttali kılmaz. Meğer ki beğenip seçtiği bir peygamber ola."* (el-Cin, 72/26-27)

Şunu belirtelim ki Suyutî'nin, Şerhu's-Sudur (131)'de zikrettikleri bizim açıklamalarımız ile çelişkili değildir:

"İbn Asakir, Hammad b. Seleme yoluyla Katade'den şu rivayeti kaydetmektedir: Ebu Berze el-Eslemi (r.a)'ın naklettiğine göre Rasûlullah (s.a) sahibi azab gören bir kabrin yanından geçti. Bir hurma dalı alıp, onu kabrin üzerine dikti ve şöyle buyurdu: Bu kurumadıkça ona rahat verileceği umulur. Ebu Berze şunu vasiyet ederdi: Ben öldüğüm takdirde kabrime benimle beraber iki hurma fidanı koyunuz. (Katade) dedi ki: Kerman ile Komes arasında bir dağ geçidinde vefat etti. Orada bulunanlar şöyle dediler: O bize kabrine iki hurma dalı koymamızı vasiyet ediyordu. Burada ise bunları bulamayız. Onlar bu halde iken Sicistan tarafından yanlarına doğru gelen bir kafile göründü. Onlardan hurma dalları aldılar. İki tanesini alıp, onunla birlikte kabrine yerleştirdiler.

İbn Sad da Muverrik'den şöyle dediğini rivayet etmektedir. "Bureyde kabrine iki hurma dalı konulmasını vasiyet etmişti."

Derim ki bu rivayetin çelişki arzetmemesi şöyledir: Bu iki rivayette -her ikisinin sabit olduğunu kabul etsek bile- bizim bid'at olduğunu ve selefin böyle yapmadığını ileri sürdüğümüz kabir ziyareti esnasında hurma dalları koymanın meşruiyeti anlaşılmamaktadır. Bu iki rivayetin ifade ettiği azami husus ölü ile birlikte iki dalın kabrine konulduğudur. Bu ise bir başka meseledir. Her ne kadar meşru olmamak bakımından önceki mesele gibi ise de bu böyledir. Çünkü Ebu Berze'nin rivayet ettiği hadis de sahabelerden diğerlerinin rivayeti gibi buna delil teşkil etmiyor. Özellikle hadiste bir tek dalın konulduğundan sözedilirken Ebu Berze kabrine iki dalın konulmasını vasiyet etmiş bulunuyor.

Ebu Berze ile ilgili rivayetin senedi sahih olmamakla birlikte Hatib, Tarih-u Bağdad (I, 182-183)'de rivayet etmiş, onun rivayet yoluyla da İbn Asakir bunu Tarih-u Dımaşk adlı eserinde Nadla b. Ubeyd b. Ebi Berze el-Eslemi'nin biyografisinin son taraflarında Şah b. Ammar'dan diye rivayet etmiştir. Şah dedi ki: Bize Ebu Salih Süleyman b. Salih el-Leysi anlattı dedi ki: Bize en-Nadr b. el-Münzir b. Salebe el-Abdi haber verdi. O Hammad b. Seleme'den böylece nakletti demektedir.

Derimki bu zayıf bir isnaddır. İki tane illeti vardır.

Birincisi Şah ile en-Nadr'ın meçhul (hadis rivayetiyle tanınmayan) kimseler olmalarıdır. Ben onlara dair bir yerde bir biyografi bulamadım.

Diğeri ise Katade'nin anâne ile rivayeti nakletmiş olmasıdır. Onlar Katade'nin bunu Ebu Berze'den doğrudan rivayet ettiğini zikretmemişlerdir. Ayrıca onun tedlis yaptığı da zikredilir. Dolayısıyla böyle bir senedde onun anâne (an tabirini kullanarak) rivayet yapmasından korkulur.

Bureyde'nin vasiyetine gelince bu ondan sabit olmuştur. İbn Sad, Tabakat (VII, k. 1, s. 4)'de şöyle demektedir: Bize Affan b. Müslim haber verdi dedi ki: Bize Hammad b. Seleme anlattı dedi ki: Bize Asım el-Ahvel haber verdi: Muverrik dedi ki: Bureyde el-Eslemi kabrine iki hurma fidanının konulmasını vasiyet etti. O Horosan'ın uzak bir yerinde vefat etti. O bakımdan ancak bir eşşeğin torbasında bulunabildi."

Bu sahih bir seneddir. Buhari bunu (III, 173)'de muallak olarak ve kat'î bir ifade halinde zikretmiştir.

Hafız İbn Hacer hadisi şerhinde şunları söylemektedir:

"Sanki Bureyde hadisi umumu üzere yorumlamış ve bu işin o iki adama has olmadığı görüşünü kabul etmiş gibidir. İbn Ruşeyd der ki: Buhari'nin uygulamasından da görüldüğü kadarıyla o bu işin o iki adama has olduğu kanaatinde idi. Bundan dolayı hemen akabinde İbn Ömer'in: Onu ancak kendi ameli gölgelendirir sözünü zikretmektedir."

Şüphesiz ki Buhari'nin benimsediği kanaat az önce geçen açıklamalar sebebiyle doğrunun ta kendisidir. Bureyde'nin görüşünde ise delil olacak bir taraf olamaz. Çünkü bu bir görüştür. Hadiste -umumi olsa dahi- bu görüşe delalet etmemektedir.

Peygamber (s.a) ağaç dalını kabre değil, daha önce geçtiği gibi üzerine koymuştur. Esasen "en hayırlı yol Muhammed'in gösterdiği yoldur."

124. Kabirler üzerine mersin ağacı ve buna benzer kokan şeyler, güller koymak meşru değildir. Çünkü bu selefin yaptığı işlerden değildi. Eğer bu bir hayır olsaydı mutlaka bu işi bizden önce onlar yaparlardı. İbn Ömer (r.a) da şöyle demiştir:

"Her bir bid'at bir sapıklıktır. İsterse insanlar onu güzel görsünler."

Bunu İbn Battam, el-İbane an Usûli'd-Diyane (II, 112/2)'de, el-Lalekâi, es-Sünne (I, 21/1)'de sahih bir isnad ile mevkuf olarak rivayet etmişlerdir. el-Herevi de Zemmu'l-Kelâm (II, 36/1)'de merfu olarak rivayet etmiş ise de bunun bir yanılma olduğu görüşündeyim. Çünkü ondan sadece hadisin birinci bölümü merfu olarak sahih rivayetle gelmiştir. Cabir'in rivayet ettiği hadis daha önceden geçmiş bulunmaktadır.

---

18. KABİRLERİN YAKINLARINDA YAPILMASI HARAM OLAN HUSUSLAR

125. Aşağıdaki hususların kabirlerin yanında yapılması haramdır:

1. Küçük ve büyük baş hayvanların kesilmesi. Çünkü Peygamber (s.a) şöyle buyurmaktadır:

"İslamda kabir yanında hayvan kesmek yoktur."

Abdu'r-Rezzak b. Hemman dedi ki:

"(Cahiliye dönemi insanları) kabrin yanında bir inek ya da bir koyun keserlerdi."

Bu hadisi Ebu Davud -Abdu'r-Rezzak'ın sözünü de o zikretmektedir- (II, 71), Abdu'r-Rezzak, Musannef (6690), Beyhaki (IV, 57), Ahmed (III, 197)'de rivayet etmişlerdir. Senedi sahih olup, Buhari ve Müslim'in şartına uygundur.

Şeyhu'l-İslam İktida-u Sırati'l-Mustakim (s. 182)'de şunları söylemektedir:

"Orada -yani kabirlerin yakınında- hayvan kesmek kayıtsız ve şartsız olarak yasaklanmıştır. Bunu mezhebimize mensub ilim adamları da, başkaları da bu hadis sebebiyle böylece belirtmişlerdir. Ahmed el-Mervezi'nin ondan naklettiği rivayete göre şöyle demiştir: Peygamber (s.a) bu işi yasaklamıştır. Ebu Abdullah böyle bir hayvanın etini yemeği mekruh kabul etmiştir. Mezhebimize mensub ilim adamları şöyle demişlerdir: Zamanımızın insanlarının çoğu kabrin yanında ekmek ve benzeri şeyleri tasadduk kabilinden yaptıkları işler de bu anlamda değerlendirilir."

Nevevi, el-Mecmu (V, 320)'de şunları söylemektedir:

"Kabrin yanında küçük ve büyük baş hayvan kesmek ise Enes'in bu hadisi dolayısıyla yerilmiş bir şeydir. Bu hadisi Ebu Davud ve Tirmizi rivayet etmiş olup, Tirmizi: Hasen, sahihtir demiştir."

Derim ki bu hüküm orada yapılan kesim yüce Allah için olduğu takdirde böyledir. Şâyet bazı cahillerin yaptığı gibi kabir sahibi için olursa bu apaçık bir şirktir, onu yemek de haram ve fısktır. Nitekim yüce Allah şöyle buyurmaktadır: *"Üzerine Allah'ın adı anılmayanlardan yemeyin. Çünkü o elbetteki bir fısktır."* (el-En'am, 6/121) Yani durum Allah'tan başkası için kesildiğinden dolayı hükmü böyledir. Zira buradaki fısk yüce Allah'ın şu buyruğunda zikrettiği gibidir: *"Ve Allah'tan başkasının adına boğazlandığından dolayı fısk olanlar."* (el-En'am, 6/145) Nitekim Fakih el-Heytemi'nin, ez-Zevacir adlı eserinde (I, 171)'de de böyledir.

Yine Peygamber (s.a) şöyle buyurmuştur: "Allah, Allah'tan başkası için hayvan boğazlayan kimseye lanet etmiştir. (Bir rivayette lanetlenmiştir)."

Hadisi Ahmed (no: 2817, 2915, 2917)'de hasen bir sened ile İbn Abbas'tan, Müslim (VI, 84)'da Ali (r.a)'dan buna yakın ifade ile rivayet etmiştir.

2. Mezarın içinden çıkan toprağa başkasını ekleyerek yükseltmek.

3. Kireç vb. şeylerle kabri sıvamak.

4. Üzerine yazı yazmak.

5. Üzerine bina yapmak.

6. Üzerine oturmak.

Bu hususta birtakım hadisler vardır: Birinci hadis: Cabir (r.a)'dan dedi ki:

"Rasûlullah (s.a) kabrin alçı ile sıvanmasını, üzerine oturulmasını, üzerine bina yapılmasını [yahut üzerine (toprak) ilave edilmesini], [yahut üzerine yazı yazılmasını] yasaklamıştır."

Hadisi Müslim (III, 62), Ebu Davud (II, 71), Nesai (I, 284-285-286), Tirmizi (II, 155) -sahih olduğunu belirterek-, Hakim (I, 370), Beyhaki (IV, 4), Ahmed (III, 295, 332, 339, 399)'da rivayet etmişlerdir. İki fazlalık Ebu Davud ve Nesai'ye aittir. Birincisi ise Beyhaki'ye aittir.

İkinci fazlalık ayrıca Tirmizi ve Hakim'de bulunmakta, Hakim senedinin sahih olduğunu belirtmekte, Zehebi de ona muvafakat etmiş bulunmaktadır.

Ancak el-Münziri (IV, 341) ile başkaları Süleyman b. Musa ile Cabir arasında ınkıta (sened kopukluğu) bulunmakla illetli olduğunu belirtmişlerdir fakat bu Ebu Davud ve başkalarının rivayet yoluna bakarsak böyledir. Aksi takdirde Hakim bunu İbn Cüreyc, Ebu'z-Zübeyr'den, o Cabir'den diye rivayet etmiştir. Bu da Müslim'in şartına uygun bir seneddir. İbn Cüreyc orada -yani Müslim'in kaydettiği bir rivayette- Ebu'z-Zübeyr'den dinlediğini açıkça ifade etmiştir. Ebu'z-Zübeyr de Cabir'den rivayet etmiştir. Böylelikle onların tedlis yapmaları şüphesi ortadan kalkmış olmaktadır. İşte birinci rivayet sözünü ettiklerimiz tarafından bu yoldan rivayet edilmiştir.

Nevevi (V, 296)'da: "Bunun senedi sahihtir" demiş, sonra bunu kabirden çıkan toprağa başka yerden toprak eklenmemesinin müstehab olduğuna bunu delil göstermiş ve şöyle demiştir:

"Şafiî dedi ki: Eğer dışardan getirilen toprak ilave edilirse bunda bir sakınca yoktur. Bizim mezheb alimlerimiz: Bu, bunun mekruh olmadığı manasına gelir demişlerdir."

Derim ki: Bu nehyin zahirine muhaliftir. Çünkü nehyde aslolan haram kılmaktır. Gerçek İbn Hazm'ın, el-Muhalla (V, 33)'de söylediğidir:

"Kabrin bina edilmesi helal olmadığı gibi, alçı ile sıvanması da, toprağına bir şey ilave edilmesi de helal değildir. Bütün bunlar yıkılır."

İmam Ahmed'in sözünün zahirinden anlaşılan da budur. Ebu Davud, el-Mesail (s. 158)'de şöyle demektedir:

"Ben Ahmed'i şöyle derken dinledim: Kabre başka yerden getirilen toprak ilave edilmez. Ancak yeryüzü ile dümdüz olmuş tanınmayacak hale gelmişse müstesna. Sanki o vakit bu işe ruhsat verilmiş gibidir."

Fakat el-İnsaf adlı eserde (II, 548) ondan sadece mekruh olduğu hükmünü nakletmiştir.

İmam Muhammed el-Asar'da (s. 45) şöyle demektedir:

"Bize Ebu Hanife, Hammad'dan naklen haber verdi. Hammad, İbrahim'den şöyle dediğini rivayet etti: Kabri onun kabir olduğu bilinip, çiğnenmeyecek hale gelecek şekilde yükseltiniz. Muhammed dedi ki: Biz de bunu kabul ediyoruz. Bununla birlikte ondan çıkan toprağa bir şey ilave edilmemesini uygun görüyoruz. Kabrin alçı ile ya da çamur ile sıvanmasını yahut yakınında bir mescid ya da bir alem konulmasını ya da üzerine yazı yazılmasını mekruh görüyoruz. Kabrin alçı ile bina edilmesi yahutta kabrin içinin onunla yapılması da mekruhtur. Fakat kabrin üzerine su serpmekte bir sakınca görmüyoruz. Bu Ebu Hanife'nin de görüşüdür."

Derim ki hadis mefhumuyla kabrin içinden çıkan toprağın elverdiği kadarıyla yükseltilmesinin cevazına delildir. Bu da yaklaşık bir karış kadar olur. Bu 107. meselede daha önce geçen nassa da uygundur.

Kabrin kireçle sıvanmasına gelince, el-Kamus'da şöyle denilmektedir:

"Kabın kireçlenmesi, kabı kireçle doldurmak demektir. Bina için sözkonusu olursa onu kireçle sıvamak anlamına gelir."

Kabrin kireçle sıvanmasının yasaklanması bir tür ziynet olmasından dolayı olabilir. Nitekim bazı mütekaddimun alimleri böyle demiştir. Buna göre kabrin çamurla sıvanmasının hükmü nedir? İlim adamlarının bu hususta iki görüşü vardır:

Birinci görüşe göre mekruhtur. İmam Ahmed az önce ondan yaptığım nakilde görüldüğü üzere bunu açıkça ifade etmiştir. Onda mekruhluk mutlak olarak zikredildiği vakit tahrim ifade eder.

Hambelilerden, Ebu Hafs da -el-İnsaf (II, 549)'da belirtildiği üzere- mekruh olduğunu söylemiştir.

Diğer görüşe göre ise bunda bir sakınca yoktur. Bu görüşü Ebu Davud (158)'de İmam Ahmed'den nakletmiş, el-İnsaf adlı eserde de bunu açık olarak ifade etmiştir. Tirmizi de (II, 155)'de bu görüşü İmam Şafiî'nin görüşü olarak nakletmiştir. Nevevi bunun akabinde şunları söylemektedir:

"Mezhebimize mensub ilim adamlarının çoğunluğu bu hususu sözkonusu etmemişlerdir. Sahih olan açıkça ifade edildiği üzere bunun mekruh olmadığıdır. Çünkü bu hususta herhangi bir nehy varid olmamıştır."

Derim ki muhtemelen doğru olan aşağıdaki şekilde konuyu etraflı bir şekilde ele almaktır: Eğer çamurla sıvamaktan maksat kabri korumak ve onu şeriatın hoşgördüğü kadarıyla yüksek bir şekilde kalmasını sağlamak ve rüzgarların onu savurmaması, yağmurun dağıtmaması ise şüphesiz ki bu caizdir. Çünkü bu meşru olan bir gayeyi gerçekleştirmektedir. Belki de Hambelilerden çamurla sıvamak müstehabtır diyenlerin görüşlerinin açıklaması budur. Şâyet maksad ziynet ve buna benzer faydasız şeyler ise o vakit bu caiz olmaz çünkü bu sonradan ihdas edilmiş (bid'at bir iş)dir.

Kabir üzerine yazı yazmaya gelince, hadisin zahirinden anlaşılan haram olduğudur. İmam Muhammed'in sözlerinin zahirinden de bu anlaşılmaktadır. Şafiîlerle, Hambeliler ise sadece mekruhluktan sözetmişlerdir. Nevevi (V, 298)'de şunları söylemektedir:

"Mezhebimiz alimleri der ki: Kabrin üzerindeki yazı ister bazı insanların adet edindikleri üzere başı ucunda bir tahtada yazılmış olsun, ister başka bir şeyde yazılmış olsun. Hadisin umumi ifadesi dolayısıyla her türlüsü mekruhtur."

Bazı ilim adamları süslemek maksadıyla olmamak, aksine tanıtmak maksadıyla ölünün adını yazılmasını istisna etmişlerdir. Bunu da Peygamber (s.a)'ın daha önce işaret ettiğimiz meselede (107. mesele) geçtiği üzere Osman b. Maz'um'un kabri üzerine taş koymasına kıyas ederek söylemişlerdir. Şevkâni dedi ki:

"Bu kıyas yoluyla (başka umumi nassları) tahsis etmek kabilindendir. Cumhur böyle demiştir. Yoksa bu Dav'u'n-Nehar adlı eserde denildiği gibi nassa karşıt bir kıyas değildir. Şu kadar var ki durum bu kıyasın sahih olduğudur."

Benim görüşüme göre -doğrusunu en iyi bilen Allah'tır- bu kıyasın mutlak olarak sahih olduğunu söylemek uzak bir ihtimaldir. Doğrusu bunu kullanılan taş eğer Rasûlullah (s.a)'ın kendisi sebebiyle taşı koyduğu gayeyi gerçekleştirmiyor ise -ki bu gaye de mezarın kime ait olduğunu tanıtmaktır ve bu tanınmama mesela kabirlerin çokluğu, tanıtıcı taşların çokluğu sebebiyle olabilir- o takdirde sözü edilen amacın gerçekleştirileceği kadarıyla ismin yazılması caiz olur. Doğrusunu en iyi bilen Allah'tır.

Hakim'in hadisin akabinde söylediği şu sözlere gelince:

"Uygulama buna göre değildir. Müslümanların doğudan batıya kadar bütün imamlarının kabirleri üzerinde yazı vardır ve bu halefin de, selefin de yaptığı bir uygulamadır."

Zehebi şu sözleriyle onu reddetmektedir:

"Söylediğimiz fayda sağlayacak bir ifade değildir. Bir sahabinin dahi bu işi yaptığını bilmiyoruz. Bu tabiînden birilerinin ve onlardan sonra gelenlerin -nehy kendilerine ulaşmamış olduğu halde- ortaya çıkardıkları bir şeydir."

İkinci hadis Ebu Said el-Hudri'den rivayet edilmiştir:

"Peygamber (s.a) kabrin üzerine bina yapılmasını yasaklamıştır."

Hadisi İbn Mace (I, 373-374)'de bütün ravileri Sahih'in ravileri olan bir senedle rivayet etmiş olmakla birlikte hadis munkatıdır. el-Busiri, ez-Zevaid (k. 97/2)'de şunları söylemektedir:

"Ravileri sikadırlar. Şu kadar var ki munkatıdır. el-Kasım b. Muhaymira, Ebu Said (el-Hudri)'den hadisi dinlememiştir."

Derim ki es-Sindi, İbn Mace Haşiye'sinde şunları söyler:

"Zevaid'de: İsnadı sahihtir, ravileri sikadırlar denilmektedir." Ancak bu kimden geldiğini bilemediğim bir yanılmadır.

Bu hadisi Ebu Ya'la da şu lafızla rivayet etmiştir:

"Allah'ın Peygamberi (s.a) kabirlerin üzerine bina yapılmasını yahut üzerlerine oturulmasını ya da üzerlerinde namaz kılınmasını yasakladı."

el-Heysemi, Mecmau'z-Zevaid (III, 61)'de şunları söylemektedir:

"Ravileri sikadırlar."

Daha sonra bu hadisin senedini Müsned-u Ebi Ya'la (III, 287)'de tesbit ettim. Bu hadisin bizzat el-Kasım b. Muhaymire yolu ile geldiğini gördüm fakat şunu anladım ki el-Busıri'nin kesin olarak ifade ettiği munkatı oluşunun izah edilir bir tarafı yoktur. Çünkü onun dayanağı İbn Main'in şu sözleridir: "Bizler onun ashab-ı kiram'dan herhangi birisinden hadis dinlediğini duymadık." Fakat et-Tehzib'de onun İbn Amr, Ebu Said ve Ebu Umame'den rivayetinin bulunduğunu, Aişe (r.anha)'a soru sorduğunu zikretmektedir. Onun vefat yılı da bunu desteklemektedir. Oraya bakılabilir.

Üçüncü hadis Ebu'l-Heyyac el-Esedi'den rivayet edilmiştir. O dedi ki:

"Ali b. Ebi Talib bana dedi ki: Rasûlullah (s.a)'ın beni görevli gönderdiği işe seni göndereyim mi? Nerde bir heykel görürsen [bir rivayette bir suret] [bir evde] mutlaka onu dümdüz edeceksin ve ne kadar yüksek bir kabir görürsen, mutlaka onu da dümdüz edeceksin."

Hadisi Müslim (III, 61), Ebu Davud (II, 70), Nesai (I, 285), Tirmizi (II, 153-154) -hasen olduğunu belirterek-, Hakim (I, 369), Beyhaki (IV, 3), Tayalisi (no: 155), Ahmed (no: 741, 1064), Ebu Vail'in ondan (Ebu'l-Heyyac'dan) rivayeti yoluyla Taberani, el-Mucemu's-Sağir (s. 29), Ebu İshak'ın ondan rivayeti yoluyla rivayet etmişlerdir.

Hadisin ayrıca Tayalisi (no: 96), Ahmed (no: 657-658, 683, 889)'da Ali (r.a)'dan gelen iki ayrı rivayet yolu daha vardır.

Şevkâni -yüce Allah'ın rahmeti üzerine olsun- (IV, 72)'de bu hadisi şerhederken şunları söylemektedir:

"Bu hadisten çıkartılacak hükümlerden birisi de şudur: Sünnet gereği kabir yerden fazla yükseltilmez. Bu hususta faziletli kabul edilen ile daha az faziletli olduğu kabul edilen kimse arasında fark yoktur. Açıkça görüldüğü kadarıyla kabirlerin şer'an izin verilen miktardan fazla yükseltilmesi haramdır. Bunu Hambeli mezhebi alimleri ile bir topluluk ile İmam Şafiî ve İmam Malik açıkça ifade etmişlerdir."

Yine Şevkâni şöyle demektedir:

"Hadisin kapsamına öncelikle giren kabir yükseltme çeşitlerinden birisi de kabirler üzerinde bina edilmiş kubbeler ve meşhedlerdir. Aynı zamanda bu iş kabirleri mescid edinmek kabilinden de sayılır. Peygamber (s.a) da ileride geleceği üzere bunu yapanlara lanet etmiştir. Kabirler üzerinde bina yükseltip, bu binaları güzel yapmaktan ötürü nice fesadlar ortaya çıkmıştır ki İslam adına bunlara ağlanılır. Bunlar arasında cahil kimselerin bu gibi yerlere kâfirlerin putlar hakkındaki inançlar gibi bir inanç beslemeleridir. Bu o kadar büyük bir iş haline geldi ki cahiller bu kabirlerin fayda sağlamaya ve zararı önlemeye kadir olduklarını zannedecek hale geldiler. İhtiyaçlarının görülmesini istemek için gidecekleri yer arzularının gerçekleşmesi için sığınacakları yer olarak bellediler. O kabirlerden kulların Rablerinden istediklerini istemeye koyuldular. Oralara yolculuk yapmak amacıyla yüklerini bağladılar. Kabirlere ellerini sürdüler ve onlardan yalvararak yakararak dileklerde bulundular. Özetle söyleyecek olursak, onlar buralarda cahiliyenin putlara yapıp da yapmadıkları hiçbir şey bırakmadılar. İnna lillah ve inna ileyhi raciun. Bu korkunç münker ve müthiş küfre rağmen Allah için öfkelenen hanif din için gayrete gelen ne alim, ne öğrenci, ne emir, ne vezir, ne de bir hükümdar görüyoruz. Bize bu hususta o kadar çok haber geliyor ki bu verilecek örneğin gerçekliği hususunda şüphe etmeye imkan kalmıyor. Bu kabirperestlerden çok kimseye ya da onların çoğuna hasımları tarafından Allah adına yemin etmeleri söylenecek olursa, yalan yere yemin edebilir. Bundan hemen sonra ona şeyhin adına yahut inandığın filan veli adına yemin et denilecek olursa, hemen dili tutulur, dolanır, böyle bir yemini kabul etmez ve gerçeği itiraf eder. İşte bu onların şirklerinin haşa yüce Allah ikinin ikincisi, yahut üçün üçüncüsüdür diyenlerin şirklerinden daha ileri dereceye vardığının en açık delillerinden birisidir. Ey din alimleri! ey müslümanların hükümdarları! İslam adına küfürden daha büyük bir musibet olabilir mi? Bu din için Allah'tan başkasına ibadetten daha büyük bir zarar hangi musibet olabilir? Müslümanların bu musibete denk musibetleri olabilir mi? Eğer böyle bir şirke karşı çıkmak farz değil ise, karşı çıkılması gereken münker hangisidir?

"Andolsun eğer hayatta ölen birisine seslenirsen duyurursun
Fakat senin seslendiğin kimsenin canı yok
Ve eğer bir ateşe üflesen aydınlatır etrafını
Fakat sen bir küle üflüyorsun."

Derim ki: Merhum Şevkâni'nin bu hususta faydalı ve güzel bir eseri vardır. Buna: "Şerhu's-Sudur fi Tahrimi Raf'i'l-Kubur" adını vermiş olup, el-Mecmuatu'l-Muniriyye adlı koleksiyon arasında basılmış bulunmaktadır. (I, 62-76)

Dördüncü hadis Sümame b. Şufey'den dedi ki:

"Fedale b. Ubeyd ile birlikte Rum diyarına çıktık. O sırada o Muaviye adına ed-Derb'de vali idi. (Bir rivayette: Rum diyarına gazaya çıktık. Ordunun başında Fedale b. Ubeyd el-Ensari kumandandı.) Bir amca oğlumuz Rodos[1] [da] isabet aldı. Fedale onun namazını kıldırdı ve kabre gömülme işi bitinceye kadar mezarının başında durdu. Bizler üzerine toprağı düzeltirken şunları söyledi: Üzerini hafif tutunuz. (Bir diğer rivayette üzerini hafifletiniz) dedi.[2] Çünkü Rasûlullah (s.a) bizlere kabirleri dümdüz etmeyi emrederdi."

Hadisi Ahmed (VI, 18) her iki rivayetiyle rivayet etmiş olup, senedi hasendir. İbn Ebi Şeybe (IV, 135-138)'de diğer rivayet ile rivayet etmiştir.

---

[1] Rodos, Akdeniz'de Türkiye'nin güneybatısında yer alan bilinen bir adadır.

[2] Bu da bir önceki rivayet ile aynı anlamdadır. Sadece fiillerde kip farkı vardır. Mana değişmemektedir.

Müslim (III, 61), Ebu Davud (II, 70), Nesai (I, 285), Beyhaki (IV, 2-3) diğer yoldan Sümame'den ona yakın fakat ondan daha muhtasar olarak rivayet etmişlerdir. Bu aynı zamanda Ahmed'in de (VI, 21)'de zikrettiği bir rivayet olup, ondaki lafzı şu şekildedir:

"Ben Rasûlullah (s.a)'ı şöyle buyururken dinledim: Kabirlerinizi yer hizasında düzleyiniz."

Senedinde İbn Lehia vardır ki o hıfzı kötü birisidir.

Bu hadisin Taberani, el-Mucemu'l-Kebir (XVIII, 262-263)'de başka yollardan ve başka lafızlarla rivayeti de vardır.

Dillerde meşhur olan: "En hayırlı kabirler büsbütün silinip, yok olmuş kabirlerdir lafzı ile meşhur olan hadisin ise sünnet kitablarının hiçbirisinde bir aslı, dayanağı yoktur. Hadis zahiriyle münkerdir. Çünkü kabrin büsbütün silinmesi gerekmez. Aksine kabrin önceden de geçtiği üzere yerden bir karış kadar yüksek ve görünür bir şekilde varlığını devam ettirmesi gerekir ki kabir olduğu bilinsin, korunsun, tahkir edilmesin, ziyaret edilsin, terkedilmesin."

Diğer taraftan Fedale'nin rivayet ettiği hadisteki: "O bizlere kabirleri dümdüz yapmayı emrederdi." Hadisinin zahirinden anlaşılan hiçbir şekilde mutlak olarak yükseltilmemek üzere yer ile dümdüz edilmesi anlaşılmaktadır. Fakat kesinlikle söyleyebiliyoruz ki zahiren anlaşılan bu mana kastedilmiş değildir. Buna delil de şudur: Sünnet olan kabrin az önce işaret edildiği üzere bir karış kadar yükseltilmesidir. Bunu bizatihi aynı hadiste geçen Fedale'nin söylediği: "Hafifletiniz" ifadesi desteklemektedir ki maksat toprağı hafifletinizdir. O üzerinden toprağın büsbütün kaldırılmasını emretmiyor. Alimler bunu böylece tefsir etmişlerdir. Bk. el-Mirkat (II, 372)

Beşinci hadis Muaviye (r.a) dedi ki:

"Şüphesiz kabirlerin dümdüz edilmesi sünnettendir. Yahudilerle hristiyanlar kabirlerini yüksek yaptılar. Onlara benzemeyiniz."

Hadisi Taberani, el-Mucemu'l-Kebir (XIX, 352, 823)'de rivayet etmiştir. Senedi sahihtir. Mecmau'z-Zevaid'de "ravileri sahih hadisin ravileridir" demektedir.

Altıncı hadis Ebu Hureyre'den rivayete göre Rasûlullah (s.a) şöyle buyurmuştur: "Sizden herhangi birinizin bir kor ateş üzerine oturup, elbiselerini yakması, sonra onun derisine kadar varması o kimse için bir kabir üzerine oturmasında (bir rivayette kabri çiğnemesinden) daha hayırlıdır."

Hadisi Müslim (III, 62), Ebu Davud (II, 71), Nesai (I, 287), İbn Mace (I, 484), Beyhaki (IV, 79), Ahmed (II, 311, 389, 444)'de rivayet etmişlerdir. Diğer rivayet onun kaydettiği (II, 528) rivayetlerden birisidir.

Yedinci hadis Ukbe b. Amir (r.a)'dan dedi ki: Rasûlullah (s.a) şöyle buyurdu:

"Ayağımla bir kor ateş yahut bir kılıç üzerine yürümem ya da ayağımla ayakkabımı dikmem benim için müslüman bir kimsenin kabri üzerinden yürümekten daha sevimlidir. Def-i hacetimi kabirlerin ortasında mı yapmışım, yoksa çarşı-pazarın ortasında mı yapmışım hiç farketmez."

Bu hadisi İbn Ebi Şeybe (IV, 133), İbn Mace (I, 474)'de el-Busiri'nin, ez-Zevaid (k. 98/1)'de belirttiği üzere sahih bir isnad ile rivayet etmişlerdir. el-Münziri de, et-Terğib'de senedi ceyyiddir demiştir.

Sekizinci hadis: Ebu Mersed el-Ğanevi'den dedi ki: Rasûlullah (s.a)'ı şöyle buyururken dinledim:

"Kabirlere doğru namaz kılmayınız, kabirlerin üzerine oturmayınız." Hadisi Müslim (III, 62)'de ve üç Sünen sahibi ile başkaları rivayet etmişlerdir.

Bu hadisin İbn Abbas'ın rivayet ettiği bir şahidi daha bulunmaktadır. Bunu da ed-Dıya el-Makdisi, el-Ahadiysu'l-Muhtare'de zikretmiş olup, bu hadisin senedi ile ilgili olarak "Tahric-u Sıfat-i Salâti'n-Nebi" adlı eserde, sonra da "Tahziru's-Sacid" (s. 121)'de gerekli açıklamaları yapmış bulunuyorum.

Bu üç hadisde müslümanların kabri üzerine oturup, onların üzerinden geçmenin haram olduğuna delil vardır. Şevkâni'nin (IV, 57) ve başkalarının naklettiğine göre ilim adamlarının çoğunluğunun kabul ettiği görüş de budur. Fakat Nevevi ve Askalani ilim adamlarının bunu sadece mekruh gördüklerini nakletmektedirler. İmam Şafiî'nin el-Umm adlı eserdeki açık ifadesi de bu şekildedir. Yine İmam Muhammed de el-Asar (s. 45)'de mekruh olduğunu ifade etmiş ve: "Bu Ebu Hanife'nin de görüşüdür" demiştir.

Şafiî (I, 346)'de şunları söylemektedir:

"Ben kabrin üzerinden basıp geçilmesini, üzerine oturulmasını ve ona yaslanılmasını mekruh görüyorum. Ancak eğer kişi ölüsünün kabrine gidebilmek için onun üzerinden geçmekten başka bir yol bulamıyorsa bu bir zaruret halidir. O vakit yüce Allah'ın izniyle onu bağışlayacağını ümit ederim. Kimi arkadaşlarımız şöyle demiştir: Kabir üzerine oturmakta bir sakınca yoktur. Yasaklanan def-i hacet için kabir üzerine oturmaktır. Ancak bize göre durum onun dediği gibi değildir. Her ne kadar def-i hacet için kabrin üzerine oturmak yasak ise de bu ihtiyaç olmadan da mutlak olarak kabrin üzerinde oturmak nehyedilmiştir."

Şafiî merhum sanki bu ifadeleriyle İmam Malik'e işaret etmektedir. Çünkü o Muvatta adlı eserinde belirtilen tevili açıkça ifade etmiştir. Bu tevilin batıl olduğunda ise Hafız'ın (III, 174)'de naklettiği ve Nevevi'nin açıkladığı üzere batıl olduğunda bir şüphe yoktur.

Derim ki her ikisine göre de mekruhluk mutlak olarak kullanıldığı takdirde haramlık ifade eder. Sadece mekruh olduğunu söylemektense bu görüş doğruya daha yakındır. Gerçek ise bunun haram olduğunu söylemektir. Çünkü Ebu Hureyre ve Ukbe'nin hadislerinin açıkça belirttiği ifadelerindeki ağır tehdit dolayısıyla bu olmalıdır. Aralarında Nevevi'nin de bulunduğu Şafiî mezhebine mensub bir topluluk bu görüştedir. San'ani, Subulu's-Selam (I, 210)'da bu görüşü benimsediği gibi, fakih İbn Hacer el-Heytemi, ez-Zevacir (I, 143) adlı eserinde bunun büyük bir günah olduğu görüşüne meyletmiştir. Buna sebeb ise bizim işaret ettiğimiz ağır tehdid ifadeleridir ve bu doğru olma ihtimali uzak bir görüş değildir.

7. Kabirlere doğru namaz kılmak. Çünkü az önce geçen:

"Kabirlere doğru namaz kılmayınız...." hadisi bunu gerektirmektedir.

Bu hadiste nehyin açık olması dolayısıyla kabre doğru namaz kılmanın haram olduğuna delil vardır. Nevevi'nin tercih ettiği de budur. el-Munadi, Feydu'l-Kadir adlı eserinde hadisi şerhederken şunları söylemektedir:

"Kabirlere doğru yönelerek (namaz kılmayın) demektir. Çünkü bu şekilde hareket etmek çok ileri derecede bir tazimi ifade ediyor. Çünkü bu mabudun mertebesidir. Böylelikle hadis -tamamıyla-birarada hem tazimi hafife almayı, hem aşırı derecede tazimi yasaklamaktadır."

Daha sonra bir başka yerde şunları söylemektedir:

"Böyle bir iş mekruhtur. Bir insan o yerde namaz kılmak ile bereketlenmek isteyecek olursa, dinde Allah'ın izin vermediği bir hususu bid'at olarak ortaya çıkarmış olur. Burda maksad tenzih-i kerahettir. Nevevi şöyle demektedir: Mezhebimize mensub ilim adamları böyle demişlerdir. Eğer hadisin zahiri dolayısıyla haram olduğu söylenecek olsa dahi uzak bir ihtimal değildir. Hadisten kabristanda namaz kılmanın yasaklandığı hükmü çıkarılır. Bu da tahrimi bir kerahet ile mekruhtur."

Şunu bilmek gerekir ki burada sözü edilen tahrim ancak yönelmek ile kabirlerin taziminin kastedilmemesi şartına bağlıdır. Aksi takdirde bu bir şirk olur.

Şeyh Aliyyu'l-Kari, el-Birkad (II, 372)'de bu hadisi şerhederken şunları söylemektedir:

"Eğer bu tazim gerçek manasıyla kabre ve kabrin sahibine yapılacak olursa, kesinlikle böyle bir tazimi yapan kâfir olur. Böyle bir şeye benzemeye kalkışmak mekruhtur. Bu kerahetin tahrimi kerahet olması gerekir. Ona bırakılmış cenaze de bu hükme tabidir. Hatta ondan da öncelikli olarak bu hükmü alır. Bu ise Mekke ahalisinin karşı karşıya bulundukları bir beladır. Çünkü onlar cenazeyi Kabe'nin yakınında koyuyor, sonra da ona doğru namaz kılıyorlar."

8. Kabirlere doğru yönelmek sözkonusu olmasa dahi kabirlerin yakınında namaz kılmak. Bu hususta birkaç hadis-i şerif vardır.

Birincisi Ebu Said el-Hudri (r.a)'dan dedi ki: Rasûlullah (s.a) buyurdu ki:

"Yeryüzü bütünüyle mesciddir, kabristan ve hamam müstesna."

Hadisi -Nesai dışında- Sünen sahibleri ile başkaları Hakim'in belirttiği ve Zehebi'nin de muvafakat ettiği üzere Buhari ve Müslim'in şartına göre sahih bir senedle rivayet etmişlerdir. Mürsel olmakla illetli olduğu da söylenmiştir. Ancak bunun hiçbir kıymeti yoktur. Mürsel olduğu kabul edilecek olsa dahi irsalin sözkonusu olmadığı ve Müslim'in şartına uygun bir başka yoldan da gelmiş bulunmaktadır. Ben bu hususta es-Semeru'l-Müstetat adlı eserin namaz konusunun altıncı bahsinde geniş açıklamalarda bulundum.

İkinci hadis: Enes'den rivayete göre:

"Peygamber (s.a) kabirler arasında namaz kılmayı yasaklamıştır."

Hadisi el-Bezzar (441-442-443)'de Enes'den gelen rivayet yollarıyla zikretmiştir.

el-Heysemi, Mecmau'z-Zevaid (II, 27)'de:

"Ravileri sahih hadisin ravileridirler" demektedir.

İbnu'l-Arabi bu hadisi Mucem (235/1)'de, Taberani, el-Evsat (I, 280)'de, Dıya el-Makdisi, el-Ahadiysu'l-Muhtare (79/2)'de rivayet etmişler ve:

"Cenazeler üzerine..." fazlalığını eklemişlerdir.

Üçüncüsü İbn Ömer'den rivayete göre Peygamber (s.a) şöyle buyurmuştur:

"Evlerinizde namazınızdan bir pay ayırınız. Evlerinizi kabirlere döndürmeyiniz."

Hadisi Buhari (I, 420), Müslim (II, 187), Ahmed (no: 4511, 4653 ve 6045)'de rivayet etmişlerdir.

Dördüncü hadis: Ebu Hureyre'den dedi ki: Rasûlullah (s.a) buyurdu ki: "Evlerinizi kabirlere döndürmeyiniz. Şüphesiz şeytan içinde el-Bakara suresinin okunduğu evden kaçar."

Hadisi Müslim rivayet etmiştir.

Buhari 3. olarak zikrettiğimiz hadisin bulunduğu bölüme şu başlığı vermiştir:

"Kabristanda namaz kılmanın mekruhluğu babı"

Hafız İbn Hacer şerhinde -özetle- bu babı bu şekilde kullanmasını şöylece açıklamaktadır:

"(Buhari) Peygamber efendimizin hadis-i şerifteki: "Ve onları kabirlere döndürmeyiniz." buyruğundan kabirlerin ibadet mahalli olmadığı hükmünü çıkarmıştır. Dolayısıyla kabirler arasında namaz mekruh olur. el-İsmaili bu başlığı kullandığı için Buhari ile anlaşmazlığa girerek şöyle demiştir: Hadis kabristanda değil, kabirde namaz kılmanın mekruhluğuna delil teşkil etmektedir. Derim ki: Bu hadis Müslim'in, Ebu Hureyre'den: "Ve evlerinizi kabristana dönüştürmeyiniz" lafzı ile rivayet ettiği gibi "kabristan" lafzı ile de varid olmuştur. İbnu't-Tıyn şöyle demektedir: Buhari hadisi namaz kılmanın mekruh olduğu anlamında yorumlamıştır. Bir topluluk ise şu şekilde yorumlamışlardır. Hadis sadece evlerde namaz kılmaya teşvik mahiyetindedir. Çünkü ölüler namaz kılmazlar. Sanki şöyle buyurmuş gibidir: Sizler evlerinde namaz kılmayan ölüler gibi olmayınız. Çünkü onların evleri kabirdir. (İbnu't-Tiyn) dedi ki: Namazın kabristanda kılınmasının caizliği ya da bunun men edilmesine gelince, bu hadiste bunlara dair herhangi bir hüküm bulunmamaktadır.

Derim ki eğer bu ifadeleriyle mantuk (lafız olarak söylenen) yolu ile bu hüküm çıkartılmaz demek istemişse bu kabul edilebilir. Şâyet bunun kayıtsız ve şartsız olarak (mutlak manada) çıkarılmayacağını kastediyorsa bunu kabul edemeyiz. Çünkü daha önce bu hükmün nasıl çıkartıldığını açıklamış bulunuyoruz. Diğer taraftan İbnu'l-Münzir ilim ehlinin pek çoğundan bu hadisi kabristanın namaz kılınacak yer olmadığına delil gösterdiklerini nakletmiştir. el-Beğavi, Şerhu's-Sünne'de ve el-Hattabi de böyle demişlerdir."

Derim ki işte daha çok tercihe değer olan budur. Hadis-i şerif kabristanın namaz kılınacak yer olmadığına delil teşkil eder. Özellikle Ebu Hureyre'nin lafzı ile gelen rivayet bu hususa delalet bakımından daha açıktır. el-İsmaili'nin: Hadis kabrin içinde namaz kılmanın mekruh oluşuna delildir. Kabristanda değil demesine gelince, bu açıklama Ebu Hureyre'nin rivayet ettiği hadise açıkça muhalif olmakla birlikte İbn Ömer'in hadisinden böyle bir mana çıkarmak güzel olmaz. Çünkü zaten adeten kabrin içinde namaz kılmak mümkün değildir. Şariin (Peygamber efendimizin) sözü nasıl böyle yorumlanabilir.

İbnu't-Tiyn[3]'in:

"Ölüler namaz kılmazlar" şeklindeki açıklamasına gelince;

Bu açıklamada doğru değildir. Çünkü şeriatte bunun nefyedildiğine dair herhangi bir nass varid değildir. Üstelik bu gaybi hususlardan olup, nassa dayalı olmadan bu konuda kesin bir ifade kullanmamak gerekir. Burada da böyle bir nass yoktur. Hatta bu konuda mutlak bir ifade kullanmamak gerektiğini belirten rivayetler gelmiştir. O da Musa (s.a)'ın, Rasûlullah (s.a)'ın İsra gecesinde onu

---

[3] İbnu't-Tıyn, Sahih-i Buhari'nin şarihlerindendir. Adı Abdu'l-Vahid olup, 611 hicri yılında vefat etmiştir.

gördüğü şekilde kabrinde namaz kıldığıdır. Bu şekildeki rivayeti Müslim Sahih'inde zikretmiş bulunmaktadır. Aynı şekilde peygamberler de Sahih-i Buhari'de sabit olduğu üzere o gece Peygamber efendimize uyarak namaz kılmışlardır. Hatta onun şöyle buyurduğu da sabittir:

"Peygamberler kabirlerinde diridirler, namaz kılarlar."

Bu hadisi Ebu Ya'la (3425)'de ceyyid bir isnad ile rivayet etmiştir. Bu hadisin yer aldığı kaynakları el-Ahadiysu's-Sahiha (622)'de göstermiş bulunuyorum.

Hatta Peygamber (s.a)'dan belirttiğimiz hususlardan daha genel ifadeler de gelmiştir. Bu da Ebu Hureyre'nin rivayet ettiği meleklerin mü'mine kabirde soracakları şu soruda geçmektedir: "Ona otur denilir, o da oturur. Ona güneş batmak üzere imiş gibi gösterilir. Kendisine: Şu sizin aranızda bulunan adam var ya onun hakkında ne dersin? Ona dair ne şahidlikte bulunursun, o şöyle der: Bırakın da önce namazımı kılayım. Melekler: Sen bu işi yapacaksın diye cevap verirler."

Bu hadisi İbn Hibban, Sahih (782)'de, Hakim (I, 379-380)'de nakletmiş olup, Hakim: "Müslim'in şartına göre sahihtir" demiş ve bu hususta Zehebi de ona muvafakat etmiştir. Ancak bu hadis sadece hasendir. Çünkü senedinde Muhammed b. Amr vardır ki Müslim onun rivayetini delil olarak almamıştır. Ondan sadece başkası ile birlikte ya da mutabaat halinde rivayet almıştır.

Bu hadis mü'minin de aynı şekilde kabrinde namaz kıldığı hususunda gayet açıktır. Böylelikle "ölüler namaz kılmazlar" sözü çürütülmüş olmakta ve İbn Ömer'in rivayet ettiği hadis ile kabristan namaz kılınacak yer olmadığı kastedildiği şeklindeki açıklama daha bir tercihe değer olmaktadır. Doğrusunu en iyi bilen Allah'tır.

Hadis ve onunla birlikte kaydedilen diğer hadislerle beraber kabristanda namaz kılmanın mekruh olduğuna delildir. Burdaki kerahet ise bazılarındaki nehyin açık olarak zikredilmesinden ötürü tahrimi bir mekruhluktur. Bazı ilim adamları kabristanda namaz kılmanın büsbütün batıl olduğu kanaatindedirler. Çünkü nehy, nehyedilen işin fasid olduğunu gösterir. Bu İbn Hazm'in görüşü olup, Şeyhu'l-İslam İbn Teymiye, Neylu'l-Evtar (II, 112)'de Şevkâni'nin tercih ettiği görüştür. İbn Hazm da (IV, 27-28)'de İmam Ahmed'den şöyle dediğini rivayet etmektedir:

"Kim bir kabristanda ya da bir kabre doğru namaz kılacak olursa, kesinlikle namazını iade etmelidir."

Daha sonra İbn Hazm şunları söylemektedir:

"O (İmam Ahmed) kabre doğru ve kabristanda namaz kılmayı mekruh görmüştür. Ebu Hanife, Evzai ve Süfyan kabrin üzerinde namaz kılmayı da mekruh görmüşlerdir. Ancak Malik bunda herhangi bir sakınca görmemekte ve onu taklid edenlerin kimileri

Rasûlullah (s.a)'ın yoksul siyahi kadının kabri üzerinde namaz kıldığını delil göstermektedirler."

İbn Hazm dedi ki:

"Bu şekilde söyleyenlerin bu haberde belirtilen hususlara muhalefet etmekle kalmıyor, hatta onlar defnedilmiş kimsenin cenazesi üzerine namaz kılmayı dahi caiz görmüyorlar. Sonra da sabit sünnete muhalefet ederek hakkında hiçbir iz ve hiçbir işaret bulunmayan bir hususu mübah kabul ediyorlar hayret doğrusu! (İbn Hazm devamla) dedi ki:

"Bütün bu rivayetler haktır. Belirttiğimiz yerlerde namaz helal olmaz. Cenaze namazı müstesna. O kabristanda kılınabilir. Aynı şekilde Rasûlullah (s.a)'ın yaptığı gibi (namazı kılınmadan) defnedilmiş kabrin üzerinde de namaz kılınır. Bizler yasaklanmış herbir hususu haram kabul ediyoruz ve onun yaptığı gibi yapmayı da yüce Allah'a yakınlaştıracak bir amel sayıyoruz. O'nun emri de, yasağı da haktır, uygulaması da haktır. Bunun dışındakiler batıldır."

Derim ki: Cenaze namazı ile ilgili olarak söyledikleri su götürür. Çünkü cenaze namazının kabristanda kılınmasının caiz olduğuna dair bir nass bulunmamaktadır. Eğer İbn Hazm kıyası kabul edenlerden olsaydı, onun bu işi o kabir üzerinde namaz kılmasına kıyas ederek söylediğini söylerdik. Fakat o kıyasın kökten batıl olduğunu söylemektedir. Dolayısıyla cenaze namazının kabristanda kılınması sünnete muhaliftir. Çünkü cenaze namazının ancak daha önce ilgili yerinde açıklandığı üzere ya namazgahda, ya da mescidde kılındığına dair rivayetler gelmiştir. Hatta bu bölümde geçen Enes'in rivayet ettiği hadis olan -ki bu hadis bölümün ikinci hadisidir- geçtiği üzere kabirler arasında namaz kılmayı açıkça yasaklayan rivayetler dahi gelmiştir.

Diğer taraftan kabristanda namaz kılmanın mekruhluğu bütün mekanları kapsar. Kabir ister namaz kılanın önünde, ister arkasında, ister sağında, ister solunda olsun. Çünkü yasak mutlaktır. Usûl ilminde kabul edilen hususlardan birisi de şudur: Mutlaka kayıt getiren herhangi bir husus tesbit edilmedikçe mutlak olarak kalır. Burada ise bu kabilden herhangi bir şey varid olmuş değildir. Bizim belirttiğimiz bu hususu ileride de geleceği üzere Hanefi fukahasından kimileri ve başkaları da açıkça ifade etmiş bulunmaktadır. Şeyhu'l-İslam İbn Teymiye, el-İhtiyaratu'l-İlmiyye (s. 25)'de şunları söylemektedir:

"Namaz kabristanda ve kabristana doğru sahih değildir. Bunun yasaklanması şirke götüren yolu tıkamak içindir. Mezhebimize mensub bir kesimin belirttiklerine göre bir ve iki kabir namaz kılmaya engel değildir. Çünkü "el-Makbure (kabristan)" lafzı bunları kapsamına almaz. Kabristan adı üç ve daha fazla kabir hakkında kullanılır. İmam Ahmed'in sözlerinde ve genel olarak onun arkadaşlarının ifadelerinde böyle bir ayırım bulunmamaktadır. Fakat onların genel ifadeleri ile hükmün illetine dair açıklamaları ve delil getirme tarzları tek bir kabrin yanında dahi namaz kılmanın yasak olmasını gerektirir. Doğrusu da budur. Çünkü makbure (kabristan) içine kabre gömülen kimselerin olduğu her yerdir. Yoksa kabirlerin toplamı değildir. Mezhebimize mensub ilim adamları şöyle demektedir: Kabristan adının kapsamına giren kabirlerin çevresinde bulunan yerler de namaz kılınamayan yerler arasındadır. İşte bu açıklama yasağın tek bir kabrin ve ona ilave olunan çevresindeki alanın da kapsama girdiğini göstermektedir. el-Amidi ve başkaları şunu zikrederler: Kıblesi kabre dönük olan bir mescidde duvar ile kabir arasında bir başka engel bulunmadığı sürece o mescidde namaz kılmak caiz değildir. Kimisi bunun İmam Ahmed'in açık ifadesi olduğunu söylemektedir."

Merhum Şeyhu'l-İslam'ın ifadelerinde kabristanda namaz kılmanın yasak oluş illetinin (şirke götüren) yolu tıkamak (seddu'z-zeria) olduğunu açıkça ifade etmektedir. Bu ilim adamlarının bu husustaki iki görüşünden birisidir. Diğer bir görüşe göre ise illet (bu hükmün gerekçesi) kabristan arazisinin necasetidir. Bu ikisi Hanefi mezhebinde yer alan iki görüştür. İbn Abidin, Haşiye'sinde (I, 352) bunların ikincisinin zayıf bir görüş olduğuna işaret etmektedir. Çünkü onlara göre istihale (bir şeyin başka bir şeye dönüşmesi) temizleyici bir unsurdur. Dolayısıyla böyle bir illet nasıl doğru olabilir?

Şüphesiz bize göre birinci görüş sahih olandır. Bunu Şeyhu'l-İslam kitablarında açıklamış ve bu görüşün lehine başka bir yerde bulunamayacak deliller getirmiştir. Bu açıklamaları mesela İktidau's-Sırati'l-Mustakim (152, 193)'de bulmak mümkündür. Hanefilerin kitablarından el-Haniye (el-Fetava et-Teterhaniyye) bu yolu izlemiş, Tahtavi, Meraki'l-Felah'a yazdığı haşiyesinde buna işaret etmiştir. Tahtavi şarihin: "Kabristanda namaz mekruhtur." (I, 208) şeklindeki sözlerini açıklarken şunları söylemektedir: "Be harfi üç hareke ile de okunabilir (Makbara, makbura, makbira diye). Bunun mekruh oluş sebebi ise yahudilerle hristiyanlara benzeyiş olduğundan ötürüdür. Peygamber (s.a) ise şöyle buyurmuştur: Allah yahudilerle hristiyanlara lanet eylesin. Çünkü onlar peygamberlerinin kabirlerini mescid edindiler." Namazın kabrin üstünde, arkasında kılınması ile kabristanın üzerinde durarak kılınması arasında fark yoktur. Bundan peygamberlerin kabirleri istisna edilir. Çünkü orada namaz kılmak kabirleri ister açılmış olsun, ister olmasın mekruh olmaz. Elverir ki kabir kıble tarafında bulunmasın. Çünkü peygamberler kabirlerinde diridirler."

Derim ki böyle bir istisna açıkça batıldır. Hem nasıl batıl olmasın ki çünkü bu açıklama kendisinin zikrettiği gerekçe ile ve delil olarak gösterdiği hadis ile çelişmektedir. Kitab ehlinin peygamberlerinin kabirlerini mescid edindiklerinden ötürü lanet olunduklarına dair gelen hadisler bu kadar çokken böyle bir istisna nasıl doğru olabilir. Ayrıca Peygamber (s.a)'ın bize bunu yasakladığı da sahih olarak gelmiştir. Yasak peygamberlerin doğrudan doğruya kabirlerini mescid edinmek ile ilgilidir. Başkalarının kabirleri de onlarınki gibi değerlendirilir. Peygamberlerin kabirlerinin istisnası nasıl akla uygun gelir. Gerçek şu ki böyle bir istisna ancak ikinci görüş olan bu yasağın illeti necasettir görüşü ile bağdaşabilir. Peygamberlerin kabirlerinin temiz olduğunda ise şüphe yoktur. Çünkü onlar Peygamber efendimizin buyurduğu gibi: "Şüphesiz Allah yere peygamberlerin cesedlerini yemeyi haram kılmıştır." diye buyurduğu haldedirler fakat bu illette batıldır. Batıl üzerine bina edilen bir hüküm de batıldır.[4]

9. Kabirlerin üzerine mescid bina etmek:

Bu hususta da bazı hadis-i şerifler vardır:

Birinci hadis: Aişe ve Abdullah b. Abbas'ın birlikte rivayet ettikleri hadistir. Onlar şöyle demişlerdir:

"Rasûlullah (s.a) hastalanınca üzerindeki bir elbiseyi yüzünün üzerine örtmeye koyuldu. Bundan sıkılınca yüzünden açardı. O bu halde iken şöyle buyurdu: Allah yahudilerle hristiyanlara lanet eylesin. Çünkü onlar peygamberlerinin kabirlerini mescid edindiler. (O bu sözleriyle onların yaptıkları(nın benzeri)nden sakındırıyordu."

Hadisi Buhari (I, 422, VI, 386, VIII, 112), Müslim (II, 67), Nesai (I, 115), Darimi (I, 326), Beyhaki (IV, 80), Ahmed (I, 218, VI, 34, 229, 275)'de rivayet etmiş olup, fazlalık Müslim, Darimi ve başkalarına aittir.

İkinci hadis Aişe (r.anha)'dan dedi ki: Rasûlullah (s.a) kendisinden ayağa kalkamadığı hastalığında şöyle buyurdu:

"Allah yahudilerle hristiyanlara lanet eylesin. Onlar peygamberlerinin kabirlerini mescid edindiler." Aişe dedi ki: Eğer bu durum olmasaydı, onun kabri açıkta bırakılacaktı. Şu kadar var ki kabrinin mescid edinilmesinden korkuldu.

Hadisi Buhari (III, 156, 198, VIII, 114), Ebu Avane (II, 399), Ahmed (VI, 80, 121, 255)'de yine Ahmed (VI, 146, 252)'de bu hadisi Aişe (r.anha)'dan bir başka rivayet yoluyla da zikretmektedir.

Üçüncüsü: Ebu Hureyre'den dedi ki: Rasûlullah (s.a) buyurdu ki:

"Allah yahudileri (bir rivayette yahudilerle hristiyanları) kahretsin (değindiğimiz rivayette lanet etsin). Çünkü onlar peygamberlerinin kabirlerini mescid edindiler."

---

[4] Ben Tahtavi'nin hatası ve sözü edilen istisnayı yapmaktaki çelişkisi ile ilgili geniş açıklamaları es-Semeru'l-Müstetab fi Fıkhi's-Sünneti ve'l-Kitab adlı eserimde genişçe açıklamış bulunuyorum.

Hadisi Buhari (I, 322), Müslim, Ebu Avane (II, 400), Ebu Davud (II, 71), Beyhaki (IV, 80), Ahmed (II, 284, 366, 396, 453, 518)'de rivayet etmişlerdir. İkinci rivayet Ahmed'e, Müslim'e ve Ebu Avane'ye ait olup, bu rivayet Ebu Hureyre'den gelen bir başka yolla zikredilmiştir.

Dördüncüsü: Ebu Hureyre'den, Peygamber (s.a) buyurdu ki:

"Allah'ım sen benim kabrimi bir put yapma. Allah peygamberlerinin kabirlerini mescid edinen bir kavme lanet etmiştir."

Hadisi Ahmed (II, 246), İbn Sad, Tabakat (II, 362), Ebu Ya'la (6681), el-Humeydi (1025), Ebu Nuaym, el-Hilye (VII, 317)'de sahih bir isnad ile rivayet etmişlerdir. el-Heysemi'nin, Mecmau'z-Zevaid (IV, 2-3)'de söylediği:

"Hadisi Ebu Ya'la rivayet etmiştir. Senedinde İshak b. Ebi İsrail vardır ve onun hakkında Kur'ân ile ilgili (mahluk olup olmadığı hususunda) görüş belirtmediğinden ötürü tenkid edilmiştir. Diğer ravileri sikadırlar." şeklindeki sözlerine gelince, bu çeşitli bakımlardan su götürür bir iddiadır:

1. Evvela o hadisi sadece Ebu Ya'la'ya nisbet etmekle, hadisin Ahmed'in Müsned'inde bulunmadığı izlenimini vermektedir. Oysa görüldüğü gibi durum böyle değildir.

2. Adı geçen İshak sika bir ravidir. Onun Kur'ân hakkında görüş belirtmemiş olması Mustalah ilminde (hadis usûlü ilminde) belirtildiği üzere onun cerh edilmesini gerektirmez.

3. Sadece İshak bu hadisi münferiden rivayet etmiş değildir. İmam Ahmed onu İshak'ın dışında bir yolla rivayet etmektedir. O halde hadisin sahih olduğunda hiçbir şüphe yoktur.

Ayrıca hadisin mürsel bir şahidi de vardır.

Bunu Malik, el-Muvatta (I, 185-186)'da sahih bir senedle rivayet etmiştir.

Yine bu Ebu Said el-Hudri'den mevsul olarak da rivayet edilmiştir.

Beşincisi: Cündeb'den dedi ki: Ben Peygamber (s.a)'ı vefat etmeden beş gün önce şöyle buyururken dinledim:

"[Benim aranızda kardeşlerim ve arkadaşlarım vardı ve] aranızdan benim için bir halil (candan dost)in bulunmadığını Allah'ın huzurunda bildiriyorum. Çünkü yüce Allah İbrahim'i halil edindiği gibi, beni halil edinmiş bulunuyor ve eğer ben ümmetimden bir halil edinecek olsaydım, hiç şüphesiz Ebu Bekir'i halil edinirdim. Şunu bilin ki sizden öncekiler peygamberlerinin ve aralarındaki salih kimselerin kabirlerini mescid ediniyorlardı. Dikkat edin sakın kabirleri mescid edinmeyin. Ben sizlere bu işi yasaklıyorum."

Kütüb-ü Sitte arasında hadisi sadece Müslim (II, 67-68) rivayet etmiştir. Bu hadisi Şevkâni (II, 114)'de Nesai'ye de nisbet etmektedir. Onun Nesai'nin es-Sünenu'l-Kübra'sını kastetmiş olması muhtemeldir fakat ez-Zehair (el-Mevruse) adlı eser bu hadisi yalnızca Müslim'e nisbet etmektedir. Evet bu hadisi Ebu Avane, Sahih (II, 401)'de rivayet etmiş ve fazlalık da ona aittir.

Daha sonra ben bu hadisi Nesai'nin es-Sünenu'l-Kübra'sının tefsir bölümünde (143) gördüm.

Altıncı hadis Abdullah b. Mesud'dan dedi ki: Rasûlullah (s.a)'ı şöyle buyururken dinledim:

"Şüphesiz kendileri hayatta iken kıyametin başlarına kopacağı kimseler ile kabirleri mescid edinen kimseler insanların şerlilerindendirler."

Hadisi Ahmed (no: 3844, 4143, 4144, 4342)'de Abdullah b. Mesud'dan gelen iki ayrı hasen sened ile rivayet etmiştir.

Ayrıca Taberani, el-Kebir (10. 413), İbn Ebi Şeybe (III, 345), İbn Hibban, Sahih (340 ve 341), İbn Huzeyme (789)'de rivayet etmişlerdir. İbn Teymiye:

"Senedi ceyyiddir" demiştir.

el-Heysemi hadisin Müsned'de bulunduğunun farkına varamamış, sadece Taberani'ye nisbet etmiş, sonra da (II, 27)'de:

"İsnadı hasendir" demiştir.

Yedinci hadis: Aişe (r.anha)'dan dedi ki:

"Peygamber (s.a) hastalandığında onun hanımlarından birisi Habeşistan'da "Mariye" diye adlandırılan bir kiliseyi sözkonusu etti. - Um Seleme ile Um Habibe Habeşistan'a gitmişlerdi.- Onlar bu kilisenin güzelliğinden, ordaki suret ve resimlerden sözettiler. (Aişe) dedi ki: Bunun üzerine Peygamber (s.a) şöyle buyurdu:

- Şüphesiz onlar aralarından salih bir adam bulunur da [bu adam ölürse] onun kabri üzerine bir mescid bina ederler, sonra orada bu suretleri yaparlardı. İşte onlar [kıyamet gününde] Allah nezdinde yaratılmışların en şerlileridirler."

Hadisi Buhari (I, 416, 422), Müslim (II, 66-67), Nesai (I, 115), aynı şekilde Ebu Avane (II, 400-401), Beyhaki (IV, 80) -anlatım bu son ikisine ait-, Ahmed (VI, 51), İbn Ebi Şeybe (IV, 140)'da rivayet etmişlerdir. İki fazlalık Buhari ve Müslim ile başkaları tarafından zikredilmiştir.

Bu hususta ashab-ı kiram'dan başka bir topluluktan da rivayet edilmiş hadis-i şerifler vardır. Ben bunları: "Tahzinu's-Sacid min İttihazi'l-Kuburi Mesacid"[5] adlı eserimde zikrettim.

Bu hadisler kesin bir şekilde kabirlerin mescid edinilmesinin haram olduğuna delildir. Çünkü bu hadisler kabirleri bu şekilde mescid edinenlerin lanetlendiğini ifade etmektedir. Bundan dolayı fakih el-Heytemi, ez-Zevacir (I, 120-121)'de:

---

[5] Bu eser de tarafımızdan tercüme edilmiş bulunmaktadır.

"Doksanüçüncü büyük günah: Kabirleri mescid edinmek" demektedir.

Daha sonra az önce kaydettiğimiz hadislerin bir kısmını ve bizim benimsediğimiz şarta uymayan daha başkalarını da zikretmekte, sonra da şunları söylemektedir:

"Bunu büyük günahlar arasında saymak Şafiîlerden bazılarının ifadeleri arasında yer almıştır. Sanki o bu hükmü bu hadiste kullanılan ifadelerden çıkarmış gibidir. Bunun çıkartılma şekli de gayet açıktır. Çünkü hadis-i şerif peygamberlerinin kabirlerine böyle bir uygulamayı yapanları lanetlemektedir. Salihlerinin kabirlerine karşı bu şekilde hareket edenleri kıyamet gününde Allah nezdinde yaratılmışların en şerlileri olarak değerlendirmektedir. O halde bu hadislerde "bir rivayette de yer aldığı gibi: yaptıklarından sakındırıyordu" ifadelerinde olduğu gibi bizim böyle yapmamız sakındırılmaktadır. Yani o ümmetini bu sözleriyle diğerlerinin yaptıkları gibi yapmayı sakındırmakta ve yapacak olurlarsa onların lanete uğradıkları gibi lanetleneceklerini belirtmektedir... Hambelilerden kimisi şöyle demiştir: Bir kimsenin böyle bir işi teberrüken yapmak niyetiyle kabrin yanında namaz kılması Allah'a ve Rasûlüne karşı sınır mücadelesine girmenin ta kendisidir. Allah'ın bu işi yasakladığından ötürü izin vermediği bir din uydurmaktır. Diğer taraftan icma ile şu kabul edilmiştir. Haramların en büyükleri ve şirkin sebeblerinden birisi kabirlerin yanında namaz kılmak, kabirleri mescid edinmek, üzerlerine bina yapmaktır. Bunun mekruh olduğunu söylemek ise başka bir şekilde yorumlanmalıdır. Çünkü herhangi bir ilim adamının Peygamber (s.a) tarafından yapanı lanetlediği tevatüren gelen bir işi caiz kabul edeceklerini düşünemeyiz. Bu gibi binaların yıkılması, kabirler üzerindeki kubbelerin yıkılması için hemen faaliyete geçmek gerekir. Çünkü bu gibi yapılar Rasûlullah (s.a)'a isyan üzere temellendirilmiştir. Çünkü o bu işi yasaklamış ve yükseltilmiş kabirleri yıkmayı emretmiştir. Herhangi bir kabir üzerinde yakılmış olan bütün kandillerin kaldırılması gerekir. Bu gibi şeyler için vakıf yapmak ve adakta bulunmak da sahih değildir."

Az önce kaydedilen hadislerde sözkonusu edilen "mescid edinmek" çeşitli hususları kapsar:

1. Kabirlere yönelerek, kabirlere doğru namaz kılmak.
2. Kabirler üzerinde secde etmek.
3. Kabirler üzerinde mescid bina etmek.

İkinci anlam "mescid edinme" lafzından açıkça anlaşılmakta, diğer iki anlam da onun kapsamına girmekle birlikte daha önce kaydettiğimiz bazı hadislerde ayrıca açıkça sözkonusu da edilmiş bulunmaktadır. Ben buna dair geniş açıklamalar ile bu husustaki ilim adamlarının görüşlerini de delil göstererek az önce işaret ettiğim

"Tahziru's-Sacid" adlı eserimde geniş açıklamalar yapmış bulunuyorum. Orada Peygamber efendimizin kabrinin Mescid-i Nebevi'ye alınışı ile ilgili tarihi bilgiler de verdim. Bu husustaki az önce kaydettiğimiz hadislere muhalif durumları, bununla birlikte ona özel olmak üzere Peygamber mescidinde namaz kılmanın mekruh olmadığını belirttim. Bütün bu hususlarda geniş açıklama görmek isteyenler oraya başvurabilirler.

10. Belirli vakitlerde ve bilinen mevsimlerde oralarda ibadet etmek maksadı ile yahutta başka bir maksadla giderek kabirleri bayram yeri edinmek. Çünkü Ebu Hureyre (r.a)'ın rivayetine göre Rasûlullah (s.a) şöyle buyurmuştur:

"Benim kabrimi bayram yerine çevirmeyin. Evlerinizi de kabirlere döndürmeyin. Her nerede olursanız bana salât (ve selam) gönderin. Çünkü sizin salât (ve selam)ınız bana ulaşır."

Hadisi Ebu Davud (I, 319), Ahmed (II, 367) hasen bir sened ile rivayet etmişlerdir. Hadis Müslim'in şartına uygundur. Bu hadisin değişik yolları ve şahidleri bulunduğundan ötürü sahih bir hadistir.

Bunun Ebu Hureyre'den gelmiş, Ebu Nuaym, el-Hilye (VI, 283)'de bir başka rivayet yolu daha vardır.

Ayrıca Süheyl'den güçlü bir sened ile mürsel bir şahidi de bulunmaktadır. Süheyl dedi ki:

"el-Hasen b. el-Hasen b. Ali b. Ebi Talib kabrin yanında beni gördü. O Fatıma'nın evinde akşam yemeğini yerken bana seslendi ve: Yemeğe gel dedi. Ben: Canım istemiyor dedim. Bu sefer: Seni niye kabrin yanında görüyorum dedi. Ben: Peygamber (s.a)'a selam verdim dedim. Şöyle dedi:

"Sen mescide girdiğin zaman selam ver." Sonra dedi ki: Rasûlullah (s.a) şöyle buyurdu:

"Benim kabrimi bayram yerine çevirmeyin. Evlerinizi de kabre döndürmeyin. Bana salât (ve selam) gönderin. Çünkü sizin salât (ve selam)ınız nerede olursanız bana ulaşır, Allah yahudilere lanet etsin. Çünkü onlar peygamberlerinin kabirlerini mescid edindiler."

(Bu hususta) sizler ile Endülüstekiler arasında hiçbir fark yoktur.

Bu hadisi İbn Teymiye, el-İktida'da belirttiği üzere Said b. Mansur rivayet etmiştir. Yine bu hadis İsmail b. İshak el-Kadi, Fadlu's-Salâti ale'n-Nebi (no: 30)'da zikredilmiş olup, ancak orada "Allah yahudilere lanet etsin..." bölümü yok. Aynı şekilde İbn Şeybe (IV, 140)'de hadisin sadece merfu olan bölümünü rivayet etmiş bulunmaktadır.

Hadisin buna yakın lafızlarla Ali b. el-Huseyn'in babasından, onun dedesinden merfu olarak rivayet ettiği bir başka şahidi de vardır.

Bunu İsmail el-Kadi (no: 20)'de ve başkaları rivayet etmiştir. Bk. Tahziru's-Sacid (98-99)

Hadis-i şerif peygamberlerin ve salihlerin kabirlerini bayram yerine döndürmenin haram olduğuna delildir. Şeyhu'l-İslam İbn Teymiye, İktidau's-Sırati'l-Mustakim (s. 155-156)'de şunları söylemektedir:

"Hadisin delalet şekli şudur: Peygamber (s.a)'ın kabri yeryüzündeki en faziletli kabirdir. Bununla birlikte onun bayram yeri edinilmesini yasaklamıştır. Kim olursa olsun başkasının kabrinin bu yasağın kapsamına girmesi öncelikle sözkonusudur. Diğer taraftan Peygamber (s.a) bununla birlikte: "Evlerinizi de kabirlere döndürmeyiniz" diye buyurmuştur. Yani oraları namazın kılınmadığı, dua ve Kur'ân'ın okunmadığı yerler olmamalıdır. O vakit kabirler seviyesinde olurlar. Peygamber böylelikle evlerde de ibadet edilmesine dikkat edilmesini emretmekte fakat ibadetin kabirlerin yanında yapılmasını yasaklamaktadır. Hristiyan ve onlara benzeyen diğer müşriklerin yaptıklarının aksini buyurmaktadır... İşte bu Peygamberin ehl-i beytinden, tabiînin en faziletlisi Ali b. el-Hüseyn (r.a) o adama Peygamber (s.a)'ın kabrinin yanında özellikle dua etmeye kalkışmasını yasaklamakta ve bu hususta kendisinin babası el-Hüseyn'den, onun da dedesi Ali'den işitmiş olduğu hadisi delil olarak göstermektedir. Bu hadisin ne manaya geldiğini o başkasından daha iyi bilir. Böylelikle onun maksadının şu olduğu açıkça ortaya çıkmaktadır. Kişi Peygamber (s.a)'ın kabrine mescide girme maksadı bulunmadan selam vermek ve benzeri maksadlarla girmektir. O bu tür dua ve benzeri amellerin kabri bayram yeri edinmek olduğu görüşünü ortaya koymuştur. Aynı şekilde onun amcasının oğlu ve ehl-i beytinin büyük ilim adamı Hasen b. Hasen de peygamberin kabrinin bayram yeri edinilmesini mekruh görmüştür. Şimdi bu sünnetin Medine ehlinden ve Rasûlullah (s.a)'a neseb akrabalığı, şehir akrabalığı bulunan ehl-i beytten nasıl bize kadar geldiğine dikkat edelim. Çünkü onlar bu işi bilmeye başkalarına göre daha bir ihtiyaçları vardır. O bakımdan onlar bu sünneti daha iyi bellemişlerdir.

"Id (bayram yeri)" eğer mekan ismi kabul edilirse o takdirde orada toplanmak, ona yakın yerde ibadet etmek veya başka bir maksad için gidilen yer anlaşılır. Nitekim Mescid-i Haram, Mina, Müzdelife ve Arafe gibi yerleri Cenab-ı Allah bir bayram yeri, insanların dönüp dönüp geldikleri yerler kılmıştır. İnsanlar orada toplanırlar. Dua, zikir ve kurban (vs. ibadetler) için oralara gider gelirler. Müşriklerin de yakınlarında toplanmak için gidip geldikleri yerleri vardı. İslam gelince Allah bütün bunları sildi. İşte bu gibi yerlere peygamberlerin ve salihlerin kabirlerinin bulunduğu yerler de dahildir. (Oraları bayram yeri edinilmemelidir.)"

Daha sonra Şeyhu'l-İslam (s. 175, 181)'de şunları söylemektedir:

"Bundan dolayı Malik (Allah ondan razı olsun) ve ondan başka ilim adamları Medinelilerin herhangi birisinin mescide girdiği her seferinde Peygamber (s.a)'ın gelip kabrine ve iki arkadaşına selam vermesini mekruh görmüşler ve şöyle demişlerdir: Bu herhangi bir Medineli için ancak yolculuktan geldiği yahutta bir yolculuğa çıkmak istediği zaman ve benzeri durumlarda olabilir. Bazıları ise namaz ve benzeri maksatla peygamber mescidine girdiği vakit selam vermeye müsade olduğunu belirtmiştir. Ama her zaman için salât ve selam maksadı ile oraya girecek olursa, bildiğim kadarıyla buna ruhsat veren kimse yoktur. Çünkü bu da bir çeşit bayram yeri edinmektir. Bununla birlikte bizlere mescide girdiğimiz vakit: "es-Selamu aleyke eyyuhe'n-Nebiyyu ve rahmetullahi ve berekâtuhu: Ey Peygamber selam olsun sana, Allah'ın rahmeti ve bereketleri de"[6] dememiz - namazımızın sonlarında söylediğimiz gibi- bizim için meşrudur... Malik ve başkaları her zaman kabrin yanında bu işi yapmanın kabri bir çeşit bayram yeri edinmekten korkmuşlardır. Aynı şekilde bu bir bid'attir. Muhacirlerle ensar, Ebu Bekir, Ömer, Osman ve Ali (r.anhum) döneminde her gün mescide gelirlerdi. Çünkü onlar Peygamber (s.a)'ın bu hususu hoş görmedini ve bunu kendilerine yasakladığını biliyorlardı. Onlar mescide girdikleri ve mescidden çıktıkları zaman ona selam verdikleri gibi, teşehhüdde de ona selam veriyorlardı. Tıpkı hayatta iken ona selam verdikleri gibi. Bundan dolayı İmam Malik'in söylediği şu söz ne kadar güzeldir: Bu ümmetin sonradan gelenleri ancak ilk gelenlerinin ıslah oldukları hususlarla ıslah olurlar. Fakat ümmetler peygamberlerinin bıraktıklarına yapışmaları zayıfladıkça, imanları eksildikçe bunun yerine ortaya çıkardıkları bid'atler, şirk ve başka hususları alırlar. Bundan dolayı İslam ümmeti (peygamberin) kabrini (el sürerek) istilam etmeyi ve onu öpmeyi mekruh görmüş ve insanların kendisine doğru namaz kılmalarını engelleyecek şekilde onu bina etmişlerdir.

Bizler Ahmed ve başkalarının Peygamber (s.a)'a ve iki arkadaşına selam verip, dua etmek ve gitmek isteyenlere kıbleye dönmelerini emrettiklerini daha önceden kaydetmiş bulunuyoruz.

---

[6] Derim ki ben bu ifadeyi mescide girmek ve mescidden çıkmak adabına dair varid olmuş herhangi bir hadiste görmedim. Herhalde bunu "sizden herhagi bir kimse mescide girdiği takdirde Peygamber (s.a)'a selam versin" buyruğunun mutlak ifadesinden almış olmalıdır. Bu hadisi Ebu Avane Sahih'inde (I, 414), Ebu Davud, Sünen'inde (no: 465) rivayet etmişlerdir. Açıkça anlaşılan hususlardan birisi böyle bir sonucun çıkartılmasının uzaklığıdır. Özellikle Fatıma (r.anha)'ın rivayet ettiği hadiste bu kip şu lafızla gelmiştir: es-selamu ala Rasûlillah, Allahumme salli ala Muhammed ve ala alî Muhammed: Selam Allah'ın Rasûlüne, Allah'ım Muhammed'e ve Muhammed'in aile halkına salât (ve selam) eyle" lafzındadır. Bunu Kadı İsmail (82-84) ve başkaları rivayet etmiştir. Ayrıca bk. Nuzulu'l-Ebrar (72), el-Kelimu't-Tayyib (no: 63, bizim tahkikimiz ile)

Aynı şekilde Malik ve benzeri mütekaddimun ilim adamları da bu işi mekruh görmüşlerdir. Müteahhirundan Ebu'l-Vefa b. Akil, Ebu'l-Ferac İbnu'l-Cevzi de bu kanaattedirler. Ben ne bir sahabiden, ne bir tabiîden, ne de önder olarak bilinen bir ilim adamından orada dua etmek maksadı ile kabirlerin yanına gitmeyi müstehab gören bir kimse olduğunu ve bu hususta herhangi bir kimsenin peygamberden olsun, ashab-ı kiram'dan olsun, bilinen imamlardan herhangi bir kimseden olsun bir şey rivayet ettiğini bilmiyorum. İnsanlar dua, duanın zamanları, mekanları hakkında eserler yazmış, bu hususta rivayetleri zikretmişlerdir. Onlardan herhangi bir kimse, herhangi bir kabrin yanında dua etmenin faziletine dair -bildiğim kadarıyla- tek bir harf dahi yazmamıştır. Durum bu iken kabirlerin yanında yapılacak duanın daha faziletli ve kabule daha şayan olduğu nasıl söylenebilir ve bu nasıl caiz olabilir? Selef böyle bir şeyi reddediyorken, böyle bir şeyi bilmiyorken aksine bunu yasaklıyor ve emretmiyorken bu nasıl söylenebilir?

Kabirlerin yanında duanın kabul edileceğine ve faziletine inanış bu maksatla oralara gidip gelmeyi beraberinde getirmiştir. Hatta kabirlerin yanında belli bir mevsim ve zamanda pek büyük kalabalıklar dahi toplandığı olur. İşte Peygamber (s.a)'ın: "Benim kabrimi bayram yeri edinmeyiniz" buyruğu ile yasakladığı da bizatihi budur... Hatta bazı kabirlerin yanında senenin belli günlerinde toplanılır, oraya yolculuklar yapılır. Ya muharrem, ya receb, yahut şaban ya da zilhicce yahut başka bir aya denk getirilir. Kimileri bu kabirlerin yanında aşure gününde toplanır, kimisi arafe gününde, kimisi şabanın ortasında, kimisinin yanında da bir başka vakitte toplanılır. Yani bu kabirlerin herbirisine gelinecek ve yanında toplanılacak belli bir günü vardır. Tıpkı Arafat'a, Müzdelife'ye ve Mina'ya gidilecek senenin belli günlerinin bulunması, bayram günlerinde şehrin namazgahına gidilmesi gibi. Hatta bazan bu gibi toplantılara din ve dünya açısından gösterilen ihtimam bunlardan daha ileri ve daha fazla da olabiliyor. Kimilerine şehirlerden belli ya da belli olmayan vakitlerde yanlarında dua ve orada ibadet etmek üzere yolculuklar yapılır. Tıpkı bu amaçla gidildiği gibi. Böyle bir yolculuğun yasak oluşu hususunda müslümanlar arasında bir görüş ayrılığı olduğunu bilmiyorum.

Kimi kabirlerin yanında haftanın belli gününde toplanmak üzere gidilir.

Özetle bu kabirlerin yanında yapılan işler Rasûlullah (s.a)'ın: "Benim kabrimi bayram yeri edinmeyin" diyerek yasakladığı işlerin ta kendisidir. Belli bir yere, belli bir zamanda gitmeyi ihtiyat haline getirmek -yıllık, aylık ya da haftalık dönümlerde bunu yapmak- bizatihi bayram edinmenin ta kendisidir. Diğer taraftan bu işin küçüğü de, büyüğü de yasaktır. İmam Ahmed'in kabul etmeyip, reddetmekte öne çıktığı husus da budur. O (yani İmam Ahmed) şöyle demektedir: Bu hususta insanlar gerçekten kusurludurlar ve çok aşırıya gitmişlerdir dedikten sonra el-Hüseyn'in kabri yanında yapılan işleri sözkonusu etmektedir. (Daha sonra Şeyhu'l-İslam şunları söylemektedir):

Bunun kapsamına Mısır'da Nefise ve diğerlerinin kabrinin yakınlarında yapılanlar da girer. Irak'ta, Ali (r.a)'ın kabri, Hüseyin'in kabri ya da Huzeyfe b. el-Yeman'ın kabri ve ve ve denilen kabirlerin yanında yapılanlar da bu kapsama dahildir. Ebu Yezid el-Bistami'nin kabri yanında yapılanlar ile İslam dünyasında sayılmaları mümkün olmayacak kadar pekçok kabir yanında yapılanlar da bu türdendir.

Belirli bir zamanda bu kabirlere gitmeyi, belirli bir zamanda bu kabirlerin yanında toplanmayı ihtiyat haline getirmek az önce geçtiği üzere buraları bayram yeri edinmektir. Müslüman ilim ehli arasında bu hususta görüş ayrılığı olduğunu bilmiyorum. Bozuk adetlerin çokluğuna aldanmamak gerekir. Çünkü bu gibi davranışlar Peygamber (s.a)'ın bu ümmet arasında gerçekleşeceğini haber verdiği kitab ehline benzemek kabilindendir. Bunun esası ise bu gibi yerlerde dua etmenin faziletine inanmaktır, yoksa eğer kalblerde böyle bir inanç yer etmemiş olsaydı, bütün bunlar silinir giderdi. Buralara gitmeyi kastetmek beraberinde bu gibi mefsedetleri getirdiğinden ötürü bu kabirlerin yanında namaz kılmak gibi hatta daha da öncelikli olarak haramdır. Böyle bir iş insanları fitneye düşürür, şirkin kapısını açar, imanın kapısını kapatır."

Derim ki öncelikli olarak bunun kapsamına giren hususlardan birisi de bu gün Medine-i Münevvere'de gördüğümüz farz herbir namazın akabinde Peygamber (s.a)'a selam verip, orada ve onun vesilesi ile dua etmek kastı ile gitmektir. Onlar onun huzurunda seslerini öyle bir yükseltirler ki mescid o gürültülerle dolup taşmaktadır. Bilhassa hac mevsiminde bunun yapıldığını görüyoruz. Sanki bu namazın bir sünnetiymiş gibi. Hatta onlar sünnetlere dikkatlerinden daha fazla buna dikkat ediyorlar ve bütün bunlar yöneticilerin gözleri önünde, bilgisi altında gerçekleşmekte, onlardan kimse buna tepki göstermemektedir. İnna lillah ve inna ileyhi raciun. Dinin ve dinin gerçek müntesiblerinin garibliğine gerçekten üzülmek gerekir. Mescid-i Haram'dan sonra, Peygamber (s.a)'ın getirdiği şeriate muhalefetlerden en uzak olması gereken mescid olan Peygamber mescidinde bunlar yapılıyor.

Durum bu şekilde. Bundan önce Şeyhu'l-İslam İbn Teymiye'nin açıklamalarında Peygamber mescidine namaz ve benzeri bir maksatla girdiği takdirde Peygamber efendimizin kabri şerifine selam vermek üzere gitmeye ruhsat verdiklerini nakletmiş bulunuyor. Ancak sanki bu ruhsat bu işin çokça yapılmaması ve tekrarlanmaması kaydı ile kayıtlı gibi görünüyor. Buna delil de bunun akabinde şunları söylemiş olmasıdır: "Her zaman salât ve selam vermek üzere kabrine doğru gitmeye gelince, bildiğim kadarıyla kimse buna ruhsat vermemiştir."

Derim ki Şeyhu'l-İslam'ın kimi ilim adamından naklettiği bu ruhsat ve müsaade belirtilen kayıt ve şarta riayet etmek üzere benimsediğimiz ve kabul ettiğimiz görüştür. Buna göre Medine'de bulunan kimsenin selam vermek üzere zaman zaman kabr-i şerife gitmesi caizdir. Çünkü bu açıkça görüldüğü üzere Peygamberin kabrini bayram yeri edinmek kabilinden bir iş olamaz. Ona ve iki arkadaşına selam vermek genel delillerle meşrudur. Dolayısıyla Peygamber efendimizin kabrinin bayram edinilmesini yasakladı diye bu meşruiyeti mutlak olarak nefyetmek caiz olamaz. Çünkü belirttiğimiz şart gözönünde bulundurulduğu takdirde bu genel deliller ile bu özel hadis birarada mutalaa edilebilir. Seleften herhangi bir kimsenin bu işi yaptığını bilmeyişimiz buna karşı delil olmaz. Çünkü bir şeyin bilinmemesi ilim adamlarının da belirttikleri gibi onun olmadığının bilinmesini gerektirmez. Bu gibi hallerde ise bir işin meşruiyetini tesbit etmek için genel deliller yeterlidir. Elverir ki üzerinde durduğumuz bu hususta onunla taaruz eden bir hali tesbit eden bir delil bulunmasın. Bununla birlikte Şeyhu'l-İslam, el-Kaidetu'l-Celile (s. 80, el-Menar baskısı)'de Nafi'den şöyle dediğini nakletmektedir: İbn Ömer, Peygamber efendimizin kabrine selam veriyordu. Ben onu yüz ya da daha fazla defa görmüşümdür. Kabre gelir, es-selamu ale'n-Nebi es-selamu ala Ebi Bekr es-selamu ala Ebi (Peygamber (s.a) selam olsun, Ebu Bekir'e selam olsun, babama selam olsun) der sonra giderdi. Bunun zahiri o bu işi yolculuk halinde değil, ikamet halinde yaptığını göstermektedir. Çünkü "yüz defa" ifadesi bu rivayeti yolculuk haline yorumlama ihtimalini oldukça uzak kılmaktadır.

11. Kabirlere gitmek üzere yolculuk yapmak:

Bu hususta da birtakım hadis-i şerifler vardır:

Birincisi: Ebu Hureyre'den, Peygamber (s.a) buyurdu ki:

"Şu üç mescid dışında(ki mescidlere yolculuk yapmak için) yükler bağlanmaz: Mescid-i Haram, Rasûlullah (s.a)'ın mescidi ve Mescid-i Aksa"

Bir diğer rivayet şu lafızladır:

"Ancak üç mescide gitmek için yola çıkılır: Kabe mescidi, benim mescidim ve İlya mescidi"

Hadisi Buhari -birinci lafız ile-, Müslim diğer lafız ile Ebu Hureyre'den ikinci bir rivayet yoluyla rivayet etmiştir. Birinci rivayet yoluyla da Sünen sahibleri ve başkaları rivayet etmiştir.

Hadisin Ahmed (II, 501), Darimi (I, 330)'de kaydettikleri üçüncü bir rivayet yolu daha vardır. Ben bu hadisi etraflı bir şekilde es-Semeru'l-Müsteta adlı eserimde tahric etmiş bulunuyorum.

İkincisi: Ebu Said el-Hudri'den dedi ki: Rasûlullah (s.a)'ı şöyle buyururken dinledim:

"Yükler üç mescidden başkası için bağlanmaz. (Bir lafzında: bağlamayınız): Benim bu mescidim, Mescid-i Haram ve Mescid-i Aksa"

Bu hadisi Buhari, Müslim ve başkaları rivayet etmişlerdir. Bu hadisin az önce adını verdiğim eserde kaydettiğim dört rivayet yolu vardır. Diğer lafız Müslim'e aittir.

Dördüncü yolu Şehr b. Havşeb rivayet etmektedir. Ondan da iki kişi rivayet etmiştir:

Bunların birisi Leys b. Ebi Süleym olup, ondan şöyle dediğini zikretmektedir:

"Biz Tur'a gitmek istiyorken Ebu Said ile karşılaştık. O ben Rasûlullah (s.a)'ı şöyle buyururken dinledim dedi: Binekler ile ancak... için yola konulur."

Diğeri Abdu'l-Hamid b. Behram'ın ondan şöyle dediğine dair naklettiği rivayettir:

"Ben Ebu Said el-Hudri'yi -önümde Tur namazı sözkonusu edilmişken- şöyle derken dinledim: Rasûlullah (s.a) buyurdu ki: Mescid-i Haram dışında namaz kılmak isteği ile herhangi bir mescide gitmek üzere bineklere yükün vurulmaması gerekir."

Her ikisini de Ahmed (III, 93, 64)'de rivayet etmiştir.

Şehr zayıf bir ravidir. O: "Namaz kılmak maksadıyla herhangi bir mescide" fazlalığını münferid olarak rivayet etmiştir. Bu ifadeler Ebu Said'den gelen diğer yollarda varid olmadığından ötürü münkerdir. Hatta Leys'in Şehr'den rivayetinde bile bu yoktur. Aynı şekilde diğer hadislerde de varid değildir. Bu diğer hadisler ise sekiz tane olup, bunların çoğunun birden çok rivayet yolu vardır. Ben bunların hepsini es-Semeru'l-Müstetab'da kaydettim. Bu fazlalığın çokluğuna ve geliş yollarının birden çok olmasına rağmen. Hiçbir rivayette varid olmaması bu fazlalığın münker ve batıl oluşunun en büyük delilidir. O halde bu fazlalık Şehr b. Havşeb'in yahutta ondan rivayet eden Abdu'l-Hamid'in yanılmaları arasındadır. Çünkü o da hıfzı kabilinden nisbeten zayıftır. Hafız (İbn Hacer), Şehr'in et-Takrib'deki biyografisini naklederken: "Doğru sözlüdür, fakat yanılmaları pek çoktur" demektedir.

Üçüncü hadis Ebu Basra el-Gıfari'den rivayet edilmiştir. Ebu Hureyre ile bir yerden gelişinde karşılaşmış ona: Nereden geliyorsun diye sormuş, Ebu Hureyre Tur'dan geliyorum, orada namaz kıldım deyince, Ebu Basra ona şöyle demiş: Keşke gitmeden önce seni yetişmiş olsaydım, çünkü ben Rasûlullah (s.a)'ı şöyle buyururken dinledim:

"Üç mescid dışında yükler (herhangi bir mescid için) vurulmaz: Mescid-i Haram, benim bu mescidim ve Mescid-i Aksa"

Hadisi Tayalisi (1348), Ahmed (VI, 6) -anlatım ona ait-'de rivayet etmişlerdir. Senedi sahihtir. Ahmed'in bunu kaydettiği iki yolu daha vardır. Bunlardan birincisinin senedi hasendir, diğerininki sahihtir.

Bu hadisi Malik, Nesai ve Tirmizi -sahih olduğunu belirterek-üçüncü bir yoldan rivayet etmişlerdir. Şu kadar var ki ravilerden birisi hadisin senedinde hata ederek onu Basra b. Ebi Basra'nın Müsned'i olarak değerlendirmiştir. Lafzında da: "Binekler harekete getirilmez" diyerek hata etmiştir.

Bu hadisi Ebu Ya'la, Müsned-u Ebu Hureyre (k. 296/1)'de ondan gelen bir başka rivayet yoluyla zikretmiştir.

Dördüncü hadis Kazaaden dedi ki:

"Ben Tur'a çıkmak istedim. Bunun için İbn Ömer'e sordum. Şöyle dedi: Peygamber (s.a)'ın şöyle buyurduğunu bilmiyor musun?:

"Yükler ancak şu üç mescide (gitmek üzere) vurulur: Mescid-i Haram, Peygamber (s.a) mescidi ve Mescid-i Aksa" Onun için sen Tur'u bırak, ona gitme."

Hadisi el-Ezraki, Ahbar-u Mekke (s. 304)'de ravileri sahih ravileri olan sahih bir senedle rivayet etmiştir.

Bu hadisin (Peygambere ait olan) merfu bölümünü Taberani, el-Mucemu'l-Kebir (13.283)'de bir başka yoldan rivayet etmiş olup, el-Heysemi bunu Mecmau'z-Zevaid (IV, 4)'de kaydetmiş ve ayrıca hadisi "el-Evsat"a da nisbet ettikten sonra: "Ravileri sikadırlar" demiştir.

Aynı şekilde bu hadisi el-Fakihî, Tarih-u Mekke (1207), İbn Mace (1410)'da İbn Amr'dan rivayet etmişlerdir.

Bu hadislerde peygamberlerin ve salihlerin kabirleri gibi mübarek herhangi bir yere yolculuk yapmak haram kılınmaktadır. Her ne kadar bu ifadeler "yükler vurulmaz" şeklinde nefy lafzı ile varid olmuş ise de Hafız (İbn Hacer)'in belirttiği üzere maksat nehydir. Yüce Allah'ın şu buyruğunda olduğu gibi: *"Artık hacda kadına yaklaşmak, günah işlemek, kavga etmek yoktur."* (el-Bakara, 2/197) Bu et-Tıybi'nin de dediği gibi:

"Açıkça nehy ifadesi kullanmaktan daha beliğdir. Sanki şöyle buyurmuş gibidir: Birtakım özelliklere sahib olduklarından ötürü bu yerler dışında ziyaret maksadıyla gitmek hiç de uygun değildir."

Derim ki: Nefyin burada nehy anlamında kullanıldığına şahidlik eden hususlardan birisi de Müslim'in ikinci hadisteki: "Yük vurmayınız" şeklindeki rivayetidir. Daha sonra Hafız şunları söylemektedir:

"Peygamber (s.a)'ın: "Üç mescid dışında" diye buyurması müferrağ bir istisnadır. İfadenin takdiri şöyledir: Yükler (bu üç yer dışında) hiçbir yere gitmek için bağlanmaz. Bunların dışında her yere yolculuğun yasaklanması bu anlamın ayrılmaz bir parçasıdır.

Çünkü müferrağ istisna cümlesinde müstesnami en genel şekliyle takdir edilir. Ancak bununla birlikte burada genel ile özelin kastedilmesi imkanı vardır ki bu özel yer de mesciddir."

Derim ki bu ihtimal zayıftır. Doğrusu birinci takdirdir. Çünkü Ebu Basra ve İbn Ömer hadisleride Tur'a yolculuk yapmanın reddedildiğini görmüştük. İleride buna dair açıklama gelecektir. Daha sonra Hafız şunları söylemektedir:

"Bu hadiste bu mescidlerin fazileti ve diğer mescidlerden farklı bir meziyeti oldukları ifade edilmektedir. Çünkü buraları peygamberlerin tesis ettikleri mescidlerdir. Birincisi insanların kıblesidir ve oraya haccederler. İkincisi bizden önceki ümmetlerin kıblesi idi. Üçüncüsü ise takva esası üzerine kurulmuş bir mesciddir."

İbn Hacer devamla der ki:

"Hayatta ya da ölmüş salihlerin ziyaretine oranın bereketinden istifade etmek kastıyla ve orada namaz kılmak için faziletli yerlere gitmek gibi. Bu üç mescidin dışındaki yerler için yüklerin vurulması hususunda farklı görüşler vardır. Şeyh Ebu Muhammed el-Cuveyni[7] şöyle demektedir: "Hadisin zahiri ile amel ederek onların dışındaki yerlere yük vurmak haramdır." Kadı Hüseyn bunu tercih ettiğine işaret etmiştir. Kadı Iyad ve bir kesim de bu görüştedir. Buna Sünen sahiblerinin rivayet ettikleri Ebu Basra el-Gıfari'nin, Ebu Hureyre'nin Tur dağına çıkmasına karşı çıkarak ona: "Keşke çıkmadan önce seni yetişmiş olsaydım" demiş ve bu hadisi delil göstermiştir. İşte bu onun hadisin umumi manaya göre yorumlanması gerektiği görüşünde olduğunun delilidir. Ebu Hureyre de ona bu hususta muvafakat etmişti. İmamu'l-Harameyn ve diğer Şafiîlerce sahih kabul edilen bunun haram olmadığıdır. Onlar bu hadise birkaç şekilde cevap vermişlerdir:

1. Hadislerden maksad tam ve eksiksiz fazilet ancak yüklerin bu üç mescide gitmek üzere vurulması halinde sözkonusudur. Diğerleri böyle değildir, onlar için yük vurmak sadece caizdir. Çünkü ileride kaydedileceği üzere İmam Ahmed'in zikrettiği bir rivayette hadis: "Bineklerin çalıştırılmaması gerekir..." lafzı iledir. Bu da haram dışındaki hükümler hakkında zahir bir lafızdır.

2. Bir diğer cevaba göre buradaki yasak bu üç mescid dışındaki diğer mescidlerin herhangi birisinde namaz kılmayı adamış kimseler hakkında özeldir. Böyle bir adağın yerine getirilmesi icab etmez. Bu açıklamayı İbn Battal yapmıştır.

---

[7] Adı Abdullah b. Yusuf olup, Şafiîlerin ileri gelen alimlerindendir. İmamu'l-Harameyn Abdu'l-Melik b. Abdullah'ın babası olup, tefsir, fıkıh ve edebiyatta imam idi. 438 yılında vefat etti.

3. Bir diğer cevaba göre maksad sadece mescidlerin hükmünü dile getirmek ve yüklerin orada namaz kılmak maksadı ile bu üç mescidden başka bir mescid için yüklerin bağlanmayacağını anlatmaktır. Salih bir kimseyi yahut bir yakını, bir arkadaşı ziyaret etmek yahut ilim taleb etmek, ticaret ya da gezmek maksadı ile yola gitmek ise bu nehyin kapsamına girmez. İmam Ahmed'in, Şehr b. Havşeb yoluyla naklettiği rivayette bunu desteklemektedir. Şehr dedi ki: Ben Ebu Said'i -huzurumda Tur'da namaz kılmaktan sözedilirken- şöyle derken dinledim: Rasûlullah (s.a) buyurdu ki: "Mescid-i Haram, Mescid-i Aksa ve benim bu mescidim dışında orada namaz kılmak maksadıyla herhangi bir mescide gitmek için bineklere yük vurmamak gerekir." Şehr her ne kadar kısmen zayıf bir ravi ise de hadisleri hasen olan bir ravidir."

Derim ki Hafız -yüce Allah'ın rahmeti üzerine olsun- Şehr hakkında: O hadisi hasen bir ravidir demekle gevşek davranmıştır. Halbuki az önce geçtiği üzere et-Takrib'de: "Yanılmaları çok" bir ravi olduğunu belirtmiştir. Bilindiği gibi bu durumda olan bir kimsenin hadisi zayıftır ve delil gösterilemez. Bizzat Hafız'ın kendisinin Şerhu'n-Nuhbe'de tesbit ettiği gibi.

Diğer taraftan Şehr'in hadisinin hasen olduğunu varsayalım. Onun böyle olabilmesi muhalefet etmemesi halinde sözkonusudur. Eğer Ebu Said'den hadisi rivayet eden ravilerin tamamına ve diğer sahabilerden rivayet eden diğer ravilere muhalefet etmiş ise -az önce açıklandığı üzere- bütün bu muhalif rivayetine rağmen, rivayet ettiği hadis nasıl hasen olabilir? Aksine o böyle bir durumda -herhangi bir şüphe ve tereddüt sözkonusu olmaksızın- hadisi münker olan bir ravi olur.

Buna ek olarak o hadiste "herhangi bir mescide" ifadesini kullanmıştır. Bu ise bizatihi Şehr'in kendisinden de sabit olmamıştır. Bu lafzı ondan Abdu'l-Hamid zikretmiştir. Leys b. Ebi Süleym ondan naklettiği rivayetinde bu lafzı zikretmemektedir. Leys'in kendisinden naklettiği rivayet ise -gördüğümüz gibi- sika ravilerin rivayetlerine muvafakati dolayısıyla daha çok tercih edilir.

Aynı şekilde onun rivayet ettiği hadis üzerinde düşünen bir kimse onun bu hadiste zikrettiği bu fazlalığın batıl olduğuna bir başka delil de bulur. O da şu ifadelerdir: Ebu Said el-Hudri bu hadisi Tur'a gitmesi dolayısıyla Şehr'e karşı delil olarak kullanmıştır. Eğer bu hadiste diğer faziletli yerler arasından hükmü sadece mescidlere tahsis eden bu fazlalık bulunmuş olsaydı Ebu Said (r.a)'ın ona karşı bunu delil göstermesi mümkün olmazdı. Çünkü Tur'da mescid bulunmamaktadır. Tur sadece yüce Allah'ın üzerinde Musa ile konuştuğu mukaddes dağdır. Bu durumda eğer bu hadiste bu fazlalık sabit olmuş olsaydı hadis onu kapsamazdı. Durum bu iken Ebu Said'in bu hadisi delil olarak kullanması Şehr'in ve beraberinde bulunanların susmalarını aklın kabul edemeyeceği bir yanılgısı olurdu.

Bütün bunlar bu fazlalığın batıl olduğunu ve Rasûlullah (s.a)'dan nakledilişinin asılsız olduğunu pekiştirmektedir.

Geçen bu ifadelerden sabit olduğu üzere hadisin hükmünü mescidlere tahsis edecek bir delil bulunmamaktadır. O halde hadisin Ebu Muhammed el-Cüveyni ve onunla beraber anılan diğer kimselerin kabul ettikleri üzere genel çerçevesi ile kalması icab eder, doğru olan budur.

Bizim onların bu hususta verdikleri birinci ve ikinci cevablarına cevap vermemiz gerekmektedir. Bunun için diyoruz ki:

Evvela onların verdikleri bu cevap iki açıdan geçersizdir:

Bir defa onların delil gösterdikleri lafız olan "gerekmez..." lafzı hadiste sabit değildir. Çünkü bunu münferiden sadece Şehr rivayet etmiştir. O da az önce geçtiği üzere zayıf bir ravidir.

İkinci olarak bu lafzın sabit olduğunu kabul edelim. Bunun haram dışındaki hükümleri ifade etmekte zahir bir lafız olduğunu kabul etmiyoruz. Bilakis bunun zıttı doğrudur. Buna dair kitap ve sünnetten deliller pekçoktur. Ben bunların bazılarını zikretmekle yetineceğim:

a- Yüce Allah şöyle buyurmaktadır:*"Derler ki: 'Seni tenzih ederiz. Senden başkalarını veliler edinmek bize gerekmez (yaraşmaz).'"* (el-Furkan, 25/18)

b- Peygamber (s.a) şöyle buyurmaktadır: "Ateşin rabbinden başka bir kimsenin ateş ile azablandırmaması gerekir."

Hadisi Ebu Davud (2675)'de, İbn Mesud'un rivayeti olarak, Darimi (II, 222)'de Ebu Hureyre'nin rivayeti olarak zikretmektedir.

c- "Sıddiyk bir kimsenin çok lanet eden birisi olmaması gerekir."

Hadisi Müslim rivayet etmiştir.

d- Muhammed'in aile halkına sadaka gerekmez (verilmez).

Müslim rivayet etmiştir.

e- "Hiçbir kulun kendisinin Mettan'ın oğlu Yunus'dan hayırlı olduğunu söylememesi gerekir."

Hadisi Buhari ve Müslim, İbn Abbas'dan, yine Buhari ve Müslim, Ebu Hureyre'den, sadece Buhari, İbn Mesud'dan buna yakın ifadelerle rivayet etmişlerdir.

Üçüncü olarak bu ifadenin haram dışındaki hükümler hakkında zahir olduğunu kabul edelim. Bu mekruhluğa delalet eder. Onlar ise mekruh olduğunu kabul etmemektedirler. Çünkü Nevevi'nin Müslim şerhinde şöyle denilmektedir:

"Bizim mezheb alimlerimizce sahih kabul edilen onun haram da, mekruh da olmadığıdır."

Fakat hadis durum ne olursa olsun onların aleyhine bir delildir.

2. Bu cevap da kendisinden önceki gibi muteber bir cevap değildir. Çünkü böyle bir tahsisin varlığına dair bir delil yoktur. Bu cevablarına cevabımız şudur: İfadenin umumu üzere kaldığını kabul etmek gerekir. Özellikle hadisi rivayet eden Ebu Basra, Ebu Hureyre, İbn Ömer ve Ebu Said -bu hadisin ondan geldiği sahih ise- diye hadisi rivayet eden sahabilerin anlamaları ile bu umum daha bir pekişmektedir. Çünkü onların hepsi Tur dağına yolculuk yapmanın men olunduğuna delil göstermişlerdir. Bu hadisle neyin murad edildiğini başkalarından onlar daha iyi bilir. Bundan dolayı San'anî, Subulu's-Selam (II, 251)'de şunları söylemektedir:

"Cumhur bunun haram olmadığı kanaatinde olup, delil olmaya elverişli olmayan şeyleri delil göstermişler. Bu husustaki hadisleri uzak ihtimallerle yorumlamışlardır. Oysa delilin ifade ettiği hükme muhalif delil bulunmadıkça tevile gitmemek gerekir."

Fethu'l-Allam (I, 310)'de bunun akabinde şunları eklemektedir:

"Ortada ise delil yoktur. Peygamber (s.a)'ı ziyareti teşvike ve onun faziletine dair hadis-i şeriflerde oraya yük vurmayı emreden bir ifade yoktur. Üstelik bütün bu hadisler ya zayıf veya mevzudur. Bunlardan hiçbirisi delil gösterilmeye elverişli değildir. İnsanların çoğunluğu ziyaret meselesi ile oraya yolculuk yapmak meselesi arasındaki farkı farkedememiş, bundan dolayı bu husustaki hadisleri bunu gerektirecek herhangi bir delil bulunmadan mantukunun (lafzından anlaşılan) açık mananın dışında yorumlarla yorumlamışlardır."

Derim ki burada kendisine işaret ettiği yanılgı sebebiyle Şeyh es-Subki -Allah bizleri de, onu da affetsin- Şeyhu'l-İslam İbn Teymiye'yi Peygamber (s.a)'ın kabrini -yük vurmadan dahi olsa- ziyaret etmeyi inkar etmekle itham etmiştir. Halbuki o bunu kabul edenler arasındadır. Bunun faziletini ve adabını zikredenlerdendir. O bu hususu güzel ve hoş kitablarından birden çok yerde zikretmiş bulunmaktadır.[8]

Bu hakikati açıklığa kavuşturmayı ve es-Sübki'nin bu ithamını reddetmeyi büyük ilim adamı Hafız Muhammed b. Abdu'l-Hadi "es-Sarimu'l-Munki fi Reddi ale's-Sübki" adını verdiği büyükçe bir eserinde üzerine almış bulunmaktadır. Bu eserinde İbn Teymiye'den oraya yolculuk etmeksizin ziyaretin caiz oluşu hususunda pekçok nasslar zikrettiği gibi faziletine dair pekçok hadisleri de irad etmiş, hadisler hakkında etraflı bir şekilde açıklamalarda bulunmuş, hadislerde bulunan zayıf noktalara ve uydurma olanlarına dair açıklamalar yapmıştır. O kitabta fıkha, hadise ve tarihe dair daha pekçok faydalı bilgiler de vardır. İlim taleb eden herbir kimsenin onları öğrenmek için çalışması değer doğrusu.

---

[8] Mecmuatu'r-Resail el-Kübra'da yer alan Menasiku'l-Hac (III, 390) kitabı gibi.

Diğer taraftan sağlıklı bir düşünme hadisi umumu üzere kabul edenlerin görüşlerinin doğruluğuna hüküm verir. Çünkü hadis lafzıyla üç mescidin dışındaki bir mescide yolculuk yapmayı yasaklıyor ise bununla birlikte ibadet hangi mescidde olursa olsun mescidde yapıldığı takdirde daha faziletlidir. Peygamber (s.a): "Yerlerin Allah tarafıdan en çok sevilenleri mescidlerdir."[9] diye buyurmuştur. İsterse bu mescid takva üzere tesis edilmiş bulunan Kuba mescidi olsun. O mescid hakkında da Rasûlullah (s.a): "Kuba mescidinde namaz bir umre gibidir."[10] diye buyurmuştur. Durum böyle olsa bile hadisin bunların dışında bulunan yerlere yolculuk yapılmasını engellemesi daha önceliklidir ve daha uygundur. Bilhassa gidilmek istenen yer bir peygamberin yahut salih bir kimsenin kabri üzerinde bina edilmiş bir mescide gidip, orada namaz kılmak ve onun yakınında ibadet etmek ise... Bu yapanın lanetlendiğini de öğrenmiş bulunuyoruz. Bütün bunlarla birlikte hikmeti sonsuz şeriat koyucunun böyle bir yere yolculuk yapılmasına müsade ederken Kuba mescidine yolculuk yapılmasını engellemesini akıl kabul edebilir mi?

Özetle Şafiî mezhebine mensub Ebu Muhammed el-Cuveyni'nin ve başkalarının üç mescidin dışındaki faziletli herhangi bir yere yolculuk yapılmasını haram kabul etmeleri kabul edilmesi gereken görüştür. Şüphe yok ki anlayışta bağımsızlıkla Allah ve Rasûlünden gelenleri derinlemesine fıkhetmekle tanınan Şeyhu'l-İslam İbn Teymiye ve İbnu'l-Kayyim gibi muhakkık alimlerin büyükleri bu görüşü tercih etmişlerdir. Onların bu önemli meselede oldukça faydalı ve pekçok araştırmaları vardır. Bu faziletli kişilerden birisi de Şeyh Veliyullah ed-Dıhlevi'dir. Bu hususta Huccetu'l-Baliğa (I, 192)'de yaptığı açıklamaların bir kısmı şöyledir:

"Cahiliye dönemi insanları kendi görüşlerine göre tazim edildiği kabul edilen birtakım yerlere ziyaretler yapar ve bundan bereket elde edeceklerini ümit ediyorlardı. Bu yaptıklarındaki tahrif ve fesad açıkça ortadadır. Peygamber (s.a) ibadet şiarları olmayan işlerin ibadet şiarlarına katılmaması için böyle fesada götüren yolları kapatmıştır. Böylelikle Allah'tan başkasına ibadete giden yolu tıkamış olmaktadır. Bana göre hakikat şudur: Kabir ve yüce Allah'ın velilerinden herhangi birisinin ibadet yeri ile Tur bu husustaki yasak bakımından birbirine eşittir."

Bu açıklamaların sonunda dikkat çekmemiz güzel olacak bir nokta şudur: Ticaret ve ilim talebi için yolculuk yapmak bu yasağın kapsamına girmez. Çünkü yolculuk burada böyle bir ihtiyacı elde etmek için yapılmaktadır. O yerin herhangi bir özelliği dolayısıyla değil. Aynı şekilde Allah için, kardeş bilinen bir kimseyi ziyaret etmek

---

[9] Bk. Sahihu't-Terğib (322) ile el-Mişkat (696)
[10] Bk. Sahih-u İbn Mace (1411)

için yolculuk yapmak da böyledir. Şeyhu'l-İslam İbn Teymiye'nin fetvalarında (II, 186) belirttiği gibi burada maksat o kardeşin ziyaretidir.

12. Kabirlerin yanında kandiller (ve mumlar) yakmak:

Buna çeşitli deliller vardır:

1. Herşeyden önce bu sonradan ortaya çıkarılmış bir bid'at olup, selef-i salih tarafından bilinmeyen bir husustur. Peygamber (s.a) da şöyle buyurmuştur: "Her bir bid'at bir sapıklıktır. Her sapıklıkta cehennem ateşindedir." Hadisi Nesai ve İbn Huzeyme Sahih'inde sahih bir senedle rivayet etmişlerdir.

2. Böyle bir işle boşuboşuna mal kaybedilmiş olur. Bu da daha önce 42. meselede geçtiği üzere açık nass ile yasaklanmış bir husustur.

3. Bu hareket ile ateşe tapan mecusilere benzeme sözkonusudur. Fakih İbn Hacer el-Heytemi, ez-Zevacir (I, 134) adlı eserinde şunları söylemektedir:

"Mezhebimize mensub ilim adamları az dahi olsa kabir üzerinde kandil (ve mum) yakmanın haram olduğunu açıkça ifade etmişlerdir. Çünkü bununla ne orada kalan birisinin istifadesi sözkonusudur, ne de ziyaret edenin buna illet olarak da israf ve malı zayi etmeyi mecusilere de benzemeyi göstermişlerdir. Bu bakımdan böyle bir işin kebire (büyük bir günah) olması uzak bir ihtimal değildir."

Derim ki bu hususta varid olmuş bir delil olmakla birlikte bizim kaydettiğimiz birinci delili sözünü ettiğimiz gerekçelerle birlikte zikretmemiştir. Hatta bizim bu zikrettiğimiz birinci delil bu hustaki delillerin en güçlüleridir. Çünkü kabirler üzerine kandil yakan kimseler bu davranışlarıyla yüce Allah'a -kendi iddialarına göre- yakınlaşmayı gözetiyorlar. Onlar bu halleriyle kalan birisinin yahutta ziyaret eden birisinin aydınlanmasını kastetmiyorlar. Buna delil ise güneş günün ortasında parıldamakta iken yine de bunları yakmalarıdır. O halde bu, bundan dolayı sapık bir bid'attir.

Eğer: Niçin Sünen sahiblerinin ve başkalarının İbn Abbas'tan rivayet ettikleri: "Allah kabirleri ziyaret eden kadınlar ile kabirler üzerinde mescidler edinen ve kandiller yakanlara lanet eylesin." şeklindeki meşhur hadisi delil olarak göstermiyorsun diye sorulursa;

Buna cevabım şudur: Bu hadis meşhur olmakla birlikte senedi itibariyle zayıftır, delil olmaya elverişli değildir. Her ne kadar çoğu musannıf bu hususta bu hadisi zikretmiş ve hadisin illeti hakkında söz söylemiş ise de bu böyledir. Nitekim İbn Hacer, ez-Zevacir adlı eserinde ondan önce büyük ilim adamı İbnu'l-Kayyim, Zadu'l-Mead adlı eserinde böyle davranmışlar ve selefilerle hadis ehlinin çoğunluğu buna aldanarak kitablarında, risalelerinde, konferanslarında bunu delil diye ileri sürmüşlerdir.

Ben daha önce İbnu'l-Kayyim'in bundan dolayı daha önce kitabına yazdığım bir talikte eleştirmiş ve hadisin illetini orada genişçe açıklamıştım. Sonra bunu Silsiletu'l-Ahadiysi'd-Daife (no: 223) adlı eserimde tekrarlamıştım. Daha sonraları İbnu'l-Kayyim'in Tehzibu's-Sünen (IV, 342)'de Abdu'l-Hak el-Eşbili'den naklen hadisin senedinde el-Kelbi'nin arkadaşı Bazam'ın bulunduğunu naklettiğini ve hadis alimlerince onun oldukça zayıf kabul edildiğine dair nakli aktardığını ve İbnu'l-Kayyim'in de bunu öylece kabul ettiğini gördüm. Verdiği başarı dolayısıyla yüce Allah'a hamdederim.

Hadisin birinci cümlesi sahihtir ve onun birisi Ebu Hureyre, diğeri Hassan b. Sabit'ten olmak üzere iki şahidi vardır ve bunları ben 119. meselede kaydetmiş bulunuyorum.

İkinci cümlesi de yine mana itibariyle sahih ve mütevatirdir. Ben bu bölümde kabirlere doğru namaz kılmak diye zikrettiğim 7. başlıkta buna tanıklık eden yedi hadis zikretmiş bulunuyorum.

13. Kabirlerdeki kemikleri kırmak:

Buna delil Peygamber (s.a)'ın şu buyruğudur:

"Mü'minin öldükten sonra kemiğini kırmak hiç şüphesiz hayatta iken onu kırmak gibidir."

Hadisi Buhari (I, 1/150), Ebu Davud (II, 69), İbn Mace (I, 492), Tahavi, Müşkilu'l-Asar (II, 108), İbn Hibban, Sahih (no: 776, mevarid), İbnu'l-Carut, el-Munteka (s. 551), İbn Sad, Tabakat (VIII, 481), Temmam, el-Fevaid (k. 253/1), Hennad, Zühd (II, 561/1169), Darakudni, Sünen (367), Beyhaki (IV, 58), Ahmed (VI, 58, 105, 168, 200, 264) -lafız da ona ait-, Ebu Nuaym, el-Hilye (VII, 95), Hatib, Tarih-u Bağdad (XII, 106, XIII, 120), Amra'dan o Aişe'den değişik yollarla rivayet etmiştir.

Derim ki hadisin bazı rivayet yolları Müslim'in şartına göre sahihtir. Nevevi, el-Mecmu (V, 300)'de kavi olduğunu belirtirken, el-Mirkad (II, 380)'de belirtildiği üzere İbnu'l-Kattan: "Senedi hasendir" demiştir.

Hadisin Aişe (r.anha)'dan gelen başka iki yolu daha vardır.

Birinci yol Ahmed (VI, 100)'dedir.

Diğeri ise Darakudni (367)'de yer almaktadır.

Bu hadisin Um Seleme'den gelen bir şahidi de bulunmaktadır: Bunu İbn Mace[11] rivayet etmiş ve sonunda:

"...Günah bakımından" lafızlarını da fazladan zikretmiştir.

Fakat isnadı zayıftır. Bu hadis Darakudni'nin rivayetinde birinci vecihin bazı rivayet yollarında birinci hadiste yer almaktadır fakat göründüğü kadarıyla bu lafız hadise sonradan eklenmiş (müdrec)dir.

---

[11] el-İmam adlı eserde Müslim tarafından rivayet edildiği belirtilmekte ise de Feydu'l-Kadir'de olduğu gibi bu reddolunmuştur. el-İmam ise İbn Dakiku'l-Iyd'in ahkama dair gerçekten büyük bir kitabıdır. Zehebi şöyle demiştir: "Eğer tamamlanmış ve temize çekilmiş olsaydı, onbeş ciltlik bir eser olacaktı."

Çünkü Darakudni'nin kaydettiği bir başka rivayette şu lafız yer almaktadır:

"... Günah bakımından (öyle olduğunu) kastetmektedir."

İşte bu, bu fazlalığın hadisten olmayıp, aksine ravilerden birisinin yaptığı bir açıklama olduğu hususunu açıkça ortaya koymaktadır. Ayrıca bunu Ahmed'in şu lafızla yaptığı rivayet de desteklemektedir:

"Dedi ki: Günah itibariyle böyle olduğu görüşündedirler. Abdu'r-Rezzak dedi ki: Sanırım bu Davud'un sözüdür."

Derim ki kastettiği Davud b. Kays'dır. Bu da bu hadiste Abdu'r-Rezzak'ın hadisi kendisiden aldığı şahıstır.

Göründüğü kadarıyla bu açıklama hadisin maksadını da ortaya koymaktadır. İmam Tahavi de bunu kesin olarak böylece ifade etmiş ve bu hususta Müşkilu'l-Asar adlı eserinde ona dair özel bir bab açmıştır, dileyen oraya bakabilir.

Hadis-i şerif mü'min ölünün kemiklerini kırmanın haram olduğuna delildir. Bundan ötürü Hambeli mezhebine ait kitablarda şu ifadeler yer almaktadır: "Ölenin azalarından herhangi birisini koparmak, bedenini telef etmek ve yakmak -bunu vasiyet etmiş olsa dahi- haramdır."

Keşşafu'l-Kına (II, 127) adlı eserde de böyledir. Diğer mezheblerde de buna yakın ifadeler vardır. Hatta fakih İbn Hacer (el-Heytemi), ez-Zevacir (I, 134)'de bu işin büyük günahlardan olduğunu ifade etmiş ve şöyle demiştir:

"Çünkü bildiğimiz hadislerde belirtildiğine göre bu hayatta olanın kemiğini kırmak gibidir."

Hambeliler bu hususta ileriye giderek el-Keşşaf (II, 130)'da belirtildiği üzere şöyle diyecek noktaya kadar işi götürmüşlerdir:

"Şâyet hamile karnında yaşaması ümid edilen bir cenin bulunduğu halde ölürse yavruyu kurtarmak için karnını yarmak haramdır. Kadın müslüman ya da zımmi olsun farketmez. Çünkü böyle yapılacak olursa muhtemel bir hayatı sağ bırakmak için kesin bir haram çiğnenmiş olur. Çünkü çoğunlukla ve açıkça görülen çocuğun yaşamayacağıdır. Ahmed buna Ebu Davud'un rivayet ettiği Aişe'den gelen rivayeti delil göstermektedir..."

Derim ki sonra bu husustaki hadisi zikretmektedir. Ebu Davud'un el-Mesail (s. 150)'deki ifadesi de şöyledir:

"Ben Ahmed'e karnında hareket etmekte olan bir çocuk bulunduğu halde ölen kadının karnı kesilip açılır mı diye sorulduğunu, onun hayır ölenin kemiğini kırmak hayatta iken onun kemiğini kırmak gibidir diye cevap verdiğini dinledim."

Seyyid Muhammed Reşid Rıza bunun ile ilgili olarak şu açıklamayı eklemektedir:

"Bu hadisi annesinin karnında canlı olan cenini kesinlikle ölmeye bırakmanın lehine delil olarak göstermek iki bakımdan garip kaçmaktadır:

Bir defa annenin karnını yarmak ölmüşün kemiğini kırmak gibi bir özellik taşımıyor.

İkinci olarak ceninin eğer hilkati tam olup, annesinin karnı açılarak çıkartılacak olursa, defalarca görüldüğü gibi yaşayabilir. İşte burada ceninin hayatını kurtarıp, muhafaza etmek ile karnını yarmak, kemiği kırmak gibi olduğunu kabul edip annesinin dokunulmazlığını muhafaza etmek isteği çatışmaktadır. Şüphesiz ki birincisi daha çok tercih edilir. Üstelik böyle bir sebeb dolayısıyla annenin karnını yarmak hiçbir zaman ölüye hakaret etmek sayılmamalıdır. Bütün insanların örfünden açıkça anlaşıldığı üzere bu böyledir. O halde doğrusu çıkarıldıktan sonra hayatta kalacağının tabib tarafından tercih edilmesi halinde annenin karnını yarmanın vacib olduğunu kabul edenlerin görüşüdür. Bazı fakihler de bunu açıkça ifade etmiştir."

Menaru's-Sebil (I, 178)'de şöyle demektedir:

"Eğer çocuğun bir kısmı canlı olarak çıkacak olursa geri kalan kısmı için annenin karnı yarılır. Çünkü önceleri hayatta kalması muhtemel iken artık hayatta olduğu kesin olarak bilinmiş olmaktadır."

Derim ki: Seyyidim (Reşid Rıza rahimehullahın) tercih ettiği görüş Şafiîlerce daha sahih kabul edilen görüştür. Nitekim Nevevi (V, 301)'de böyle demiş ve ayrıca bunu Ebu Hanife ile fakihlerin çoğunluğunun görüşü olduğunu belirtmiştir. Aynı zamanda bu İbn Hazm'ın (V, 166-167) kabul ettiği görüştür. Yüce Allah'ın izniyle hak olan da budur.

Az önce kaydedilen hadisten iki husus anlaşılmaktadır:

Birinci husus: Müslümanın kabrini açmak haramdır. Çünkü böyle bir davranış ile onun kemikleri kırılmaya maruz bırakılır. Bundan dolayı seleften bazı kimseler çokça defin yapılan bir kabristanda kendilerine mezar açılmasından çekinirlerdi. İmam Şafiî el-Umm (I, 245)'de şunları söylemektedir:

"Bize Malik, Hişam b. Urve'den haber verdi. O babasından şöyle dediğini rivayet etti: Baki'de defnedilmek hoşuma gitmez. Başka yerde defnedilmeyi daha çok severim. Çünkü (Baki'de gömülü olanlar) iki kişiden birisidir. Ya zalimdir, ben böyle birisine komşu olmak istemem. Ya salihtir, kemiklerin üzerinin eşilmesini istemem. (Urve) dedi ki: Bir ölünün kabirleri çıkartılacak olursa, tekrar yerine koyulup defnedilmeleri hoşuma gider."

Nevevi, el-Mecmu (V, 303)'de özetle şunları söylemektedir:

"Ashabın (mezhebimize mensub ilim adamlarının) ittifakı ile şer'î bir sebeb olmadıkça kabrin açılması caiz değildir. Daha önce (109. meselede) geçtiği üzere belirtilen sebebler kabilinden şer'î bir sebeble açılabilir. Bu açıklamaların özeti şudur: "Bir ölü çürüyüp, toprak olduğu takdirde kabrin açılması caizdir. O vakit o kabirde başkasının defnedilmesi de caiz olur. Böyle bir yerin ekilmesi, üzerine bina yapılması da diğer yararlanma ve tasarruf yollarıyla kullanılması da mezheb alimlerimizin ittifakı ile caizdir. Bütün bunlar eğer ölenden kemik vb. herhangi bir eser kalmamış olması şartına bağlıdır. Bu ise bölgeler ve toprakların farklılığına göre farklılık arzeder. Bu hususta orayı bilenlerin görüşlerine itibar edilir."

Derim ki buradan şunu öğreniyoruz ki müslümanların başlarındaki bazı yönetimler İslamî birtakım kabristanları şehir düzenlemeleri için ortadan kaldırmakta, bu kabirleri açmakta, bunların saygınlıklarına herhangi bir şekilde aldırılmamakta ya da bunların çiğnenmelerinin, kemiklerinin kırılmalarının ve benzeri işler yapmanın yasaklığına hiç önem vermemektedirler.

Herhangi bir kimse böyle bir düzenlemenin bu kabilden şer'î hükümlere muhalif hareketleri mazur gösterebileceğini zannetmesin kesinlikle böyle olmaz. Çünkü bu gibi işler zaruri işlerden değildir. Bunlar benzeri gerekçelerle ölülerin haklarına tecavüz etmeyi gerektirmeyen şartları daha bir mükemmelleştirici davranışlardandır. Hayatta olanların ölmüşlerine herhangi bir eziyet vermeden işlerini düzenlemek görevleri vardır.

Dikkat çeken hususlardan birisi de şudur: Bu gibi yönetimler bazı ölülerin başına dikilmiş, taşlara ve üzerlerinde yapılmış yapılara bizzat ölülerin kendilerinden daha çok saygı göstermektedirler. Açılmak istenen, düzenlenmek istenen yolda bu kabilden kubbeler, kiliseler ya da benzerleri şeyler çıkacak olursa bu yönetimler bunları oldukları halde bırakırlar ve bunların hatırı için bunlara dokunmamak amacıyla düzenleme planlarını düzeltirler. Çünkü onlar bunları eski eserlerden kabul ediyorlar.

Bizatihi ölenlerin kabirleri ise onlara göre böyle bir düzenleme yapmayı haketmezler. Aksine hatta bu yönetimlerin kimisi bildiğimiz kadarıyla -kabirleri şehrin dışına taşıyıp- eski kabristanlarda defin yapmasını engellemeye çalışmaktadırlar. Bu da bana göre bir başka muhalefettir. Çünkü böyle bir hareket müslümanların kabirleri ziyaret etme sünnetini yerine getirmelerine fırsat vermez. Çünkü genel olarak bütün insanların kabirlere varmak, oraları ziyaret edip onlara dua etmek için uzak mesafeleri katetmek kolay bir iş değildir.

İnancıma göre bu kabilden muhalif davranışlara iten materyalist kâfir Avrupa'yı körü körüne taklit etmektir. O Avrupa ki ahirete imanı ve ahireti hatırlatan herbir eseri, manzarayı ortadan kaldırmak ister. Yoksa mesele ileri sürdükleri gibi sağlık kaidelerine riayet etmek değildir. Eğer bu doğru olsaydı, aklı başında herhangi bir kimsenin zararlı olduğunda şüphe etmediği birtakım alanlarda gerekli mücadeleyi vermekte gecikmezlerdi. İçkilerin satılması, içilmesi, çeşitli şekil ve isimleriyle fısk ve fücur bunlara örnektir. Onların açıkça mefsedet oldukları bilinen bu hususların sonunu getirmeyi önemsemeyişleri, buna karşılık ahireti hatırlatan herbir şeyi ortadan kaldırmaya ve ahireti gözlerinden uzaklaştırmak için çalışmaları hiç şüphesiz asıl maksatlarını i'lan edip ileri sürdüklerinden farklı olduğunun en büyük delilidir. Kalblerinde gizledikleri çok daha büyüktür.

Hadisten anlaşılan ikinci husus şudur: Mü'min olmayanların kemiklerinin saygınlığı yoktur. Çünkü hadis-i şerifteki: "Mü'minin kemiği" ifadesinde kemiğin mü'mine izafe edildiğini görüyoruz. Bu kâfirin kemiğinin böyle olmadığını ifade eder. İşte bu hususa Hafız İbn Hacer, Fethu'l-Bari'de şu sözleriyle işaret etmektedir:

"Bundan anlaşıldığına göre mü'minin ölümden sonraki saygınlığı hayatında olduğu gibi kalmaya devam eder."[12] (Dizgici notu: 12 nolu dipnot söylendiği halde karşılığı okunmamıştır ve dipnotlarda bir atlama görünmektedir. Metinden bakılarak düzeltilmesi)

Böylelikle tıp fakültelerinde çoğu öğrencinin sordukları şu sorunun cevabı da ortaya çıkmaktadır. Sözkonusu soru şu: Tetkik etmek ve üzerinde birtakım tıbbi araştırmalar yapmak üzere kemiklerin kırılması caiz midir? Cevap: Mü'minin kemiklerine bu işleri uygulamak caiz değildir. Diğerlerine bu uygulanabilir. Bu hususu bundan sonraki meseledeki bilgiler desteklemektedir:

126. Kâfirlerin kabirlerini açmak caizdir. Çünkü bundan önceki hadisin mefhumunun delalet ettiği üzere kâfirlerin kemiklerinin saygınlığı yoktur. Enes b. Malik (r.a)'ın rivayet ettiği şu hadis de buna tanıklık etmektedir:

"Peygamber (s.a) Medine'ye geldi. Medine'nin üst taraflarında Avf b. Amr oğulları diye bilinen bir aşiret arasında kaldı. Aralarında onyedi gün ikamet etti. Sonra Neccar oğullarına haber gönderdi. Kılıçlarını kuşanarak geldiler. Sanki Peygamber (s.a)'ı bineği üzerinde, Ebu Bekir'i de arkasında görüyor gibiyim. Neccar oğullarından gelenler etrafını doldurdular. Nihayet Ebu Eyyub'un (evinin önündeki) düzlüğüne geldi. O namaz vakti nerede girerse, orada namaz kılmayı severdi. Koyun ağıllarında namaz kılardı. Mescidin bina edilmesini emretmişti. Neccar oğullarından birtakım kimselere haber göndererek şöyle dedi: Ey Neccar oğulları şu bahçenizi bana değeri neyse ona satınız. Onlar Allah'a yemin ederiz hayır. Biz onun bedelini Allah'tan başkasından istemeyiz dediler. (Enes b. Malik) dedi ki: O bahçede müşriklerin kabirleri, birtakım yıkık yerler ve hurma ağaçları vardı. Peygamber (s.a)'ın emri üzerine müşriklerin kabirleri açıldı, harabe yerler düzeltildi, hurma ağaçları

12

da kesildi. Hurma ağaçlarını mescidin kıble tarafına dizdiler. Her iki tarafını da taşla bina ettiler. Kaya parçalarını taşırken recez söylüyorlar. Peygamber de onlarla birlikte taşıyor ve bu arada şunları söylüyordu. [Kerpiçleri taşırken diyordu ki:

"Bu taşıdığımız yükler Hayber yükleri değil,
Bununla Rabbimize itaat ediyor ve bu daha temizdir.]
Allah'ım ahiretteki hayırdan başka hayır yoktur
Ensara ve muhacirlere mağfiret buyur."

Aişe (r.anha)'ın bir rivayetinde de şöyle denilmektedir:
"Allah'ım ecir dediğin ahiret ecridir.
Ensara ve muhacirlere merhamet buyur."

Hadisi Buhari, Müslim ve başkaları Enes yoluyla rivayet etmişlerdir, anlatım da ona aittir. Buhari de Aişe (r.anha)'dan rivayet etmiştir. Köşeli parantez arasındaki ifadeler onun rivayetindendir. Ben bu iki hadisin de yer aldığı kaynakları es-Semeru'l-Müstetab adlı eserinde göstermiş bulunuyorum.

Hafız (İbn Hacer), Fethu'l-Bari'de şunları söylemektedir:

"Hadiste hibe ve alış yoluyla mülk edinilen kabristanda tasarrufun caiz olduğu, aynı şekilde eğer saygı duyulması gereken kabirlerden değilse izleri, eserleri kalmamış kabirlerin açılmasının caiz olduğu, açılıp eşildikten ve içlerindekiler çıkartıldıktan sonra müşriklerin kabristanında namaz kılmanın ayrıca onların kabirlerinin yerine mescid bina etmenin caiz olduğu anlaşılmaktadır."

Bunlar şanı yüce Allah'ın "cenazelere dair hükümler" ile ilgili olarak derleyip, toplamaya yüce Allah'ın tevfik ihsan ettiği bilgilerdir. Allah'ım seni hertürlü eksiklikten tenzih eder. Sana hamdederiz. Senden başka hiçbir ilah olmadığına şehadet ederim. Senden mağfiret diler, sana tevbe ederim."

Dımaşk, 1/7/1373

Müsveddenin temize çekilme işi 19/4/1382 pazar öğle vakti tamamlandı. Alemlerin Rabbi olan Allah'a hamdolsun.

CENAZELER İLE İLGİLİ BİD'ATLER

Kitabın sağlayacağı faydaları daha da mükemmelleştirmek maksadıyla cenazeler ile ilgili bid'atlere dair özel bir bölümü eklemeyi uygun gördüm. Böylelikle müslüman bu bid'atlere karşı uyanık ve tedbirli olur, amelini sadece sünnete uygun bir şekilde yapma imkanını elde eder. Hikmet sahibi şair şöyle demiştir:

"Şerli tanıdım şer için değil
Fakat ondan sakınayım diye
Her kim hayrı ayırdedemez ise şerden

Şerre düşer."

Huzeyfe b. el-Yeman da rivayet ettiği hadiste şöyle demektedir:

"İnsanlar Rasûlullah (s.a)'a hayra dair soru sorarlardı. Ben de ona beni yetişir korkusuyla şerre dair soru sorardım." Hadisi Buhari (XIII, 29) ve Müslim (1847)'de rivayet etmişlerdir.

Şâyet değindiğim bu bölümün gerekli bilgileri yanımda hazır bulunmamış olsaydı, şu an için bunları biraraya getirip, bu kitaba eklemeye zaman bulamazdım. Ancak bu bilgiler yanımda hazır bulunmaktadır. Bunlar esasen bir seneden daha fazla bir süredir adeta bir çeşit ansiklopedi olmaya elverişli türlü dini bid'atleri toplayan kapsamlı bir kitap telif etmek için bu bid'atleri toplamaya çalıştığım geniş bir bilgi malzemesinin bir parçasını teşkil etmektedir. Bu bilgileri onlarca kitabtan çıkardım. Geriye sadece birkaç kitap daha okumam gerekiyordu. Bundan sonra bu bid'atleri güzel bir şekilde biraraya getirip, telif etmeye kendimi vermekten başka birşey kalmamıştı. Fakat bunu yapabilme imkanını elde edemedim. Bu vesile ile fırsatı değerlendirmeye çalıştım, bu hususta bendeki birikmiş bilgilerden sözü geçen bu bölümü çıkardım. Görüleceği üzere aslının olmasını düşündüğüm sıralamaya göre tertib ettim. Ben bid'ati naklettiğim kitabtan ya aynen lafızlarıyla ya da manasıyla aktaracağım. Hemen akabinde bu kitabın cilt ve sahifesini göstereceğim. Şâyet bid'atin akabinde herhangi bir referans göstermemişsem bu o bid'ati kendimin tesbit ettiğine ve bildiğim kadarıyla onun bid'atlerden olduğuna bir işarettir. Bu bölümün ya da kitabın oldukça geniş malzemesine oranla bunlar oldukça azdır.

Bu bid'atleri sıralamaya geçmeden önce kitabın aslına uyarak bu bölümün üzerinde yükseldiği temel ve kuralları zikretmemiz gerekmektedir.

Şari tarafından sapıklık olduğu açıkça belirtilen bid'at şudur:

a- Sünnet ile çatışan her türlü söz, fiil ya da inançtır. İsterse bunlar sözüm ona içtihad neticesi elde edilmiş olsunlar.

b- Rasûlullah (s.a) o işi nehyetmişken onunla yüce Allah'a yaklaşmaya kalkışılan herbir iş.

c- Ancak nass ya da peygamberin verdiği haber ile teşri edilmesine imkan bulunmakla birlikte hakkında nass bulunmayan herbir iş bir bid'attir. Bundan sahabenin yapıp da tekrar tekrar işlediği ve diğer ashabın tepki göstermediği işler müstesnadır.

e- Kâfirlerin geleneklerinden olup ibadete eklenen şeyler.

f- Bilhassa müteahhir alimlerden bazılarının herhangi bir delil bulunmadan müstehab olduğunu belirttikleri işler.

g- Keyfiyeti ancak zayıf ya da uydurma bir hadis ile gösterilmiş herbir ibadet.

h- İbadette (şeriatın çizdiği sınırları aşarak) aşırıya kaçmak.

i- Şari tarafından mutlak bırakıldığı halde insanların zaman, mekan, nitelik ya da sayı gibi birtakım kayıtlarla kayıtladığı herbir ibadet.

Bu esaslar ile ilgili geniş açıklamalar yüce Allah'ın izniyle sözünü ettiğimiz bağımsız kitabtır. Şimdi bu konu ile ilgili maksadımıza geçiyor ve diyoruz ki:

ÖLÜMDEN ÖNCEKİ BİD'ATLER

1. Bazılarının şeytanların ölüm döşeğinde bulunan kimseye anne ve babası şeklinde yahudi ve hristiyan birisi kılığıyla gelip, ona onu saptırmak için herbir dine girmesini teklif ettiğine inanmak. (İbn Hacer el-Heytemi el-Fetava el-Hadisiyye adlı eserinde Suyuti'den: "Böyle bir rivayet varid olmamıştır." dediğini nakletmektedir.)

2. Ölümü yaklaşmış kimsenin başı ucuna mushaf koymak.

3. Ölüye peygamberi ve ehl-i beytin imamlarını (selam onlara) ikrar ve kabul etmeyi telkin etmek.[1]

4. Ölmek üzere olan kimseye Yasin suresini okumak. (Bk. 15. mesele)

5. Ölümü yaklaşmış olan kimsenin yüzünü kıbleye çevirmek. el-Muhalla (V, 174)'de belirtildiği üzere Said b. el-Müseyyeb el-Medhal (III, 229-230'da belirtildiği üzere Malik bunu reddetmiştir. Bu hususta herhangi sahih bir hadiste gelmemiştir.

ÖLÜMDEN SONRA İŞLENEN BİD'ATLER

6. Şianın söylediği: "Ademoğlu ölüm dolayısıyla necis olur. Masun (imamlar), şehid ve öldürülmesi icab edip öldürülmeden önce gusleden ve sonra öldürülen kimse -bu son şahıs sadece ve muayyen olarak bu sebeb dolayısıyla- necis olmazlar."[1] (Bk. 31. mesele, 2. hadis)

7. Ay hali, lohusa ve cünub olanların yanından çıkartılmaları.

8. Ölenin canını verdiği sıralarda hazır bulunan kimselerin üzerinden yedi gün geçinceye kadar işi gücü bırakması. (İbnu'l-Hac, el-Medhal, III, 276-277)

9. Bazılarının inancına göre ölünün ruhunun öldüğü yerin etrafında dolaştığına dair inanç.

10. Ölünün vefat ettiği gece sabaha kadar yanında mum yanık tutmak. (el-Medhal, III, 236)

11. Ölünün öldüğü odaya yeşil bir dal bırakmak.

---

[1] Bk. Şiaya ait kitablardan Miftahu'l-Kerame (I, 408)

[1] Daha önce değindiğimiz kaynak (I, 153)'de şianın bu hususta icma ettiğini nakletmektedir. Halbuki bu kendisine işaret edilmiş bulunan hadis ile çatışmaktadır.

12. Ölünün yanında yıkanmaya başlayıncaya kadar Kur'ân okumak.

13. Ölünün tırnaklarını kesmek ve etek traşını yapmak. (İmam Malik, el-Müdevvene, I, 180, el-Medhal, III, 240)

14. Ölenin makadına, boğazına, burnuna pamuk sokmak.[2] (İmam Malik, el-Müdevvene, I, 180, el-Medhal, III, 240)

15. Ölünün gözlerine toprak koymak ve bu esnada: "Ademoğlunun gözünü topraktan başka bir şey doldurmaz" demek. (el-Medhal, III, 261)

16. Ölünün yakınlarının defin işi bitirilinceye kadar yemek yememeleri. (Aynı yer, III, 276)

17. Öğle ve akşam yemekleri esnasında ağlamaya özen göstermek. (Aynı yer, III, 276)

18. Bir kimsenin (ölenin) baba ve kardeşinin üzerindeki elbiseyi yırtması.[3] (Bk. 22. mesele, b ve c fıkralarında kaydedilen hadis)

19. Ölen için tam bir sene yas tutmak. Bu zaman zarfında kadınlar kına yakmazlar, güzel elbiseler giyinmez, süs eşyası takınmazlar. Sene sona erdikten sonra yapageldikleri şekilde şer'î bakımdan men olunmuş nakış, yazı ve benzeri işleri yaparlar. Onlar ve onlarla birlikte yas tutanlar bu şekilde hareket etmeye de "Fekku'l-Hüzn: Yası bitirmek, çözmek" adını verirler. (el-Medhal, III, 277)

20. Bazılarının ölü için yas tuttuklarından ötürü sakallarını bırakmaları. (Bk. 22. mesele f fıkrası)

21. Sergilerin, halıların ters çevrilmeleri, ayna ve avizelerin örtülmeleri.

22. Testi ya da benzeri bir kabta bulunan evdeki sularla yararlanmamak, onun necis olduğunu kabul etmek. Buna gerekçe olarak da ölünün ruhu cesedinden çıktığında o suya daldığını göstermek. (Bk. el-Medhal)

23. Onlardan herhangi birisi yemek yerken hapşuracak olursa ona: Filan erkek yahut filan kadın ile konuş diyerek hayatta olanlar arasından sevdiği bir kimsenin ismini verirler ve buna da o kişinin de ölene katılmaması için böyle yapmak gerektiğini gerekçe gösterirler. (Aynı eserden)

24. Ölüleri için yas tuttukları sürece ebegümeci ve balık yemeyi terketmek. (Aynı eser, III, 281)

25. Et, ızgara, köfte gibi şeyleri yemeyi terketmek.

---

[2] Derim ki: Ancak nadir bazı hallerde olabilir. Mesela ölüde bir hastalık bulunması gibi. Bu takdirde eğer ölüden bir şeyler çıkıp, bunların kefeni kirleteceklerinden ya da necis edeceklerinden korkulması gibi nadir bazı haller müstesnadır.

[3] Miftahu'l-Kerame (I, 509)'da belirtildiği üzere bu imamiyenin benimsediği görüştür.

26. Sufilerin: Kim ölen bir kişi için ağlarsa, o marifet ehli kimselerin yolunun dışına çıkmış olur demeleri. (İbnu'l-Cevzi, Telbisu İblis, s. 340-342 Bk. 18. meseledeki hadisler)

27. Üçüncü bir güne kadar ölenin elbiselerini yıkamayı terketmek. Çünkü bir kanaate göre böylesi ölüden kabir azabını uzaklaştırır. (Medhal, III, 276)

28. Bazılarının dediklerine göre cuma günü ya da cuma gecesi ölen bir kimsenin sadece tek bir saat kabir azabı göreceğini söylerler. Sonra azabı sona erer ve kıyamet gününe kadar bir daha avdet etmez. (Bunu Şeyh Aliyyu'l-Kari Şerhu'l-Fıkhi'l-Ekber, s. 96)'da zikretmiş ve bunu reddetmiştir. Ayrıca 25. mesele 3. fıkradaki hadise de bakınız.

29. Bir başka görüş günahkar mü'minin kabir azabı cuma günü ve cuma gecesi kesilir ve bir daha kıyamet gününe kadar o azab ona geri dönmez.[4]

30. Ölenin vefatını minberler üzerinden ilan etmek. (Medhal, III, 245-246) Ayrıca bk. 22. mesele g şıkkı

31. Birilerine vefatları olduğunu haber verdikleri vakit hazır bulunanların filanın ruhuna el-Fatiha demesi. (Bk. 24. mesele)

ÖLÜNÜN YIKANMASI

32. Ölünün yıkandığı yerde ölümünden itibaren üç gün süreyle bir ekmek ve bir testi su koymak. (el-Medhal, III, 276)

33. Ölünün yıkandığı yerde güneşin batımından, doğuşuna kadar üç gece süreyle çıralar ya da kandil yakmak. Bazıları bunu yedi gece süreyle kabul ederler. Bazıları bunu daha fazla olarak kabul eder ve aynı işi ölünün öldüğü yerde de yaparlar. (Aynı yer)

34. Ölüyü yıkayan kişinin ölünün yıkadığı herbir uzvu sırasında zikirlerden belli bir zikri okuması. (el-Medhal, III, 329)

35. Cenaze yıkandığı ve uğurlandığı vakit yüksek sesle zikir getirmek. (el-Hadimi, Şerhu't-Tarikati'l-Muhammediyye, IV, 22)

36. Ölmüş kadının saçlarını göğüsleri arasından sarkıtmak. (Bk. 28. mesele, Um Atiye hadisi)

KEFEN VE CENAZEYİ KABRE GÖTÜRMEK

37. Ölüyü ehl-i beyt ve benzerleri salih zatların kabirlerine yakın bir yerde defnetmek amacıyla uzakça yerlere taşımak.

---

[4] Bunu Şeyh Ali el-Kari, Şerhu'l-Fıkhi'l-Ekber (s. 91)'de nakletmiş ve: "Şüphesiz ki bu batıldır" sözleriyle bunu reddetmiştir. Bunun batıl olduğu hususunda daha da açık diğer görüş şöyle demektedir: Şüphesiz kabir azabı kâfirin üzerinden cuma günü ve ramazan ayı boyunca Peygamber (s.a)'ın hürmetine kabir azabı kaldırılır. Yine bunu Şeyh Aliyyu'l-Kari nakletmiş ve aynı şekilde reddetmiştir.

38. Bazılarının söyledikleri: Ölüler kabirlerinde kefenlerle, kefenlerin güzellikleriyle birbirlerine karşı öğünürler. Buna gerekçe olarak da şunu gösterirler. Ölüler arasında kefeni bayağı ve adi olan kimseler bundan dolayı ayıplanırlar.[1] (el-Medhal, III, 277)

39. Ölünün adını onun şehadet kelimesini getirdiğini -eğer varsa- Hüseyn (a.s)'ın mezarı yakınında bir yer bulunduğu takdirde ehl-i beytin isimlerini yazmak ve bunu kefene koymak.[2]

40. Kefen üzerinde bir dua yazmak.[3]

41. Cenazenin süslenmesi. (Ebu Şame, el-Bais ala İnkari'l-Bid'ı ve'l-Havadis, 37)

42. Cenazenin önünde birtakım bayrakların taşınması.

43. Tabutun üzerine sarık konulması. (İbn Abidin Haşiyesinde, I, 806)'da bunun ve bundan önceki uygulamaların mekruh olduğunu açıkça ifade etmiştir.) Fes, gelinlik tacı ve ölenin kişiliğine delalet eden herbir şey de bunun gibidir.

44. Çelenklerin, mersin ağaçlarının, çiçeklerin ve ölenin fotoğrafının cenazenin önünde taşınması.

45. Cenazenin çıktığı sırada eşiğin yanında kuzu kesmek. (Şeyh Ali Mahfuz, el-İbda fi Madari'l-İmtida, s. 114) Bazılarının: Eğer bu iş yapılmayacak olursa, ölenin yakınlarından üç kişinin öleceğine inanması.

46. Cenazenin önünde ekmek ve kuzuları taşıyıp, definden sonra bunların kesilmesi ve ekmekle beraber dağıtılmaları. (el-Medhal, 266-267)

47. Bazılarının eğer cenaze salih bir kimseye ait ise taşıyanlara hafif geleceğine ve çabukça götürüleceğine inanmak.

48. Cenaze ile birlikte sadaka vermek. (el-İhtiyaratu'l-İlmiyye, s. 53; Keşşafu'l-Kına, II, 134) Meyan kökü, limonata ve benzeri şeyler içirmek de bu kabildendir.

49. Cenazenin taşınmasına özellikle sağdan başlamaya dikkat etmek. (el-Müdevvene, 176)

---

[1] Derim ki bu kabilden bazı hususlar zayıf birtakım hadislerde rivayet edilmiştir. Buradakine en yakın hadis Cabir (r.a)'ın rivayet ettiği şu hadistir: "Ölülerinizin kefenlerini güzel yapınız. Çünkü onlar kabirlerinde kefenleriyle birbirlerine karşı öğünürler ve kefenleriyle birbirlerini ziyaret ederler." Hadisi Deylemi rivayet etmiştir. Senedinde tanımadığım birtakım raviler vardır. Yine buna yakın başka iki hadis daha vardır. Bunları İbnu'l-Cevzi, el-Mevduat adlı eserinde zikretmiş, Suyuti ise ilmi bakımdan pek faydası olmayan birtakım cevablar (el-Leani, II, 234) vermiştir. Karşılaştırmak için Silsiletu'l-Ahadiysi's-Sahiha, 1425 ve daha önce bu hususta geçen bilgilere bakınız.

[2] Miftahu'l-Kerame, I, 455-456'da belirtildiği üzere imamiyye bu kanaattedir.

[3] Bazıları bu işi zekat develeri üzerine "lillah: Allah için" yazılmasına kıyasen bunu yapmışlardır. Ancak et-Teratibu'l-İdariyye (I, 440)'da onun verdiği isimle el-Muhtar ala Reddi'l-Muhtar'dan naklen bu görüşü reddetmektedir. Ancak bu şekilde isimlendirme bir hata ya da bir yanılmadır. Çünkü eserin doğru adı Reddu'l-Muhtar ale'd-Durri'l-Muhtar'dır. Belirtilen husus ise Reddu'l-Muhtar'ın 1. cildinde yer almaktadır. (I, 847-848)

50. Cenazenin dört bir yanının herbirisinden onar adım taşınması.[4]

51. Cenazeyi ağır ağır götürmek. (Ebu Şame, el-Bais, s. 51, 67; Zadu'l-Mead, I, 299; Suyuti, el-Emru bi'l-İttiba, s. 251)

52. Naaş etrafında kalabalık yapmak. (İbn Hazm, el-Muhalla, V, 178)[5]

53. Cenazeye yakınlaşmaktan uzak durmak. (el-Bais, s. 67)

54. Cenazede sessizliği terketmek. (el-Bais, aynı yer, İbn Abidin, I, 810) Bu bir önceki fıkradan gelecek olan yüksek sesle zikir yapmayı, insanların birbirleriyle konuşmalarını ve benzeri hususları kapsar.

55. Yüksek sesle zikir, Kur'ân okumak, Bürde kasidesini ya da Delail-i Hayrat'ı ve buna benzer şeyleri okumak. (el-İbda, s. 110; İktidau's-Sırati'l-Mustakim, s. 57, İmam Şatıbi, el-İltisam, I, 372; Şerhu't-Tarikati'l-Muhammediyye, I, 114; Ayrıca bk. 48. mesele, el-Emru bi'l-İttiba, s. 252 ve el-Bais, 88)

56. Cenazenin arkasından celale, bürde yahut delaili ve Esma-i Hüsna'yı okuyup zikretmek.

57. Cenazenin arkasında: "Allahu ekber, Allahu ekber. Eşhedu ennallahe yuhyi ve yumiyt ve huve hayyu la yemut. Subhane men teazzeze bi'l-kudreti ve'l-beka ve kahara'l-ibade fi'l-Mevti ve'l-fena: Allah en büyüktür, Allah en büyüktür. Şahidlik ederim ki Allah hayat verir ve öldürür. O ise hayydır, asla ölmez. Kudret ve beka ile herşeye güç yetiren kullarına ölüm ve yok olmakla boyun eğdirenin şanı ne yücedir" demek.[6]

58. Cenazenin arkasında: "Onun için de, kendiniz için de Allah'tan mağfiret dileyin" vb. şeyleri feryad ederek söylemek. (el-Medhal, II, 221; el-İbda, s. 113; el-Emru bi'l-İttiba, 254)

---

[4] Bazı fakihler buna: "Her kim bir cenazeyi kırk adım taşıyacak olursa, onun kırk tane büyük günahı bağışlanır." hadisini delil göstermişlerdir. Bunu el-Bahru'r-Raik (II, 207-208)'de Bedaiu's-Sanai'den nakletmektedir. Haşiye (İbn Abidin)'de (I, 833) belirtildiği üzere Şerhu'l-Minye'de: "Bunu Ebu Bekir en-Neccad rivayet etmiştir" denilmektedir. Bu şekilde biri diğerinden hadisi naklederken hadisin durumuna herhangi bir işarette bulunulmamaktadır. Bu hadis sahih değildir. Çünkü senedinde Ali b. Ebi Sare adındaki ravi vardır ve bu zayıf bir ravidir. Böyle bir hadis ayrıca ez-Zehebi'nin de belirttiği üzere münker kabul edilmiştir. Bundan dolayı bizler bu hadisi el-Camiu's-Sağir'de yer alan mevzu hadisler arasında zikrettik. Bununla birlikte hadis böyle bir bid'atin yapılabileceğine delil de değildir. Buna dikkat gerekir.

[5] Daha sonra Katade'den şu rivayeti zikretmektedir: Ben aralarında Ebu's-Sevvar'ın da bulunduğu bir cenazede bulundum. -es-Sevvar'ın asıl adı Hureys b. Hassan el-Adevi'dir-Tabutu taşımak üzere izdiham oldu. Ebu's-Sevvar şöyle dedi: Ne dersiniz bunlar mı daha faziletlidir, yoksa Muhammed'in ashabı. Onlardan herhangi birisi cenazeyi taşıyacak bir yer görürse taşır, değilse bir kenarda durur kimseye eziyet vermezdi.

[6] Şerhu Şir'ati'l-İslam (s. 665)'de müstehab olduğunu belirtmektedir.

59. Salihlerden birisinin kabrinin yakınlarından geçerken yahutta yol ayırımlarına gelirken el-Fatiha lafzını yüksek sesle söylemek.

60. Cenazeyi gören kimsenin: "Beni çözülüp giden kalabalıklar arasında kılmayan Allah'a hamdolsun" demesi.[7]

61. Bazılarının cenaze salih bir kişiye ait ise veli bir kimsenin kabrinin yanından geçtiği takdirde taşınmakta olmasına rağmen durduğuna inanmaları.

62. Cenaze görüldüğü vakit: "Haza ma veadenallahu ve Rasûluhu ve sadakallahu ve Rasûluhu. Allahumme zidna imanen ve teslima: Bu Allah'ın ve Rasûlünün bize vaadettiğidir. Allah ve Rasûlü doğru söylemiştir. Allah'ım imanımızı ve teslimiyetimizi arttır." demek.[8]

63. Ölünün arkasından buhurdanlık taşımak. (el-Mudevvene, I, 180, Ayrıca bk. 74. mesele)

64. Cenazeyi yatırların çevresinde dolaştırmak. (el-İbda, 109)

65. Cenazenin Kabe etrafında yedi defa tavaf ettirilmesi. (el-Medhal, II, 227)

66. Mescidlerin kapılarında cenazenin bulunduğunu yüksek sesle haber vermek. (el-Medhal, II, 221, 262-263)

67. Cenazeyi Mescid-i Aksa'da Babu'r-Rahme'den sokmak ve onu kapı ile kaya arasında bırakmak bazı hocaların çağrılarak orada birtakım zikirleri okumalarını sağlamak.

68. Cenazenin mescide getirildiği vakit üzerine namaz kılmadan önce veya sonra, cenazeyi kaldırmadan önce veya defnedilmesinin akabinde kabrin yanında mersiyeler okunması (bu kabilden konuşmalar yapılması) (el-İbda, 124-125)

69. Cenazeyi mutlaka araba üzerinde taşımak ve arabalarla onu uğurlamak. (Bk. 54. mesele)

70. Bazı ölülerin top arabası üzerinde taşınması.

CENAZE NAMAZI

71. Dünyanın uzak bölgelerinde ölmüş bulunan müslüman cenazeler üzerine hergün güneş batımından sonra gaib namazı kılmak. (el-Ihtiyarat, 53; el-Medhal, IV, 214, es-Sünen, 67)

---

[7] Bunu Miftahu'l-Kerame (I, 469-471)'de müstehab olduğunu açıkça ifade etmektedir.

[8] Bu hadis Şerhu'ş-Şir'a (s. 665)'de zikredilmiştir. Baştarafı şöyle olan bir hadisin devamıdır: "Ölüm bir korkutucu hadisedir. Cenazeyi gördüğünüz vakit ayağa kalkıp şöyle deyiniz..." deyip bu sözleri zikretmektedir. Ben hadisi bu şekilde bu bütünlük ile bilmiyorum. Hadisin baş tarafı Müsned (III, 317); Beyhaki (IV, 26)'da Cabir'in rivayet ettiği bir hadis olarak yer almaktadır. Ravileri sikadırlar. Cenaze dolayısıyla ayağa kalkmaya dair emir veren hadisler çoktur. Bu hadisler daha önce ilgili yerde açıklandığı üzere neshedilmiş ise de bunlarda burada kaydedilen fazlalık bulunmamaktadır. İşte bu, bu fazlalığın münker olduğuna delalet etmektedir.

72. Öldüğü yerde üzerinde namaz kılındığı bilinmekle birlikte gaib cenaze namazı kılmak. (Bk. 59. mesele, 7)

73. Birisinin cenaze namazı kılındığı sırada "subhane men tahara ibadehu bi'l-mevt ve subhanel hayyillezi la yemut: Kullarına ölüm ile boyun eğdirenin şanı ne yücedir. Daima hay olan ve ölmeyenin şanı ne yücedir." demesi. (es-Sunenu ve'l-Mubtedeat, 66)

74. Cenaze namazı kılınırken onlarda görülür bir necaset bulunmamakla birlikte ayakkabıları çıkarıp, üzerlerine basarak namaza durmak.

75. İmamın erkeğin göbek hizasında, kadının da göğsünün hizasında durması. (Bk. 73. mesele)

76. Cenaze namazında istiftah (subhaneke ve benzeri) dualarını okumak. (Bk. 77. mesele ile ilgili not)

77. Fatiha ve beraberinde bazı sureleri okumamak. (Bk. 77. meseledeki ilgili not)

78. Cenaze namazında selam vermemek.[1]

79. Bazılarının cenaze namazının kılınması akabinde yüksek sesle hakkımda nasıl şehadet edersiniz diye sormaları, hazır bulunanların da aynı şekilde o salih kimselerdendi ve benzeri ifadeler kullanmaları. (Bk. el-İbda, 108, es-Sünen, 66. Ayrıca bk. 26. mesele)

DEFİN VE ONDAN SONRAKİ İŞLER

80. Cenaze kabristana varıp, defnedilmeden önce öküzün kesilmesi ve etinin hazır bulunanlara dağıtılması. (el-İbda, 114)

81. Cenazenin evden çıkışı sırasında kesilen hayvanın kanının ölenin kabrine konulması.

82. Ölünün defninden önce tabutun etrafında zikir yapılması. (es-Sünen, 67)

83. Ölünün kabre yerleştirilmesi sırasında ezan okunması. (İbn Abidin Haşiyesi, I, 837)

84. Ölünün kabrin baş tarafından kabre indirilmesi. (Bk. 103. mesele)

85. Hüseyn (a.s)'ın türbesinde ölünün kabre indirildiği esnada bir miktar toprak konulması. Çünkü böyle bir iş her türlü korkuya karşı bir güvenliktir.[1]

86. Zaruret olmadığı halde ölünün altına kum (veya toprak) yayılması. (el-Medhal, III, 261)

---

[1] Bu imamiyye kitablarından Miftahu'l-Kerame (I, 483)'de belirtildiği üzere diğer müslümanlardan ayrı olarak özel bir şekilde imamiyye'nin yaptıkları uygulamalar arasındadır.

[1] Miftahu'l-Kerame (I, 497)'de böyle iddia etmektedir.

87. Kabirde ölünün başı altına yastık ya da benzeri bir şeyin konulması. (Aynı eser, III, 260)

88. Kabirde ölünün üzerine gül suyu serpilmesi. (el-Medhal, III, 262 ile II, 222)

89. Hazır olanların ellerinin üst kısımlarıyla istircada bulunarak toprak atmaları.[2]

90. Birinci avuç toprak attığında "biz sizi ondan yarattık", ikincisinde "ona iade ederiz", üçüncüsünde "bir kere daha yine ondan çıkarırız" (Taha, 20/55) buyruklarını okumak. (Bk. 106. mesele)

91. Birinci avuç toprağı atarken bismillah, ikincisinde el-mulku lillah, üçüncüsünde el-kudretu lillah, dördüncüsünde el-Izzetu lillah, beşincisinde el-afvu ve'l-ğufranu lillah, altıncısında er-rahmetu lillah dedikten sonra yedincisinde yüce Allah'ın:*"Onun (yerin) üzerindeki her canlı fanidir."* (er-Rahman, 55/26) âyeti ile yüce Allah'ın:*"Biz sizi ondan yarattık..."* (Taha, 20/55) âyetini okur.

92. Fatiha, felak ve nas ile ihlas suresi nasr suresini, kâfirun suresini ve bir de kadr suresi olmak üzere yedi sureyi ve onunla birlikte şu duayı okuması: "( ): Allah'ım ben senden ism-i azamın adına istiyorum. Senden dini ayakta tutan ismin adına istiyorum. Senden ... istiyorum, senden ... istiyorum, senden ... istiyorum. Senden kendisi anılarak dilekte bulunulduğu vakit verdiğin, dua edildiği vakit kabul ettiğin ismin adına istiyorum. Ey Cebrail'in, Mikail'in, İsrafil'in, Azrail'in... Rabbi" der ve bütün bunları ölünün defnedildiği sırada söyler.[3]

93. Ölünün başı ucunda fatiha'yı, ayakları tarafında da Bakara suresinin ilk âyetlerini okumak.[4]

94. Ölünün üzerine toprak yığılmaya başladığında Kur'ân okumak. (el-Medhal, III, 262-263)

95. Ölüye telkin verilmesi (es-Sünen, 67; San'ani, Subulu's-Selam. Ayrıca bk. 103. mesele)

96. Kadının kabri üzerine iki taş dikmek. (Şevkâni, Neylu'l-Evtar, IV, 73)

97. Ölünün defnedilmesinden hemen sonra kabrin yanıbaşında mersiyeler okumak. (İbda, 124-125)

---

[2] Miftahu'l-Kerame (I, 499)'de belirtildiği üzere bu İmamiye'nin bir görüşüdür. Onlar sanki bu suretle Peygamber (s.a) efendimizin avuç içleriyle toprak attığı şekilde sünnete muhalefet etmek istemiş gibidirler. Bk. Mesele 103

[3] Bunu ve bundan önceki Şerhu'ş-Şir'a, s. 568'de müstehab kabul etmiştir. Ancak bunun sonradan ortaya konulduğunun delillerinden birisi de Azrail'in adının anılmasıdır. Halbuki daha önce dikkat çektiğimiz üzere sünnette bu isim kesinlikle zikredilmemiştir.

[4] Bu İbn Ömer'in naklettiği bir hadiste merfu olarak zikredilmiş ise de Heysemi (III, 45)'de bunun zayıf olduğunu belirtmiştir. Ondan mevkuf olarak da rivayet edilmiş olmakla birlikte oldukça zayıftır. 122. meselede açıklandığı üzere

98. Ölünün defnedilmesinden önce ya da sonra şerefli meşhedlere[5, 6] götürülmesi. (Bk. 106. mesele)

99. Ölünün defnedilmesinden sonra türbedeki ya da yakınındaki bir odada kalmak. (el-Medhal, III, 278)

100. Definden döndükleri vakit ellerini ölenin eserlerinden silmedikçe eve girmemek (aynı eser, III, 276)

101. İnsanlar gelip alsınlar diye kabrin üzerine yiyecek ve içecek koymak.

102. Kabrin yanıbaşında sadaka vermek. (el-İktida, 183; Keşfu'l-Kına, II, 134)

103. Ölünün baştarafından su dökerek daha sonra etrafında dönmek ve artan suyu kabrin orta tarafına dökmek.

TAZİYE VE ONA BAĞLI OLARAK YAPILAN DİĞER İŞLER

104. Kabirlerin yanında taziyede bulunmak. (İbn Abidin, I, 843)

105. Taziye için bir mekanda toplanmak. (Zadu'l-Mead, I, 304; el-Feyruz Abadi, Sıfru's-Saade, s. 57, el-Kasımi, Islahu'l-Mesacid mine'l-Bıdai ve'l-Avaid, s. 80-181) Ayrıca bk. 110 nolu mesele.

106. Taziyenin üç gün ile sınırlandırılması. (Bk. 113. mesele)

107. Ölünün evine bırakılan yaygıların taziye için gelenlerin oturması için alınmayıp bırakılması. Onlar bu yaygıları yedi gün geçene kadar orada bırakırlar. Ondan sonra oradan kaldırırlar. (el-Medhal, III, 279-280)

108. "Allah ecrini arttırsın. Sana sabretmeyi ilham etsin. Bize de, sana da şükretmeyi nasib etsin. Şüphesiz bizim canlarımız, mallarımız, ailelerimiz, çoluk-çocuğumuz yüce Allah'ın bize huzurlu olmak üzere bağışladığı şeylerden ve onun bize emanet verdiği şeylerdendir. Kaybettiğinle Allah gıbta ve sevinç ile seni faydalandırdı, büyük bir ecir vererek onu senden aldı. Eğer sen onun ecrini Allah'tan beklersen sana salât, rahmet ve hidayet vardır. Onun için sabret, sakın senin tahammülsüzlüğün senin ecrini boşa çıkarmasın, o takdirde pişman olursun. Şunu da bil ki sabırsızlık hiçbir şeyi geri çevirmez, hiçbir kederi önlemez ve gelecek olan da gelmiş gibidir." sözleriyle taziyede bulunmak.[1,2]

[5, 6] Bu her iki uygulamada İmamiye mezhebinin görüşlerindendir. Miftahu'l-Kerame (I, 500, 507)'de belirtildiği üzere.

[1,2] Şerhu'ş-Şir'a (s. 562, 563 ve başka eserlerde bu iki duanın yapılmasını güzel kabul etmiştir. Birinci dua Peygamber (s.a)'ın Muaz b. Cebel'i oğlu dolayısıyla taziye ederken söylediği sözler olduğu rivayet edilmiştir. Fakat bu uydurma hadistir. Diğeri de ? (a.s)'ın Peygamber efendimizin vefatı dolayısıyla ehl-i beytini taziye ederken söylediği sözler olduğu rivayet edilmiştir. Bu da zayıf bir rivayettir. Şafiî bunu Müsned'inde (1820) rivayet etmiş olup, İbn Kesir, Tarih'inde (I, 332) zayıf olduğunu belirtmektedir. Bunların birincisine daha önce 112. mesele ile ilgili notta dikkat çekilmiş bulunmaktadır.

109. "Şüphesiz Allah'ın yanında her musibet için bir teselli, elden kaybolan herbir şey için onun yerini tutacak başka bir şey vardır. Onun için sadece Allah'a güveniniz, yalnız O'ndan ümit ediniz. Asıl mahrum kişi Allah'ın mükafatından mahrum kalandır."

110. Ölenin ailesinden yiyecek ziyafeti kabul etmek. (Telbisu İblis, 341; İbnu'l-Humam, Fethu'l-Kadir, I, 473; el-Medhal, III, 275-276, İslahu'l-Mesacid, 181; Ayrıca bk. 114. mesele)

111. Birinci, yedinci, kırkıncı ve sene-i devriyesi gününde ölen için ziyafet hazırlamak. (el-Hadimi, Şerhu't-Tarikati'l-Muhammediyye, IV, 322; el-Medhal, II, 114, III, 278-279)

112. Ölümün sonrasındaki ilk perşembe günü ölenin akrabalarından yemek ziyafeti almak.

113. Ölünün akrabalarının yemeğe davetlerine icabet etmek. (İmam Muhammed Birgivi, Cilau'l-Kulub, 77)

114. Malum üç gece yemek sofrasını ancak koyan kimse kaldırır demeleri. (el-Medhal, III, 276)

115. Yedinci günde Zeladiye denilen (bir çeşit hamur tatlısı) yapmak yahut onu ve onunla beraber yenilecek şeyleri satın almak. (el-Medhal, III, 292)

116. Öldüğü gün yahut daha sonra yemek yapılmasını, ziyafet verilmesini, ruhuna Kur'ân okuyan yahut onun için tesbih ve tehlil getiren kimselere belli miktarda bir paranın verilmesini vasiyet etmek. (et-Tarikatu'l-Muhammediyye, IV, 325)

117. Kabrinin yanında kırk gece yahut daha fazla ya da daha az gece birtakım kimselerin gecelemesini vasiyet etmesi. (Aynı eser, IV, 326)

118. Kur'ân-ı Kerim'in okunması yahutta nafile namaz kılınması yahut tehlil getirilmesi yahut Peygamber (s.a)'a salavat getirilmesi ve bunların sevabının vakfedenin yahut onu ziyaret edenin ruhuna hediye edilmesi amacıyla vakıflar tesis etmek. (Aynı eser, IV, 323)

119. Ölenin velisinin birinci gece geçmeden mümkün olan bir şekilde tasaddukta bulunması. Eğer sadaka verecek bir şey bulamazsa iki rekat namaz kılar, bu iki rekatin herbirisinde fatiha ve ayete'l-kürsi'yi bir defa, tekasur suresini de on defa okur, namazını bitirince de: "Allah'ım ben bu namazı kıldım. Bununla neyi istediğimi de biliyorsun. Allah'ım sen bunun sevabını filan ölünün kabrine gönder." diye dua etmesi.[3]

---

[3] Garib hususlardan birisi de şudur: Bu bid'ati kendisinden naklettiğim kitab olan Şerhu'ş-Şir'a (s. 568) de şöyle denilmektedir: "Sünnet olan ölünün velisinin... tasaddukta bulunmasıdır" demektedir. Fakat bunun sünnette kesinlikle bir aslı yoktur. Bu sözüyle meşayıhın sünnetini kastetmiş olma ihtimali vardır. Nitekim şarihlerden birisinin: Namaza başlandığı vakit niyeti lafzan söylemek sünnettendir şeklinde şarihlerden birisinin kullandığı bu ifadeyi haşiye yazanlardan birisi böyle açıklamıştır.

120. Ölünün sevdiği yemeklerle ölü adına tasaddukta bulunmak.

121. Üç aylar diye bilinen receb, şaban ve ramazan ayında ölülerin ruhlarına sadaka vermek.

122. Iskat-ı salât yapmak. (Islahu'l-Mesacid, 281-283); Ayrıca bk. 113. meseledeki ilgili not.

123. Ölüler için ve ölüler üzerine Kur'ân okumak. (es-Sünen, 63-65; Ayrıca bk. 117. ve 122. meseleler)

124. Ölü için tesbih. (Sünen, 11, 65)

125. Ölü adına köle azad etmek. (Aynı yer)[4]

126. Ölü için Kur'Han okumak ve kabrinin yanında hatmini indirmek. (Sifru's-Seade, s. 57; el-Medhal, I, 266, 267)

127. Ölü için subha yapmak. Subha denilen şey onu bir gün önce defnedenlerin akrabaları ve tanıdıkları ile birlikte ölenin kabrine erkence gitmeleri demektir. (el-Medhal, II, 113-114, III, 278; İslahu'l-Mesacid, 270-271)

128. Subha'ye gelecek kimseler için mezarın yakınında yaygı vb. şeyleri yerleştirmek. (Medhal, III, 278)

129. Kabir üzerine çadır kurmak. (Aynı yer)

130. Kırk ya da daha az yahut daha fazla gece kabrin yanında gecelemek. (Celau'l-Kulub, 83)

131. et-Tizkar (hatırlama) diye adlandırılan 40. gece yahut her sene-i devriyesinde ölü için mersiye okumak. (el-İbda, 125)

132. Ölüme hazırlanmak için ölümden önce kabri hazırlamak. (Bk. 110. mesele)

KABİR ZİYARETİ

133. Ölümden sonra üçüncü günde kabirleri ziyaret etmek. Buna el-Ferk adını verirler. Hafta başında, sonra da onbeşinci günde, sonra kırkta kabri ziyaret etmek. Bunlara et-Tal'at (çıkışlar) adını verirler. Kimileri de sadece son ikisini yapmakla yetinirler. (Nuru'l-Beyan fi'l- Keşfi an Bidai Ahiri'z-Zaman, s. 53-54)

134. Her cuma anne-baba kabirlerini ziyaret etmek. (Bu hususta varid olduğu söylenen hadis daha önce 121. meseleden az önce geçtiği üzere uydurmadır.)

135. Eğer ölünün ziyaretine cuma gecesi gidilmeyecek olursa, ölünün diğer ölüler arasında gönlü kırık kalacağını söylemeleri ve şehrin surunun dışına çıktıkları vakit ölünün onları gördüğünü iddia etmeleri. (el-Medhal, III, 277)

---

[4] Şunları da söylemektedir: "Kim bin defa kulhuvallahu ahad suresini okursa, nefsini cehennemden satın almış (kurtarmış) olur." Hadisi ise uydurmadır demektedir.

136. Kadınların cumartesi alaca karanlığından itibaren kuşluk vaktine kadar Yahya (s.a)'ın makamını ziyaret etmek üzere Emevi camiine gitmeleri ve bu şekilde kırk cumartesi ziyareti sürdüren bir kimsenin hangi niyeti tutmuşsa o niyetinin ona verileceğini iddia etmeleri. (Islahu'l-Mesacid, 230)

137. Sufi İbn Arabi'nin kabrini -ihtiyaçları görür iddiasıyla- kırk cuma ziyaretine gitmek.

138. Aşure günü kabir ziyaretinde bulunmak. (el-Medhal, I, 290)

139. Şaban ayının 15. gecesinde kabirleri ziyaret edip, orada ateş yakmak. (Telbisu İblis, 429, el-Medhal, I, 310)

140. Bayramların birinci günlerinde receb, şaban ve ramazanda kabristanlara gitmek.

141. Bayram günü kabir ziyareti yapmak. (el-Medhal, I, 286; el-İbda, 135, es-Sünen, 71)

142. Kabirleri pazartesi ve perşembe günleri ziyaret etmek.

143. Bazı ziyaretçilerin kabristan kapısında sanki izin alıyorlarmış gibi alçak gönüllü bir ifade ile kısa bir süre durmaları, sonra içeri girmeleri. (el-İbda, 99)

144. Ellerini namazda duruyormuş gibi kavuşturup, kabrin ön tarafında durmak. (aynı yer)

145. Kabir ziyareti yapmak için teyemmüm yapmak.

146. Kabir ziyareti sırasında iki rekat namaz kılıp, herbir rekatte fatiha'yı ve ayete'l-kürsi'yi birer defa, ihlas suresini üçer defa okuyup, bunun sevabını ölüye bağışlamak.[1]

147. Ölüler için fatiha okumak. (Tefsiru'l-Menar, VIII, 268)

148. Kabristanlarda Yasin suresini okumak.[2]

149. Kulhuvallahu ahad (ihlas) suresini onbir defa okumak. (Buna dair hadis daha önce 122. meselenin sonlarında geçtiği üzere uydurmadır.)

150. Allah'ım biz senden Muhammed hürmetine bu ölüyü azablandırmamanı niyaz ediyoruz diye dua etmek.[3]

---

[1] Bu hususu Şerhu'ş-Şir'a (s. 570) müellifi şu sözleriyle kaydetmektedir: "Ziyarette sünnet olan önce abdest almakla başlayıp, herbir rekatte... okuyacağı iki rekat namaz kılar." Oysa bunun sünnetle hiçbir alakası yoktur. Aksine sünnette önceden de geçtiği üzere bu şekilde kabirlerin yanında namaz kılmak kastı ile gitmenin haram kılınması sözkonusudur. Az önce kaydettiğimiz nota da bakabilirsiniz.

[2] "Kim kabristana girip de Yasin suresini okursa Allah onların (yüklerini) hafifletir ve o kabirlerde bulunanlar sayısınca o kimselere hasenat yazılır." diye rivayet edilen hadisin sünnet kitablarının hiçbirisinde herhangi bir aslı esası yoktur. Suyutî bunu Şerhu's-Sudur (s. 130)'da kaydettikten sonra hadisin kaynaklarına "el-Hallal'ın arkadaşı Abdu'l-Aziz kendi senediyle Enes'den rivayet etmiştir" sözlerinden daha fazla bir şey söylememiştir. Daha sonra bu hadisin senedine vakıf oldum. el-Ahadiysu'd-Daife, 1246'da tahkik ettiğim üzere bu senedin elle tutulur hiçbir tarafının bulunmadığını gördüm.

[3] Bu hadisi Birgivi, Ahvalu Atfali'l-Müslimin (s. 229)'de zikretmekte ve şöyle demektedir:

151. Kabirdekilere: "Aleykümü's-selam" diyerek önce aleyküm sonra selam lafzını zikretmek suretiyle selam vermek. (Halbuki sünnet bu hususta varid olmuş bütün hadislerde görüldüğü üzere bunun tam aksinedir. Bu husus daha önce 121. meselede geçmiş bulunmaktadır.[4]

152. Kitab ehline ait kabristanlar üzerinde:*"O kâfir olanlar öldükten sonra asla diriltilmeyeceklerini iddia ettiler. Deki: 'Hayır, Rabbim hakkı için elbette diriltileceksiniz..."* (et-Teğabun, 64/7) âyetini okumak.[5]

153. Ayın göründüğü gecelerde kabristanda minberler ve kürsüler üzerinde vaaz yapmak. (el-Medhal, I, 268)

154. Kabirler arasında yüksek sesle tehlil getirmek.[6]

155. Özel bazı kabirleri ziyaret eden kimselere hacı adını vermek.[7]

"Haberde nakledildiğine göre: Kim bir mü'minin kabrini ziyaret eder ve Allah'ım... Senden isterim diyecek olursa, Allah sura üfleneceği günde üzerinden azabı kaldırır." Bu batıl bir hadis olup, sünnet kitablarının hiçbirisinde bunun aslı astarı yoktur. Birgivi merhumun muhaddislerden herhangi bir kimseye bunu isnad etmeksizin bu hadisi nakletmeyi nasıl caiz gördüğünü bilemiyorum. Çünkü bu hadiste yine ona göre az önce belirtilen eserinde kaydettiği üzere (s. 352) bid'at haram ve tahrimen mekruh kabilinden olan tevessül de sözkonusu edilmektedir.

4 Bu bid'ati kabul edenlerin birisi de eş-Şir'a'nin şarihi (s. 757)'dir. Bunlar bunu Cabir b. Süleym'in rivayet ettiği şu hadise dayanırlar: Rasûlullah (s.a) ile karşılaştım. Ona aleyke's-selam dedim. O aleyke's-selam, ölüye verilen selam şeklidir... diye buyurdu. Hadisi Ebu Davud (II, 179), Tirmizi (II, 120 Bunak baskısı), Hakim (IV, 186), Hakim hadisin sahih olduğunu belirtmiş, Zehebi de bu hususta ona muvafakat etmiştir. Hadis dedikleri gibidir. Hattabi de şöyle demektedir:
"Peygamber efendimizin bu sözü söylemesi ölülere selam vermek hususunda onların - cahiliye dönemindeki arabları kastediyor- görülegelen geleneklerine işaret etmektedir. Çünkü onlar duadan önce ölenin ismini söylüyorlardı. Aynı zamanda bu şiirlerinde de geçen bir ifadedir. Şairin şu beyitinde olduğu gibi:
"Sana olsun Allah'ın selamı ey Kays b. Asım
Ve rahmeti de her rahmet etmek istediğinde."
Ancak sünnet canlılara ve ölülere selam vermek bakımından farklılık arzetmez."
Bu açıklamayı İbnu'l-Kayyim, Tehzib-u Sünen-i Ebi Davud adlı eserinde Ali el-Kari de el-Mirkat (II, 406, 479) adlı eserinde desteklemişlerdir. Oraya bakınız.

5 Şerhu'ş-Şir'a (s. 568)'de bunu müstehab görmüş. Ancak sünnette bunun herhangi bir aslı astarı yoktur. Aksine sünnette buna muhalif olan husus vardır. 125. meseleye bakınız.

6 Onlardan birisinin defalarca her gün sabah vaktinde güneş doğmadan az önce bir kabir üzerinde dikilmekte olduğunu gördüm. Böylelikle haram ve bid'at olan bir işi aynı zamanda yapmış olur.

7 Şeyhu'l-İslam, el-İhtiyarat (181)'de şunları söylemektedir: "Kabirleri ve meşedleri sadece kendisine hacı denilsin diye ziyaret eden bir kimse kâfir ve sapık hacıların ayağına vurulan bukağı gibi bir bukağı vurularak tazir edilir ve her kim bu gibi yerleri ziyaret etmeye hac adını verir yahutta bunların özel birtakım ziyaret ibadetlerinin olduğunu kabul ederse, şüphesiz ki o sapık ve saptırıcıdır. Beytullahın haccının özelliklerinden olan herhangi bir şeyi hiçbir kimse bu gibi yerlerde yapma hakkına sahip değildir.

156. Peygamberlerin kabirlerini ziyarete giden kimseler vasıtasıyla onlara selam göndermek.

157. Kadınların cuma günlerinde Dımaşk -Şam- şehrindeki es-Salihiyye'de bulunan mezarları ziyarete gitmeleri. Bu konuda erkekler de çeşitli kesimlerden onlara katılmaya başlamıştır. (Islahu'l-Mesacid, 231)

158. Şam'da İbrahim el-Halil'in mağarası Kasyun dağının er-Rabve batı tarafında bulunan üç eser gibi, Şam'da bulunan peygamberlere ait eserlerin ziyaret edilmesi. (Tefsiru'l-İhlas, s. 169)

159. Meçhul asker ya da meçhul şehid adı verilen kabirlerin ziyaret edilmesi.

160. Namaz ve Kur'ân okumak gibi ibadetlerin sevablarının müslümanların ölülerine hediye edilmesi. (Bk. 117 mesele ile ilgili not)

161. Birtakım salih amellerin sevabının Peygamber (s.a)'a hediye edilmesi. (el-Kaidetu'l-Celile, 32, 111; el-Ihtıyaratu'l-İlmiyye, 54; Şerhu Akideti't-Tahavi, 386-387; Tefsiru'l-Menar, VIII, 249, 254, 270, 304, 308)

162. Kur'ân okuyup onu ölüye hediye eden kimselere ücret vermek. (İbn Teymiye, Fetava, 354)

163. Peygamberlerin ve salihlerin kabirlerinin yanında dua kabul olunur demek. (Fetava)

164. Kabul edilir ümidiyle dua etmek üzere belli bir kabre gitmek. (el-Ihtiyaratu'l-İlmiyye, 50)

165. Peygamberlerin, salih kimselerin ve diğerlerinin kabirlerini örtülerle örtmek.[8] (el-Ihtiyaratu'l-İlmiyye, 55, el-Medhal, III, 278; el-İbda, 95-96)

166. Bazılarının salih kimsenin kabri eğer bir köyde bulunuyor ise onun bereketiyle rızıklandırıldıklarına, onlara yardım edildiklerine inanmaları ve burası şehrin bekçisidir demeleri. Nitekim: Seyyide Nefise Kahire'nin bekçisi, Şeyh Rıslan Dımaşk'ın bekçisi filan ve filan Bağdat'ın bekçileri ve diğerleri hakkında söylenenler. (er-Raddu ale'l-Ahnai, 82)

167. Bir çok evliya yatırı hakkında doktorların uzmanlık alanları gibi uzmanlık alanlarının bulunduğuna inanmak. Mesela kimilerinin göz hastalıklarında faydalı olduğuna, kimilerinin sıtma hastalığını şifaya kavuşturduğuna... inanmak. (el-İbda, 266)

168. Bazılarının marufun kabri denenmiş tiryaktır (şifa kaynağıdır) demeleri. (er-Reddu ale'l-Bekri, 232-233)

---

[8] İbn Abidin (I, 839)'de bunun mekruh olduğunu söylemektedir ki bu da tahrimen mekruh demektir.

169. Bazı şeyhlerin müridlerine senin Allah'tan bir ihtiyacın olursa, benden yardım dile yahutta kabrimin yanında yardım dile demesi. (Aynı yer)

170. Velinin kabri etrafında bulunan ağaç, taş gibi şeylerin kutsanması ve onlardan herhangi birisini kesenlerin bir şekilde rahatsız edici bir musibet ile karşılaşacağına inanılması.

171. Kimilerinin her kim ayete'l-kürsi'yi okur ve Şeyh Abdu'l-Kadir Geylani'nin bulunduğu tarafa döner, yedi defa ona selam verirse verdiği herbir selam ile birlikte onun kabrine doğru bir adım yaklaşır ise ihtiyacı karşılanır. (Fetava, IV, 309)

172. Kendisi öldükten sonra kocası evlenen vefat etmiş kadının kabri üzerine kıskançlığının ateşini söndüreceği iddiasıyla su serpmek. (el-İbda, 265)

173. Peygamberlerin ve salihlerin kabirlerini ziyaret etmek için yolculuk yapmak. (Fetava, I, 118, 122, IV, 315; Mecmuatu'r-Resaili'l-Kübra, II, 395; er-Raddu ale'l-Bekri, 233; el-İbda, 100-101; er-Raddu ale'l-Ahdai, 45, 123-124, 219, 384; Ayrıca bk. 128. mesele)

174. İbrahim el-Halil (a.s)'ın kabri yanında yüce Allah'a yakınlaşmak ümidiyle davul, zurna, boru çalmak ve raks etmek. (el-Medhal, IV, 246)

175. İbrahim el-Halil'i binanın iç tarafından ziyaret etmek. (Aynı eser, IV, 245)

176. Kabirler içerisinde odalar yapmak ve orada kalmak. (Aynı eser, I, 251-252)

177. Kabirlerin üzerine mermer ya da tahtadan levhalar yerleştirmek. (Aynı eser, III, 272-273)

178. Kabrin etrafını parmaklıklarla çevirmek (aynı eser, III, 272)

179. Kabri süslemek (Şerhu't-Tarikati'l-Muhammediyye, I, 114-115)

180. Kabristana mushaf götürmek ve o mushaftan ölünün üzerine Kur'ân okumak. (Tefsiru'l-Menar, Ahmed'den naklen, VIII, 267)

181. Orada Kur'ân okuyacak kimseler için kabirlerin yanında mushaflar koymak. (Fetava, I, 174; el-Ihtiyaratu'l-İlmiyye, 53)

182. Kabrin duvarlarını ve direklerini dümdüz edecek şekilde traşlamak. (Ebu Şame, el-Bais, 14)

183. Yatırın iç tarafına -yatır sahibinin haklarında ayırdedici hükmünü verecek kanaatiyle- şikayet dilekçelerini sunmak ve yatırın iç taraflarına bırakmak. (İbda, 98, el-Kaidetu'l-Celile, 14)

184. Velilerin kabirlerindeki pencereler üzerine -onlara ihtiyaçlarını görmelerini hatırlatmak amacıyla- bez bağlamak.

185. Velileri ziyaret edenlerin tabutlarına kapı çalar gibi vurmaları ve onlara asılmaları. (el-İbda, 100)

186. Teberrük maksadıyla kabrin üzerine mendiller ve kumaşlar bırakmak. (el-Medhal, I, 263)

187. Bazı kadınların kimi kabirler üzerine hamile kalmak amacıyla uzanmaları ve ona belli yerlerini sürtmeleri.

188. Kabri el sürmek suretiyle istilam etmek ve öpmek. (el-İktida, 176; el-İ'tisam, II, 134, 140; İbnu'l-Kayyim, İğasetu'l-Lehfan, I, 194; el-Birgivi, fi Atfali'l-Muslimin, 234; el-Bais, 70; el-İbda 90)[9]

189. Karnı ve sırtı kabrin duvarına yapıştırmak. (el-Bais, 70)

190. Bedenini yahut bedeninin bir bölümünü kabre ya da kabre yakın parmaklık vb. yapıştırmak. (Fetava, IV, 310)

191. Yanakları kabirlere değdirmek. (İğasetu'l-Lehfan, I, 194, 198)

192. Peygamberlerin ve salihlerin kabirlerinin etrafında dönmek (tavaf). (Mecmuatu'r-Resaili'l-Kübra, II, 372; el-İbda, 90)

193. Herhangi bir kabir yanında Arafat'ta durur gibi toplanmak. Bu da hakkında güzel zan beslenenlerden birisinin kabrine arafe günü gitmek ve Arafat'ta olduğu gibi kabri yanında büyük bir kalabalık halinde toplanmak demektir. (Iktidau's-Sırati'l-Mustakim, 148)

194. Kabrin yanında havyan ve kurban kesmek. (Aynı eser, 182; el-Ihtiyarat, 53; Nuru'l-Beyan, 72)

195. Dua edileceği vakit salih kimsenin bulunduğu tarafa doğru yönelmek. (Iktidau's-Sırati'l-Mustakim, 175; er-Raddu ale'l-Bekri, 266)

196. Bazı salih kimselerin bulunduğu tarafa arkayı dönmemek. (Aynı yer)

197. Kabul edilir ümidiyle peygamberlerin ve salihlerin kabirleri yanında dua etmek üzere gitmek.[10] (el-Kaidetu'l-Celile, 17, 126-127; er-Raddu ale'l-Bekri, 27, 57; er-Raddu ale'l-Ahnai, 24; el-Ihtiyaratu'l-İlmiyye, 50; İğasetu'l-Lehfan, I, 201-202, 217)

198. Bu gibi kabirlerin yanında namaz kılmak üzere gitmek. (er-Raddu ale'l-Ahnai, 124; Iktida, 139)

199. Bu gibi kabirlerin yanında o kabirlere doğru namaz kılmak için gitmek. (er-Raddu ale'l-Bekri, 71; el-Kaidetu'l-Celile, 125-126;

---

[9] Gazali, el-İhya, (I, 244)'de bunu kabul etmeyerek şöyle demiştir: "Şüphesiz ki bu hristiyan ve yahudilerin adetidir." Ayrıca bk. 124. mesele.

[10] İğasetu'l-Lehfan (I, 218) ve başka yerlerde şöyle demektedir:
"İmam Şafiî'nin, Ebu Hanife'nin kabri yanında dua etmek üzere gittiğine dair nakledilen hikaye açıkça yalandır."
Şeyhu'l-İslam fetvalarında (IV, 310-311, 318) şunları söylemektedir:
"Dımaşk camiinin doğu tarafında Hud (a.s)'ın kabri olduğu söylenen yerde -ki ilim adamlarının kabul ettikleri oranın Muaviye b. Ebi Süfyan'ın kabri olduğudur- yahutta Yahya b. Zekeriya'nın başının altında bulunduğu ahşabın yakınında namaz kılmaya çalışmak ve dua etmek de buna yakındır.

İğasetu'l-Lehvan, I, 194, 198; el-Hadimi, Şerhu't-Tarikati'l-Muhammediyye, IV, 322)

200. Bu gibi kabirlere orada zikir yapmak, Kur'ân okumak, oruç tutmak ve hayvan kesmek maksadıyla gitmek. (Iktida, 181, 154)

201. Allah'a kabirde bulunan vasıtası ile tevessül etmek, onu vesile yapmak. (İğasetu'l-Lehvan, I, 201-202, 217; es-Sünen, 10)

202. Kabirdekinin adına yüce Allah'a and vermek. (İbn Teymiye, Tefsir-u Sureti'l-İhlas, 174)

203. Ölene yahut peygamber ve salihlerden hazır bulunmayanlarına: Yüce Allah'a (benim için) dua et ya da dilekte bulun denilmesi. (el-Kaidetu'l-Celile, 124; Ziyaratu'l-Kubur, 108-109; er-Raddu ale'l-Bekri, 57)

204. Ey efendim filan benim imdadıma koş yahutta düşmanıma karşı bana yardımcı ol gibi sözlerle ölüden yardım istemek. (el-Kaide, 14, 17, 124; er-Raddu ale'l-Bekri, 30-31, 38, 56, 144; es-Sünen, 124)

205. Ölünün Allah'tan ayrı olarak çeşitli işlerde tasarruf sahibi olduğuna inanmak. (es-Sünen, 118)

206. Kabrin yakınında itikafa çekilmek ve kabre mücavirlik yapmak. (Iktida, 183, 210)

207. Tazim ettikleri kabirlerin ziyaretinden gerisin geri yürüyerek çıkmak. (el-Medhal, IV, 238; es-Sünen, 69)

208. Şehirlere orada bulunan velileri ve ölüleri ziyaret etmek üzere gelen birtakım dervişlerin şehirlerine dönmek istedikleri vakit: Bu şehirdeki bütün sakinler için efendim filan, efendim filan için deyip, isimlerini söyleyerek, onlara yönelerek, işaret ederek ve yüzünü sürerek el-fatiha demeleri. (es-Sünen, 69)

209. Bu ziyaretçilerin: es-Selamu aleyke ya veliyallah. Peygamber (s.a)'ın, dört kutbun, encabın, evtadın, kitabın taşıyıcılarının, gavsların, silsile-i sadatın, tarif sahiblerinin, kainattaki müderriklerin ve genel olarak bütün Allah'ın velilerinin hepsi için el-fatiha ya hayy veya kayyum denilmesi, arkasından fatiha'nın okunarak ellerini yüzüne sürmesi ve gerisin geri çıkıp gitmesi. (Aynı yer)

210. Kabri yükseltmek ve üzerine bina yapmak. (Iktida, 632; Tefsir-u Sureti'l-İhlas, 170, Sifru's-Saade, 57; Şevkâni, Şerhu's-Sudur, 66; Şerhu't-Tarikati'l-Muhammediye, I, 114-115)

211. Kabrinin üzerine bir bina yapılmasını vasiyet etmek. (el-Hadimi, IV, 326)

212. Kabirleri alçı ile sıvamak (İğase, I, 196-198); el-Hadimi, IV, 322)

213. Ölenin adını ve ölüm tarihini kabrin üzerine nakşetmek. (el-Medhal, III, 272; Zehebi, Telhisu'l-Müstedrek, el-İğase, I, 196,

198; el-Hadimi, IV, 322; el-İbda, 95; Ayrıca bk. 128. mesele, 1-6. fıkralar)

214. Kabirler ve yüce zatlardan kaldığı kabul edilen eserler üzerinde mescidler ve meşhedlerin bina edilmesi. (Tefsir-u Sureti'l-İhlas, 192; Iktida, 6, 158; er-Raddu ale'l-Bekri, 233; el-İbda, 99)

215. Kabirler üzerinde ya da yakınında namaz kılmak suretiyle kabirleri mescidlere dönüştürmek (el-İbda, 9; el-Fetava, II, 186, 178, IV, 311; Iktida, 52; Ayrıca bk. 128. mesele, 8 ve 9. fıkralar)

216. Ölenin mescidde defnedilmesi ya da üzerine mescid yapılması. (İslahu'l-Mesacid, 181; Bk. 128. mesele, 9. fıkra)

217. Kabe'ye arkasını dönerek ve kabre yüzünü çevirerek namaz kılmak. (Iktida, 218)

218. Kabirleri bayram yerine döndürmek. (Iktida, 148; Iğase, I, 190, 193; İbda, 85, 90; Ayrıca bk. 128. mesele, 10. fıkra)

219. Ziyaretçiler gelip ziyaret etsinler diye kabrin içinde kandil yakmak (Medhal, III, 273, 278; Iğase, 194, 198; et-Tarikatu'l-Muhammediye, IV, 236; İbda, 88; Ayrıca az önce kaydedilen mesele ve fıkra)

220. Kabirdeki kandiller yahut bir dağ ya da bir ağaçta yakmak üzere zeytinyağı ve mum adamak. (Islah, 232-233; Iktida, 151)

221. Medinelilerin mescide girdikleri ya da çıktıkları her seferinde Peygamber efendimizin kabrini ziyaret etmeye gitmeleri. (er-Raddu ale'l-Ahnai, 24, 150-151, 156, 217-218; Kadı Iyad, eş-Şifa fi Hukuki'l-Mustafa, II, 79; Ayrıca az önceki mesele, 10. fıkra)[11]

222. Peygamber (s.a)'ın kabrini ziyaret etmek amacıyla yola çıkmak. (Bk. 173. nolu bid'at)

223. Peygamber (s.a)'ı receb ayında ziyaret etmek.

224. Mescide girildiği vakit kabri şerif tarafına yüzünü çevirmek ve kabirden uzakça bir yerde sağ elini, sol elinin üzerine tıpkı namazdaymış gibi[12] koyarak son derece huşulu bir şekilde ayakta durmak. (Bk. 194 nolu bid'at)

225. Peygamber (s.a)'dan (kendisi için) mağfiret dilemesini istemek ve bu arada: *"Şâyet kendilerine zulmettiklerinde sana gelip de Allah'tan mağfiret dileselerdi..."* (en-Nisa, 4/64) âyetini okumak. (er-Raddu ale'l-Ahnai, 164-165, 216; es-Sünen, 68)

226. Peygamber (s.a) ile tevessül etmek. (Bk. 200, 203 nolu bid'atler)

---

[11] Malik bunu mekruh görerek şöyle demiştir: "Bu ümmetin ilklerinin ve önce gelenlerinin bu işleri yaptıklarına dair bana bir haber ulaşmış değildir. Böyle bir hareket ancak bir yolculuktan gelen yahutta Medine dışından Mescid-i Nebevi'ye gelen kimseler için müstesna mekruhtur. Kadı Iyad da bunu böylece nakletmiştir.

[12] Ben bunu 68 yılında gördüm. Özellikle yabancılar arasından bu işi yapanların çokluğundan dolayı tüylerim diken diken oldu.

227. Peygamber efendimizin adını vererek yüce Allah'a and vermek.

228. Yüce Allah'tan ayrı olarak ondan yardım dilemek, imdada koşmasını istemek.

229. Saçlarını kesip, Peygamber (s.a)'ın türbesine yakın bulunan büyükçe kandile atmak. (el-İbda, 166; el-Bais, 70)

230. Peygamber efendimizin kabr-i şerifine sürtünmek. (Medhal, I, 263; Sünen, 69; el-İbda, 166)

231. Peygamber efendimizin kabrini öpmek (son anılan iki yer)

232. Peygamberin kabrini tavaf etmek (Mecmuatu'r-Resaili'l-Kübra, II, 10, 13; Medhal, I, 263; el-İbda, 166; es-Sünen, 69; el-Bais, 70)[13]

233. Peygamberin kabri şerifinin duvarına karnı ve sırtı yapıştırmak. (İbda, 166; el-Bais, 70)

234. Eli Peygamber efendimizin kabr-i şerifinin hücresinin penceresine koymak ve herhangi bir kimsenin: Elini pencerisinin üzerine koyduğun ve şefaat ya Rasûlullah dediğin o kimsenin hakkı için diyerek yemin etmek.

235. Kendisine dua etmek maksadıyla Peygamberin hücresine yönelerek, Peygamberin kabrinin yanında uzunca ayakta durmak. (el-Kaidetu'l-Celile, 125; er-Raddu ale'l-Bekri, 125, 232, 282; Mecmuatu'r-Resaili'l-Kübra, II, 391)

236. Peygamber mescidindeki ravzada kabir ile minberi arasında sayhani diye bilinen hurmayı yemek suretiyle Allah'a yakınlaşacağını zannetmek. (el-Bais, 70; İbda, 166)

237. Bir hatim okumak yahut birtakım kasideler söylemek maksadıyla Peygamber (s.a)'ın kabri yakınında toplanmak. (Mecmuatu'r-Resaili'l-Kübra, II, 398)

238. Peygamber (s.a) ya da onun dışındaki peygamberlerin ve salihlerin kabirlerini açmak suretiyle yağmur duasına çıkmak.[14] (er-Raddu ale'l-Bekri, 29)

---

[13] İbnu's-Salah'dan şöyle dediği nakledilmektedir: "Kabr-i şerifin etrafında dolaşmak (onu tavaf etmek) caiz değildir."

[14] Derim ki Ebu'l-Cevza Evf b. Abdullah'ın şu rivayetine gelince: Medineliler yağmur yağmadığından oldukça sıkıntıya düştüler. Durumdan Aişe (r.anha)'ya şikayetçi oldular. O da şöyle dedi: Peygamber (s.a)'ın kabrine bakınız. Ondan semaya doğru küçük bir pencere açılır. Onunla sema arasında tavan olmasın. (Ebu'l-Cevza) dedi ki: Onun dediğini yaptılar. Bize o kadar yağmur yağdırıldı ki sonunda otlar bitti, develer semirdi. Hatta topladıkları yağdan adeta derileri çatladı. Bundan dolayı o seneye (çatlama yılı anlamına:) Ame'l-Fetk adı verildi." şeklindeki rivayet sahih değildir. Bunu Darimi Sünen'inde (I, 43-44)'de zikretmektedir. Senedinde Ebu'l-Numan diye bir ravi vardır ki asıl adı Muhammed b. el-Fadl'dır ve Arim diye bilinir. el-Ukayli ve onun dışında hadis alimlerinin dedikleri gibi ömrünün son dönemlerinde hafızası karışmıştır.
Şeyhu'l-İslam İbn Teymiye, er-Raddu ale'l-Bekri (s. 68)'de şunları söylemektedir:
"Aişe (r.anha)'dan rivayet edilen Peygamber (s.a)'ın kabrinden yağmur yağması için bir pencereciğin açılması ile ilgili rivayet sahih değildir, senedi sabit değildir. Bunun yalan

239. İhtiyaçların yazıldığı birtakım belgelerin Peygamber (s.a)'a gönderilmesi.

240. Bazılarının: Peygamber (s.a)'ın kabrini ziyaret ettiği sırada ihtiyaçlarını ve günahlarının bağışlanmasını diliyle zikretmemesi gerekir. Çünkü onun ihtiyaçlarını ve onun faydasına olan işleri Peygamber ondan daha iyi bilmektedir demeleri.[15]

241. Peygamber (s.a)'ın ümmetine şahidlik etmesi, onları görmesi, durumlarını, niyetlerini, hasretlerini ve kalblerinden geçenleri bilmesi noktasında hayatı ile ölümü arasında fark yoktur demeleri.[16]

Burada cenazeler ile ilgili bid'atlerden derleyip, toparlama imkanını bulduklarımız sona ermektedir. Böylelikle kitab da tamamlanmış olmaktadır.

Muvaffakiyeti dolayısıyla Allah'a hamd-u senalar ederim. Lütfunu daha da arttırmasını bana bu fani dünyadan ayrılıp, ebedi ve kalıcı diyara ayrılmak halinde O'na kavuşmayı sevmeyi nasib etmesini ve *"Allah'ın kendilerine nimetler verdiği peygamberler, sıddiyklar, şehidler ve salihlerle birliktedirler. Onlar ne iyi arkadaştırlar."* (en-Nisa, 4/69)'a katmasını niyaz ederim.

Muhammed Nasuru'd-Din el-Elbani

---

olduğunu açıklayan hususlardan birisi de şudur. Aişe (r.anha)'ın hayatı boyunca Peygamber efendimizin bulunduğu hücrenin böyle bir penceresi yoktu. Aksine bir bölümü Peygamber (s.a)'ın döneminde olduğu gibi kalmıştı. Onun bir bölümünün tavanı vardı, bir bölümü de açıktı ve oraya güneş giriyordu. Nitekim Buhari ve Müslim'de, Aişe (r.anha)'dan sabit olduğu üzere Peygamber (s.a) ikindi namazını kıldığı vakit güneş Aişe (r.anha)'nın odasında oluyor ve henüz gölge ortaya çıkmış bulunmuyordu."
Ayrıca et-Tevessül Envauhu ve Ahkamuhu (s. 127-132) adlı eserimize bakabilirsiniz.

[15] Üzücü hususlardan birisi de bu bid'at ile bundan sonraki bid'ati ben İbnu'l-Hac (I, 259, 264)'e ait Kitabu'l-Medhal'de nakletmiş idim. O bunları şeriatte haklarında nass bulunan hususlardanmış gibi teslimiyetle kabul etmiş bir şekilde zikretmektedir. Bu kabilden onun pekçok örnek gösterilecek hususları vardır. Bunların bazılarının ondan olduğuna dair işarette bulunmaksızın geçmiş bulunmaktadır. Bunların büyük bir bölümünü de yüce Allah'ın izniyle bid'atlere tahsis ettiğimiz kitabta zikredeceğiz. Bundan çokça hayret etmemizin sebebi onun bu kitabının tek tek bid'atleri zikretmek hususunda önemli ve büyük bir kaynak oluşundan dolayıdır. Ben kitabın sonuna koyduğum bu bölümde buna gerçekten adaletle şahidlik ediyorum fakat onun da bu husustaki bilgisinde başkasını taklid ettiğini ve büyük ölçüde sufilerin yolundan ve saçmalıklarından etkilendiğini öğrenince bu hayret ortadan kalkar ve İmam Malik'in söylediği şu sözün doğruluğuna olan kesin inancımız daha da artar: "Bizden sözleri arasında reddolunmadık hiçbir kimse yoktur. Şu kabrin sahibi müstesna." Allah'ın salât ve selamı ona.

[16] Şeyhu'l-İslam, er-Raddu ale'l-Bekri (s. 31)'de şunları söylemektedir:
"Kimileri Rasûlullah'ın yahutta şeyhin -sözkonusu etmeden dahi- günahlarını ve ihtiyaçlarını bildiğini, günahlarını bağışlamaya, ihtiyaçlarını karşılamaya muktedir olduğunu, Allah'ın muktedir olduğu şeylere kadir olduğunu, Allah'ın bildiklerini bildiğini zanneder. Bu gibi kimseleri ben bizzat gördüm ve bunu kendilerinden dinledim. Onlardan kimileri de şeyhtir, müftüdür, hakimdir, müderristir." Yardımcımız Allah'tır. La havle ve la kuvvete illa billah.

CPSIA information can be obtained
at www.ICGtesting.com
Printed in the USA
LVHW080550230223
740172LV00016B/1207

9 785064 220908